STRAFRECHT
SDOGMATIK

刑法教义的本土形塑

车浩 著

法律出版社
LAW PRESS·CHINA

车浩

北京大学法学院副教授，博士生导师。教育部首批青年长江学者。国家“万人计划”青年拔尖人才。北京大学博雅青年学者。主要研究方向为刑法学。

出版专著《阶层犯罪论的构造》以及教材《车浩的刑法题》。在《法学研究》《中国法学》《中外法学》等期刊发表论文数十篇。在《人民日报》《南方周末》《中国法律评论》等报刊发表评论数十篇。主持国家社科基金、教育部人文社科基金等课题项目。兼任北京大学刑事法治研究中心副主任、《刑事法判解》执行主编、北京市检察院检察改革与发展研究中心高级研究员等学术职务。曾获教育部高校科研优秀成果奖、北京市哲学社会科学优秀成果奖、董必武青年法学成果奖等科研奖励。曾获北京市优秀教师、宝钢优秀教师奖、北大正大教师奖等教学奖励。

出版说明

放在读者面前的这本书，集合了我近年来在刑法教义学方法上的思考和实践。

在《阶层犯罪论的构造》一书的前言中，我曾提出，要理解当代中国刑法知识转型，“犯罪论体系”与“刑法教义学”是两个最重要的关键词。前者是知识转型的核心领域，后者是知识转型的方法和方向。这也是我在《阶层犯罪论的构造》之后，又接续出版本书的原因。这两本书可视作姊妹篇，分别从核心问题与基本方法两个侧面，表达了我对当代中国刑法知识转型这一命题的个人体悟。在前一本书中，阶层犯罪论体系是一个内容主线，以主题思想总领全书。在本书中，法教义学作为方法论意义上的主线，被贯穿到各个层次的研究工作中。

何为法教义学？除了最基本的法律解释，我的看法是，在法无明文规定之处，统筹各种材料，创造出在逻辑上与实定法血肉相连的概念和理论，通过理性的力量，获得侧立于实定法身边的权威性和拘束力，成为“教义”或“信条”(Dogma)。一言以蔽之，学术造法。在此意义上，教义学既是知识，也是方法。但是，本书并不是一本谈论法教义学方法论的书，而是呈现教义学方法在知识形成上的具体运用。全书分为四编，分别在刑法思想、刑事立法、刑法概念及焦点案件四个方面，记载了我近年来有意识地运用法教义学的方法，铸造法教义学知识的微末实践。事实上，这也是我所理解的,法教义学全面展开的四个维度。

本书第一编以"刑法思想的教义学转化"为名,收入了三篇论文。其中,《刑法公法化与罪刑法定原则》与《监狱里的同居楼与刑法的现代性反思》,实际上属于自己"前教义学阶段"的作品;或者说,呈现的是尚未出现教义学转向之前的思想状态。之所以将它们收入本编,首先是因为,这两篇文章对我有特殊的意义,我舍不得将它们散落在外以至于遗忘,因而以这种敝帚自珍的方式收藏。

近二十年前,在读硕士期间,我曾经和几位志同道合的朋友组成读书小组,度过了一段值得珍念的光阴。《刑法公法化与罪刑法定原则》一文,是当时读哈耶克的一个灵感结晶,曾在朱苏力老师的《法理学》课程上得过年级高分;《监狱里的同居楼与刑法的现代性反思》则是在两次监狱参访经历的刺激下,将读福柯和哈贝马斯时的触动形诸文字,作为北大研究生"学术十杰"的参评论文,博士生期间还在理教的大教室里做过专题讲座。蒙陈兴良老师厚爱,这两篇文章后来都发表在《刑事法评论》上面,成为自己走上学术之路的标志。

现在回头看,我仍能从中感受到当年阅读哈耶克、福柯和哈贝马斯时遭遇的冲击,以及急于通过刑法视角表达体会和感悟的心情。二十岁出头刚开始写作时的文章,很不规范,幼稚、粗粝,甚至囫囵吞枣、断章取义、自以为得,但那股子纯粹的、富有生机的冲劲儿,确是年轻人独有的元气淋漓,如今已恍如隔世。

2000 年前后的刑法理论,还没有从苏俄刑法学的桎梏中解脱出来。开放之门欲推还闭,学术争鸣尚有禁区。那场后来在我看来具有重要学术史意义的知识转型,当时只是初露端倪。以苏俄知识为基底的中国刑法学,在经历了一段黄金发展期后,逐渐显露出供给不足、前行乏力的困窘。我的专业学习处在苦闷之中。对求知欲旺盛的年轻人来说,相对于传统刑法理论的浅显乏味,思想的魅力简直有一种蛊惑性。我当时沉浸在一些人文社科的思想性著作里乐不思蜀,总是抗拒下落到具体的刑法问题中。至多是借由那些思想工具从外部观察刑法,但是并没有进入到刑法体系内部探索的冲动。既不希冀从概念、条文和案件中得到乐趣,也不认为宏观思想与具体解释之间能有何实质关联。

直到读博期间出国留学,见识了德国刑法学上百年的积累,深受触动。我逐渐认识到,以刑法典为基础,以法教义学为方法和材料,也能构建起一座充满智识吸引力的大厦。从北大博士毕业后,我到外经贸大学短暂任教,又去清华大学做博士后研究,见识了张明楷、周光权、黎宏等诸位清华刑法学教授的精细程度。如果说,北大刑法学的风格是侧重思想性和批判性,侧重基础理论研究,比较宏观和大气,那么,清华刑法学的风格则是非常细密,更加重视解释而非批判,更加关注具体问题。

在北大读书和在清华工作的经历对我影响深远。回到北大任教之后,我开始考虑,如何融两家之长,再结合国外理论与本土实践,努力形成自己的研究风格。一方面,要能在"显微镜"下解剖具体问题;另一方面,又要在"望远镜"中把具体问题提升。唯有"手术刀"和"大砍刀"并练,才能打通微观与宏观的隔膜,将宏观层面的思想、价值、理念等等,通过中层的理论管道加以塑造,形成对具体问题的解释力量。简言之,将思想转化为解释力。

《自我决定权与刑法家长主义》是我博士论文中的一章,发表在《中国法学》2012 年第 1 期,部分地描绘了上述方法论的雏形。这篇文章尝试构建自我决定权和刑法家长主义之间复调式的理论框架,作为被害人教义学的基石之一。以被害人同意中的"法益错误说"与"全面无效说"为例,我试图揭示:在这种中间层面的教义学概念之上,是保守主义与自由主义的价值立场之别;而借由教义学概念向下,则可以引导出具体案件中的不同结论。我在书中提出,"在解释者的价值立场与具体问题的结论之间追溯的过程,并不是两点间的直接连线——那样就会变成直接凭借感觉、偏好、激情或权力来断案而丧失其正当性——而是必须经由一系列可反复检验的教义学管道,使得抽象的、隐含的价值观逐层被具象化和显露出来,最终落在具体的案件中。”在我看来,这就是法教义学概念的“上下求索”。

本书第一编的三篇文章,写作时间分别在读博前后,正式发表时间相距十多年之久,无论是文风还是方法论,都恍若出自两人之手。将尚不知教义学为何物时的作品,与探究教义学方法论的作品列在一编,除了内容方面都涉及一些基础法理的思辨外,更重要的是,在方法论上反映了自己十年来的心路历程:从沉醉在与刑法具体问题相疏离的抽象思辨的世界中,到有意识地运用教义学方法,形塑提供一般性解决方案的规则。对我个人而言,经历了一场逐渐将思想观念融入进刑法体系的教义学转向。

本书第二编“刑事立法的教义学批判”收入了两篇论文,分别针对刑法修正案(九)和刑法修正案(七)的立法得失进行了反思。通常认为,刑事政策是刑事立法的指导教师。法教义学研究的前提是尊重实定法,法教义学的基本立场是解释论,而非立法论。原则上来说,这是没有错的。但是,正如本书中指出的,法教义学的当代发展,已经从过去那种科学面向的、唯体系化的、纯粹依靠概念和逻辑推理构建起来的法教义学,转向为实践和经验面向的、融合了多学科知识、包含了目的、利益和价值判断的法教义学。刑法的社会任务与法教义学之间不再是相互隔离的鸿沟,而是存在贯通的桥梁。因此,人们就不应当仅仅看到刑事政策进入刑法体系,指导刑法的解释与适用这一方面,而应当同时看到,法教义学反过来对刑事政策如何正确指导立法,同样发挥着制约作用。所谓贯通,当然不能只是一方对另一方单箭头地施加作用,而是相互施压。因此,在论证刑法体系的目的理性的同时,也就意味着根据目的理性去展开的刑法体系,也必然会在一定程度上校正着立法者的目的偏离。作用与反作用的基本原理是普遍适用的。

对刑法教义学来说，特别是当它汲取了刑事政策思想之后，就不仅仅是作为司法者的助手为案件解决提供方案，而且，也就同时获得了参与立法指导的资格，可以发挥出引领和帮助立法的作用。对于刑法教义学影响刑事立法的理路，我在书中提出了如下论断："当刑事政策的思想进入到刑法教义学体系之后，它就会在与现行法条和法学理论相对照与碰撞的过程中，发现立法政策与现行法律之间的潜在冲突，彼此修补和融合，克服政策与法律各自可能存在的纰漏，从而以一种更加妥当、成熟和贴近逻辑的方式呈现出来，成为刑法教义学体系的一部分。处在教义学体系之中的刑事政策，比以往那种单纯的与刑法理论体系相互分离的刑事政策，多出了法律体系内部自洽性的考量，也多出了法律的适用效果的司法视角。在这样一种融合了刑事政策思想的教义学理论的帮助下，立法者就能够最大程度地避免新法与旧法之间的矛盾，就可以透过一个个教义学理论模型，看到之前的政策转化为立法之后在解释与适用过程中的得失，看到曾经的立法原意在实践贯彻中的后果和效率，从而来预测和调整当下的立法。"

基于上述理解，在《〈刑法修正案（九）〉的三重反思》一文中，我从教义学的基础概念、中层模型和具体解释等三个层面，对《刑法修正案（九）》涉及的多处修改展开反思。在《〈刑法修正案（七）〉的个罪检视》一文中，我通过分析内幕交易罪修改前后的利弊，旨在说明，原本可以经由教义学理论完成的任务，却在立法者增设条款之后变得更加复杂了。修法未能超越在未修法时运用教义学理论解决问题的效果，反而以一种表面上看起来似乎能直接解决问题的方式，增加了解决问题的难度。因此，不重视教义学理论的盲目修法，有可能异化为一种"现象立法"甚至是画蛇添足。

的确，法教义学的基本立场是解释论，它不是为了批判立法而生，而是要努力填补立法的漏洞。但是，关注实在法漏洞的目的和结论，却不应该像基尔希曼所嘲讽的那样，"就连天才也不惮于将自己的全部才智和学识用来为愚昧辩护”。[1] 刑法学者应当肩负解释与批判的双重使命。法教义学不仅是解释工具,也可以成为理性的批判武器。“法学绝对不是像一些人可能认为的那样,在立法的后面踱脚跟进,而往往是毋宁走在立法的前面。”在立法者的纰漏面前,学者不能放弃批判的使命而沦为单纯提供解释服务的工具,而是应当对立法技术和理念等基础性问题进行持续的批判。唯有如此,才能从根本上推动立法水平的提高和法治进步;也唯有如此,才能使学者避免陷入为皇帝新衣唱赞歌的命运。“即使法律制定者从中有所汲取的那些法学文献本身成了‘废纸’,只要科学努力的结果在一部好的法典中继续发生作用,这些努力就绝非毫无价值!”[2]

本书第三编“刑法概念的教义学诠释”,收入了三篇文章:《性犯罪中的“幼女”》、《财产犯罪中的“扒窃”》与《贿赂犯罪中的“不正当利益”》。围绕着刑法分则条文中的“幼女”、“扒窃”和“不正当利益”等三处规定,结合本土实践经验,我展开了教义学意义上的知识构建。这几处规定都具有中国刑法语境的特殊性。例如,国外刑法典中并没有同时规定“奸淫幼女”与“嫖宿幼女”且两者归属于不同罪名的情况。再如,“扒窃”是一个日常用语被规定为法言法语的典型例子,在国外刑法中找不到类似表述。又如,其他国家关于贿赂犯罪的立法,都未包含“谋取不正当利益”的文字。总之,这些规定都是具有中国特色的立法,无法从国外的立法和理论中直接获得可资借鉴的资源,要想从法理而非文字表皮上把握它们,只能有赖于中国学者自己对法律和生活的理解与想象,以及在理论上的抽象和创造。

---

〔1〕[德]J. H. 冯·基尔希曼:《作为科学的法学的无价值性——1847年在柏林法学会的演讲》,赵阳译,载《比较法研究》2004年第1期。

〔2〕[德]卡尔·拉伦茨:《论作为科学的法学的不可或缺性》,赵阳译,载《比较法研究》2005年第3期。

《性犯罪中的“幼女”》一文，原题为《强奸罪与嫖宿幼女罪的关系》，发表于《法学研究》2010 年第 2 期。这篇文章是否收入本书，一度让我非常犹豫。该文当年写作时颇为用心，也是我已发论文中引证率较高的一篇，难免有所偏爱。不过，随着《刑法修正案(九)》废除了嫖宿幼女罪，我又担心读者会认为它已过时，失去了收入的价值。但查看知网后意外发现，在 2015 年废除嫖宿幼女罪之后，该文在 2016 年和 2017 年的引用数又持续增加了 40 多个。我翻看了一下，原因大致如下：一方面，文中提出的根据性同意能力区分卖淫幼女与普通幼女的观点，仍然有助于理解和评价现行法中的强奸罪以及其他涉及幼女的卖淫类犯罪。另一方面，以两罪关系为平台，由此展开的关于法条竞合的界定以及想象竞合犯滥用风险的分析，以及构建概念时的被害人视角与类型化思考，超越了个别罪名的存废，具有一般性的教义学方法论的意义。[1] 在嫖宿幼女罪废除两年之后，这篇文章经受住了时间考验，教义学的讨论没有随法条消亡，反而显示出独立的生命力，这令我颇觉欣慰，也坚定了我最终收入它的决心。

扒窃入刑是《刑法修正案(八)》中最引人注目的一处修改。它曾经在实践中引发了极大争议，主要问题是“扒窃”的内涵不清、外延模糊、缺乏规范边界。如何区分扒窃与其他盗窃行为，司法实务亟待理论上提出既有说服力又有实操性的标准。立法者在这里出给学界的题目是，如何将一个在中文语境下司空见惯的、能够引起人们形象联想但含义模糊不清的日常用语，转化为一个有明确内涵和规范边界的法学概念？《财产犯罪中的“扒窃”》一文，原题为《扒窃入刑：贴身禁忌与行为人刑法》，发表于《中国法学》2013 年

[1] 这方面最新的引证文献如王兵兵：《刑法中“本法另有规定，依照规定”条款的类型化分析》，载《西部法学评论》2017 第 4 期；黄小飞：《法条竞合之特别关系类型及其适用规则》，载《中国刑事法杂志》2017 年第 3 期；陈洪兵：《罪刑相适应原则在刑法解释中的适用研究》，载《交大法学》2016 年第 4 期。

第1期，就是对上述问题的回应。在我看来，通常所说的“公共场所”或“随身携带”，都不是界定扒窃概念的核心要素。我在文章中提出，应当开辟被害人视角，以“贴身禁忌”作为扒窃概念的思想基础。由此论证：扒窃是指侵入他人贴身范围，盗窃他人贴身携带的财物；随身携带的财物，如果不在贴身范围内，不能成为扒窃的对象；得到允许进入他人贴身范围后实施盗窃的，不构成扒窃。按此标准，可以清晰有效地区分实践中出现的各种争议情形。这篇文章算是我的一篇尝试“螺蛳壳里做道场”的得意之作。一方面，它是在没有国外的现成理论可资借鉴的情况下，自力更生创造教义学知识的努力。另一方面，它吸收了生物社会学和身体社会学的研究成果，证明社科理论可以融入法教义学知识的生产过程，成为规则创设的灵感来源和思想支撑。

《贿赂犯罪中的“不正当利益”》，是新近完成的一篇文章，原题为《行贿罪之“谋取不正当利益”的法理内涵》，发表在《法学研究》2017年第2期。在我国刑法规定的贿赂犯罪中，有多处“谋取不正当利益”的表述。在比较法层面上，德日刑法中的贿赂犯罪都没有类似“谋取不正当利益”的规定。从我国的司法实践来看，一系列司法解释和判例在不断地校正和改变“谋取不正当利益”的边界和含义。因此，关于“谋取不正当利益”的认定，一直困扰着刑法理论与司法实践。我在这篇文章中认为，应当以职务行为与贿赂之间的对价关系，作为理解所有贿赂犯罪的核心教义。因而对于第388条行贿罪的解释方向，就应由行为人一端转换到国家工作人员一端，将国家工作人员是否违背职务作为判断利益是否正当的标准。由此一来，在立法文字上缺失的“违背职务与给予财物之间的对价关系”，就在解释论上被构建起来并被补充进行贿罪的构成要件结构中。在此基础上，结合域外理论和本国实践提供的经验素材，我尝试以2012年司法解释的文本为基础，对其进行理论改造和教义学化，提出了“违反规则—违背原则”之二元论的“新违背职务说”。

上述三篇文章的共性，是显示出教义学知识的国界性，以及教义学方法的无国界性。刑法教义学知识是围绕着本国刑法典构建而成的。而现行刑法中的很多规定，是中国刑法典独有而不见于国外刑法典的，自然也就难以找到国外现成的刑法教义学知识作为理论资源。但是，学者创造教义学知识的方法是没有国界的，无所谓外国或中国的方法之别。对于起步较晚的中国刑法学来说，不仅要直接引进那些可以无语境障碍地解决中国问题的教义学知识，而且还要虚心涵泳，沉潜其中，体味国外学者是如何创造出那些教义学知识，如何在教义学方法上“运用之妙，存乎一心”，从而逐渐掌握这套方法，最终在国外的教义学知识因语境障碍而无法适用或陈旧匮乏的地方，创造出围绕着中国刑法规定构建起来的新的教义学产品。就此而言，当代中国刑法学者承担的学术任务是错综复杂的。

本书第四编“经典案例的教义学解读”，收入了三篇文章。近年来，针对一些引起社会各界普遍关注而且包含法律疑难问题或实务争点的影响性案件，我写了不少文章，力图从专业的角度予以解读。有时候写作对象是非刑法专业的法律人，我就尽量用通俗的笔法解说个案，文章性质属于学术随笔；还有些文章的写作对象是刑法同行，文体当然就是个案研究型的学术论文。这里收入的三篇文章属于后者。如果要挑选出每一年中最具有轰动性和影响力的焦点案件，那么，陕西周正龙诈骗案、云南李昌奎强奸杀人案以及天津赵春华非法持枪案，无疑都是当年最有竞争力的入选者。由它们引发的法律观念及教义学问题的碰撞与争议，影响之深远，早已超出了案发当年，这些案件已经载入刑法学术史，成为值得在学术上持续探讨、反复论及的经典案例。

一个对于行骗者所说事项产生具体怀疑而仍然处分财产的被害人，是否还能受到诈骗罪的完整保护？这个在被害人教义学理论中经常被提出来讨论的问题，出现在华南虎照片的真伪尘埃落定，司法机关以诈骗罪追究造假者周正龙刑事责任的场合。《周正龙案：诈骗罪中的被害人错误》，原题为《从华南虎照案看诈骗罪中的受害者责任》，发表于《法学》2008 年第 9 期。我在这篇文章中，于国内学界第一次正式使用“被害人教义学”的名称，简要地介绍了德国刑法学界从被害人在量刑阶段发挥作用到在不法判断中发挥作用的观念转变和理论争议。特别是在诈骗罪构成要件的限缩性解释中，对于有具体怀疑的被害人是否陷入错误，以及简单、拙劣的骗术是否构成诈骗罪中的欺诈行为这两个被害人教义学的代表性问题，分别加以阐述并运用其分析了周正龙案。作为结论，文章提出，“如果能够证明受骗者已经对照片的真假产生怀疑，但是最终还是舍弃本可以充分使用的自我保护手段，而基于投机心理贸然投身风险，从而遭受损失的，国家就没有必要再大费周折对其保护了。这种投机的心理不宜再被看做是‘陷入错误’”。

云南李昌奎强奸杀人案因为二审被改判为死缓，曾经在 2011 年引起了轩然大波。我当时受邀参加央视《新闻 1 + 1》节目录制，现场直播自觉分寸尚可，但还是遭遇了网络上的各种攻击谩骂。可见当时此案争议之大。李昌奎案件涉及死刑标准的理解和把握，不可能在电视媒体上短时间说得透彻，这也促使我决意专门写一篇学术论文。《李昌奎案：“邻里纠纷”与“手段残忍”的涵义》，原文发表在《法学》2011 年第 8 期。我在这篇文章中提出“通过技术渠道消解理念之争”的看法。在我看来，法院审判坚持独立性和权威性的关键，在于通过技术渠道运用专业能力吸纳民意并消解理念之争。“死刑存废与限制与否往往关乎价值立场，而价值立场层面的讨论，又总是具有难以争辩、不易说服的非逻辑性的特点。与其在宏观的价值理念上彼此对峙并试图高高在上地引导民众，莫如倾听和发现汹涌民意中的理性成分，将其转化为可以在逻辑和经验层面探讨的技术问题。这就是法教义学让人心平气和、理性沟通的功能和意义。”

云南省高级人民法院二审改判死缓的重要理由，是认为李昌奎案适用最早在1999年《全国法院维护农村稳定刑事审判工作座谈会纪要》中提出的所谓“邻里纠纷”的死刑政策。我在文章中就“邻里纠纷”这一概念进行了教义学诠释。在我看来，“邻里纠纷”不是空间性和物理性的地域概念，而应被理解为以熟人社会为情理基础、以特殊预防为刑罚目的、以直接关联性为教义学特征的法律概念。行为人或被害人不是制造纠纷的直接当事人的，不适用“邻里纠纷”的优惠政策。李昌奎与被他杀死的3岁幼儿之间，不存在任何直接纠纷，其杀死幼儿的行为，不符合“邻里纠纷”的政策精神。此外，二审判决书去掉了一审认定的“特别残忍的手段”这一表述，直接影响到改判死缓。这显示出司法实践对“手段残忍”的认识模糊，缺乏实质把握，因而需要从理论高度加以阐明。在我看来，“手段残忍”重在强调行为对善良风俗和人类恻隐心的挑战，它是以社会一般观念作为判断基准的规范性概念。李昌奎案激起民愤呼吁该杀的重要因素，就是民调反映出来的、公众普遍认为李昌奎杀人手段残忍：对一名被害人先奸后杀，对另一名被害人（3岁幼儿）倒提手脚撞击门框摔死。因此，司法者应当充分重视并吸收民意舆情中的合理成分，基于专业视野将其转化为法律上的标准，而不宜简单地将公众的激愤贬低为“非理性的死刑狂欢”。

面对各方压力，2011年8月22日，云南省高级人民法院对李昌奎案做出再审判决，最终改判死刑立即执行。该案就此尘埃落定。而我在2011年8月写的这篇文章，也激发了我在运用现有的教义学理论解读个案的同时，进一步针对以往习以为常的、流于简单理解也因而恣意适用的一些法律规定，进行全新的教义学内涵的阐释、创造新的教义学理论的热情。

根据《刑法》第128条规定，非法持有枪支罪是指违反枪支管理规定，非法持有枪支的行为。该罪罪状简单，以往并未得到刑法理论的充分重视。但是，2016年的赵春华非法持枪案，则将该罪推送到公众舆论关注的风口浪尖。生活在天津的51岁的赵春华，用2000元钱从他人手中盘下了一套射击打气球的装备在街头摆摊。经公安局鉴定，赵春华摆射击游戏摊使用的9支枪形物中有6支为“枪支”。一审法院以非法持有枪支罪，判处赵春华有期徒刑3年6个月。赵春华不服提起上诉，二审法院维持一审罪名，改判为有期徒刑3年，缓刑3年。赵春华非法持枪案意义深远。它折射出舆论对底层谋生者和司法合理性的关注，也极大地推动了学界对于非法持有枪支罪的深入研究。

在《赵春华案：非法持有枪支罪的构成要件解释》一文中，我提出了四个区分。第一，应当区分非法持有枪支罪的“持有”与非法持有毒品罪的“持有”。枪支不是一次性消耗品，持枪自娱与持枪犯罪之间不存在互斥关系，不同的用途可以并存。即使能够证明持枪目的是为了摆摊游戏，也不能排除将枪支用于实施未然之罪的可能性。第二，应当区分持枪与开枪。不能把开枪后能否致人重伤或死亡，作为认定“枪支”的决定性因素。即使客观致伤力相对低微，只要所持枪形物的外部形象足以让公众产生危惧感，就可以认定为“枪支”。第三，应当区分“违反枪支管理法规”与“非法”。后者不是前者的同义反复，而应理解为整个法秩序。作为国民文娱生活传统一部分的射击游戏，即使违反了具体的实定法规定，也应当在整体性的法秩序评价中被正当化。第四，应当区分对枪支的认识错误与对持枪是否违法的认识错误。前者是构成要件错误，可以排除故意；后者是违法性认识错误，可以减免责任。

这篇文章是应陈兴良教授主题组稿，发表在《华东政法大学学报》2017年第6期。同期主题下的其他学者的文章，也都不约而同地谈到了违法性认识错误的问题。这也是与当下的立法和司法时弊链接较为紧密的一个重大议题。包括本案在内，近年来出现的大学生掏鸟窝案、内蒙古玉米案、河南兰草案、深圳鹦鹉案等一系列影响性案件，其引发广泛关注的背后，都存在着法院罔顾被告人

"不知违法"的辩解而直接认定有罪，与普通民众的法律认知产生激烈对立的原因。在违法性认识错误的研究成果已渐成积累的情况下，未来期待有更多的焦点案件形成倒逼压力，督促立法者和司法者突破在违法性认识上的陈旧观念，积极回应普通人的正义直觉。

第四编收入的三篇文章，均是围绕着具有重大社会影响的焦点案件展开，或者是运用已有的教义学理论进行个案解读，或者是由个案激发新的教义学理论的构建。近年来发生的一系列重大刑事案件广受关注，给司法机关相当大的压力，这反映出在这样一个变革的时代，司法不能够再以一种半神秘或者简单交代结论就打发公众的方式进行了。与此同时，这也充分显示，司法说理迫切需要刑法理论的支援。因此，围绕个案展开的法教义学研究，在刑法理论研究中必将占据越来越重要的地位。中国法院每年处理百万起刑事案件，新型案件不断涌现，疑难问题急需理论支援，这些都是实践部门向学界发出的迫切呼唤。如果回避或搁置司法实践的呼唤，淡漠地应对社会舆论对重大疑难案件的关注，不能给出有针对性和解释力的观点和方案，在某种意义上可能意味着部门法学者的失职，对刑法学发展而言，也将会整体性地失去引导和影响公众法治观念和司法制度变革的机会。这就是我近年来在一些纯粹理论探索性的研究之外，专门分出精力，运用包括论文和随笔在内的各种方式关注个案，向公众阐述和普及刑法知识的原因。我把它视作一个专业知识分子在学术天职之外履行社会责任的特定方式。

如果说《阶层犯罪论的构造》一书呈现的是以犯罪论体系为核心的总论教义学，那么，本书主要是教义学方法在刑法分论领域中的运用。这两本书合在一起，大体记录了我在传统刑法教义学领域中的耕耘。在整理过往文章时，重新唤起写作当时的记忆，每一篇文章都记录了一段全身心投入工作无暇顾及家庭的愧疚，感谢家人对我的容忍和支持。感谢责编赵明霞女士,我们共同经历了出版过程中的焦虑和喜悦,没有她的真诚、坚韧和高效,本书出版遥遥无期。感谢美编马帅先生,为裸身出浴的内容包上了私人订制的精美华服。书中部分章节,曾在《中国法学》、《法学研究》、《中外法学》、《政法论坛》、《法学》和《华东政法大学学报》等刊物发表,感谢白岫云、熊秋红、李强、梁根林、江溯、于贺清、孙万怀、于改之、马长山、肖崇俊等诸位编辑老师的厚爱和鼓励。感谢我的学生蔡颖、徐成、邓卓行、陈尔彦、韩妍婷、曾军瀚以及远在德国的王华伟博士为本书核校提出的宝贵意见。最后,感谢陈兴良教授为本书赐序。“序者,绪也,所以助读者,使易得其端绪也。”在这个意义上,陈兴良教授也是当代中国刑法教义学这部大书的作序者。作为弟子,我也以自己这本小书当作祝福陈老师花甲之年安康的寿礼,表达对老师几十年来以学术立命笔耕不辍的敬意。

最后说几句闲话。像我这样的70后的一代人,多少都看过几本武侠小说。任何一本书中的武侠世界,都不会只有一两个门派;江湖是多姿多彩的。绝顶高手很多,但并不总出现在少室山,例如风清扬或者东方不败;有时候最厉害的功夫也不是源自达摩堂,例如六脉神剑或者乾坤大挪移。但是,没有一个武侠迷会因此否认,在想象的江湖共同体中,少林寺始终是那个匡扶白道、代表正宗功法的角色担当。我觉得法教义学也是如此。我从不认为法教义学是法学研究的全部,甚至我也不认为,法教义学的功夫就是天下第一。但是,在一个法典化的国家中,以法律的理解与适用为旨归的法教义学,在保障法的安定性与正义的平等实现方面,在保障法律职业独立于政治、经济、文化等诸多力量的影响方面,在保障法学研究自立于其他学科获得专业尊严方面,具有不可替代的功能;即使这种独立只有相对的意义。

“解印无与言,见山始一笑。”从我家里的西窗望去,是郁郁苍苍的百望山。“我见青山多妩媚,料青山见我应如是。”每个认真的学者都免不了自恋，总觉得自家的研究路数最好；像张爱玲说的，“朝着自己的肚脐眼看出朵花来”。想开一点说，无论是白展堂的葵花点穴手，还是郭芙蓉的排山倒海，不过是江湖儿女叽叽喳喳的热闹生活，自己练着高兴就好。没必要全天下只开一家武馆，扎同一个马步；参差多态乃学术之幸，要有兼容并蓄的大气。从事法教义学研究的，不从事法教义学研究的，只要是在认真做学问，即使做不到相互借鉴，最好也能彼此尊重和欣赏。“各美其美，美人之美，美美与共，天下大同”。

当然，每个人的学术生涯都具有唯一性。或许有一天，我的兴趣也会溢出传统法教义学的领域，但我仍然会坚持教义学在刑法学研究中的主流地位。这可能是70后这代人的另一个特点，当然也可能是我个人的性格，就是没有90后或00后那么潇洒，而是在追求个人自由和乐趣的同时，又坦然接受责任、使命、意义这些魔咒的附身。如卡多佐所言，我们只是在一个无尽的过程中，应征来完成各自的工作。“当我在这一过程中扮演的小角色被人们遗忘很久之后，你们还将在这里来完成你们的那份工作，并将高举火炬继续向前。”〔1〕

车　浩

2017年10月于京郊见山居

---

〔1〕［美］本杰明·卡多佐：《司法过程的性质》，苏力译，商务印书馆2000年版，第113页。

序

在车浩的论著中,摆在我面前的,即将与读者见面的《刑法教义的本土形塑》一书,是极为独特的。因为这部书的各章之间本身相距十多年,并且是在车浩发表的论文中遴选出来编辑而成的。但在车浩的精心打造之下,本书以一种全新的学术专著的面貌问世,令人惊艳。当车浩邀我为本书作序的时候,我再读了一遍本书,还是具有一种新鲜感。不由得感慨,当珠子被能工巧匠穿成一串的时候,即使我们对其中的每一颗珠子都熟悉,而一串珠子的整体感还是吸引了我们的眼球,对每个珠子的熟悉感被整串珠子的生疏感所取代。在这个意义上说,当本书编成的时候,一篇篇的论文“死”了,取而代之的是一部独立的论著。

《刑法教义的本土形塑》是车浩的第二本学术论著,其第一本学术论著是《阶层犯罪论的构造》。从这两部论著的书名来看,第一本书侧重于对犯罪论体系的探讨,而第二本书则侧重于对刑法教义的阐述。在此,车浩涉及了当前我国刑法学界的两个热点话题,就是犯罪论体系和刑法教义学。其实,这两者之间又是存在密切联系的。其中,刑法教义学是指整个刑法知识的属性,而犯罪论体系则是以犯罪成立条件为核心的知识内容。就此而言,犯罪论体系只是刑法教义学的总论而已。但刑法教义学绝不止于知识论,而且是一种方法论。对刑罚论进行刑法教义学的研究,形成刑罚论的教义学;而对刑法分则进行刑法教义学的研究,形成个罪的教义学。因此，教义学才是这两本书的关键词，也是贯穿这两本书的逻辑线索。正如车浩在本书的出版说明中所言：“如果说《阶层犯罪论的构造》一书呈现的是以犯罪论体系为核心的总论教义学，那么，本书主要是教义学方法在刑法分论领域中的运用。这两本书合在一起，大体记录了我在传统刑法教义学领域中的耕耘”。其实，就两本书的主体内容而言，车浩都没有对刑法教义学进行系统的论述，而只是在导论中对刑法教义学的相关内容做了具有理论深度的考察。因此，这两本书可以说是车浩自觉或者不自觉地采用刑法教义学的方法，对刑法若干重大理论问题进行思考的成果。

任何一个学者都不是在规划好了学术路径和方向以后，然后按部就班地开展学术研究的。而是在学术兴趣的支配下，在一种较为懵懂的状态下踏上学术征途的，无可避免地会以误打误撞的姿态开场。对于有些人来说，可能会走一段弯路然后才找到自己的目标。幸运的是，车浩从一开始就将学术目光投向了学术的灯火阑珊处，从学界不甚关注的冷僻问题进入，这就是车浩最初发表在我主编的《刑事法评论》2002 年第 11 卷的《刑法公法化的背后——对罪刑法定原则的一个反思》和第 2003 年第 13 卷的《被遮蔽的世界：同居楼里的性和生育——对现代性问题的一个刑法学切入》这两篇论文。这两篇论文之所以吸引我，就在于它不是在现有的刑法话语内进行鹦鹉学舌式的写作，而是勇于对现实生活中的鲜活问题进行反思和提炼，并且在表述上也具有独特性。正如车浩自己所言，上述两篇论文“实际上属于自己‘前教义学阶段’的作品；或者说，呈现的是尚未出现教义学转向之前的思想状态。”

确实，在 2002 年前后，我国刑法学向教义学的转向也才刚刚开始，并没有成熟的刑法教义学知识体系摆在我们目前。即使是在刑法教义学已经形成一定规模和声势的今天，我还是不赞同初学者一头扎进刑法教义学的话语之中，将自己的想象力束缚在刑法教义学的框架之内。一个人，从孩童时代的天真，到接受知识以后，建立起成人的思维；再到进入一个专业，形成专业思维，这是一个成长的过程，也是一个从无拘束到拘束的过程。拘束的好处是将注意力聚焦于某个问题，由此而深入下去，避免精神的浪费。但无拘束的好处是思绪如同汪洋肆意泛滥，无所不及，极大地丰富一个人的想象力。进入到一个专业，一般的规律是先博后专：博然后专。因此，首先需要奠定扎实的理论根基，然后才是找准一个课题深入地钻研下去。而不能在没有对本专业进行上下左右打量的情况下，一头扎到一个具体问题中去而不能自拔。所以，车浩最初的论文虽然不是教义学的，但论文所表现出来的作者的思考能力和表达能力，显然对于此后转向刑法教义学是不可或缺的。因为我是这两篇车浩的“前教义学阶段”的作品的首批读者之一，所以对于初读这两篇论文眼前一亮的感觉记忆犹新。

尽管本书的主体内容主要是对具体刑法问题的教义学分析，但在本书的导言中，车浩还是从三个方面，即：立场与方法；历史与现况；批评与回应，对刑法教义学的一般原理做了体系性的叙述，从而提供了教义学的分析工具，对于我国当下在部门法兴起的教义学偏好做了精到的阐述，这是本书的点睛之笔，值得重视。

对于刑法教义学，我也有些思考。不过，车浩的这篇可以称之为法教义学宣言性质的论文还是对我具有启迪。法教义学区别于所谓社科法学，这是在方法论上就可以明确予以界分的，对此争议并不大。但对于法教义学和法解释学之间如何厘清两者的关系，则是一个颇费心思的问题。法解释学，顾名思义，是对法进行解释而形成的理论学说。那么，法教义学呢？是将法视为教义的理论学说？如此界定，似乎难获教义学的真谛。因此，对于法教义学并不像法解释学那么容易界定。

在导言中，车浩引用德国学者耶林的论述对法解释学与法教义学的关系加以说明：“刑法解释方法，只是法学方法论中的一部分；通过具体解释来寻求刑法条文本意，这也只是法教义学工作的一部分。按照耶林的说法，法教义学存在高低层次之分。在他看来，那种只能对法律材料提出解释、厘清矛盾的法教义学，仅仅拥有分析和逻辑体系化的方法，属于'较低层次法学'；而能够使法律材料摆脱命令形式，在分析、逻辑抽象的基础上进行进一步自由塑造，采用建构方法形成独特的"法学身体"的生产性法教义学，属于'较高层次法学'。"在以上论述中，耶林对于"较低层次法学"与"较高层次法学"的区分是容易产生误解的。这里的"较低层次法学"不如说是"基础性的法学"，而"较高层次法学"则应当理解为"进阶性的法学"。因为，只有在正确解释法律基本含义的基础上，才能进一步进行法律的逻辑推理。值得注意的是，在此耶林还提出了"生产性法教义学"的概念，这是对所谓"较高层次法学"的一个最佳注脚。

实际上，初始的法学，都是以对法律的解释为主要方法和内容的。例如，我国古代的律学，实际上是法律语言学，即以揭示律文的语义为主要使命。因此，所有律学方法都是围绕律文的语义而展开的。清代律学家王明德所著《读律佩觿》一书，提出了八种读律的方法，称为读律八法，即：一曰扼要，二曰提纲；三曰寻源，四曰互参，五曰知别，六曰衡心，七曰集意，八曰无我。这些所谓读律方法，其实只是中国古代注释六经的一般治学方法，甚至没有提出专门的法律注释方法。更不要说，逻辑方法在法律解释中的运用。即使是采用语义解释等方法对法律规定进行注释，也还是局限在法律已有的规定范围内，而耶林所说的"生产性法教义学"也是不存在的。只有到了法学发展的较高阶段，才会出现"生产性法教义学"。因此，法教义学最为重要的特征也许就在于其所具有的生产性。这里的生产性，可以理解为生发性或者生长性，即不限于对法律规定的解释，而是以法律规定为出发点，进行逻辑推理，从而填补法律规定的盲区或者漏洞。这才是法律解释学所不具有的功能，也是法教义学的优势之所在。

值得进一步思考的问题是:法教义学中的教义是什么?这里的教义是法律规定吗?回答是否定的。对待法律规定就像对待宗教教义一般,这是法教义学的应有之义。但这并不意味着法教义学中的教义就是指法律规定。如果法教义学中教义是法律规定,那么,法教义学只是法律学的重复,没有揭示其特殊性。这里的法教义学是指采用宗教教义学的方法对法律进行研究而形成的法学知识形态。法教义学是要在法律规定与没有法律规定的空白地带之间建立某种连接,最终实现从有限的法中发展出无限的法,由此填补法律的空白。正如车浩所言,“一个运用法教义学方法的学者,经常会站在一个缺乏法条的地方,向远处的某个法条扔去绳索,套在那法条上,从而让自己的观点与那法条之间建立起一种逻辑关联。于是,赞成或反对自己的观点,经过这逻辑绳索的传递,最后就变成了是赞成或反对法条。这样一来,自己的观点就与法条之间形成了一种逻辑共生关系,分享了实定法的权威性,从而可以运用这个观点去解决法律没有明文规定的问题。在这个意义上,法教义学规则的权威性或约束力,归根结底是来自于实定法。”可以说,车浩的以上比喻是十分到位的。在我看来,对于法律把握并不仅仅是一个语义解释的问题,而且更为重要的是,应当以刑法规定为根据进行逻辑推理,通过这种逻辑推理所产生的是刑法教义学之教义。这里的教义本身并不是法律规定,而是从法律规定中通过逻辑推理引申出来的教义规则,这种教义规则同样对于法官具有拘束力。

例如,我国《刑法》第 196 条规定的是信用卡诈骗罪。其中,第三款规定,盗窃信用卡而使用的,依照《刑法》第 264 条的规定定罪处罚。这里的《刑法》第 264 条是对盗窃罪的规定,因此,本款的含义是:盗窃信用卡而使用的,以盗窃罪论处。根据《刑法》第 196 条第 3 项的规定,冒用他人信用卡的,属于信用卡诈骗行为。因此,在盗窃信用而使用的情况下,包含了两个行为:第一是盗窃信用卡的行为，构成盗窃罪；第二是冒用他人信用卡的行为，构成信用卡诈骗罪。在以上情况下，从理论上来说，存在多种定罪的可能性：以盗窃罪与信用卡诈骗罪数罪并罚；将此种情形认定为牵连犯，以重罪即盗窃罪论处；或者将此种情形认定为吸收犯，以信用卡诈骗罪论处等。但刑法对此做了明确规定：以盗窃罪论处。显然，法律规定的效力高于任何理论。在司法实践中，不仅存在盗窃信用卡而使用的现象，而且还存在抢劫信用卡而使用，抢夺信用卡而使用，诈骗信用卡而使用，捡拾信用卡而使用等各种情形，对于这些情形如何定罪呢？在这种情况下，我们就可以对《刑法》第196条第3款关于盗窃信用卡而使用的，以盗窃罪论处的规定进行逻辑抽象，从中提炼出以下规则：非法取得他人信用卡，然后使用他人信用卡的，以非法取得行为定罪。根据这一规定，如果取得行为是盗窃，则定盗窃罪；如果取得行为是抢劫，则定抢劫罪；如果取得行为是抢夺，则定抢夺罪；如果取得行为是捡拾，则定侵占罪。以上规则中，只有取得行为是盗窃应定盗窃罪是由刑法明文规定的，而其他规则都是刑法没有明文规定的，但它又是从刑法规定中通过逻辑演绎的方法推导出来的，因而具有一定的拘束力。这就是教义规则的来源以及拘束力，通过这种刑法教义学的逻辑推演，产生大量教义规定，从有形之法发现无形之法；从有限之法扩展为无限之法。正是在这个意义上讲，法教义学是一种法学的方法论。

在本书中，车浩从刑法教义学出发，对刑法中涉及的若干重大理论问题进行了教义学的分析。其中，对立法的刑法教义学分析和对个罪与个案的刑法教义学分析给我留下了深刻印象。立法是创制法律，对立法的研究属于立法论的范畴。而法教义学属于司法论的范畴，本来立法论与司法论是处于对立状态的。但车浩在本书中对立法进行了法教义学的分析，这是十分新颖的一种思路。车浩认为，法教义学向来就有着引领和帮助立法的功能。因此，揭示法教义学的这种对立法的引导功能，就成为本书所努力的一个面向。在对《刑法修正案(九)》相关立法规定的分析中,车浩就采用了法教义学的方法。例如,在《刑法修正案(九)》中,出现了预备行为、中立帮助行为正犯化等现象,对此需要从刑法教义学的角度进行梳理,以此加深对这些法律规定的理解。同时,以刑法教义学原理为关照,还可以对立法进行某种程度的批评,正如车浩引用德国学者金德豪伊泽尔的一句话:“在讨论什么是正确的刑法这个话题上,刑法教义学者肯定是有能力来适当地回答相关的技术问题的。”〔1〕当然,从刑法教义学角度对立法进行评价,这只是刑法教义学的附带的功能,而不是它的主要使命。本书对个罪与个案的刑法教义学分析,也是具有特色的篇章。其中,对于扒窃的分析就十分精彩。对于扒窃,车浩上升到触犯贴身禁忌的高度,这可谓神来之笔,令人脑洞大开。在个案的分析中,对李昌奎案中涉及的“邻里纠纷”与“手段残忍”的涵义的分析,给我留下了深刻的印象。

《刑法教义的本土形塑》一书是车浩以刑法教义为线索对以往科研成果的一种再挖掘和再梳理。尽管收入本书的各章内容都以论文的形式发表过,但经过编辑以后,还是形成了较为完整的理论体系,可以从一个侧面呈现车浩这些年来在刑法教义学研究上的学术产出,这是作为车浩的导师应当为车浩感到高兴的。当然,本书还不是对刑法教义学的全面的、体系性的、总论性的论述。我期待着车浩在刑法教义学一般原理的研究上取得进展。

是为序。

陈兴良

谨识于北京海淀锦秋知春寓所

2017 年 10 月

〔1〕[德]沃斯·金德豪伊泽尔:《适应与自主之间的德国刑法教义学——用教义学来控制刑事政策的边界?》,蔡桂生译,载《国家检察官学院学报》2010 年第 5 期。

目录

导言
理解当代中国刑法教义学

中国刑法学正在经历一个知识转型的时代。它构成了身处这个时代的每一位刑法学者及其作品无法摆脱的约束性条件。转型的基本特征之一,就是在学术大开放的格局下,域外刑法教义学知识和方法的引入,以及在国内学界的迅猛发展。理解刑法教义学在中国的发展轨迹和遭遇的问题,是理解当代中国刑法知识转型的重要线索。导言部分从法教义学的一般性立场和方法出发,揭示法教义学在中国刑法学界发展的历史与现况,特别针对近年来关于法教义学的各种批评与质疑,尝试做出全面性回应,由此作为引领全书的主题线索和阅读背景。

一、立场与方法

法教义学一词源于希腊语中的"Dogma","这个概念首先在哲学中使用,然后在(基督的)神学中使用。Dogma 是'基本确信'、'信仰规则'的意思,它不是通过理性的证明,而是通过权威的宣言和源自信仰的接受来排除怀疑。"[1]按照德国学者拉伦茨的说法,

---

〔1〕[德]魏德士:《法理学》,丁晓春、吴越译,法律出版社 2005 年版,第 136 页。

法教义学就是法学的同义词。“法教义学可以用来描述一种——以形成某些内容确定的概念、对原则作进一步的填补以及指明个别或多数规范与这些基本概念及原则的关系为其主要任务的——活动。透过这种活动发现的语句,其之所以为教条,因为它们也有法律所拥有的——在特定实证法之教义学范围内——不复可质疑的权威性。教义学一语意味着:认识程序必须受到——于此范围内不可再质疑的——法律规定的拘束。”〔1〕从这段表述中,至少可以引申出关于法教义学的立场与方法两方面的理解。

(一)立场

法教义学首先代表一种尊重现行法的态度。“教义学必须受到法律规定的约束”。这意味着,围绕着概念、法条以及概念与法条之关系展开的教义学研究,是以尊重现行实定法为前提,在现行法秩序框架之内活动,以对现行法律的尊重为前提,“假定现行法秩序大体看来是合理的”。〔2〕实定法既是法教义学的研究对象,也为法教义学的研究活动划定了边界。按照康德的表述,教义学是“对自身能力未先予批判的纯粹理性的独断过程”。“教义学者从某些未加检验就被当作真实的、先予的前提出发,法律教义学者不问法究竟是什么,法律认识在何种情况下、在何种范围中、以何种方式存在。这不是指法律教义学必然诱使无批判,但即便它是在批判,如对法律规范进行批判性审视,也总是在系统内部论证,并不触及现存的体制。”〔3〕因此,法教义学反对摆脱“法律约束”的

---

〔1〕[德]卡尔·拉伦茨:《法学方法论》,陈爱娥译,商务印书馆2003年版,第107页以下。

〔2〕[德]卡尔·拉伦茨:《法学方法论》,陈爱娥译,商务印书馆2003年版,第77页。

〔3〕[德]阿图尔·考夫曼、温弗里德·哈斯默尔主编:《当代法哲学和法律理论导论》,郑永流译,法律出版社2013年版,第4页。

要求,主张法律(规范)对于司法裁判的约束作用,[1]因而主要是一种解释论而非立法论。

"法教义学并不主张批评法律,而是致力于解释法律。通过对法律的解释,使法律容易被理解,甚至可以在一定限度内填补法律的漏洞。法教义学研究并没有丧失研究者的能动性而成为法律的奴仆,而是使法律变得更完善的另一种途径。"[2]对刑法教义学而言,刑法规定既是解释对象,也是解释根据。冯军教授甚至认为,刑法教义学应当将现行刑法视为信仰的来源,"在解释刑法时,不允许以非法律的东西为基础。对刑法教义学者而言,现行刑法就是《圣经》。"[3]不过,能否将法律视作不容许认定为有缺陷的"圣经",张明楷教授有不同的看法,"在刑法条文的表述存在缺陷的情况下,通过解释弥补其缺陷,是刑法教义学的重要内容或任务之一。事实上,将批判寓于解释之中,是刑法教义学的常态。"[4]按照这种理解,法教义学当然有批判功能;只不过这种批判功能的表现形式之一,往往是以解释法律的面目出现。

基于解释论的立场,形成了法教义学的知识体系。它包括法律,但不限于法律。法律是其中的基本框架与脉络,通过法教义学方法,使之形成一个有血有肉的理论体系。[5]"刑法教义学是一门对于刑法领域中的法律规定和学说理论进行解释、体系化和构建发展的学科。"[6]在这个意义上,刑法教义学就是刑法学的代名

---

〔1〕 雷磊:《法教义学的基本立场》,载《中外法学》2015年第1期。

〔2〕 陈兴良:《刑法知识的教义学化》,载《法学研究》2011年第6期。文章后收录于陈兴良:《刑法的知识转型(学术史)》,中国人民大学出版社2012年版,第2页以下。

〔3〕 冯军:《刑法教义学的立场和方法》,载《中外法学》2014年第1期。

〔4〕 张明楷:《也论刑法教义学的立场》,载《中外法学》2014年第2期。

〔5〕 陈兴良:《刑法的知识转型(学术史)》,中国人民大学出版社2012年版,第6页。

〔6〕 Roxin, *Strafrecht AT*, 2006, §7A, Rn. 1.

词。“其基础和界限源自刑法法规，致力于研究法规范的概念、内容和结构，将法律素材编排成一个体系，并试图寻找概念构成和系统学的新的方法。”〔1〕因此，刑法教义学包括的内容十分广泛，既包括针对刑法规定本身的具体解释，也包括围绕刑法构建起来的教义，它们与刑法规定一起，构成了一个有机结合的知识体系。近年来关于法教义学一般性立场的深入阐发已经所在多有，〔2〕此处不再赘述。

（二）方法

尽管不是出自立法者之手，但是学术研究形成的教义，却具有近似于实定法的权威性，受到司法实务部门的重视。从德国的情况来看，“在法学批评的影响下，联邦最高法院的日常判决被改变并不少见。此外，对于待解决的法律问题，最高法院的判决也经常考虑法学界的观点。”〔3〕那么，法教义学的这种“教义性”或者说近似于立法的约束力，来自何处呢？在我看来，它不是来自立法权，也不是来自个人权威的命令或良知的规训，而是来自法教义学知识形成的方法。

各个部门法都有自己的教义学。在德国学者看来，刑法学的

---

〔1〕［德］汉斯·海因里希·耶塞克、托马斯·魏根特：《德国刑法教科书》（上），徐久生译，中国法制出版社2017年版，第59页。

〔2〕参见许德风：《法教义学的应用》，载《中外法学》2013年第5期；雷磊：《法教义学的基本立场》，载《中外法学》2015年第1期；张翔：《形式法治与法教义学》，载《法学研究》2012年第6期；冯军：《刑法教义学的立场和方法》，载《中外法学》2014年第1期；张明楷：《也论刑法教义学的立场》，载《中外法学》2014年第2期。

〔3〕［德］乌尔弗里德·诺伊曼：《法律教义学在德国法文化中的意义》，郑永流译，载郑永流主编：《法哲学与法社会学论丛》（五），中国政法大学出版社2002年版，第16页。

核心内容就是刑法教义学。[1] 在国内刑法学界，陈兴良教授最早正式阐述了“刑法教义学”的概念。在2005年的《刑法教义学方法论》一文中，他将刑法教义学定位在一种方法论，认为它包括刑法解释方法论、犯罪构成方法论、案件事实认定方法论以及刑法论证方法论等。文章明确提出，“刑法学可以分为不同的理论层次，既包括形而上的刑法哲学研究，又包括形而下的规范刑法学研究。在规范刑法学研究中，刑法教义学方法论之倡导十分必要。以往我们往往把规范刑法学等同于注释刑法学。实际上，规范刑法学在某种意义更应当是刑法教义学。”[2] 刑法学主要是一门规范科学，对此并无异议。但是如何理解这种规范性研究？上面这段论述区分了两种对规范刑法学的不同理解。以往通常的理解是注释刑法学，而现在要引入一种新的理解即教义刑法学。

这一区分在其后几年间引发了巨大的争议：刑法注释学与刑法教义学之间到底有何区别？与之相关的问题是，刑法教义学与刑法解释学又有何关系？以往国内学者的研究工作，难道不算是一种刑法教义学吗？刑法教义学的说法，是否只是换个新名目而已？例如，陈瑞华教授对此提出批评，“对那种以法律规范为研究对象的方法，本来已经有‘规范法学’、‘法解释学’等现成的称谓，可一些学者却偏偏引入了源自德国的‘法教义学’这一洋名词。”[3] 董邦俊博士引述德国学者金德霍伊泽尔的观点，认为刑法教义学就是一门关于刑法解释的学问，可以将刑法解释看做一个动态的过程，而刑法教义看做一个静态结果，所以刑法教义学可以

[1] [德]汉斯·海因里希·耶塞克、托马斯·魏根特：《德国刑法教科书》(上)，徐久生译，中国法制出版社2017年版，第59页。Roxin, *Strafrecht AT*, 2006, §7A, Rn. 1.

[2] 陈兴良：《刑法教义学方法论》，载《法学研究》2005年第2期。

[3] 陈瑞华：《法学研究方法的若干反思》，载《中外法学》2015年第1期。

被定义为，“有条理的科学的刑法解释的结果”。[1] 上述观点并没有刻意区分刑法解释与刑法教义，似乎两者说法并无本质差异。如果从广义上去理解刑法解释，这种观点也有其道理。但是放在中国刑法理论发展的历史语境下，却无助于增进对相关争议的解惑。

刑法教义学与刑法注释学的区分，关乎学术方向，绝非无足轻重的概念游戏。注释研究的前提，是存在作为注释对象的法条文本。以往的刑法注释学，与狭义上的刑法解释学的意义接近，即以特定的文字作为解释对象，进而完成妥当解释的任务。这种研究的理想状态，主要是文义解释、历史解释、体系解释和目的解释等几种解释方法的娴熟且适当的运用。但是，刑法解释方法，只是法学方法论中的一部分；通过具体解释来寻求刑法条文本意，这也只是法教义学工作的一部分。按照耶林的说法，法教义学存在高低层次之分。在他看来，那种只能对法律材料提出解释、厘清矛盾的法教义学，仅仅拥有分析和逻辑体系化的方法，属于“较低层次法学”；而能够使法律材料摆脱命令形式，在分析、逻辑抽象的基础上进行进一步自由塑造，采用建构方法形成独特的“法学身体”的生产性法教义学，属于“较高层次法学”。[2]

具体而言，刑法要想得到正确的理解和适用，往往需要很多比个别条文的解释本身更为复杂和基础的理论模型。例如，因果关系与客观归责、正犯与共犯的区分、不作为犯的保证人地位等，这些问题在刑法典中找不到文字规定，因而不是依靠传统的几种解释方法能作出回答的。于是，由于学者们的创造性努力，设计出大量更加复杂的理论模型，它们构成了法教义学中非常重要的一个

〔1〕 董邦俊：《教义学发展、功能与内涵之刑法学揭示》，载《环球法律评论》2014 年第 4 期。

〔2〕 转引自陈辉：《德国法教义学的结构与演变》，载《环球法律评论》2017 年第 1 期。

组成部分。“这种理论和理论模式为现实中出现的具体问题，以及在解决这些问题中应当考虑的具有现实意义的法的价值和原则，能够提供一个充满理性、公正以及实用的答案。在这种情况下得出的答案，不但在各个事实关系中必须确立一个不能相互矛盾的子系统，而且与从其他子系统中得到的答案具有可兼容性。”〔1〕这些更为复杂的、不是由立法者规定而是由学者创造出来的理论和概念，利用逻辑力量与存在一定距离的法律文本构建起关联性，进而链接到法律适用中，与那些那些直面文本的解释工作一起，构成了法教义学的知识内容。

由此可见，真正的教义学的理论、概念和规则，必须能够在逻辑上被包含于其他效力已然被认可的规则之中。“这样形成的一种规则整体，其融合性是其自身的保证。这一过程是一种无穷尽的相互调适、完整化与排除的过程，以便于产生一个自我包容的体系。”〔2〕立法者创制了法律规定，学者在法律框架和脉络的基础上，发展出理论和概念，而这些理论和概念与法律之间具有或直接显明或曲径通幽的逻辑关联；与这些理论和概念之间的矛盾，就可能会在逻辑上导出与法律相冲突的结果。正是因为这种逻辑关联性，使得理论与法律血肉交融成为一体。就如同缠绕在树木上的藤蔓一样，法教义学与实定法之间形成了一种独特的共生关系，也因而具有了适用并指导司法实践的正当性和权威性。

让笔者再用一个比喻来对这种教义学方法的运用加以形象化：一个运用法教义学方法的学者，经常会站在一个缺乏法条的地方，向远处的某个法条扔去绳索，套在那法条上，从而让自己的观点与那法条之间建立起一种逻辑关联。于是，赞成或反对自己的

---

〔1〕［德］弗里希：《法教义学对刑法发展的意义》，赵书鸿译，载《比较法研究》2012 年第 1 期。

〔2〕［德］赫尔曼·康特洛维茨：《为法学而斗争法的定义》，雷磊译，中国法制出版社 2011 年版，第 98 页。

观点，经过这逻辑绳索的传递，最后就变成了是赞成或反对法条。这样一来，自己的观点就与法条之间形成了一种逻辑共生关系，分享了实定法的权威性，从而可以运用这个观点去解决法律没有明文规定的问题。在这个意义上，法教义学规则的权威性或约束力，归根结底是来自实定法。

这种掷绳索套法条的功夫，就是法教义学的方法。谁掷得巧妙，谁套得准，谁的绳结打得牢，谁的逻辑绳索更结实，谁的理论观点就更有说服力，从而在各种理论竞争中胜出，逐渐得到判例认可，最终成为"通说"。〔1〕 而一旦形成被普遍认可的通说，相当于"类法律"的权威性规则，又可以成为其他绳索套取的对象。由此一来，理论与法条之间，理论与理论之间，法条与法条之间，通过各种大大小小、长短不一、或显或隐的逻辑绳索相互链接，从而形成一个密密麻麻、多个层级的逻辑网络，这就是法教义学的知识体系。这个网络越是复杂精细，越是四通八达，解决问题的能力就越强。将一个具体问题扔进去，总是可以找到适当的解决方案，就像一个人被高度发达的轨道交通网运送到目的地一样。

综上可知，从刑法注释学（或狭义上的刑法解释学）向刑法教义学的转变，在方法论层面上，意味着超越法条注释，创造法理概念，从而丰富法之形态，拓展法之范围。在研究方法上，法教义学以法律文本为出发点，它包括狭义上的解释，但是不止于解释。在没有法律明文规定之处，它更加依靠学者创造出能够在逻辑上被包含于法律规定之中的概念和理论。法教义学始于对法律概念的逻辑分析，再将这种分析概括成为一个体系，还要将这种分析的结

〔1〕 关于法教义学上的"通说"，相关研究可参见庄加园：《教义学视角下私法领域的德国通说》，载《北大法律评论》第12卷第2期，北京大学出版社2011年版，第330页；黄卉：《论法学通说（又名：法条主义者宣言）》，载《北大法律评论》（第12卷第2期），北京大学出版社2011年版，第381页。

果用于司法裁判的证立。[1]“它通过与现行法的关联和自己的方法,区别于刑法史学、比较刑法学和刑事政策学。”[2]

二、历史与现况

上文从一般性和普遍性的层面,讨论了法教义学的立场与方法。这为评价我国刑法理论的发展,树立了一个知识论上的标尺。只有对法教义学有了深切理解,才会感受到,当学术开放的大门打开之后,域外教义学知识对我国传统刑法理论造成的冲击。

学术开放对中国刑法学的第一轮冲击,促成了中国近代刑法学的发轫,这是以清末沈家本主持的法律改革为契机。在此以前,中华法系绵延数千年,至公元7世纪《唐律》而达致成熟,此后《宋刑统》《明大诰》《大清律》一脉相传,其律均以刑法内容为主,世称刑律。中国古代以刑律为研究对象,形成了律学。因此,律学是中国古代的刑法学。[3]中华法系的刑律制度和律学研究,孵化了丰富的刑法思想并对周边诸国产生深远影响,但其旨趣与抱负,却是与近代以来发轫于西方的“法律科学”大相径庭。精于条文注疏而疏于理论体系的建构,是律学的总体特点;具有内在逻辑的一般性理论模型,并不是学术追求的目标。在遭遇晚清变法修律与新文化运动的双重冲击之后,中华法系传统中断,律学研究随之覆灭。[4]

---

〔1〕[德]罗伯特·阿列克西:《法律论证理论——作为法律证立理论的理性论辩理论》,舒国滢译,中国法制出版社2002年版,第314页。

〔2〕Roxin, *Strafrecht AT*, 2006, §7A, Rn. 1.

〔3〕陈兴良:《刑法学:向死而生》,载《法律科学》2010年第1期。

〔4〕陈兴良教授指出,“律学对语言的依附性的特点,一方面使它具有应用性,另一方面也使它受到律文甚至语言的桎梏。一旦语言发生重大变更,则律学赖以依存的基础全然丧失,从而导致律学的消亡。而律文与语言的翻天覆地变化,在清末同时出现,此乃我国三千年未有之变局。”陈兴良:《刑法学:向死而生》,载《法律科学》2010年第1期。

1902年清廷颁诏修法。[1] 晚清至民国期间，中国“以日为师”，[2]近代刑法学由此发端。日本刑法学又深受欧陆刑法学的影响。由是观之，近学日本、远学德国，中国近代刑法及刑法学的起始方向，可归入大陆法系国家之列。[3] 1949年中华人民共和国成立之后，国民党政府的六法全书被废除。晚清民国时期累积起来的“旧法”及其理论，遭到从形式到内容的彻底清算。破旧之后的立新，则走上了一条“以苏为师”的路子。这期间各类“运动”导致立法和法学停滞，未有建树，直到“文革”结束，法制建设得到重视。1979年《刑法》颁布后，刑法学研究复苏。1982年，高铭暄教授主编的《刑法学》出版，该书参照苏联刑法学的理论框架，建立起以四要件犯罪构成理论为核心的刑法学体系，为之后各种文献所沿用，成为中国刑法学界的通说。

经过了近二十年的繁荣生衍，以苏联刑法学为基底的中国刑法理论，逐渐显示出知识见底、前行乏力的症状。主要原因是作为理论源头的苏联刑法理论供给不足。陈兴良教授认为，“在苏俄刑法学中，存在以政治话语代替法理判断的缺陷，是一种学术水平较低的刑法学，也是一种教义含量较低的刑法学，不法理论、责任主义、刑罚学说都停留在对法律规定的诠释上，没有达到法理程度”。[4] 此外，相对封闭的学术环境必然会压抑理论创新。尽管刑法规定具有本土性，但是刑法学知识作为一种知识形态，与其他学科的知识一样，不可能长期在封闭的环境中成长。只有海纳百

---

〔1〕 1903年清政府成立修订法律馆，沈家本、伍廷芳出任修订法律大臣。

〔2〕 学习形式包括：大规模翻译日本法典和著作，派员到日本学习和考察法制，聘请日本学者为修律顾问。

〔3〕 “正是通过民国时期刑法学家的引进、译介和发展大陆法系刑法制度和刑法学说，中国现代刑法学的体系才初步形成，并在许多刑法学基本理论问题的研究上取得了相当的成就。”梁根林、何慧新：《二十世纪的中国刑法学》（上），载《中外法学》1999年第2期。

〔4〕 陈兴良：《刑法学：向死而生》，载《法律科学》2010年第1期。

川地吸收各种知识来源，才能避免刑法理论从最初的生机勃勃走向暮气沉沉。这种局面在 1997 年《刑法》修订特别是 2000 年之后，发生显著改变。在陈兴良、张明楷、周光权等学者的大力推动下，德日知识又一次大规模进入中国，学术开放的格局初步形成。赴德日留学人员逐渐增多，德日刑法著作被大规模翻译引入，中德、中日的学术交流日益频繁，一些主题具有浓厚德日理论色彩的学术研讨会陆续召开。隔了百年之后，中国刑法学重新接续上了民国时期的知识传统。

新时期的学术开放不再担负强国使命，而是基于学术立场对理论优劣比较之后的引入。从这个意义上说，所谓“终点又回到起点”，不是无奈的回头，而是一种“否定之否定”；所谓“未竟的循环”，也不是简单的重复，而是一种螺旋式的上升。刑法学界以未曾有过的开放姿态，快速地吸收着来自世界各国的刑法知识。中国刑法学原本单一的知识结构发生了潜移默化的改变。特别是德日法教义学知识被大量引入，成为中国刑法理论新一轮发展的引擎和动力。

回望我国刑法理论晚近四十年的演进过程，这种感受尤其强烈。在 1979 年《刑法》颁布之初，学界主要针对刑法条文进行注释，并在此基础上逐渐展开刑法的理论研究。一方面，确立了以法律解释为中心的研究径路；但另一方面，对法律的解释处在较为浅显的注释性的阶段，尚不能称之为适格的刑法教义学。在 1997 年《刑法》修订之前，学界的主流研究风气是以修改刑法为主题的刑法理论研究。这种研究具有立法论的性质，是以刑法的发展完善为宗旨而不以刑法适用的司法论为追求。“从 1988 年至 1997 年，在这将近十年的时间内，我国刑法理论都是以刑法修订为中心而展开的。这个时期我国出版的刑法著作和发表的刑法论文大多数都属于立法论方面的研究成果，在这种情况下，刑法教义学在我国刑法学界还没有足够的生长空间。"[1]直到1997年《刑法》颁布之后,学界的主流研究范式又开始逐渐从立法论切换到解释论的轨道。可以说,刑法教义学在我国的发轫,是在1997年《刑法》面世后才真正开始。

在此过程中,关于罪刑法定原则与社会危害性的一系列研究,[2]对于确立罪刑法定原则在解释论研究中的基石地位,起到了重要的理论指引作用。这对我国刑法教义学的发展所带来的影响是不可估量的。

正如陈兴良教授所指出,刑法教义学的发展程度与罪刑法定原则之间具有密切关联性。其一,罪刑法定原则为刑法教义学发展提供了价值标准。罪刑法定原则彰显的人权保障功能就对刑法教义学具有重大的制约性。它不仅是现代刑法的精髓与灵魂,而且也是刑法教义学的内在生命。其二,罪刑法定原则确立了刑法教义学发展的逻辑前提。在罪刑法定原则之下,现行刑法就成为建构刑法教义学的前提,而刑法学术研究就是在此前提下展开的逻辑推理。这就决定了刑法教义学受到现行有效法律的约束,不能随意对实定刑法进行批评,而只能在实定刑法的基础上进行有效解释,从中引申出教义规则。因此,刑法教义学是背靠刑法典而面对司法实践的一种司法论的知识体系,与以批评刑法、完善刑法为宗旨的立法论的理论范式是截然有别的。其三,罪刑法定原则勘定了刑法教义学的知识边界。在罪刑法定原则的制约下,刑法解释受到一定的限制。刑法教义学不能任意的延展,特别是禁止

---

〔1〕 陈兴良:《刑法教义学的发展脉络》,载《政治与法律》2017年第3期。

〔2〕 参见樊文:《罪刑法定与社会危害性的冲突——兼论新刑法第13条关于犯罪的概念》,载《法律科学》1998年第1期;陈兴良:《社会危害性理论:一个反思性检讨》,载《法学研究》2000年第1期;陈兴良:《社会危害性理论:进一步的批判性清理》,载《中国法学》2006年第4期。

类推解释成为十分重要的限制，也是不可突破的边界。[1]

应当说，上述关于罪刑法定原则与刑法教义学之关系的阐述是十分深刻的。特别是在阶层犯罪论体系之中，对于刑法各论研究而言，每一个法律条文的解释和适用，都始于构成要件阶层。透过构成要件所追求的一般预防的目的，是以法律的明确规定为前提条件的。因此，刑法教义学在构成要件阶层的展开，始终处于一般预防与罪刑法定原则的紧张关系之中。[2] 罪刑法定原则通过立法技术落实为具体明确的法律规定，这为刑法教义学的发展提供了舞台，也设置了舞台的边界。

从实际情况来看，尽管有了发展的舞台条件，但是在1997年之后的一段时期内，传统刑法理论仍然徘徊在较低的学术层次上，并没有真正走上刑法教义学之路。这种低水平徘徊，可以分为非教义学化与教义学化程度较低两种情况。所谓非教义学化，是指立法论与解释论的混淆，超规范与反逻辑的思维时有发生的情形。而教义学化程度较低，是指我国刑法知识上缺乏内在统一的理论体系。苏俄的刑法学话语还占有重要的地位，各种刑法知识相互隔阂。无论是刑法总论还是刑法各论，教义学化程度都严重不足。[3] 上述论断，分别从与解释论的立场相悖和方法运用不足两个方面，指出了传统刑法理论与法教义学之间的距离。这是在对法教义学有了全面把握之后，以其作为标准来衡量我国刑法理论，进行深度把脉后得出的结论。这一诊断切中了传统刑法理论的弊端。针对这一病灶的对症下药，就是刑法知识的教义学化。“就我国的刑法知识转型而言，基本路径就是走向教义学的刑法学，即刑

---

〔1〕 参见陈兴良：《刑法教义学的发展脉络》，载《政治与法律》2017年第3期。

〔2〕 Roxin, *Strafrecht AT*, 2006, §7, Rn. 56.

〔3〕 陈兴良：《刑法的知识转型（学术史）》，中国人民大学出版社2012年版，第7页。

法知识的教义学化……如果说,去苏俄化是对我国刑法知识的一种批判性思考,那么,教义学化就是对我国刑法知识的一种建设性思考。"〔1〕

不过,即使有了正确的方向,高楼万丈也不可能凭空而起,在一块缺乏教义学传统的地基上展开建设,需要源源不断的工程材料和切实有效的建造方法。而这一切,完全依靠我国刑法学者自己闭门造车,既不可能也无必要。在这种情况下,广泛地吸收和引进域外特别是德日已经发展了上百年的教义学知识,符合学术史发展的趋势,成为历史逻辑的必然。在晚近十余年中,刑法学界打开国门,开眼看世界,逐渐形成了学术开放的格局。域外的教义学知识,源源不断地进入国内,甚至是"一波还未平息,一波又来侵袭"。原本薄瘠的刑法传统,由此得到了丰厚的滋养。很多研究跳出了传统理论的"窠臼",转换为大陆法系的学术话语。各种带有浓郁的德日刑法理论气息的作品大量涌现。专著和博士学位论文使用国外参考文献的比例大幅增加,注释直接引用日文、德文的期刊论文更是蔚然成风。毫不夸张地说,新一轮的学术开放(上两轮分别是晚清民国时期引入德日理论和中华人民共和国成立之后引入苏俄知识),拯救了已经日暮西山甚至奄奄一息的刑法学研究,为几乎快成为"夕阳专业"的刑法学注入了新鲜的气息,带来了重沥青春的活力,将它推上了刑法教义学发展之路。

回望近年来的刑法学术发展,从刑法总论中的犯罪论体系研究,到体系内部的构成要件、违法性和责任等阶层的研究,再到各个阶层之内的包括客观归责、故意过失、被害人同意、违法性认识等诸多范畴和概念的研究,几乎无一不是在学术开放的浪潮中,在德日教义学知识的灌溉之下生发壮大而成。在刑法各论领域也是

---

〔1〕 陈兴良:《刑法的知识转型(学术史)》,中国人民大学出版社2012年版,第2页。

如此。随着德日教义学知识的引入，以往各论研究浅显贫瘠的局面日益得到改善。特别是财产犯罪领域的研究，由于概念和观点的丰富及复杂性，呈现出越来越多的智识因素，而不再仅仅是一种人皆能言的白话式大众话语或者刑名师爷式的文字游戏。同样，学术开放带来的不仅是域外的理论，还包括域外的司法判例。这些新鲜的理论裹挟着国外司法同行在判例中显示出来的实践智慧，也对我国的司法实践造成了强烈的冲击。“随着案例指导制度的建立，指导性案例对于司法实践的指导作用日益加强。在这种情况下，对于指导性案例的裁判理由进行刑法教义学的分析，从中引申出一定的司法规则，也是一项对于司法实践与刑法理论具有积极意义的工作。”〔1〕

三、批评与回应

法教义学的概念在中国的引入和使用，为陈旧的刑法理论注入活力的同时，也遭遇了很多质疑。这些质疑，大体上可以分为五类。第一类是认为主张法教义学就意味着崇洋媚外，丧失主体性，完全追随外国理论。第二类是认为目前中国刑法理论有点走火入魔，钻在所谓的法教义学里出不来，过度精细以至于有封闭和僵化的危险，脱离了实践，欠缺应有的社会关怀。第三类是认为法教义学与社科法学之间存在对立和竞争的关系，特别是在个案领域，社科法学有更出色的表现。第四类是认为只能处理常规案件，而无法应对疑难案件；真正疑难的问题必须通过非教义学的方式，借助社会科学的理论资源才能解决。第五类是认为法教义学很难与其他学科知识沟通，如果真的吸纳融汇了，也已经名存实亡，不再是真正的法教义学了。应当说，这些学术批评有助于推进学术繁荣，促进法教义学的发展与反思。至少，笔者本人的教义学研究，就从

〔1〕 陈兴良：《刑法教义学的发展脉络》，载《政治与法律》2017 年第 3 期。

这些批评中受益良多。接下来笔者尝试对此一一作出回应,也欢迎更多的学术批评。

(一)学术主体性的丧失?

在第一类批评者眼中,法教义学是一个纯粹的“舶来品”,属于从德国或日本法学进口的概念,[1]对中国刑法理论来说,不能唯外国马首是瞻,而应该发展创造自己的理论。但是,应当指出,法教义学这个说法,至少包括方法和知识两重含义。通常所说的法教义学知识,是指运用教义学的方法创造出来的理论和概念。上述批评,是由于对法教义学概念本身有所误解,未能区分法教义学知识与法教义学方法。

一方面,就教义学知识而言,的确,目前国内刑法理论中的大多数概念,基本上都原产于德日,是德日刑法学者运用法教义学的方法在德日语境下创造的产品,它们漂洋过海被中国学者直接运送到国内,或者经过一些局部改装后投入使用。对于这部分可称为“法教义学产品”的理论,需要仔细考察的是,它们在德日原产地出生和适用的语境,是否与中国刑法的语境大致相当。换言之,这些外来的教义学概念是否与中国刑法语境相契合,它们之间的兼容性,需要认真对待而不能想当然地忽略。如果不存在兼容性障碍——特别是在核心刑法领域,往往是各国刑法有相同规定和共同问题——那么,无论是德国或者日本的理论,只要能够更好、更有说服力地回答和解决中国刑法解释以及司法实践中的疑难问题,就应当大胆地使用。至于它的创作者是德国人、日本人还是中国人,当然可以由学者基于学术自尊心而躬身自省,但是对于整个中国刑法学的发展和刑事法治建设来说,则在所非问。

---

〔1〕 例如,“(主张法教义学)另一个不大公开说的,摆着让人看或用来炫耀的理由,是法教义学历史悠久和其纯正的罗马法或德国法血统和门第”。苏力:《中国法学研究格局的流变》,载《法商研究》2014年第5期。

但是,如果存在不兼容的情形,自不能盲目地使用,更不宜削足适履。这就是法教义学知识的国界性。在如何对待域外传入的法教义学知识这个问题上,的确存在一些如陈瑞华教授批评的现象,"甚至在很多场合,就连论证和支持某一理论的例子都来自欧陆学者的著述。这种唯大陆法马首是瞻的研究状况,甚至跟随在日本法学后面亦步亦趋的局面,迫使我们不得不进行深思:难道这就是中国法学界孜孜以求的'法学研究'"?〔1〕对此,还应该进一步追问的是,这些从域外传入的知识,是否与国内刑法语境相契合。各国案例往往有特定社会的生活事实的细节和背景,在作为论证资源时必须格外小心。这不仅仅是影响到学者学术创造的热情和自尊心,而且有可能会带来反教义学的后果。

丁胜明博士认为,"无视他国的法律背景,不加区分地引进国外的教义学知识,并进一步将其直接当作中国的教义学知识的做法,实际上是视中国法律的具体规定为无物,而这恰恰违背了法教义学最核心的精神——法教义学正是要特别重视和尊重法条,把法条视为不可置疑的前提。无视国与国之间法律规定的差异,而不加区别地把对他国法条的解释结论嫁接到中国,这无异于以教义学之名行反教义学之事。刑法教义学知识具有根深蒂固的国界性和地方性,这是中国刑法学者必须认真对待的问题"。〔2〕应当说,上述批评对于目前国内学界的教义学研究不啻一针"清醒剂"。教义学知识的国别性,是在引入和学习过程中始终不能掉以轻心的问题。

另一方面,与法教义学产品不同,法教义学方法则不存在国界的问题。它是一种基于人所共有的普遍理性能力的逻辑方法,因而无所谓德国或中国的方法之说。如上文所述,处在所要解决的

〔1〕 陈瑞华:《刑事诉讼的中国模式》(第2版),法律出版社2010年版,第4页。

〔2〕 丁胜明:《刑法教义学的中国主体性》,载《法学研究》2015年第2期。

问题点上，如果存在相应的法律条文的明确规定，则以该法条为对象，通过文义解释、体系解释、历史解释以及目的解释等方法，使其适用于具体问题；更困难一点的方法是，如果所处问题点上没有明确法条可直接适用，则通过与其他法条之间构建逻辑关联，形成有约束力和说服力的理论规则，再将该规则适用于具体问题。显然，就这种构建逻辑关联，与法条形成共生关系的方法而言，并不存在所谓中国方法或德国方法的地方性知识。

只不过，经过上百年的学术传承和逻辑试错，德国刑法学者的教义学方法运用得更加娴熟、精湛和复杂，由此创造出来的教义学产品，也更加成熟，具有强大的解释力，因而被输出到世界各国。相比之下，中国刑法学在这方面起步较晚，因此不仅要直接引进那些可以无语境障碍地解决中国问题的教义学知识，而且还要虚心涵泳，沉潜其中，体味国外学者是如何创造出那些教义学知识，如何在教义学方法上“运用之妙，存乎一心”，从而逐渐掌握这套方法，最终在国外的教义学知识因语境障碍而无法适用或知识匮乏的地方，创造出围绕着中国刑法规定构建起来的新的教义学产品。按照这种认识，齐文远教授的担忧就是没有必要的，“这种言必称德日的移植主义，固然可以习得一些具有‘普适性’的法学思想精髓，但也有可能会遮蔽中国经验、忽视中国问题的特殊性，还可能掩盖了中国学者应有的贡献”。〔1〕

（二）走向封闭僵化？

针对法教义学的第二类批评认为，目前中国刑法理论围绕着刑法条文展开了过分精细的解释，追求体系化却脱离了实践，这种所谓法教义学会导致刑法学研究走向封闭和僵化。这个批评，对

〔1〕 齐文远：《中国刑法学该转向教义主义还是实践主义》，载《法学研究》2011 年第 6 期。

于中国刑法理论研究的历史和现状来说,缺乏深切同情和理解,但对未来的法教义学的可能走向和趋势的担忧,又有积极的建言的意义。

中国刑法理论是1979年之后在一片废墟之上重建,迄今为止,真正的发展也不过30多年。1979年旧《刑法》颁布之后,刑法理论一直停留在较为浅显的注释法学的层次上。在1997年《刑法》修订之前,学界的主要精力又投入立法论中。即使在1997年新《刑法》施行之后,由于惯性,刑法理论仍然没有出现大幅度的质的提升,始终徘徊在较低的学术层次上。张翔教授曾经这样描述过中国法学发展的教义学水平,"在中国,法教义学并非如某些批评者说的那样已经是法学的主流,相反,自觉的法教义学反思只是正在发生,距离概念清晰、逻辑谨严、体系完整的目标还甚为遥远,其与法律实践的良好互动也未形成。尚未形成的体系,还远未到被批评为封闭僵化的程度。事实是,法学家们并不习惯于'援法而言',各种政治话语、伦理话语的泛滥,使得法学研究很难聚焦于现行有效法律的解释与适用,而经常要回到价值前提上的辩论"。[1]

刑法学的发展状况整体上也是如此。正如邹兵建博士指出的,"20世纪末21世纪初,具有强烈意识形态色彩的、泛道德化的中国传统刑法学已经严重滞后于时代的发展,无力解决日新月异的社会对刑法学提出的新问题。"[2]在全国范围内来看,整个刑法学界的学术研究的教义学化程度较低,而且立法论与解释论相混淆、超规范与反逻辑的非教义学化情形也屡见不鲜。不进入这一历史现场,就无法对变革刑法理论的强烈驱动有真切的理解和同情。直到晚近十余年来,随着学术开放,德日刑法知识涌入,刑法学的体系化水平和精细化程度才发生了显著改善,同时也能够对

---

〔1〕 张翔:《形式法治与法教义学》,载《法学研究》2012年第6期。

〔2〕 邹兵建:《中国刑法教义学的当代图景》,载《法律科学》2015年第6期。

一些疑难案件给出有说服力的解决方案。但是,整体上仍然是处在起步阶段,很大程度上还是依靠"理论外援"。与德日等国的刑法教义学程度相比,还有很大的差距,而距离批评者所说的"过分精细的解释"以及"走向封闭"的场景,更还有相当遥远的距离。

既然如此,为什么还会出现这种不接地气的批评呢?一种原因可能是部分批评者对于"刑法学的国情"有些隔膜。"对部门法的整体研究状况存在基本的误判。"〔1〕穿越时空错位思考,把法教义学刚刚起步的中国刑法学,错误地想象成法教义学已经相当发达以至于需要纠弊的德日刑法学,于是,那些针对德日法教义学过度化的各种反思,也被移植过来,简单地套用在法教义学化尚且远远不足的中国刑法学身上(或者是将美国现实主义法学对形式主义法学的批判套用过来)。打个比喻,这就相当于是把对一个过度社会化甚至成熟到油腻的中年人的批评,用来指责一个尚未成年的、缺乏足够社会经验和人生阅历的青涩少年。相比于构建性话语资源的移植,这种批评性话语资源的简单移植,更会让人产生"没搞清本土状况""缺乏同情的理解"之类的感叹。

还有一种可能的原因,那就是部分批评者,是在传统刑法学的教育和灌输中成长起来的一代人,他们对刑法理论应然状态的理解,尚未能跳出自己上学时接触到的那种较为浅显的教科书层次的"窠臼"。面对晚近十余年来刑法教义学的飞速发展,突然发现原本可以轻易掌握和理解的、没有什么专业门槛的刑法学,似乎变得越来越复杂和精细,陌生的概念越来越多,门槛越来越高,学习成本越来越大,以至于无法轻易踏足或置喙。这种变化可能会让没有同步成长的学者感到非常不适,反过来认为是刑法理论走上了曲高和寡、自我封闭的邪路。

---

〔1〕 周详:《教义刑法学的概念及其价值》,载《环球法律评论》2011 年第 6 期。

此外，部分批评者对于法教义学本身的实践导向也存在误解。事实上，法教义学有着强烈的实践品格。“作为法律和司法实践的桥梁的刑法教义学，在对司法实践进行批判性检验、比较和总结的基础上，对现行法律进行解释，以便利于法院适当地、逐渐翻新地适用刑法，从而达到在很大程度上实现法安全和法公正。”〔1〕与法哲学、法史学和比较法学的研究不同，法教义学本身就是围绕着现行的实定法展开和构建起来的，它诞生的使命就是增进对法律的理解，指导司法实践。“如果应遵守法官受法律规则的约束，那也必须为法官提供法律以外的其他具体的法律规则。法律教义学的任务是准备这种法律规则。”〔2〕作为法教义学发展的重镇，德国的法教义学对司法能够施加重要的影响。“在司法实践中，法律评注的地位更是举足轻重。这当然不仅是因为法律人已经习惯于使用和依赖法律评注，更是因为若不勤加阅读，便有逃避承担现实责任之虞。”〔3〕联邦法院的判决不仅经常考虑学界的观点，而且会因为法学批评的影响而改变。学界通过编撰评注书和教科书的方式，提供对法律的系统解释，并在各种法律专业杂志上对当前的法院的判决进行持续的讨论。“这种法学与司法之间的深入的对话，只有以阐释性的法律教义学为基础才为可能，法律教义学为所有的法律问题提供了有关的论证模型。”〔4〕

任何教义学上的概念和规则，如果不能落在一个个具体的判

〔1〕［德］汉斯·海因里希·耶塞克、托马斯·魏根特：《德国刑法教科书》（上），徐久生译，中国法制出版社2017年版，第59页。

〔2〕［德］乌尔弗里德·诺伊曼：《法律教义学在德国法文化中的意义》，郑永流译，载郑永流主编：《法哲学与法社会学论丛》（五），中国政法大学出版社2002年版，第15页。

〔3〕贺剑：《法教义学的巅峰德国法律评注文化及其中国前景考察》，载《中外法学》2017年第2期。

〔4〕［德］乌尔弗里德·诺伊曼：《法律教义学在德国法文化中的意义》，郑永流译，载郑永流主编：《法哲学与法社会学论丛》（五），中国政法大学出版社2002年版，第16页。

例中显示出其后果,不能依附于一个个具体的判例之上得到延续,就不可能有长久的生命力。而且,形成教义的营养资源往往就是来自司法实践,并由此进一步指导司法实践。"判例的一大意义在于渐进地、稳妥地、有理由地、有说服力地演进法律,为法教义学体系输入新问题和新素材。"〔1〕事实上,从刑法教义学理论的发展轨迹来看,很多关键概念和重大理论的发明和出现,常常是被一些代表性的判例导引出来的。刑法学者从判例中寻找灵感,构建理论,反过来这些理论又推动新判例的发展。〔2〕在此过程中,法官在适用法教义学规则的同时,也将自己的实践智慧和经验总结纳入既存的教义学规则中,促进规则的丰富与发展。〔3〕许德风教授甚至认为,"应淡化权力制衡的观念,承认法官造法的权力。不放手允许法官裁量,法教义学无从壮大发展。"〔4〕

尽管如此,从另一个角度来看,即使一些批评不符合中国现

---

〔1〕 王洪亮:《德国判例的编纂制度》,载《法制日报》2005 年 3 月 10 日。在德国法律评注书的撰写中,基于实务导向,案例也被放置在一个甚至高于理论的地位。参见贺剑:《法教义学的巅峰德国法律评注文化及其中国前景考察》,载《中外法学》2017 年第 2 期。

〔2〕 在国外,理论与实践通过判例互动互惠的例子俯拾皆是,众所周知的"癖马案"与期待可能性理论即为适例之一。1879 年,德意志帝国法院第四刑事庭作出了"癖马案"的判决。在这个案件中,马车夫驾驶一匹有以尾绕缰的癖性的马上路,结果导致癖马失控,伤及路人。马车夫曾经提出过更换马匹,但雇主不同意且以解雇相威胁。法院认为,必须考虑到难以期待马车夫不顾自己失业而拒绝使用癖马,因此,不能让被告人承担过失伤害行人的责任。参见《德国帝国法院刑四庭关于癖马案的判决书(1897 年)》,车浩译,载《刑事法判解》2009 年第 1 期。癖马案引起了德国刑法学者的广泛关注。该判决发表之后,梅耶(Mayer)于 1901 年首先提及期待可能性问题;1907 年弗兰克(Frank)在"论责任概念的构成"一文中以"癖马案"为例,启动了期待可能性理论研究的开端。此后,经过格尔德施米特(Goldschmidt)、弗洛登塔尔(Freudenthal)、施米特(Schmidt)等人的不断完善,期待可能性理论逐渐成为规范责任论的核心概念。甚至漂洋过海,得到众多国家的刑法理论和实务的广泛承认。

〔3〕 参见江必新:《司法对法律体系的完善》,载《法学研究》2012 年第 1 期。

〔4〕 许德风:《法教义学的应用》,载《中外法学》2013 年第 5 期。

况，也对法教义学存在误解，但是，如果将其作为针对未来的中国刑法学可能状况的提醒，还是具有积极的意义，甚至不乏真知灼见的成分。法教义学方法的充分运用，最终引向的必然是一个高度体系化的刑法理论。虽然体系化对于法治国的实践具有重要意义，但就像人们批评的“概念的自我繁殖”，在极端情况下，也可能会自我膨胀地走向为实践服务的反面，即让实践服从于体系安排，即使根据体系得出的结论明显有悖于事理。在这种时刻，体系显示出一种自身即为目的的自我证明，为此，甚至会不惜出现对法律材料的扭曲。通过体系性的推导关系来寻找解决问题的办法，有时候会让个案中的正义性，为了服从体系本身的逻辑自洽也不得不被牺牲掉了。还有些时候，体系性的方法在简化问题解决思路的同时，也减少了问题解决的可能性。[1] 离开了体系的观点，就如同失去了依赖成性的手杖而不知如何走路。

上述对体系化的反思，主要是出现在刑法教义学理论高度甚至过度体系化的德国刑法学中。但是，在某种程度上，可能也是未来中国刑法学发展到高级阶段之后，不得不面对的问题。梁根林教授在讨论责任主义原则时曾经指出，如果将“刑法视为与变动不居的社会现实或者国家治理的客观需要无涉的自给自足的规范体系，沉湎于由古典犯罪阶层体系所发展起来的体系性、逻辑性思考，虽然其合体系性与合教义性的逻辑演绎结论可能无懈可击，但这种唯美主义的体系性思考，无视刑法生活于其中的现实世界解决问题的客观需要”，可能反而会使得理论丧失生命力，因缺乏实践解释力而被不恰当地否定。[2] 因此，在研究视野上，不能排他性地陷入到一种“法教义学拜物教”，要让法教义学的发展不至于盲目地飞行，这就需要在注重理论的精细化、体系化和自洽性的同

---

〔1〕 Roxin, *Strafrecht AT*, 2006, §7D, Rn. 38ff.

〔2〕 参见梁根林：《责任主义原则及其例外》，载《清华法学》2009 年第 2 期。

时，保持与社会生活的沟通，重视刑法的社会任务的实现。

就此而言，针对法教义学的一些批评，诸如陈瑞华教授所说的，“坚持一种过于自负的理性主义立场，将某种原则和价值套到各种经验事实之上，而不是根据经验和事实来提出和发展法律概念和理论。这很容易出现法律理念的意识形态化，甚至走向危险的教条主义之路”，〔1〕虽然说这实际上是一个针对未来的批评，但是与德国刑法学者的自我反思一样，也能够对当下法教义学研究起到警醒的作用，帮助中国刑法学者以一种未雨绸缪的心态保持足够的清醒，有助于法教义学保持优点的同时克服弊端，以实现更好的发展。

（三）社科法学的挑战？

针对法教义学的第三类批评，是在所谓法教义学与社科法学之争的框架下出现的。〔2〕 此类批评近年来在国内学界颇为流行，尽管它有社科法学“寻衅滋事”的意味，但是由此引发的一些深层次思考，值得认真对待。

法教义学与社科法学之间存在对立吗？按照笔者一贯的理解，两者之间没有真正意义上的冲突。笔者曾经在一篇文字戏谑但意思诚恳的文章中，将法教义学比作少妇，将社科法学比作少女，“少女天真烂漫，无所羁绊，任意恋爱，总能在那向着自由最大化边界的探求中，获得精神上的愉悦和满足。一旦身为人妇，就有了许多规矩，生儿育女，照顾家庭，尘世中的柴米油盐，牵绊无处不住。再优雅的女人，也是戴着枷锁跳舞”。这里的“枷锁”，当然就是指实定法。法教义学以法条为逻辑起点，论据、论证以及结论，

---

〔1〕 陈瑞华：《刑事诉讼的中国模式》（第2版），法律出版社2010年版，第4页。

〔2〕 苏力：《法条主义、民意与难办案件》，载《中外法学》2009年第1期；苏力：《中国法学研究格局的流变》，载《法商研究》2014年第5期。

都不能与实定法相冲突,因此是“戴着枷锁跳舞”。相反,社科法学并不受法条的羁绊,法条既不是它的逻辑起点,也不是它的必达目标。

法教义学除了追求理论体系自身的自洽性,也要接受能否有效指导本土司法实践的检验,主要是指能否为解决具体案件提供一般性规则。而这一点,通常并不是社科法学的研究目的和兴趣所在。社科法学更关心与法律有关的各种社会现象,运用社会学、经济学等学科知识进行描述与分析,但既不下落到具体案件的裁判论证中,也不提供司法适用的一般性规则。“少妇们的劳作维系着法律帝国的运转,在这片苍穹笼罩之下求自由。而处在这片苍穹之外的少女们,对这个帝国没那么多敬畏,她们只是把它当作一个观察的对象,她们的目光更遥远,好奇更彻底,笑声更自由。”就此而言,法教义学与社科法学是处在实定法苍穹内外的两种不同的知识形态;或者说,是观察法律的内部视角与外部视角之别。不同的学者基于不同的理论兴趣和知识背景,进入不同的领域,站在不同的视角,运用不同的方法,研究不同的问题,本无所谓法教义学与社科法学之争。

不过,世界上大多数争论,常常源起于定义。例如,在苏力教授眼中,社科法学的研究兴趣和对象覆盖了法教义学。“社科法学是针对一切与法律有关的现象和问题的研究,既包括法律制度研究、立法和立法效果研究,也包括法教义学关注的法律适用和解释,主张运用一切有解释力且简明的经验研究方法,集中关注专业领域的问题(内在视角),同时注意利用其他可获得的社会科学研究成果,也包括常识(外在视角)。”[1] 按此界定,在具体案件的分析上,法教义学与社科法学的研究出现了重叠。这样一来,苏力教授就令人热血沸腾地营造出了法教义学与社科法学赤膊对决的气

〔1〕 苏力:《中国法学研究格局的流变》,载《法商研究》2014年第5期。

氛,“社科法学必须进入其实也已经进入了刑法和民法这些传统法教义学固守的核心阵地……更必须准备好在部门法的每一个街角、每一座高楼同法教义学展开厮杀,准备自己倒下,但也要等着看最后是谁倒下”。[1]

其实,谁倒下并不重要。重要的是,不能耽误了给司法实践输送具有实操性的规则。这才是法教义学的任务,而不是陪社科法学打 CS。显然,即使同样是个案研究,法教义学与社科法学对研究任务的理解也是不同的。对法教义学来说,个案研究的核心任务是在法律框架内阐明或创设一般性规则。这些规则不是在个案中任意考量和适用的政策性表达,而是既需要在法理上明确其内涵,也需要在司法实践中保持规则适用的统一性。作为能够涵摄各种案件事实的上位规则,在某一个案件中适用时所赋予的内涵,必须要能够保持逻辑一致地、普遍化地适用于其他个案。由此,才能在一个以刑法典为前提的司法语境中,维护法律的统一性和安定性。与之相对,社科法学的个案研究,往往不看重提炼一般性规则,[2]而是强调——运用经济分析的单一工具或者实用主义地综合运用各种工具——具体问题具体分析。简言之,更看重个案权衡是否合乎目的。这里的合乎目的,就是考虑判决将会影响到的利益变化,或者说,一种后果主义的考量。

由此,在个案研究领域,出现了法教义学与社科法学的第一个冲突。究竟是着眼于法的安定性,强调规则之治,还是看重具体后果,关心个案的纠纷解决?这个看似方法论和视角的差异,实际上涉及一个法哲学层面的经典问题。

---

〔1〕 苏力:《关于问题意识的对话》,载侯猛编:《法学研究的格局流变》,法律出版社 2017 年版,第 27 页。

〔2〕 但是,一些有能力提炼规则的所谓社科学者,实际上已经在从事创造教义的工作了。例如,苏力教授提出的“海瑞定理”以及“独生子女不适用死刑”等,即使有些教义因为超越了法律而不属于法教义学,但至少属于教义学。

拉德布鲁赫(Radbruch)曾经指出,“公共利益、正义和法的安定性共同宰制着法——这种共同宰制不是处在紧张消除的和谐状态,恰恰相反,它们处在生动的紧张关系之中。这种紧张关系只能通过妥协,通过相互的牺牲而间或地能够得到缓解”。[1] 如果把这里的公共利益进一步做松弛化理解,视作整体利益的后果主义考量,那么,利益或后果导向的个案研究,与法教义学的规则导向的个案研究的差异,在法的价值层面上,就表现为合目的性与法的安定性(以及平等适用的正义性)之间的紧张关系。对此,拉德布鲁赫的看法是,“除了法的安定性之外,还涉及另外两项价值:合目的性与正义。在这一价值序列中,我们把为公共利益的法的合目的性放在最后的位置上。绝对不是所有‘对人民有利的东西’都是法,而是说凡属法的东西,凡是产生法的安定性和追求正义的东西,最终都是对人民有利的。法的安定性,是任何实在法由于其实在性而拥有的特性,它在合目的性与正义之间占有颇受注目的居中地位:它一方面是为公共利益所要求的,但另一方面也为正义所要求。或者说,法应是安定的,它不应此时此地这样,彼时彼地又那样被解释和应用,这同时也是一项正义的要求。”[2]

在法的安定性、正义与合目的性的价值序列上,拉德布鲁赫将合目的性放在最后,而把法的安定性的价值放在优先于合目的性的位置上。“法律规则的存在比它的正义性与合目的性更重要;正义和合目的性是法律的第二大任务,而第一大任务是所有人都认可的法的安定性。”[3]引用拉德布鲁赫并不是由于“名人名言”,而是他讲出了不能将合目的性放在价值序列首位的重要理由。在拉

---

〔1〕[德]古斯塔夫·拉德布鲁赫:《法律智慧警句集》,舒国滢译,中国法制出版社2001年版,第18页。

〔2〕转引自舒国滢:《法哲学:立场与方法》,北京大学出版社2010年版,第188页。

〔3〕[德]G.拉德布鲁赫:《法哲学》,王朴译,法律出版社2005年版,第74页。

德布鲁赫笔下,对于什么是合乎目的的公共利益,始终抱有一种警惕的心态。在他看来,如果认为对人民有利的就是法,“这意味着:任性、背约、违法,只要对人民有利,就是法。这实际上是说:掌握国家权力者自认为对社会有益的事,独裁者每一次的突发奇想和喜怒无常的脾性,没有法律和判决的惩罚,对病弱者的非法谋杀,如此等等都是法。还可能意味着:统治者的自私自利被当作为公共利益看待。故此,将法与臆造的或杜撰的人民利益相提并论,就把法治国家变成了一个不法国家。”〔1〕这段话时隔虽久,但并未过时,特别在当下的中国法治环境下,更加振聋发聩。它尖锐地指向了各种后果主义的分析:在法律之外,谁是判断后果好坏的有权主体?在以社会效果或利益最大化之名来给个案定调时,解释者把自己想象成谁的化身?又如何控制其中潜伏的恣意化风险?

早在十多年前,苏力教授在《送法下乡》中敏锐地提出,“法院的基本职能究竟是落实和形成规则(普遍性的解决问题),还是解决纠纷(具体的解决问题)?或者在两者不可偏废的情况下以何为重,并将向哪个方向发展”?〔2〕这一问题的丰富性,特别是对于基层法院而言,迄今仍有意义。侧重规则之治还是纠纷解决,也同样适用于这里的提问。不同的是,法教义学与社科法学不是审判实践,而是一种面向实践的学术研究;回答问题者也不是法院或法官,而是学者。因此,面对一个已经发生的案件,如果一个社科法学的个案研究者把自己想象成法官,在文章中仅仅展示自己是如何分析具体事实细节去解决特定纠纷,但却没有从个案中提炼出一般性规则,那么,这种研究的实践意义是相当有限的:它既不可能有助于那个已决案件,也难以为其他案件的审理提供帮助——

〔1〕[德]古斯塔夫·拉德布鲁赫:《法律智慧警句集》,舒国滢译,中国法制出版社2001年版,第157页。

〔2〕苏力:《送法下乡——中国基层司法制度研究》,中国政法大学出版社2000年版,第176页。

因为按照它的主张，每个案件的事实细节都是不同的，当然也就不能相互照搬，重要的不是规则或教义的适用，而是具体问题具体分析。但问题是，研究者展示的那种细致漂亮的个案分析，实际上只能由研究者本人完成，对基层法院的法官来说，至多是看个热闹而已——显然，如果大多数法官都有能力这样分析，这种研究也就没学术发表价值了。于是，这种不提供规则只展示分析过程的个案研究，最后可能连看热闹的实务工作者也散去了，只能萎缩成学界内部感叹其分析能力的一种孔雀亮屏。但与它表面上声称非常重视的司法实践，其实已经没有多少关系，更难以实现它所期待的那种指导功能了。

与上述差异密切关联的，法教义学与社科法学另一个可能的冲突，就是在个案分析时对待实定法的态度。按照苏力教授的说法，社科法学的个案研究，是运用“本领域的相关知识、相关制度机构的权限、历届和本届政府的政策导向，可能的当下和长期效果、社会福利，影响本领域的最新技术或最新科研发现，眼下的突发事件等，甚至法律、规范和教义在这里是作为事实之一在法律实践中必须给予足够的关注，却从来不是必须不计代价予以恪守的天条或教义。”这样的个案研究，在苏力教授看来，就与法教义学的个案研究存在冲突。“由于法教义学和社科法学各自将对方的核心考量仅仅作为自己的考量因素之一，就此而言，两者看待法律和世界的方式一定是尖锐对立的。”〔1〕这里需要澄清的是，所谓法律“仅仅是考量因素之一”，到底是什么意思？如果说，社科法学是在个案分析时建议法官，可以为了更重要的社会效果而抵触或者突破现行的实定法，那么，法教义学与社科法学之间的对立，就是真实存在且不可调和的。源于这种根本性对立，也难以争论出什么有

〔1〕 苏力：《关于问题意识的对话》，载侯猛编：《法学研究的格局流变》，法律出版社2017年版，第17页。

价值的成果。

但是,如果说,社科法学的个案研究,也愿意接受不与现行法相冲突这一底线,那么,双方所谓“尖锐对立”就是表象。因为,法教义学在解释法律和创设规则的过程中,既会受到道德、哲学、历史以及价值观的影响,也同样会考虑政策、效果、福利等因素。对于一个法教义学研究者来说,这些都是他在编织那条套向法条的绳索时选用的各种材料。如果说与社科法学研究者有点不同,那可能就是使用材料的目的:各种理论材料和知识资源的选用,都服务于有说服力地铺设通往实定法之路。所谓“法律作为核心考量”,更多地是表现在,研究者使出各种解数尽情表演的时候,不能跳出实定法的舞台。在球场上踢球的,可以是逻辑或经验,可以是统计数据或后果主义,但是,行使边裁功能,监督研究不得出界的,只能是实定法。只要在不突破实定法这一点上有共识,那在此基础上,就什么问题都可以争论。

综上,在大多数情况下,法教义学与社科法学的研究对象不同,视角方法有别,但不存在矛盾和冲突。当社科法学进入司法领域,当两者都聚焦于个案分析时,只要社科法学不突破实定法的边界,那么,“天高任鸟飞”,它与法教义学之间也不会产生实质性的冲突。无论是强调逻辑还是经验,是塑造一般性规则追求法的安定性,还是解决具体纠纷寻求利益最大化或重视后果,都是在实定法的苍穹之下,呈现了各自展翅翱翔的不同轨迹。真正意义上的势不两立,只有在社科法学的论证或结论违反实定法时才会出现。

(四)无力回应疑难案件?

针对法教义学的第四类批评,是法教义学只能解决常规案件,却面对疑难案件束手无策。针对疑难案件,需要通过借助法学之外的其他知识资源,包括经济学的、政治学的、社会学的等各种理论才能给出解决方案。

例如，苏力教授认为，“刑法教义学只能有效解决大量常规案件，对于像许霆案这样的难办案件或者其他疑难案件，脱离了政治性判断和政策考量或者脱离了整个中国政治制度运行模式的刑法教义学分析就基本失效，分析结论也显得武断。”[1]在笔者看来，上述说法恰恰反映了对法教义学的误解。这里所谓“常规案件”与“疑难案件”的界分，其意义是有限的。如果常规案件指的是依照法律的明确规定，明晰无误地指向案件事实，没有任何争议就可以得出结论的案件，那么，这种简单案件的处理，本来也不需要一个专门的法教义学的研究，甚至不需要任何理论，只要受过基本教育，具备一般的理解能力就可以了。在这个意义上，甚至连法学院的设置都无必要（苏力教授所说的“不需要法律人思维”也能摆平的，主要是指向这种案件）。

但是，这种不需要太高专业门槛、普通人一望可知的简单案件，绝不是一些论者所说的占到案件总量的大比例数，恰恰相反，实际数量是非常稀少的。绝大多数法条，几乎都需要对整个法律体系熟悉掌握之后才能做出正确妥善的解释；绝大多数案件，也都需要裁判者的目光在法条规范与案件事实之间来回流转，既要带着规范的眼镜来确定和剪裁案件事实，又要为特定事实寻找合适的法条和教义学规则。当然，浸淫多年的解释者或司法者对此会有更高的体会，但是，特定人士的娴熟不等于对所有人的简单（想一想“无他，唯手熟尔”的卖油翁，以及“以神遇而不以目视”的庖丁）。

如果说这些案件是“常规案件”，那也仅仅是因为，论者已经熟悉了法律解释和事实认定的一些基本套路。但是，不要忘记，这些看似平常的基本知识和套路，一开始也是被人努力创造出来的。不能站在前人创造出来各种教义学知识的基础上，吸收殆尽之后，

[1] 参见苏力：《法条主义、民意与难办案件》，载《中外法学》2009年第1期。

而浑然不觉地以为是自己天赋异禀,生而知之。(套用句时髦语表达,“哪有什么岁月静好,都是因为有人在负重前行”。)在这个意义上,世界上根本没有什么常规案件与疑难案件的本质主义区分。所有的常规案件刚出现时,都可能是疑难案件。而随着研究深入展开,针对疑难案件形成一般性规则之后,所谓疑难自然就消失了。以后再出现类似案件,就都属于可以适用一般性规则解决的常规案件了。

例如,德国在没有出现“癖马案”之前,也没有理论规则去应对,但是癖马案带动了学术研究,催生了期待可能性理论甚至规范责任的持续发展,反过来反哺实践,如今就算再出现“癖马案”,谁又会觉得那是一个“疑难案件”呢?国内学界的情况也是如此。以经常被举出来的许霆案、李昌奎案、快播案、于欢案等所谓疑难案件为例,它们之所以被评价为“疑难”,仅仅是因为,在它们出现时,法教义学上(更准确地说,是国内学者掌握的法教义学)还没有可以充分回应的规则。但是,创造生产法教义学知识的一个主要径路,本来就是在新案件的刺激下,在理论上发展出新的一般性规则,然后推而广之,适用于同类案件。许霆案推动学者去深入研究占有的概念以及 ATM 机的“预设的同意”;李昌奎案推动学者去研究“邻里纠纷”与“手段残忍”;药家鑫案推动学者去研究独生子女的死刑限制;快播案推动学者去关注中立帮助行为与不作为犯的保证人义务。随着研究的深入,教义学上逐渐发展出一般性规则并形成通说,实践中的处理方案也必然形成稳定的预期,在这种情况下,即使再多的许霆案出现,还会有人认为那是让司法者不知所措的疑难案件吗?它们早已经“常规”了。

在这个意义上,尽管法教义学的个案分析与社科法学的个案分析一样,在所谓疑难案件出现时,可能会有旧的教义无法回应的情形,但是,疑难案件恰恰如一个个催化剂,催生了新的教义学补丁,从而为以后的类似案件提供了解决方案,使得疑难案件逐渐变得常规。因此,认为法教义学只能处理常规案件而无力解决疑难案件的观点,显然是对法教义学的误解,也缺乏一个动态的、发展的评价视角:只看到旧的教义在新问题面前捉襟见肘,却看不到正是新问题在不断地催生新的教义。就此而言,没有疑难案件,就没有法教义学。法教义学的任务,就是通过对一个个疑难案件的研究,创造出足以应对此类案件的理论观点,为司法者提供一般性规则。简言之,不断地变疑难案件为常规案件,这本来就是法教义学的"初心"。

由此会引出另一个相关的问题。那就是纯粹的法教义学,有能力来应对疑难案件吗?

质疑法教义学处理疑难案件的能力的观点,在国内外学界都不鲜见。桑本谦教授以阿列克西的法律论证理论为靶子,试图把所有与道德论证相关的法律论证理论,以及在方法论上包括法律论证理论的法教义学,"打击一大片","当法官从实在法范围内无法获得令人满意的判决结果时,应当求助于社会科学的论证,而不是道德哲学的论证,后者无力为法律疑难问题提供决策方案,充其量也只能够大致满足公众寻找正当性依据的心理需求"。[1] 孙海波博士提出,"传统法教义学理论强调在法教义学内部进行形式化的解释和推理,尽可能避免或减少对规范性价值预设的质疑和挑战,以此最大限度地维护法秩序的安定性和可预期性。面对疑难案件时它却显得力不从心,由此导致的一个危险倾向便是认为对疑难案件的裁判,必须引入诸如经济的、政治的或道德的方法才能解决,从而否认了疑难案件中裁判结果的法律属性"。[2] 类似的观点,在国外学界也颇有市场。"在不同程度上,疑难案件裁判不

〔1〕 桑本谦:《法律论证:一个关于司法过程的神话》,载《中国法学》2007 年第 3 期。

〔2〕 孙海波:《在"规范拘束"与"个案正义"之间——论法教义学视野下的价值判断》,载《法学论坛》2014 年第 1 期。

被视为法律实践，而是被视作非法律的、政治的、经济的、道德的或者其他性质的自由裁量。越来越多的观点声称疑难案件的裁判任务属于其他学科如经济学、法与经济学、政治学及日益繁荣的法律与政治研究的领域。”〔1〕上述质疑，都是认为在疑难案件面前，法教义学无能为力，只能依靠其他非法律领域的知识，进而否认裁判结论的法律属性。

在笔者看来，上述质疑针对的是一种已经过时的、陈旧的教义学观念。法教义学的当代发展，已经从过去那种科学面向的、唯体系化的、纯粹依靠概念和逻辑推理构建起来的法教义学，转向为实践和经验面向的、融合了多学科知识、包含了目的、利益和价值判断的法教义学。法教义学发展之初，曾经以历史法学、概念法学的面目示人。萨维尼站在历史法学派的视角，试图建构起能解决实证法的变幻不定以及权力依赖问题的法教义学。普赫塔在萨维尼体系概念的基础上进行了一种彻底的形式化建构，即将法条之间的有机关联转化为概念的逻辑关联。由此，法律科学的任务就变成了一种谱系学的考察：通过形式逻辑的涵摄和演绎向上追溯至法条的原则，并且从原则下降到法条最远的支脉上。〔2〕陈辉博士描绘了普赫塔的设计理念，“通过参与他构建的所有中间环节，能够向上和向下追踪每一个概念的起源；通过这样的‘概念阶梯’，人们获得其‘成体系的认识’”。〔3〕

但是，传统法教义学的观念理解中存在的问题，早就为学者们所认识。以刑法教义学为例，正如冯军教授指出的，传统刑法教义学把刑法秩序解释成封闭的体系，认为仅仅从刑法典中就能找到

〔1〕［德］Ralf Poscher：《裁判理论的普遍谬误：为法教义学辩护》，隋愿译，载《清华法学》2012 年第 4 期。

〔2〕参见陈辉：《德国法教义学的结构与演变》，载《环球法律评论》2017 年第 1 期。

〔3〕陈辉：《德国法教义学的结构与演变》，载《环球法律评论》2017 年第 1 期。

解决一切现实问题的答案，否定了刑法秩序的开放性，没有根据社会的发展来丰富刑法规范，容易使刑法规范丧失处理现实问题的活力。[1] 事实上，从学术发展史来看，这种基于科学主义理念的"概念—逻辑体系"取向的法教义学在耶林之后发生了转向。在耶林眼中，传统的科学面向的、过度形式化、抽象化的教义学体系跟生活、实践脱离了关系。"像通过寻找化学元素一样寻找法律概念，并且试图通过化学式化合的方式构建法律语句，或者试图给法律加上逻辑的光环，将法学作为'法律数学'来演绎，这些个疯狂的想法是不成熟的表现。套用耶林自己的话说：'生活不是概念，毋宁概念是由于生活而存在。不是逻辑而是生活、交易、法感预设要发生的事情'。"[2]

在概念法学之后出现的利益法学、目的法学等，已经改变了传统意义上那种科学面向的逻辑封闭的教义学面貌。现在面临的迫切任务是，如何在科学面向的法教义学与实践面向的法教义学之间找到最佳的契合点：既要维系科学面向的法教义学带来的法的安定性、确定性或者说规范正义的优点，同时让目的、利益和价值考量因素进入，以避免概念与生活实践的割裂。简言之，在考虑目的、利益、政策、价值等因素的基础上，仍然要确保法律论证和结论的安定性。[3]

当代刑法教义学的发展，正在努力探索这方面的径路。其发展趋势，是拒绝一个封闭的刑法教义学体系，而是更加重视刑法的

---

〔1〕 冯军：《刑法教义学的先行思考》，载《法学研究》2013 年第 6 期。

〔2〕 陈辉：《德国法教义学的结构与演变》，载《环球法律评论》2017 年第 1 期。

〔3〕 为此提供的解决方案，包括菲韦格的论题学、阿列克西的法律论证理论等，陈辉博士提出，在维亚克尔以概念法学为代表的科学面向的法教义学和以利益法学为代表的实用、实践面向的法教义学之间建立一种并列的、无矛盾可能性的基础上，进一步通过"诠释学循环"的结构让两者各自发挥功能实现互补。参见陈辉：《德国法教义学的结构与演变》，载《环球法律评论》2017 年第 1 期。

社会任务。刑法教义学不应当奠定在各种本体性的“事物本质”之上,而是要从刑法的目的设定中推导出刑法体系的构造。换言之,不能从无体系走向体系封闭的另一个极端,让体系的封闭性阻碍了问题的解决。完全从概念和体系出发的科学面向的刑法教义学,在面对实践生活时,常常会产生事理上难以令人满意的结论。而令人满意的结论,往往是从理解现实的价值中引导而出,并不是存在本身就能自动回答的。因此,原本以存在论为基础的体系,在最近几十年中出现了功能主义的倾向。[1]

这种变化,是刑法教义学的一种自我进阶,是要努力回答这样的问题:“我们运用精致的概念精心构建了教义学,而教义学中这种体系化的精工细作是否会导致在深奥的学理研究与实际收益之间产生脱节?”因此,让刑法的社会任务在刑法教义学体系中发挥作用,贯通刑法的社会任务与法教义学体系之间的鸿沟,就形成了当代刑法理论的功能主义导向。“一种能够在体系内正确处理现实问题的刑法教义学,总是在对刑法规定的理解和阐释中包含着历史和现实的沟通……确保刑法规范的纯洁,是指不允许把与刑法规范相矛盾、相对立的东西通过解释强加到刑法规范中,而不是指不允许根据刑法的原则、原理和社会进步来丰富刑法规范的内容。”[2]在对历史、现实和社会进步的理解过程中,政治的、经济的、道德的、政策的思考,或者其他性质的裁量因素,完全可以经由整合,转换成法律话语,导入教义学体系中,而无须游离在教义学之外,再另外自命为一种非法教义学的思考模式。

(五)法教义学“名存实亡”?

与上述法教义学能否应对疑难案件的疑问密切相关的是,所

---

〔1〕 参见车浩:《阶层犯罪论的构造》,法律出版社2017年版。

〔2〕 冯军:《刑法教义学的先行思考》,载《法学研究》2013年第6期。

谓法教义学在处理疑难问题时的开放性，或者说，对于其他学科知识以及各种利益、价值因素的吸纳是如何实现的？而一旦吸纳了这些因素，法教义学还能保持纯粹性，与其他非法律的论证方式相区分吗？

贺剑博士曾以汉德公式在德国民法评注中的境遇，说明了经济学知识在法教义学领域中的运用。“对于能否依汉德公式来判定《德国民法典》第 276 条的过错，主流学说包括法律评注均持否定态度，因为法官在实务中无法对这一公式中的相应变量完成赋值计算。但支持者亦有之，如《帕兰特民法典评注》自 1989 年以来就主张，至少在财产侵权当中，过错的认定不妨借鉴汉德公式。这一主张后来得到了部分评注的响应，并且至少已在一个案件中得到了州一级高等法院的认可。”[1]笔者在讨论刑法上的占有概念时，提出“占有的成立必须以事实控制力为必要条件，以规范上认同度的高低作为判断占有归属的标准”的观点。在论证这一规则合理性的过程中，也运用了法律经济学的分析予以支持。简言之，在判断占有成立时，如果否认事实控制力对占有成立的必要性，会导致一系列高成本、低效率的结果；在判断占有的归属时，如果不考虑规范认同度的高低，而仅以事实上控制力的大小强弱作为决定标准，会提高犯罪激励，增加发案率，也将增大社会成员之间的交易成本，促使整个社会朝着高成本、无效率的方向运作。[2]这也是视作运用经济分析进行法教义学规则论证的一个例子。

如果说经济分析进入教义学领域至少得到了部分支持，那么，对于社会学理论在法教义学的运用，受到的质疑较相对多一些。例如，贺剑博士认为，“法社会学研究对于法教义学甚少助益，原因

〔1〕 贺剑：《法教义学的巅峰德国法律评注文化及其中国前景考察》，载《中外法学》2017 年第 2 期。

〔2〕 参见车浩：《占有概念的二重性：事实与规范》，载《中外法学》2014 年第 5 期。

有二:其一,法律解释尤其是疑难法律问题的解决多数时候关乎价值判断,法社会学所擅长的事实判断在此难有作为;其二,法社会学研究通常偏于宏大,无法为具体制度的解释提供直接有用的信息”。在他看来,社会科学之于法学,其作用通常仍仅限于“装点门面”而已。[1] 不过,笔者对此有不同的看法。在诠释刑法上的“扒窃”概念时,笔者提出了“贴身禁忌”的理论,只有当盗窃对象处在被害人贴身范围之内时,该盗窃行为才能被评价为扒窃。因为此时,行为人不仅侵犯了被害人的财产,而且未经允许进入到他人贴身范围内这一点,触犯了一种法理和社会观念上关于人的身体之隐私与尊严的“贴身禁忌”。[2]

这个想法,能够在生物社会学和身体社会学领域得到思想支持。那些放在贴身范围之内的财物,之所以不同于其他财物,就在于这些财物处于一个禁止他人侵入的空间,这个空间是作为一个生物体和社会体的个人,对自己身体进行保护、避免与他人接触的最低界限和最后防线。[3] 按照身体社会学的最新研究成果,身体被看做社会的源泉、社会结构性特征的“定位场所”和手段,个体据此可以在情感上和生理上定位于社会、定向于社会。[4] 身体具有沟通和表达的功能,它不是一具简单的肉身,而是人们履行各种社会约定、承担各式社会任务的工具,也是在特定的场合、以特定的方式拒绝他人的工具。这些社会学理论的研究,不仅为笔者通过“贴身禁忌”构建“扒窃”概念带来了灵感和启发,也提供了令人信

---

〔1〕 贺剑:《法教义学的巅峰德国法律评注文化及其中国前景考察》,载《中外法学》2017 年第 2 期。

〔2〕 参见车浩:《扒窃入刑:贴身禁忌与行为人刑法》,载《中国法学》2013 年第 1 期。

〔3〕 参见[英]莫利斯:《亲密行为》,何道宽译,复旦大学出版社 2010 年版,第 86 ~ 87 页、第 145 页。

〔4〕 [英]克里斯·希林:《文化、技术与社会中的身体》,李康译,北京大学出版社 2011 年版,第 14 页、第 30 ~ 42 页。

服的思想基础。这至少可以提供一个例证,即社会学知识可以融入法教义学知识的生产过程,成为规则创设的灵感来源和强力支撑。

又如,价值判断与政治分析是否难容于法教义学?对此的回答也是否定的。许德风教授认为,一方面应当区分法教义学与价值判断,另一方面也要重视价值判断断的论证规则。后者是将价值判断本身纳入法律应用过程的规则,是法教义学的重要部分。在他看来,"在司法过程中,裁判者可能需要在适用法律的每一个环节都处理价值判断问题。但在强调价值判断与法教义学二元区分的情况下,价值判断必须通过特定的程序和论证过程才能作为裁判的依据。"[1] 在刑法理论中,学者在构建教义学规则时,常常会自觉或不自觉地依托于自己的价值立场。就如同法条承载着立法者的价值立场一样,针对解释者的不同观点,一路追问下去,也会发现规则背后隐藏着解释者的价值判断。例如,如何处理基于错误的被害人同意的效力?法律上缺乏明确规定,只能依赖于教义学规则。对此,存在"全面无效说"与"法益错误说"的不同观点。这两种教义学规则的构建,隐含了某种非逻辑性的价值选择,即刑法家长主义应如何对待人身法益商品化的问题。而向更深处探寻的话,这一问题实际上涉及解释者在自由主义或保守主义这种基本价值立场上的倾向。

如果解释者是一个彻底的自由主义者,坚持国家在价值观上必须保持中立,坚决维护自我决定权的自由行使,将人身法益的交易也看做一种个人自主决定的自由,那么,作为"家长"形象出现的刑法就应该充分保障这种交易自由,最终在教义学层面,就会支持"全面无效说";相反,一个在自由问题上偏向保守主义立场的解释者可能对人身法益的商品化和器官的自由买卖忧心忡忡,进而主

---

〔1〕 许德风:《论法教义学与价值判断》,载《中外法学》2008 年第 2 期。

张刑法对这些做法至少不应表现出支持的态度,也就是不应该用刑罚手段为这些“堕落的”行径保驾护航。这种基础上的刑法家长主义,会坚持有所为有所不为,拒绝为自我决定权提供无节制的保障。最终,在教义学层面,就会认同对被害人的错误进行选择性保护的“法益错误说”。[1] 由此可见,尽管具体的结论常常可以溯源到解释者的价值立场上面,但是,在解释者的价值立场与具体问题的结论之间追溯的过程,并不是两点间的直接连线,而是必须经由一系列可反复检验的教义学规则的管道,使得抽象的、隐含的价值观逐层被具体化和传递出来。

上述讨论旨在说明,经济、社会、政治知识以及价值、政策、利益的考量,完全可以进入法教义学中,成为锻造理论规则的得力材料。因此,那种把法教义学与其他学科和领域的知识完全割裂甚至对立化的想法,是过分夸大了法教义学的封闭性,而对于发生在法教义学生产车间中的熔铸各种因素的工艺流程,不甚了解或者视而不见。

由此进一步深入,需要回答的问题是:既然法教义学可以吸纳多学科知识,融入价值、政策、利益的考量,那么,它与经济分析、政策考量、后果评估甚至政治判断还有实质区别吗? 在一些学者眼中,这其实就已经等置了。例如,苏力教授认为,“如同中国的一些法教义学研究者倡导、主张和努力的那样,坚持其学术开放性,注意吸纳有关法律的多学科经验研究的知识和成果,以各种途径或设置甚至伪装将法律的系统社会后果考量纳入法教义学分析或话语系统中,在这个不断自我修改、吸纳和融合过程中,华丽转身,实际变成了社科法学。它还完全可能‘成功’保留其教义法学的名

---

〔1〕 参见车浩:《自我决定权与刑法家长主义》,载《中国法学》2012 年第 1 期。

号,尽管衣钵没了"。[1] 但是,这种看法又走向了另一个极端,它过分地夸大了法教义学的开放性,以至于将其想象成一个同时容纳法律、经济、政治、社会等多学科知识自由流通、任意出入的百货市场。这同样是对法教义学的误解。它虽然吸收了其他学科的知识和营养,但就像希腊神话中的米达斯国王之手,可以点石成金;凡是指过之处,就将那些非法律的因素重新整合,融入法教义学的脉络之中,赋予与原有的非法律判断不同的独立意义。

进一步而言,法教义学依靠规则解决疑难案件,具有独特的保障正义的品行。在面对所谓简单的常规案件时,由于实定法或者逐渐发展起来的、得到普遍承认的教义学规则已经提供了明确的答案,因此裁判结论及其正义性的实现是易于实现的。但是,在法律没有明文规定之处,同时也没有现成的教义学规则可供使用的场合,一些案件就因此变得疑难起来。真正困难的问题,其实并不是凭借哪些知识得出结论,而是如何保障得出的结论是公平的,不会丧失法的正义性。此时,距离非常重要。一项公平的裁决,就要求裁决人与具体当事人的直接经济、政治或道德利益保持距离。"通过设置具有教义学结构的法律论证场域,即使在法律不确定的案件中,法律也能制造这样的距离。教义学路径为开放性法律问题之解决创造的距离是疑难案件裁判公平性的特殊实现形式。"[2]

Poscher 敏锐地指出,人们之间的实质冲突与法律本身无关,它们只有经过法律系统的转化才成为法律纠纷。由于法律论证场域与作为法律纠纷根源的、实质性的、现实世界的非法律问题保持了距离,这样一来,法院只是在法律论证场域之内对法律问题作出了

---

〔1〕 苏力:《关于问题意识的对话》,载侯猛编:《法学研究的格局流变》,法律出版社 2017 年版,第 28 页。

〔2〕 [德]Ralf Poscher:《裁判理论的普遍谬误:为法教义学辩护》,隋愿译,载《清华法学》2012 年第 4 期。

裁决,而可以搁置根本性的实质问题。[1] 这就是法律论证场域的特殊性和独特价值:它一方面把社会冲突转化为法律纠纷,在法律领域内做出确定性和权威性的结论,满足人类社会解决具体纠纷的需求;但另一方面又与作为法律纠纷根源的、实质性的、现实世界的非法律问题保持适当距离,它不像那些政治、经济、政策性的论证试图根本性地为现实问题定调,而是保证了多元价值下社会发展及其争议的开放性,让社会在一个可以持续更新、保持争论和挑战因而充满活力的轨道上运行。

之所以法律论证领域有这样的独特性,与它的法教义学的论证方式密切相关。不同话语领域有不同的论证场域和意义系统,有不同的证立方式。即使法律论证与经济分析、政策论证或道德论证能得出同样的结论,它们也因为论证方式的差异而不同。Poscher 认为,法律论证会考虑立法意旨和过往判例,将历史解释作为基本解释方法之一,从而与过去相关联,重视历史性、回顾性的时间向度。相反,政治论证常常因为决定的不连续性甚至颠覆性而显示其英明。与此相关的,裁判的一致性在法律领域非常重要。"这种一致性并不强调结果的一致性,而是论证的一致性。有关劳动法问题的司法裁决不必总是有利于工人或者有利于雇主。相反,结果的一致性将令人怀疑。必须保持一致的是教义学的论证,它为结果并不一致的不同司法裁决提供支持。法律的历史性取向导致了对法律论证前后一致的普遍要求,一个与先前论证不一致

---

〔1〕"即使法院已经对堕胎做出了裁决,他们也没有对道德问题做出决定;即使法院已经对某些环境监管政策做出裁决,他们也没有对全球变暖问题做出决定;同样,即使法院对经济调控做出裁决,他们也未对某种经济理论做出决定。非法律的实质性讨论依然保持开放性,即使法院已经做出权威法律裁决,公共的、科学的或学术的讨论也依然可以继续。"参见[德]Ralf Poscher:《裁判理论的普遍谬误:为法教义学辩护》,隋愿译,载《清华法学》2012 年第 4 期。

的论证或多或少存在问题。"[1]这一分析非常到位。它表明了法教义学论证规则相对于结论的意义。世界上不存在事实细节完全相同的案件,但是,存在指导人们理解和涵摄事实要点的一致性规则。法的安定性不是指结论的一致性,而是指可以论证出不同结论的规则或论证方式应当是一致的。

综上可见,法教义学可以吸纳多学科的知识,可以容纳利益和价值等因素的考虑,"切不可让法律评注沦为狭隘的法教义学故步自封、盲目排斥社会科学研究的万里长城。只要有适当的着眼于具体制度之适用的社科研究,就理应将其纳入考虑或予以接纳。"[2]但是这也不会因此就与其他论证方式混为一谈,丧失法教义学论证的特殊性。"将其他话语领域的论辩整合进法律论证场域是法律家的特殊使命,而不能由哲学家、经济学家或者政治学家代劳。"[3]

(六)结语

"中国刑法学正在经历体系化、精细化、教义化与学派化的知识转型,这是我国刑法学真正走向规范科学的新起点。"[4]在当前

---

〔1〕 [德]Ralf Poscher:《裁判理论的普遍谬误:为法教义学辩护》,隋愿译,载《清华法学》2012 年第 4 期。

〔2〕 贺剑:《法教义学的巅峰德国法律评注文化及其中国前景考察》,载《中外法学》2017 年第 2 期。

〔3〕 一些法律特有的论证,无法适用于其他领域的论证。例如,只有在法律论证场域中,根据教义学传统、先例和教义学的一致性进行的论证才能发挥作用。在政治或道德论辩中教义学论证是不合适的。而且,法律论证场域排除了某些论证参与法律论辩的可能。在这一点上最明显的是以政党立场或者日常政治见解为根据的实质性或策略性论证。如果一个特殊利益论证不能与制定法的立法意图或目的相关连,不能被转化为特定的法律论证,那么它就不能进入法律论证场域。参见[德]Ralf Poscher:《裁判理论的普遍谬误:为法教义学辩护》,隋愿译,载《清华法学》2012 年第 4 期。

〔4〕 梁根林:《犯罪论体系与刑法学科建构》,载《法学研究》2013 年第 1 期。

中国刑法知识转型的过程中,法教义学是不可取代的核心关键词。它在立场上确立了刑法学研究的实定法导向,在方法论上有别于受传统的文字注释性研究,强调从与实定法的逻辑关联中寻找概念和理论生存的空间。而这些认知,在很大程度上得益于德日教义学知识的引入,提供了在体系化和精致化程度上远超苏俄的教义学知识的对比模板。在学术开放的大背景中,去体会和把握引入域外教义学知识的重大意义,学习和掌握法教义学的方法,是理解当代中国刑法知识转型的重要维度。

刑法教义学的引入不意味着学术主体性的丧失,应当区分法教义学知识与法教义学方法。要仔细甄别域外教义学知识与中国刑法语境的兼容性,积极引入没有语境障碍的教义学知识,并运用教义学的一般方法创造立足本土的新教义。中国刑法教义学发展的当务之急是加强体系性,同时对未来可能出现的体系封闭和僵化保持警惕。社科法学的研究不会对法教义学形成挑战,而是提供了资源和助力。法教义学有能力回应和解决疑难案件,在广泛吸收多学科知识以及充分考虑利益、价值的因素的同时,仍然保持法律场域中法教义学论证的独特性。法典化国家的历史现实,决定了法教义学是法学研究的主流范式,但绝非法学研究的全部;法教义学应当充分尊重其他法学研究方法,虚心学习共同繁荣。当代中国刑法教义学的发展,虽然承受了来自不同角度的批评,但这些批评有助于推进法学研究的多元化,有助于廓清法教义学的真实面目,有助于刑法教义学的自我反思和不断进步。

第一编

刑法思想的教义学转化

第一章　自我决定权与刑法家长主义

公民个人的意思自治，一直是私法领域里的帝王法则，但是对于被认为具有公法气质的刑法来说，公民的自我决定究竟有多大的空间？这个看似突兀的问题并不是理论上的忽发奇想，而是如未浮出水面的冰山一般，长期隐藏在“被害人同意”这样一个刑法教义学题目之中。所谓被害人同意，是指法益主体同意他人以一种刑法上禁止的方式对自己的法益予以处置。罗马法上早有“得同意者不违法”的格言，同意的出罪功能也向来得到刑法学界的普遍承认。但过去学理上一直认为，得到同意的行为之所以不为罪，是由于被害人对法益的主动放弃而欠缺刑法保护的必要性。如今，同意的出罪功能已经被普遍地解释为对于公民个人的自我决定权的尊重。[1] 当人们从这个角度去展开理解的时候，仿佛打开了一扇暗门，循此进入一个重新思考刑法问题的空间。经由被害

---

〔1〕 这种思想最早由德国刑法学界提出，Vgl. Schmidhäuser, *Strafrecht AT*, 2. Aufl., 1984, 5/107ff.; Stratenwerth, *Strafrecht AT*, 6Aufl., 2011, Rn. 210f.; Roxin, *StrafrechtAT*, 4. Aufl., 2006, § 13, Rn. 14。一些在日本刑法学界最早讨论被害人同意问题并产生广泛影响的学者，也已经开始普遍地将自我决定权看做被害人同意的主导性思想。参见[日]佐伯仁志、[日]川端博：《关于被害人承诺问题的对谈》，载《现代刑事法》2004年6卷3号。

人同意而被挖掘和引申出来的自我决定权，在理论的辐射力上已远超出了被害人同意的范围，进一步延伸到被害人自陷风险、诈骗罪中的被害人怀疑与错误、自诉权以及刑事和解等领域，为这些问题的研究提供了新的解释力资源。[1]

但是，按照笔者的观点，即使在自我决定权发挥影响力的场合，它也从来都不是唯我独尊的东西，在它的对面始终矗立着家长主义。文中所讨论的家长主义，摆脱了传统理解而被赋予新的内涵。在此基础上，此处提出自我决定权与刑法家长主义互动的一种新的理论解说。这种理论解说的脉络背景，不同于传统刑法理论基于契约关系的比喻，来阐述国家惩罚犯罪人的正当性的模式，而是一种基于家庭关系的比喻，来阐述国家保护被害人的必要性及其限度的视角。这种理论解说的定位，主要是一种中层理论，它的功能主要是"向下"在微观层面为一些具体的被害人教义学观点提供思想支撑。当然，理论框架的内部结构如何搭建，自我决定权与刑法家长主义之间的关系如何阐述，并不是一个纯粹的逻辑论证的产物，它最终仍然需要"向上"取决于解释者的价值立场。

一、自我决定权的一般原理

自我决定权，主要是指个人对自己的利益按自己意愿进行自由支配的权利。它意味着个人是自己命运的决定者和自己生活的作者。公民在自己的生活范围之内自立为王，不受国家、社会以及他人等外界因素的干涉。对这种观念本身，有必要从思想根基、宪法依据以及社会情势发展等方面略加说明。

---

〔1〕 但是，笔者的任务并不是讨论被害人同意或其他领域中的具体理论，仅仅是在阐述自我决定权的思想在刑法中的应用时，会以被害人同意等一些具体问题为例说明。

(一)自我决定权的思想根基

在哲学的层面上,“自我决定就是主体基于对自由的普遍承认和尊重而通过行为来决定和实现自己的自由,它是意志自由的客观表现”。[1] 因此,自我决定权的哲学根基是自由主义哲学。“自我决定是自由的核心,个人通过其自我决定而感受并且实现自由。”[2]个人的意思自治是自由主义哲学总结出来的基本概念。在这个哲学中,意思就等于自由。[3] 对自我决定权的尊重常常被理解为一种道德原则,“它植根于个体自由和选择,这一无论是对于政治生命还是个体发展都非常重要的西方自由主义传统”。[4] 在康德、黑格尔等经典作家的哲学著作中,人们经常能够发现意思自治的基本思想。“自由的东西就是意志。意志而没有自由,只是一句空话;同时,自由只有作为意志,作为主体,才是现实的。”[5] 外界的控制性干预和非充分的理解常常阻碍了个人有意义的选择,而自我决定就是摆脱这些干预和限制。[6] 换言之,“自由以否定的方式被定义为摆脱强制的自由……自由是对每一个人能够自我做主的私人领域的保证”。[7] 相应地,一个人不能够充分地决

---

〔1〕 冯军:《刑法中的自我答责》,载《中国法学》2006 年第 3 期。

〔2〕 冯军:《刑法中的自我答责》,载《中国法学》2006 年第 3 期。

〔3〕 傅静坤:《二十世纪契约法》,法律出版社 1997 年版,第 180 ~ 181 页。

〔4〕 Faden, *A History and Theory of Informed Consent*, Oxford University Press, 1986, p. 7.

〔5〕 [德]黑格尔:《法哲学原理》,范扬、张企泰译,商务印书馆 1996 年版,第 12 页。当然,黑格尔与自由主义的关系,向来存在很大争议。参见[英]理查德·贝拉米:《重新思考自由主义》,王萍、傅广生、周春鹏译,江苏人民出版社 2005 年版,第 3 页以下。

〔6〕 Beauchamp, Childress, *Principles of Biomedical Ethics*, Oxford University Press, 5th. ed., 2001, p. 58.

〔7〕 [法]雷蒙·阿隆:《论自由》,姜志辉译,上海译文出版社 2009 年版,第 78 页。

定,就意味着这个人无法按照自己的意愿和计划来行动;他至少在某些方面被他人控制。这就是一个不自由的人。在这个意义上,(政治)哲学上的自由主义是法学上的自我决定权的思想根基。因此,要想深入理解自我决定权,有必要先厘清自由主义哲学的内涵。

自由主义的理论线条不是单一的,而是具有束的性质。按照一些学者的总结,自由主义哲学的理论谱系主要包括以下几种思想:(1)自由理性主义。萌发自古希腊,兴盛于近代西欧哲学的广义的理性主义,要求认识、立论都建立在可质疑和探究、可推导或论证的基础上,而不是诉诸无法论证的、因人而异的直觉或非理性的体验。(2)个人主义。个人主义是一种赋予个人自由以很高价值的政治和社会哲学,它通常强调自我引导的、相对不受约束的个人。在这种信念体系中,所有价值观都是以人为中心的;个人是目的本身,社会只是个人目的的手段,而不是相反;所有的人在道德上都是平等的,任何人都不能被当做其他人福利的手段。(3)社会契约论。社会契约论的基本理论前提是指个人在特定的环境下为促进其利益而选择规则结构时所表现出来的方法,这一理论假定人们是在原初的状态下通过相互订立协议或契约而确立基本政治和组织原则,建立权力机制和制定法律规则。(4)功利主义。功利主义的基本倾向是认为一切立法、政府政策和道德原则的最终判定标准是其实行之后可能达到的功利水平。功利主义以人的感觉所表现出来的快乐作为判定的基本出发点,由此而推导出个人从事经贸、拥有财产、政治信仰自由、表达与创新的自由可以促进个人功利和社会总体功利的最大化。(5)道德多元主义。道德多元主义认为在政治上对于善与恶的最终性质并不存在一个绝对的标准或基础,由此放弃了以单一的客观道德秩序来界定个人的信条,对于基本的道德争议采取中立的态度。[1]

上述自由主义哲学的各支源流,共同供给了自我决定权的内涵。第一,在愚昧落后、民智未开的时代,民众的理性还没有被启蒙出来,对于世界的认识在很大程度必须依赖于神灵和权威,在这种情况下,是不可能有公民对于自身的理性认识和判断的。因此,没有理性主义的勃兴,公民就从根本上缺乏自我决定的信心和能力;只有理性的地位得到承认,个人的意思自治才可能得到尊重。第二,个人主义强调以个人为中心,强调个体相对于国家和集体的重要性,使得公民从共同体中独立出来,认识到自身的权利不依赖于集体,个人不是社会和他人的手段,由此推动了公民自我意识的觉醒。第三,社会契约论为意思自治提供了更为有利的论据。这表现为,“如果说人的意志具有足够的力量创建一个社会及法律上的一般义务的话,那么,人的意志更能毫无问题的去创设约束当事人的特别的法律义务即债务”。[2] 从刑法角度来看,社会契约论把国家和权力从神坛上拉下来,让个体坚信包括刑罚权在内的公权力本源自个体之间的盟约,因而当公民决定对自己的事务进行特殊化处理的时候——表现为被害人同意的形式——就可以消除刑罚的必要性。第四,功利主义是从个人主义的前提所得出的结论,因为其理论出发点是个人的幸福,而不是抽象的社会福利或总意志。公民在自己事务的范围内可以就什么是自己想要的幸福、什么是自己想要支配的对象做出决定,而不必屈服于他人的意志。第五,道德多元主义为公民的自我决定权提供了选择权上的说服力。当公民以一种他自己喜欢的方式去处理个人事项时,即使不被大多数人的价值观所认同(如自愿挨打和施虐受虐等行为),但

---

〔1〕 参见顾肃:《自由主义基本理念》,译林出版社2013年版,第13~35页;李强:《自由主义》(第3版),东方出版社2015年版,第146~169页。

〔2〕 尹田:《法国现代合同法——契约自由与社会公正的冲突与平衡》(第2版),法律出版社2009年版,第25页。

是多元化的道德观要求社会对个体的选择予以尊重而不是强求其归于统一。

(二)自我决定权的宪法依据

在宪法学上,由于各国及地区的立法和学说不同,对自我决定权的解读往往也呈现出不同形式。下面分别以德国、日本以及中国大陆和台湾地区为例,略述其为自我决定权寻求宪法依据的思路。

1. 德国:一般性的行为自由

《德国基本法》第2条第1款规定:"只要未侵犯他人的权利,未抵触宪法规定以及未违背善良风俗,那么任何人都有权使其人格自由地形成和发展。"德国学界普遍认为,这是宪法对于公民一般行为自由的概括性规定。作为自我决定权的主要表现形式,德国刑法上的被害人同意常常以该条作为其正当化基础。例如,德国学者阿梅隆(Amelung)指出,"根据德国联邦宪法法院的判决,同意作为一般行为自由的组成部分,受到德国基本法第2条第1款保护"。[1] 罗克辛(Roxin)认为,"(同意的)权利人通过行使宪法所保障的一般行为自由,就同时消除了构成要件的满足和不法损害"。[2]

2. 日本:幸福追求权

日本宪法并没有明确规定公民的自我决定权,但是,"在近年来的宪法学研究中,将自己决定权作为一项基本人权来认识的见解逐渐取得支配地位"。[3] 一般认为,自我决定权是根据《日本宪

---

〔1〕 Amelung, *Irrtum und Täuschung als Grundlage von Willensmängeln bei der Einwilligung des Verletzten*, 1998, S. 29.

〔2〕 Roxin, *Strafrecht AT*, 4. Aufl., 2006, § 13, Rn. 14.

〔3〕 [日]松井茂记:《论自己决定权》,莫纪宏译,载《外国法译评》1996年第3期。

法》第13条后段的"幸福追求权"推导得出。《日本宪法》第13条规定,"所有国民,均作为个人而受尊重。国民对于生命、自由及追求幸福的权利,以不违反公共福祉为限,于立法及其他国政上,须受最大的尊重"。在法条形式上,可以将该条区分为前半段的"人性尊严"规定以及后半段的"幸福追求权"规定。幸福追求权最初被一般地理解为《宪法》第14条以下所列举的个别性人权的总称,并不能从中直接推导出具体的法性质的权利。不过,20世纪60年代以来,日本的社会、经济的剧烈变动产生了诸多问题,对此法上加以对应的必要性就随之增大,因而其意义也得到了重新估量。其结果是,基于尊重个人之原理的幸福追求权,就逐渐被解释为未被列举进宪法的新人权的依据,是一般性且概括性的权利,以此幸福追求权为基础的各项权利,也因此成为可受裁判上救济的具体权利。〔1〕

3. 台湾地区:从概括式规定中推演

台湾地区的"宪法"对自我决定权没有明文规定。学界一般认为,其"宪法"第22条可作为推导的依据。台湾地区"宪法"第22条规定,"凡人民之其他自由及权利,不妨害社会秩序公共利益者,均受宪法之保障"。这被一些台湾地区学者称为"补余权"或"概括式'宪法'基本权利"的规定。〔2〕 事实上,私法自治、契约自由作为自我决定权在民法上的典型体现,都没有在台湾地区"宪法"中明文规定,但均在法官的判决和解释中得到承认。例如,台湾地区"最高法院"第576号解释中特别提到:"契约自由为个人自主发展与实现自我之重要机制,并为私法自治之基础,除依契约之具体内容受宪法各相关基本权利规定保障外,亦属'宪法'第22条所

---

〔1〕 [日]芦部信喜:《宪法》,林来梵、凌维慈、龙绚丽译,北京大学出版社2006年版,第109页。

〔2〕 林灿都、付美惠:《按捺指纹措施之合宪性问题探讨》,载《法令月刊》2005年第10期。

保障其他自由权利之一种。"[1]这很清楚地表明,自我决定权在私法领域的集中体现,是可以通过概括性条款推导出来的。

4. 中国大陆:综合把握宪法的概括性条款

大陆现行宪法并没有明确直接地规定公民的自我决定权,但是,如果把自我决定权看做对列举权利之外的一般性行为自由的概称,就可以将以下几个宪法条款联合起来予以把握。这其中包括:"国家尊重和保障人权"(第24条)、"中华人民共和国公民的人格尊严不受侵犯"(第38条)、"中华人民共和国公民在行使自由和权利的时候,不得损害国家的、社会的、集体的利益和其他公民的合法的自由和权利"(第51条)。对这三个条款应该综合理解,前两个条款可以看做一种概括性条款,即把包括被宪法明文规定的基本权利在内的各种人权都涵盖其中,当然也包括公民处理自己事务的自我决定权。后一个条款可以看做从反面限定个人自治的范围,即在没有损害国家、社会和集体的利益以及其他公民的合法的自由和权利的情况下,公民的自由和权利是可以不受干扰地行使。这应该视作与《德国基本法》第2条第1款有同样的意旨。需要注意的是,自我决定权作为一种基本人权,不必积极地有利于国家、社会或他人,仅仅需要不危害即为已足。

(三)社会发展与科技进步催发自我决定权意识(特别在医事领域)

自我决定权意识的勃兴与社会发展和技术进步密切相关,这尤其体现在医事领域。自19世纪以来,医疗水平不断提高,医疗案件的数量也随之增长。伴随医院的组织化与营利化,医生与患者之间的互动逐渐减少,无形中加剧了医患关系的分离和患者对

---

〔1〕 苏永钦:《物权法定还是物权自由?》,载 http://3y. uu456. com/bp_0j39385z6s62a888ee4x_1. html,最后访问日期:2017年6月30日。

医生信赖感的降低。患者由此希望在面临与自身重要利益相关的医疗决定时,能充分获知有关自身病情以及治疗方针、危险性和可选方案等信息,以作为自己决定的参考。

在过去,只要医生认为是对病人有利的行为,就可以直接为患者作决定,而不用考虑患者本人的意愿选择。[1] 以这样的医疗伦理为基础,医患关系就是一种“命令—服从”的关系,由医生替代患者做决定的执业习惯,成了天经地义的事情。但是,在历史经验上有层出不穷的案例,显示病人在不知情的状况下受到损害。直到20世纪中叶之后,医患关系逐渐发生改变:在决定医疗的过程中,患者的知情权和同意治疗的决定权必须得到保证和尊重;同时,医生也必须承担充分的告知义务。这就是学理上所谓“知情同意”原则。[2] 这一原则的实质是尊重个人的自我决定权,正如有学者指出的,“知情同意法则是自我决定在医疗领域的体现”。[3] 这种思想广泛传播的影响已经超出了医疗领域,反过来又进一步促进了

---

〔1〕 这就是所谓希波克拉底誓言:医生是为患者而存在的、仁慈的、权威的、以病人最大福利为己任的专家。其职业准则正是尽他最大的良知和能力去追求患者的最大利益,以维持一定的医疗品质。

〔2〕 这是由诸多的历史教训和司法判例逐渐发展出来的成果。在“二战”期间,纳粹医生和日本军队的人体实验开始让世人反思医生的定位,战后,大量的医疗侵害案件也频繁发生。这种情形一直延续到1957年,美国加州上诉法院在Salgo v. Leland Stanford Jr. University Board of Trustees一案的判决中指出,在患者同意医生建议的治疗方案之前,医生必须告知患者能够形成有效同意所应知道的信息,否则,医生就是违背了对患者的义务而必须承担责任。此外,医生也不能为了得到患者的同意,而隐瞒、掩饰或减少说明医疗手段的风险。这是法院首次提出患者的同意必须是出于医生的告知后所为,由此创造出“informed consent”(知情同意或充分说明与同意)一词。之后,1972年,美国医院协会率先提出著名的“患者权利宣言”;1975年,世界医学协会对《赫尔辛基宣言》进行修改,纳入了知情同意原则;1981年,世界医学协会通过了《里斯本宣言》,将知情同意的适用范围扩大到所有疾病,即任何患者在获知医生的充分说明后,都享有接受或者拒绝治疗的权利。参见黄丁全:《医事法》,中国政法大学出版社2003年版,第235~287页;杨丹:《医疗刑法研究》,中国人民大学出版社2010年版,第175页。

〔3〕 杨丹:《医疗刑法研究》,中国人民大学出版社2010年版,第174页。

对自我决定权的研究。

此外，诸如生命的诞生或消逝，在过去一直是人力所不及的领域，但随着医疗技术的进步，生与死的问题在一定程度上已经可以由医学加以影响甚至决定。例如，在某些情况下，使用呼吸器等设备就可以暂时延长以往认为无法持续的生命。因此，医疗人员在此类事务上如何介入，而(往往是陷入昏迷或无意识状态的)患者的个人决定又如何判断，这些都不无疑问。因此，一方面，诸如维持和延长生命的技术之类的进步，与个人选择“安乐死”和“尊严死”的自由决定之间存在紧张关系；〔1〕另一方面，诸如人工授精、体外受精等人工生殖技术的蓬勃发展，又前所未有地提升了人类繁衍生殖的自由程度。〔2〕无论是与自我决定权之间的冲突还是扩展了自我决定权的范围，科技特别是医疗科技的发展，正在成为导致自我决定权意识苏醒和加强的背景因素。

二、自我决定权的刑法空间

在刑法语境中，自我决定权与意志自由是两个不同的概念。此处所探讨的自我决定权，虽然其哲学基础是人的自由，但是它与以往刑法理论上所说的意志决定自由并不一样。以往关于人是否具有意志自由的新旧学派之争，主要是围绕着犯罪人作为意志主体来展开。〔3〕也就是说，刑法上的意志自由，主要是指犯罪人的意志自由。而这里所说的自我决定权的意志主体，则是指刑法上的被害人。因此，刑法上的自我决定权，主要是指被害人的自我决定权。二者的理论起点和目的是完全不同的：讨论犯罪人的意志决

---

〔1〕关于安乐死问题在世界范围内的兴起与发展，参见梁根林：《刑事法网：扩张与限缩》，法律出版社2005年版，第283页以下。

〔2〕关于各种辅助生殖技术的发展及其带来的刑法问题，参见刘维新：《医事刑事法初论》，中国人民公安大学出版社2009年版，第216页以下。

〔3〕对此参见陈兴良：《刑法的人性基础》(第3版)，中国人民大学出版社2006年版，第173～281页。

定自由，其出发点在于为惩罚犯罪人找到心理和规范上的根据；讨论被害人的自我决定权，特别强调一个“权”字，其出发点在于为被害人自由地处分自己的权益提供规范根据。

笔者认为，通过将被害人理解为“法益主体”或“法益承担者”，可以将被害人由以往的犯罪学领域引入刑法教义学领域中，使之成为一个教义学概念，进而形成刑法上的被害人教义学。讨论自我决定权的刑法空间，就是讨论作为法益主体的被害人在刑法（也延展至刑事程序法）上究竟有多大的自由空间，从而让以往在“国家—犯罪人”的二元范式中沉默不语甚至被遗忘的被害人，重新以一个具体的“法益主体”的形象在刑法教义学上复兴。

（一）自我决定权的对象限于个人法益

在刑法上讨论自我决定权的意义并非不言自明。[1] 由于刑罚权具有强烈的国家专属性，在某种程度上似乎显示出一种抵御个人自我决定的公法气质。因此，廓清刑法的基本性质，是能够继续在刑法上讨论自我决定权的前提。关键的问题在于，刑法并不是纯粹意义上的公法。将法律体系划分为民法、公法和刑法三大部分，是更为常见的做法。[2] 在公法与私法的区分问题上，按照历史最悠久、影响力最大的古罗马法学家乌尔比安的划分标准，“公法是有关罗马国家稳定的法。”[3] 按此视角观察，既保护个人法益又保护国家社会等超个人法益的刑法，就具有了公私夹杂的性质。

---

〔1〕 目前一些学者主要在民法领域讨论自我决定权的问题。参见杨立新、刘召成：《论作为抽象人格权的自我决定权》，载《学海》2010 年第 5 期。

〔2〕 “在台湾，传统意义之公法范围较为广泛，除宪法、行政法以外，尚包括刑法及刑事诉讼法等其他法律，但今日德、日等法治先进国家，无论在学术上或实务上，公法均以宪法和行政法为范围。”参见朱武献：《公法专题研究》（一），台北，三民书局 1991 年版，自序。

〔3〕 ［意］朱塞佩·格罗索：《罗马法史》（2009 年校订本），黄风译，中国政法大学出版社 2009 年版，第 82 页。

刑法保护个人法益的传统历史悠久。古今中外的刑法(成文或不成文)中,几乎都可以找到一些超越时空限制的禁止性规范。这些规定是对一些朴素但具有强大生命力的习惯、传统或信仰的确认,它们的起源比较早,且具有较为明显的恒定性。按照现代刑法理论的表述,这些规范针对的主要是"侵害个人法益"的行为,包括对生命、身体、自由、财产和名誉的犯罪等。这些犯罪及其刑罚在早期社会就已出现。[1] 如荀子所说,"杀人者死,伤人者刑,此百王之所同,不知其所由来也。"对于这部分内容,虽然刑罚方式有所变迁,刑罚权行使发生过转移,但规范的实质内容却一直延续下来,历经千年而极少变化。这些规范,一向被视作刑法最重要的"核心区域"。与此相对,各国刑法中还有一些条文是根据一时一地的情形而创设的,意在维护社会秩序或保障国家利益。这部分规范的立法标准,往往随着时代变迁而呈现出较大的变易性。按照现代刑法理论,该类犯罪被归入侵害社会法益或国家法益的犯罪。围绕这类行为的"变法"周期相对较短,并具有一定程度的个别性。刑法所保护利益的多元性表明,既不能完全将刑法视作"公法"而排斥个人的自我决定权,也不能完全将刑法当做"私法"而将犯罪问题交由个人自治。正确的理解是,法益的性质决定了自我决定权在刑法上的空间。当侵害行为针对的是个人可支配的法益时,自我决定权的行使才是正当的;相反,当侵害行为超出了这一范围,则没有自我决定权行使的余地。

当然,并非所有个人法益都可以同等程度地成为自我决定的对象,这主要是看自我决定权应用的具体场合。自我决定权究竟藏身于哪些刑法理论,这项挖掘工作仍然在进行之中。依笔者的

〔1〕 例如,在公元前1800年古巴比伦王国的《汉谟拉比法典》中就已经规定了偷盗、暴力犯罪和性犯罪等。公元前621年,古希腊的执政官德拉古制定的雅典第一部成文法,其中就涉及了盗窃、杀人、渎神等。《十二铜表法》中,也包括了伤害、盗窃、杀人以及婚姻与家庭的规定。

初步归纳，目前至少在以下几个问题上，刑法学者可以从自我决定权的思想中找到解释力资源和支撑。

（二）与自我决定权相关的刑法问题

1. 被害人同意

自我决定权的思想辐射到很多刑法教义学领域，其中最有代表性的是被害人同意。得到同意时，针对身体、自由、财产、名誉、性和隐私等个人法益的“侵害”行为不为罪；相反，诸如国家安全、货币、证件等“超个人法益”，则是同意的禁区。因为对于“超个人法益”的支配，既不符合“经验事实”[1]也缺乏规范依据。例如，招摇撞骗罪的保护法益就属于个人不能支配的超个人法益。即使乙得到国家工作人员甲的许可，冒充甲的国家工作人员的身份招摇撞骗，乙的行为仍然构成《刑法》第 279 条的招摇撞骗罪。刑法在这里保护的不是甲个人对于这个身份的占有，而是国家机关的公信力和正常活动。同理，即使乙请求甲为乙伪造一张身份证，乙的同意也没有意义，因为这种伪造行为妨害的是国家对社会秩序的有效管理。由此可见，大多数与个人身份有关的证件反而都不是个人能够自由支配的对象，是自我决定权行使的禁区。[2]

---

〔1〕 这里的经验事实是指，“即使承认一种众口一词的同意效力，但是取得这种集体同意需要对人们的大面积组织，这在实际上存在着不可克服的困难。” Baumann/Weber/Mitsch, *Strafrecht AT*, 11. Aufl., 2003, § 17, Rn. 99. 即使在互联网高度发达的今天，通过网络投票表达意见在多大程度上能够代表民意，也存在数额比重、准确性和正当性的疑问。

〔2〕 值得注意的是，一个有管辖权的政府机构同意某个个体对公众法益的侵害。例如，法院的执行人员甲允许行为人乙私自搬走本应被扣押的物品。这种情况与同意不同，政府机构所作的许可与个人同意之间的区别在于：后者是由个人自我决定权派生出来的，而行政机关的这种同意的效力，则来自对行政管理权的一种放弃行使的权利（处分权），它不属于同意的应用，而是一种独立的正当化事由，即所谓的业务行为或者行政许可。

2. 被害人自陷风险

除了被害人同意之外，自我决定权也为被害人自陷风险的问题提供了理论解释的资源。所谓被害人自陷风险，是指被害人有意介入犯罪的因果流程，同意他人实施或者参与他人共同实施危险行为而造成损害时，是否以及如何影响他人（行为人）的不法和责任的问题。回答被害人自陷风险的问题，存在多种理论方案。除了可以从被害人同意的角度去解释外，[1]还有一些学者主张发展出一个独立的自我答责原则予以解答。[2] 所谓自我答责，是指如果应该由被害人自己对损害结果的不发生负责，那么就不存在对行为人的归责。在哲学基础上，"自我答责"直接地与"自我决定"联系在一起。"一个人对他的作为或者不作为负责，这无非是说该人在他的行为中不是完全被决定的，而是一个自我决定的主体。"[3]换言之，权利与责任之间是对应的关系，一个人既然要求且能够自我决定，就应该自我答责。因此，自我决定是自我答责的前提和根据，也是回答被害人自陷风险问题的终极依据。虽然在具体的教义学结构上，可以将被害人同意与被害人自陷风险构建成两个问题（站在刑法或第三人的立场去观察，前者是被害人同意侵害结果发生，后者是被害人虽然自愿陷入风险，却并不愿意承受侵害结果），但是，二者又可以最终追溯到承认被害人的自我决定权，尊重被害人的自由的实现这一共同的思想基础，故本质上可视作是同一思想表现出来的不同形式。

3. 诈骗罪中的被害人怀疑与错误

与自我决定权和自我答责原则有关的另一个教义学问题，是

---

〔1〕［德］汉斯·海因里希·耶赛克、［德］托马斯·魏根特：《德国刑法教科书》（上），徐久生译，中国法制出版社 2017 年版，第 515 页；车浩：《论被害人同意的对象》，载赵秉志主编：《刑法评论》（第 15 卷），法律出版社 2009 年版，第 154～162 页。

〔2〕 Münchener *Kommentar zum StGB*-Duttge, 3. Aufl., 2017, § 15, Rn. 149ff.; Zaczyk, *Strafrechtliches Unrecht und die Selbstverantwortung des Verletzten*, 1993.

〔3〕 冯军：《刑法中的自我答责》，载《中国法学》2006 年第 3 期。

诈骗罪中的被害人怀疑与错误认定的问题。自1977年德国学者阿梅隆首次将被害人怀疑这一事实创造性地引入对诈骗罪中的“错误”要素的判断之中去以后，先后有许内曼（Schuenemann）、哈塞默（Hassemer）等学者对此问题展开了深入持续的研究，逐渐形成一个以诈骗罪为主要演练平台的所谓“被害人教义学”理论。[1] 这一理论强调被害人保护的必要性和刑法辅助性原则，认为当被害人有能力也可被期待实施自我保护时，就不必要发动刑法。具体到诈骗罪的场合，如果被害人已经发现了值得怀疑的事实也确实产生了怀疑，却仍然处分财物，便可以认为被害人在能够尽到谨慎交易义务等比使用刑法更轻微的方式来保护财产的情况下却不予保护，则在评价上属于涉及风险的投机行为，缺乏刑法保护的必要性，故不符合陷入错误的要件，至多构成诈骗罪的未遂。尽管有的学者主张“被害人教义学”的独立价值并因此批评自我答责原则的“僵化性”，但还是承认被害人教义学与自我答责原则之间的“姊妹关系”。[2] 笔者认为，德国学者所发展的被害人教义学，其思考原点必然要追溯到自我决定权和自我答责的思想。因为所谓被害人有能力也可被期待自我保护，前提当然是被害人是一个有自我决定自由也因此能够自我负责的人，只有在这一判断的基础上，才能引申

---

〔1〕 Vgl. Amelung, Irrtum und Zweifel des Getäuschten beim Betrug, *GA*1977, S. 1ff., R. Hassemer, *Schutzbedürftigkeit des Opfers und Strafrechtsdogmatik, zugleich ein Beitrag zur Auslegung des Irrtumsmerkmals in § 263 StGB*, 1981；[德]许内曼：《刑事不法之体系：以法益概念与被害者学作为总则体系与分则体系间的桥梁》，王玉全、钟豪峰、张姿倩译，载许玉秀、陈志辉编：《不移不惑献身法与正义》，台北，新学林出版股份有限公司2006年版，第199页。国内学界对于被害人教义学较为全面和丰富的综述，可参见申柳华：《德国刑法被害人信条学研究》，中国人民公安大学出版社2011年版。笔者对于被害人教义学的最新梳理，参见《被害人教义学在德国：源流、发展与局限》，载《政治与法律》2017年第10期。

〔2〕 [德]许内曼：《刑事不法之体系：以法益概念与被害者学作为总则体系与分则体系间的桥梁》，王玉全、钟豪峰、张姿倩译，载许玉秀、陈志辉编：《不移不惑献身法与正义》，台北，新学林出版公司2006年版，第199页。

出被害人的需保护性和应保护性的命题，再加进刑法的辅助性（或最后手段性）原则，最后共同构成了被害人教义学的核心骨架。

在这个意义上，德国刑法学语境中的所谓“被害人教义学”，与被害人同意中的自我决定权以及被害人自陷风险中的自我答责原则，在强调被害人的自由意志这一点上殊途同归。三者之间在教义学理论模型上的差异，既是德国刑法理论精细化的产物，也是学者试图从新的视角去创设新的概念表述，进而树立自身学术个性和标签的结果，但是不能因为这种教义学层面的差异而遮蔽或忽视了它们共通共享的思想基础。

4. 刑事自诉权

除了为实体法上的教义学理论提供思想支撑，自我决定权也能够分享一些程序法问题的解释力。刑事诉讼中的自诉权便可视作自我决定权的一个表现侧面。自诉权是与公诉权对称的概念，指依法享有起诉权的个人直接向法院提起诉讼的权利。根据《刑法》第 246 条、第 257 条第 1 款、第 260 条第 1 款和第 270 条的规定，侮辱案、诽谤案、暴力干涉婚姻自由案、虐待案和侵占案中的被害人，可以自主决定是否提起诉讼。一般而言，绝大多数刑事案件必须由公诉机关代表国家决定是否发起诉讼，被害人的“事后同意”在刑事案件中是无效的。但是，上述被《刑法》第 98 条规定为“告诉才处理”的犯罪，即使在行为完成或既遂的事后，也可以由被害人自我决定是否诉诸刑事程序。近年来，有学者提出将民事诉讼法上的诉权理论引入刑事诉讼领域中的命题，使诉权成为设置各种具体诉讼权利的根据和基础。但是论者同时承认，如何在刑事诉讼中解释诉权的可处分性，是影响诉权理论在刑事诉讼中导入的一个主要的障碍性因素。[1] 笔者认为，在自诉案件的场合，自

---

〔1〕 汪建成、祁建建：《论诉权理论在刑事诉讼中的导入》，载《中国法学》2002 年第 6 期。

我决定权可以为清除这一障碍提供颇具解释力的理论资源。自诉权正是自我决定权在刑事诉讼领域的一种典型表现,“为顾虑被害人之利益,尤其为保护被害人之隐私,刑法遂将若干犯罪规定为告诉乃论,以尊重被害人之追诉意思”。[1] 正是由于刑法对个人自我决定权的尊重,所以对于某些特定的个人法益的轻微损害,“将追诉犯罪的程序启动权交给被害人,由其根据自身利益最大化原则进行选择”。[2]

5. 刑事和解

刑事和解是指在刑事诉讼中,被害人与被告人以认罪、赔偿、道歉等方式达成谅解以后,司法机关不再追究加害人刑事责任或者对其从轻处罚的一种制度和理论。[3] 与被害人行使自诉权决定不启动刑事程序不同,刑事和解是指在启动刑事程序之后,被害人与被告人以协商合作形式恢复原有秩序的案件解决方式。近年来,随着各种形式的刑事和解实践在中国的兴起,刑法和刑事诉讼法学界对这一问题给予了高度关注,出现了大量讨论刑事和解正当性根据的理论文章。有些学者提出,司法机关的收益是促成刑事和解兴起的一个重要原因。例如,在一些取证困难而难以排除合理怀疑的案件中,刑事和解有利于帮助司法机关摆脱困境。此外,刑事和解显然有助于提高诉讼效率、节约司法成本和社会资源。[4] 但是,仅仅强调司法效益,还难以有力地将刑事和解与辩诉交易区别开来;因为这些理由同样适用于在检察官与被告人及其辩护人之间展开的辩诉交易。

笔者认为,刑事和解虽然在客观上有利于提高司法效率,但在

---

〔1〕 蔡墩铭:《刑事诉讼法论》,台北,五南图书出版公司 1982 年版,第 291 页。

〔2〕 徐阳:《我国公诉与自诉的协调机制探析》,载《政法论坛》2010 年第 3 期。

〔3〕 陈光中、葛琳:《刑事和解初探》,载《中国法学》2006 年第 5 期。

〔4〕 杨兴培:《刑事和解制度在中国的构建》,载《法学》2006 年第 8 期。

其价值构造中始终居于首要地位的,仍然应该是对被害人利益和意愿的重视。正如有学者指出,以往对被害人诉讼权利的规定,大多是单一地增强被害人的追诉能力,满足其报应情感,但是却很少考虑被害人的物质恢复和心理恢复的问题,导致的直接后果就是被害人地位的工具化。[1] 刑事和解的兴起,正是要克服这一弊端,以被害人利益为中心,尊重被害人的意愿,由被害人自己来决定是否愿意以及以何种方式与被告人达成和解,而国家则在合法空间内对这种和解意愿给予充分的重视。即使在法院主持下的调解,也必须得到被害人认可并在调解书上签字才发生法律效力,这些都体现了对被害人自我决定权的承认和尊重。

三、刑法家长主义的新界定

在基本观念上,个人的自我决定权并非是一个无限制的、孤立存在的概念。从个人自治的观念比较明确地被密尔在《论自由》一书中提出来起,作为其限制思想的家长主义在理论表述上就同时产生了。换言之,自我决定权的天生对立面就是家长主义。

(一)家长主义的传统涵义

家长主义又称父爱主义,意思是指像父亲那样行为,或对待他人像对待孩子一样。这一思想较早在《论自由》一书中出现时,是指为了儿童或神经错乱者的自身利益,可以允许实施家长式干预。[2] 后来哈特在《法律、自由与道德》一书中提出,"在谋杀案或者伤害案的指控中,排除受害者的同意作为辩护理由的规定,堪谓

---

〔1〕 向朝阳、马静华:《刑事和解的价值构造及中国模式的构建》,载《中国法学》2003 年第 6 期。

〔2〕 参见[英]约翰·密尔:《论自由》,许宝骙译,商务印书馆 2005 年版,第 115 页。

一种家长主义的极佳典范”。[1] 与密尔式家长主义相比，哈特式家长主义显然扩展了法律干涉的范围，将干涉对象延伸到一般的成年人。不过，无论是密尔式的家长主义还是哈特式的家长主义，都是借助“家长往往会干涉子女的自我危害行为”这一现象和观念，来比喻国家、政府和法律对公民个人的某种干预。

家长主义存在多种分类，[2]但其基本理据主要来自以下两点：(1)保护原则。面对现代社会变迁，法律中的“人”并不总是强者的形象，而是“弱而愚”的、需要保护的人，对于那些年老、贫穷、柔弱、迷惑的人们所遇到的困境，就更不应完全将其放到贴有自治标签的盒子里去而置之不理。[3] 考虑到个体的脆弱，法律应该保护个体免受外界伤害。(2)社会连带思想。如果说保护原则是基于一种爱的立场的考虑，那么社会连带思想则是一种基于利害立场的

---

〔1〕 哈特对家长主义持一种赞成态度，试图以此与德夫林勋爵的道德主义相区分。哈特认为，在密尔所处的时代，人们生活愿望稳定且不易受到外界干扰，清楚地知道什么事自己所需的，因此家长主义受到批评是可以理解的；但是随着时代变化，家长主义重新获得了其正当性。因为“我们普遍地越来越不相信，一个个个体才是最了解他们自身利益的人……一种明显的自由选择或者同意的重要性被削弱了”。[英]H. L. A. 哈特：《法律、自由与道德》，支振锋译，法律出版社2006年版，第30～32页。

〔2〕 例如，以干涉程度为标准，可区分出弱家长主义与强家长主义。前者是指以救助性原则为基础，防止他人非自愿性、实质上非自治性的行为发生。弱家长主义只对受到削弱的决定进行限制和干预；而没有意思瑕疵的决定是值得尊重的。因此，弱家长主义“不是阻碍自治，而是在实际上保护和提升自治。”相比之下，强家长主义是指在他人已经获知相关信息，并且是自愿的作出有风险的选择时，基于对他人有利的目的而进行干预。因此，强家长主义是指干涉人出于增加当事人利益或使其免于伤害的考虑，不顾当事人的主观意志，来限制其自由的行为。参见孙笑侠、郭春镇：《法律父爱主义在中国的适用》，载《中国社会科学》2006年第1期。也有学者以使用领域为区分标准，将家长主义区分为家庭关系领域的家长主义、政治领域的家长主义和伦理与法律意义上的家长主义三类。参见黄文艺：《作为一种法律干预模式的家长主义》，载《法学研究》2010年第5期。

〔3〕 参见孙笑侠、郭春镇：《法律父爱主义在中国的适用》，载《中国社会科学》2006年第1期。

考虑。涂尔干早已指出有机社会中人们之间的连带关系，狄骥从实证主义法学的角度进一步论证，社会连带关系无关道德，而是存在这种客观需求。[1] 个人与社会的关系既然无法完全割断，个人自然也不能无视社会的要求。如果这个社会要求的力量足以透过法律将其意志加之于他人身上时，就体现了一种家长主义。[2] 由此可见，家长主义中的"家长"，范围可扩大至政府、社会力量甚至所有能引发顺从和同意的能力。国家、社会团体甚或个人，如果在人类生活体制的建构和法律秩序的形成中具有优势地位，往往会将自身的价值观强加于他人，从而替代他人作价值判断。在此意义上，法律家长主义就是作为一种法律干预模式的家长主义，它是基于个人的利益考虑而限制个人的自主，是个人自我决定、自我管理、自我判断的对立面。

（二）重新界定刑法家长主义的必要性

上述法律家长主义的正当性依据，基本上也适用于刑法家长主义。但是，在其基本内涵方面，考虑到以下因素，有必要做出新的解读和界定。

首先，家长主义本身不应该被固化为一个僵硬的概念，而应被视作内容与时俱进的一种思想。所谓"像父亲那样行为；对待他人

---

〔1〕［法］莱昂·狄骥：《公法的变迁·国家与法律》，郑戈、冷静译，辽海出版社、春风文艺出版社1999年版，第443～444页。

〔2〕从社会连带的角度证成的家长主义，可能会遭到一些学者的反对。这些学者主张，家长主义的干预模式，必须是基于个人利益而对个人进行干涉。相反，基于社会利益或公共利益的法律干预模式，是一种"非家长主义"的干预模式。参见黄文艺：《作为一种法律干预模式的家长主义》，载《法学研究》2010年第5期。但是，这种区分事实上并不如想象中那么有意义，因为在家长主义的语境中，对所谓"个人利益"的判断主体都不是个体自身，而是政府或法律等"超个人"；而只要拥有了对"个人利益"的界定权，也就拥有了将社会利益或公共利益表述成个人利益的能力。仅仅在概念内涵上强调"家长主义"与"非家长主义"的区分，对于降低政府侵犯个人自由的风险而言，可能并无多大实益。

像对待子女一样”，首先需要明确当代生活中的父亲实际或者应该如何对待子女，这个比喻才有对应的意义。家长对待子女的方式远不止像传统的家长主义理论所指涉的“干涉子女自我危害”这么单一，对家长主义而言，“干涉个人自危行为”的寓意仅仅是一个局部的摘取，显然远远没有提炼出“家长—子女”关系的全部内容。此外，作为家长主义这一理论喻体的“家长”，随着时代演进和社会变迁，其自身形象也在发生变化。今日社会中的“家长”角色，早已不同于密尔或哈特的时代。若把家长与子女之间的关系仅限于“基于爱的干涉”，未免过于片面和单薄。现代的“家长—子女”关系，至少应该加进下列的内容：家长既要保护子女免受自我伤害，也要保护其免受外界伤害，有时也要放手让子女从自以为是所导致的挫折中成长而不是一味呵护。相应地，以这一关系形象命名的“家长主义”理论，若不想成为博物馆中的陈列物，就必须与时俱进地改造其内容，将上述寓意容纳进来。其次，刑法的特殊性，决定了此处所说的刑法家长主义，既有法律家长主义的一般性，也显示出衍生于刑法自身属性的独特气质。总之，在今天的中国社会和刑法学的特殊语境下讨论家长主义，不应也没有必要再局限于密尔或哈特的家长主义概念探求经典原义的阐发，而应该在新的视野中赋予理论新的内涵。

（三）当代刑法家长主义的新内涵

1. 提供了不同于契约论的另一种解读刑法的进路

刑法家长主义以“家长—子女”的关系来比喻刑法与社会成员的关系，这为人们理解刑法的基本问题提供了不同于传统的契约论的另一种解读方法。

刑法理论的“元问题”之一是刑罚的正当性。传统模式是从国家惩罚犯罪人的角度出发来回答这一问题，其思想根据主要是社会契约论。由于国家与个人之间存在契约关系，刑罚权是公民缔约让渡形成的一部分国家权力，因此如黑格尔所说，对犯罪人的惩罚其实是他自己同意的自由的结果。[1] 由此可见，传统模式是凭借契约关系的比喻，证成了国家惩罚犯罪人的正当性。相反，如果从国家保护被害人的角度出发，就可以以刑法家长主义为根据回答这一问题。由于国家和个人之间存在"家长—子女"的关系，所以刑法负有保护个人免受侵害的职能，因此对于侵犯者实施刑罚制裁。由此可见，这里是凭借家庭关系的比喻，首先着眼于国家保护被害人的正当性。[2]

此外，当代刑法的家长形象不是单向度的，它不仅面向犯罪人来保护被害人，同时，也站在家长的立场保护犯罪人。刑法的家长形象应当面向所有社会成员。强调这一点，首先是由于近年来在国际上被热烈讨论的"敌人刑法"。"敌人刑法"的观念主要由德国学者雅各布斯(Jakobs)提出和阐述，是目前欧陆刑法学界争论最为激烈的命题之一。按照雅各布斯的看法，"敌人"是指那些完全无视社会的底线秩序、试图瓦解社会的"不具有人格的人"，这部分人不同于一般的犯罪人，应对其适用特别的刑法手段，即所谓"敌人刑法"。[3] 但是，绝大多数犯罪人并不是雅各布斯意义上的"敌

---

〔1〕 参见[德]黑格尔：《小逻辑》，贺麟译，商务印书馆1980年版，第323～324页。

〔2〕 当然，笔者对这种新的模式的初步阐发和利用，并非要去替代传统模式的解读，而是希望形成一个有益的补充。要想全面完整地理解刑法的根基，仅仅从国家与犯罪人的关系出发显然是不够的，必须要把被害人的问题纳入进来。上述讨论说明，不仅在具体的刑法教义学观点上争讼不断是平常之事，就是在刑法"元问题"的基础层面，也不是一神主宰的天下，而是可以并且能够存在多种理解进路的竞争和补充。

〔3〕 Vgl. Jakobs, Bürgerstrafrecht und Feindstrafrecht, *HRRS* 2004/3, S. 88ff; Hörnle, Deskriptive und normative Dimensionen des Begriffs "Feindstrafrecht", *GA* 2006, S. 91. 国内学界对此问题也多有讨论。参见刘仁文：《敌人刑法：一个初步的清理》，载《法律科学》2007年第6期；何庆仁：《对话敌人刑法》，载《河北法学》2008年第7期。

人”,而与被害人一样同样是社会的成员,因此也是位于刑法的“家长”形象之下的“子女”。犯罪人也可能成为被害人,一起案件中的被害人也可能是另一起案件中的犯罪人。因此,家长主义的刑法,不能一味满足被害人的复仇心理,也不能追求严刑酷罚,而同时必须兼顾考虑对犯罪人惩罚的效果。家长主义的刑法如何谦抑地使用如两刃之剑的刑罚,保持克制和平衡,是这个部门法中的核心问题。

总之,刑法家长主义注重从保护的角度出发来解读刑法,这与传统契约论刑法观从惩罚的角度出发来理解刑法相映成趣,将二者结合起来,可以更加全面、完整地理解刑法。

2. 刑法天然地具有家长形象

从被害人对刑法的期待和刑法干涉的角度来看,与其他部门法相比,刑法对被害人的保护天然地具有家长主义的特征。

以民法为参照,可以清晰地看出这一点。普通的民事纠纷是公民主动参与社会生活和经济交往的伴随物和正常的副产品。一般而言,民事纠纷并不会对个人身心造成不可逆转的巨大伤害。因此,遭遇民事纠纷的当事人,能够相对比较理性地看待违约者或侵权者;同时,国家权力只需居中裁判,并不能立场先行地支持平等主体中的任何一方。但是,犯罪是一种病态的社会越轨行为,无辜被卷入犯罪的被害人,常常处于一种被动的、难以预料也无法预防的劣势地位,在这种地位上遭受了由行为人实施的、常常是不可逆转的巨大伤害。在这种情境下,被害人及其家属的身心往往都会陷入极度痛苦甚至渴望复仇的不理性状态。此时,刑法不能像民法那样不告不理,而是必须积极主动地支援被害人,通过警察和检察机关主动侦查犯罪、提起公诉,要求法院对犯罪人实施严厉制裁。只有通过这种方式,公民才能从缔约而成的政府中得到有效的保护和安抚。如果说,公民对于民法保护的诉求是基于一种在纠纷发生时寻找中立者予以评断并分配利益的心理,那么,公民对于刑法保护的诉求,更增加了一种无助绝望、诉苦申冤、希望国家为自己做主的心态。换言之,与民法的保护相比,公民对刑法的求助心理和期待愿望更迫切,依赖感也更强烈。人们寄予刑法的,不是希望通过判决而使合同履行或者得到经济补偿,而是希望刑法为其主持公道,希望通过刑法之手惩罚侵害者。这种对刑法庇护的高度期待,映射在心理学上,正是一种处于困境时渴求"父母长辈"帮助的人类潜意识。在某种程度上,可以说刑法的家长形象是为犯罪所困的被害人主动赋予的。此外,刑法在实体和程序运作上,也都相应地表现出浓厚的家长主义色彩。例如,在程序上,除了极少数自诉案件外,刑事诉讼的发动一般都不允许被害人自己决定;刑事诉讼的终了也不允许双方调解。在实体上,检察机关提起公诉的罪名和刑罚不能由被害人选择。这些都充分体现了主动性、强制性的家长主义形象。

3. 中国语境下的刑法家长主义带有"父母官为民做主"的传统色彩

刑法家长主义虽然是一个当代法学上的概念,但在有着数千年家长式统治传统的中国社会中,类似于刑法家长主义的观念一直存在。

首先,家国思想在中国社会根深蒂固,源于古代的皇权统治具有深厚广泛的社会伦理基础。中国社会虽自母系源起,但整体上一直是父权社会,"子孙违犯父的意志,不遵约束,父亲自可行使威权加以惩责……父亲对于子孙的笞责实际并不只限于竖子婴儿,子孙成年以后依然不能坚持自己的意志,否则仍不能避免这种处罚"。[1] 儒家力主这种绝对服从父母的"孝",最终目的是"移孝作忠""以孝事君",即要求人们像服从父权那样绝对服从君权。[2]

---

〔1〕 瞿同祖:《中国法律与中国社会》,商务印书馆2010年版,第6~7页。

〔2〕 刘广安:《中华法系的再认识》,法律出版社2002年版,第140页。

家庭中的父权扩展到国家层面，就成了以大家长形象统治万民的皇权。代表皇权去具体统治国家各地的官员，也被相应地赋予“父母官”的形象。[1] 而父母官据何为民做主？基本根据之一就是在历代治理工具中都居于核心地位的刑律。因此，在传统中国社会，皇权的家长统治正是以刑律为制度符号，通过“父母官”的司法裁判，渗透到“子民”的日常生活中。作为家长式统治的基本工具，刑法最为直接地代表着能为民做主的皇权，也最能唤起一般民众对“父母官”的期待心理。

其次，中国刑律自身也具有“儒家化”[2]的特点。自汉儒董仲舒提出德主刑辅、礼法结合，开春秋决狱、以经解律之风，直至《唐律疏议》“一准乎礼，而得古今之平”（《四库全书提要》），中国历代的刑律中都在不同程度上渗透和传达着等级差序的儒家精神。因此，刑法家长主义在传统中国社会中有着特殊的意义：一方面，作为传统法律的主要表现形式，刑法的有效适用，关系到皇权的“大家长”形象及各级官员的“父母官”形象的树立。国家通过刑法的适用树立起管理社会、伸张正义的形象。所谓“当官不为民做主，不如回家卖红薯”的思想，特别地体现在一些重大刑事案件中，主

---

〔1〕 隔岸的韦伯对此洞若观火，“中国福利国家的家产制特色及其微弱的官方职权，并不在乎世俗法律之形式化的发展……中国的法官——典型的家产制法官——彻底家父式的审案断狱。”参见［德］马克斯·韦伯：《中国的宗教：儒家与道教》，康乐、简惠美译，广西师范大学出版社2010年版，第208页。

〔2〕 中国刑律儒家化的命题，已经在法史学界形成相当程度的共识。陈顾远先生在20世纪30年代提出，“儒家之礼治，不特高居刑律之上，抑且深入刑律之中，使刑律之为礼化也”。陈顾远：《中国法制史》，商务印书馆1934年版，第55页。此后，陈寅恪先生明确提出“刑律儒家化”的概念。参见陈寅恪：《隋唐制度渊源略论稿》，河北教育出版社2002年版，第102页。瞿同祖先生对此命题进行了系统阐释，基本上奠定了定论的地位。参见瞿同祖：《中国法律与中国社会》，商务印书馆2010年版，第310～374页。对这一命题的质疑，参见郝铁川：《中华法系研究》，复旦大学出版社1997年版；苏亦工：《明清律典与条例》，中国政法大学出版社2000年版，第13～17页。

要是指国家通过审查案件，适用刑律来为百姓申冤，主持公道。另一方面，传统刑律本身就传播和捍卫着某种以皇权和父权为核心的家长主义的威权思想。在这个意义上，中国语境下的刑法家长主义，往往带有浓厚的“父母官为民做主”的传统色彩。

4. 刑法家长主义不可能抽空道德内涵

家长主义与道德主义的区分，是哈特在与德夫林论战的过程中提出的命题。德夫林站在“法律强制推行道德”的立场，认为在伤害罪中不能以被害人同意作为辩护理由，是因为“一个社会必须要有一些必须遵从的行为的标准或者道德的原则”。相反，哈特认为，之所以排除被害人同意作为辩护理由，不是由于法律要保护道德，而恰恰是“一种家长主义的极佳典范”。哈特引证密尔的划分，认为“因为那样会对他更好”、“因为那样会使得他更快乐”与“因为在别人看来这是适当的”是能够明确区分的两种类型。[1] 一些刑法学者也持区分二者的看法。例如，日本学者曾根威彦认为，家长主义是与道德主义并列的两种不同的关于刑法介入的正当化原理，前者解决的是“自己是被害人的犯罪”，后者应对的是“没有被害人的犯罪”。[2]

但是，这种乍看起来很清晰的区分，可能仅仅具有形式和修辞的意义。如果人们追问，当一个“被害人”基于自己的特殊利益考虑而要求他人“伤害”自己时，当他根本不承认这种“伤害”的痛苦相反却视作是自己人格的自由展开时，难道不也是一种“没有被害人的犯罪”吗？就哈特所说的区分而言，所谓“因为那样会对他更好”以及“因为那样会使得他更快乐”中的“好”和“快乐”，如果不是按本人立场而是按国家立场去认定的话，与“因为在别人看来这是恰当的”其实并无实质性差别，都是国家介入了什么是个人的美

---

〔1〕［英］H. L. A. 哈特：《法律、自由与道德》，支振锋译，法律出版社 2006 年版，第 30 页。

〔2〕［日］曾根威彦：《刑法学基础》，黎宏译，法律出版社 2005 年版，第 34 页。

好生活这一判断。无论说成是“家长式”的还是“道德式”的,都不能改变这一判断的本质。支振锋博士也看到了哈特论证中这一漏洞,“他(哈特)以防止未成年人堕落的家长式关怀为由,支持法律继续禁止未成年人与成年人之间的同性恋行为。这里,他就留下了一个‘小辫子’,因为堕落一词本身就是道德见解。而且,家长式关怀也富于道德意味。这样,他就很难将其法律与道德相分离的观点毫无困难地坚持下去”。〔1〕

从各国的立法与司法实践的发展来看,当代意义上的刑法家长主义已不可能抽空道德内涵。例如,《德国刑法典》第228条规定:“在被害人同意的情况下所为之伤害行为,仅在该行为违背善良风俗时,才是违法行为。”这一立法本身表明,脱离开对“善良风俗”这一道德内容的考虑,国家已经没有其他理由对得到被害人同意的伤害行为进行限制。再如,我国《刑法》第234条规定,故意伤害他人身体的,处3年以下有期徒刑、拘役或者管制。犯前款罪,致人重伤的,处3年以上10年以下有期徒刑;致人死亡或者以特别残忍手段致人重伤造成严重残疾的,处10年以上有期徒刑、无期徒刑或者死刑。刑法家长主义要想成为对这一问题进行限制的支配性根据,就必须融入社会观念的内涵,对“特别残忍”做出道德意义上的解释。〔2〕 因此,一个与道德完全无涉的刑法家长主义的概念,是想象中的乌托邦,在理论逻辑的自洽上是没有前途的。

刑法家长主义与道德的关系,也可以从刑法通过保护底线规范来维系社会的角度加以理解。刑罚的发动,不仅仅在于为已经遭受侵害的被害人撑腰,更是在于发挥一般预防的功能,通过心理威慑(消极的一般预防)和规范培养(积极的一般预防),达到保护所有潜

---

〔1〕 支振锋:《译后记:刑罚的限度》,载[英]H. L. A. 哈特:《法律、自由与道德》,支振锋译,法律出版社2006年版,第86页。

〔2〕 车浩:《论被害人同意在故意伤害罪中的界限——以我国刑法第234条第2款中段为中心》,载《中外法学》2008年第5期。

在被害人免受此类侵害的目的。刑法通过捍卫包括一些基础性的道德伦理在内的底线规范，发挥维系社会共同体的功能。如果刑法任由底线规范被任意漠视，社会就会面临解体的危险，所有成员都将处于无保障的状态中。因此，通过保护底线规范来维系社会，最终保障每一个社会成员的生活，是当代刑法家长主义的题中应有之义。

四、自我决定权与刑法家长主义的关系

在对刑法家长主义的内容进行重新解读和演绎之后，才可能在一个新的基础上搭建起自我决定权和刑法家长主义的复调框架。在这个理论框架中，自我决定权与刑法家长主义之间既有冲突和限制，也有依赖和保障。二者之间的多层张力，形成了对各种被害人问题进行解释的思想框架。

（一）排斥关系：自我决定权排斥家长主义的干涉

按照自我决定权的观点，个人按照意愿处置自己的财产甚至身体，是个体人格的展开，是实现个体价值的一种途径。因此，同意他人砸毁自己的财物，或自愿乘坐危险的交通工具，都是个体自由的表现，不需要外界干预。但是，站在刑法家长主义的立场，会认为上述行为对决定者而言，仍然存在客观的侵害或侵害的危险；而刑法要保护公民，要对公民负责，就不能光以公民自己的想法为准，不能任由个人做出在刑法看来是不理智、不成熟、危及自身的决定。因此，刑法也就不能允许行为人以得到被害人同意作为辩解的理由。

在法学理论史上，被害人同意以及自我决定权曾经一度被冷淡甚至搁置。[1] 例如，在哈特的观念中，伤害案中的被害人同意不

---

〔1〕 例如，历史法学派的追随者们就基本上否认被害人同意的效果，认为刑法作为国家制度的历史表现形式，不能为个人的支配所决定。Vgl. Honig, *Die Einwilligung des Verletzten*, 1919, 32ff., 51ff.

能作为辩护理由，是家长主义的最佳典范。[1] 但是，随着社会发展和科学进步，个人主义思想广泛传播，多元化时代来临，人们不再盲信即使是出于良好意愿的权威，而希望在尽可能大的空间内自主决定，自由发展。在这些变化的冲击下，刑法所禁止的、曾经由国家做主代替个人判断而被认为是不能接受的行为，在今天的个体选择中面临被正常化的可能。如今，即使在故意伤害罪的场合，各国刑法也已经普遍承认被害人同意的出罪功能。此外，在被害人自陷风险的情况下，也往往不再对行为人归责。

（二）制约关系：刑法家长主义对自我决定权的制约

但是，基于刑法的特殊性质，家长主义始终是限制自我决定权的重要力量。个人的自我决定权的对象仅仅适用于个人法益，但是即使在这些领域，自我决定权仍然要受到刑法家长主义的制约。

例如，生命虽然属于个人，但是各国刑法理论和实践一致认为，生命不能被个人任意地支配，得到他人同意的杀人行为，仍然要受到刑法追究。对此存在多种解释，但无论是生命权优先于自我决定权的观点，或是生命属于超个人法益的主张，还是尊重生命的风气高于个体意愿的看法，在根本上都是从被害人角度替代被害人去思考的家长主义立场。刑法一方面担心公民在仓促、冲动和不理智的状态下做出了不可逆转和无法弥补的决定；另一方面也担心其他人利用被害人的意思瑕疵，造成这种无法证明死者意愿的状态。[2] 因此，通过惩罚得同意杀人的行为，对于个人放弃自己生命的自决权起到一定的限制作用。

---

〔1〕 哈特认为："利用刑法阻止对他人的伤害，甚至在有受害者自身同意或者为伤害自身提供帮助的情况下，也依然如此。"[英]H. L. A. 哈特：《法律、自由与道德》，支振锋译，法律出版社2006年版，第32页。

〔2〕 Sternberg – Lieben, *Die objektiven Schranken der Einwilligung im Strafrecht*, 1997, S. 146.

再如，身体在一般情况下可以由公民个人自我支配。当得到保护被害人同意时，即使实施了造成被害人身体重伤的行为，也不再适用《刑法》第 234 条故意伤害罪。但是，在同意他人以“特别残忍的手段”伤害自己的场合，自我决定权就会受到相对的限制，因此这种“特别残忍的”的行为本身已经对维系社会的善良风俗造成冲击，不能够再交由被害人自我决定，在这种情况下，即使存在被害人同意，行为人仍构成故意伤害罪。[1]

此外，需要特别强调的是，死刑案件（指的是行为人罪行极其严重、依法罪该处死的案件）中的刑事和解必须受到严格限制。一方面，对于造成被害人死亡的死刑案件，已经不可能再有任何自我决定权的存在空间，被害人家属不可能代替死者行使自我决定权，特别是在被害人家属得到赔偿后做出的谅解表示，不应该被表述为对死者意思的尊重进而成为刑事和解的理由，因为真正从肉体上遭受毁灭性侵害的始终是被害人自己而不是其家属，刑法保护的是个体的生命权而不是其他人对该生命毁灭的哀痛之情。另一方面，即使在被害人没有死亡而与行为人达成谅解协议甚至向法院提出对其不适用死刑的场合，如果行为人属于《刑法》第 48 条规定的“罪行极其严重的犯罪分子”，那么被害人的自我决定权的空间也是极其有限的。这是因为一般来说，能够适用死刑的案件，行为人所犯罪行的严重性往往达到了攻破社会伦理底线的程度，尽管首当其冲者是被害人一个个体，但实际上受到巨大冲击、面临崩溃危险是联结社会关系、维系社会存在的底线规范。为了捍卫这些底线规范，发挥一般预防的功能，刑法家长主义在死刑案件中必须限制个人的自我决定权。换言之，对于这一类死刑案件的刑罚权，国家必须牢牢掌握在手中。在这个意义上，梁根林教授的批评

---

〔1〕 车浩：《论被害人同意在故意伤害罪中的界限——以我国刑法第 234 条第 2 款中段为中心》，载《中外法学》2008 年第 5 期。

无疑是正确的,“尽管刑法的私法化走向可以在一定程度上解释对轻微犯罪的刑事和解,但是,仍然无法为死刑案件的刑事和解提供法哲学的支持……为了维护国家与社会的集体存在与法秩序的整体统一,国家对关乎重要法益保护的核心刑罚权必须予以垄断性与强制性的行使,不能允许加害人或被害人根据其个人意志或私利随意左右或变更刑法的适用”。[1]

(三)保障关系:自我决定权需要家长主义的护航

公民的自我决定并不总是能取得个人预期的良好效果。法律中的“人”并不总是强者的形象,而往往是“弱而愚”的个体。尽管在个体自我决定的时候,会拒绝刑法家长主义的干涉,但却常由于自身和外界的原因,并不能真正地实现理想中的自治。相反,个人的自我决定,常常是一种被削弱的自治,往往并不能察觉到其意志决定中隐藏的风险。这里面有各种原因,包括同意能力的欠缺、由于自身大意或人格缺陷而产生的评估错误、在欺诈或强制下做出的决定、由于一时的兴奋或冲动做出决定而事后又后悔等情形,可以说都是一种存在瑕疵和缺陷的虚假自治,或者说实质上并不是真正的自由。个人因为这种虚假自治而受到了损害,这时,个人还能不能再次向曾经因为干涉而被排斥的刑法伸出求助之手呢?笔者认为,作为家长形象出现的刑法,原则上始终不能放弃保护公民的责任,这不仅是一种仁爱,也是它的制度使命。在个人需要救助的时候挺身而出,而不能再计较个人自我决定权对其干涉表现出的排斥。刑法家长主义应该具有宽容的心态,在个人决定排斥干涉时保持沉默,在个人决定受挫时给予援手。这种场合下的刑法家长主义,应该是一种具有同情心和理解心的“弹性家长主义”。

例如,由于行为人的欺骗,被害人对法益损害的性质、范围或

---

〔1〕 梁根林:《死刑案件被刑事和解的十大证伪》,载《法学》2010年第4期。

危险性产生了错误认识而做出的同意是无效的，此时，刑法应该通过惩罚行为人的方式，来保障被害人的自我决定权。在医生甲向患者乙隐瞒了手术部位和范围的情形下，乙的同意是无效的，由此产生的结果应该以伤害罪归责于甲。同理，A冒充B的丈夫C（A与C长相酷似），以C的名义获得B的同意而与B发生性关系，对此应该认定A构成强奸罪。这就是刑法保护被害人同意必须体现真正的意思自治。

再如，当个人的自诉权的行使受到阻碍时，被害人有权获得检察机关的帮助以克服障碍，从而在检察机关的帮助下完成追诉犯罪的任务。正如有学者指出，"国家追诉主义并不必然排斥被害人诉权，相反，却以被害人诉权保护为终极目的。若非如此，国家追诉主义就蜕变为了国家专断主义，丧失了法治的内在核心价值"。〔1〕《刑法》第98条规定，对告诉才处理的案件，如果被害人因受强制、威吓无法告诉的，人民检察院可以告诉。这就是公诉权对自诉权的支持。

（四）教育关系：刑法家长主义不能提供无限制的保障

保护被害人的自我决定权是刑法家长主义的常态，但也有例外。在某些场合下，刑法也会拒绝提供保护，由此向所有公民表明刑法反对此类决定的态度，进而树立和稳定社会规范，这同样也是家长主义的题中之意。

例如，A为了得到报酬而自愿被B伤害甚至出卖器官的场合，或者是为了得到报酬而决定与C发生性关系的场合，如果B和C从一开始就是抱着欺骗的心态，事后也拒绝给付，A能否就此向刑法求助？刑法能否为此追究B故意伤害罪或者C强奸罪的责任？

---

〔1〕 徐阳：《我国公诉与自诉的协调机制探析》，载《政法论坛》2010年第3期。

传统刑法理论基于全面保护被害人的“溺爱型”的家长主义立场，认为受到欺骗的被害人同意一律无效，从而追究行为人的责任。这就是所谓“全面无效说”。这种观点主要是强调错误与同意之间的因果关系，认为若无错误则被害人就不会同意，那么这个同意就是无效的。“全面无效说”在相当长时期内是统治德国司法实务界的通说。[1] 按照这种观点，在因打算得到报酬而同意被打或同意性交的案件中，就会得出因欺骗而导致同意无效，进而追究行为人故意伤害罪和强奸罪责任的结论。

但是，如果刑法保护这种对于受损法益本身并无错误认识，只是在回报期待上受到欺骗的同意，那么，这种保护可能会从反面以刑法方式助长一种人身法益“商品化”的趋势。[2] 因为这种保护实际上意味着刑法是在帮助稳固这种交易行为中双方的信任度，是作为靠山为买卖人身法益的行为撑腰，而这将起到刑法并不希望看到的鼓励效果。因此，通过拒绝提供保护，刑法就设置了一种承担风险的压力，从而能够在一定程度上阻止个人将重要的人身法益进行交换甚至买卖，引导公民珍爱自己的个人法益。这就是近年来被逐渐成为主流观点的“法益错误说”，即对于这种不涉及法益侵害的程度、范围和方式而是仅仅涉及回报的错误，仍然承认其同意的效力，不追究行为人的责任而由被害人自己承担损害后

---

〔1〕 德国法院早期的很多判决遵循了这一观点。Vgl. OLGMünchen NJW 1972,2275;OLG Stuttgart NJW 1982,2265(2267);RGSt 74,91(93);BGHSt 4,88(90);BGHSt 16,309(310). 近年来，一些坚持“全面无效说”的学者，也对该理论进行修正，其中最令人瞩目的成果是阿梅隆提出的区分“无效性”和“归责”的双层结构方案：将同意效力判断与归责判断相互脱钩，分为两个层次分别判断。在同意的效力判断上遵循传统“全面无效说”的观点（凡有错误即导致同意无效），但是最终如何归责又当别论。Vgl. Amelung, *Irrtum und Täuschung als Grundlage von Willensmängeln bei der Einwilligung des Verletzten*,1998. 这种新的“全面无效说”结构清晰，形式新颖，但是在归责问题上与传统的犯罪论体系之间存在重大摩擦，因而在受到广泛重视的同时也是非议不断，目前尚不能算是有力学说。

〔2〕 Vgl. Arzt, *Willensmängel bei der Einwilligung*,1970,S. 20.

果。正是在这个教义学模型的设置上,体现出刑法家长主义不能坚持溺爱立场,而应有所为有所不为,从而让公民在挫折中成长的良苦用心。

由此可见,现代的刑法家长主义要在强硬与溺爱之间保持平衡。既不能采取“强硬型”的家长立场,完全排斥被害人的自我决定,也不能陷入“溺爱型”的家长立场,对被害人的自我决定实行绝对的、无限度的保护。一方面,过于强硬的干预,会造成国家威权和专制的印象,也使得公民逐渐丧失自我选择和决断的能力;另一方面,一味溺爱甚至不分青红皂白的保护,会使得刑法丧失对正确、积极和健康的个人生活态度的引导,却从反面鼓励和支持了公民从事不当或高危行为。因此,刑法家长主义面对自我决定权的合理定位,应该是在保护与不保护之间保持一种适度的张力。这种张力能够使得每一个社会成员,无论是意图侵犯他人而成为罪犯的人,还是冒险或投机因而可能被害的人,都会在或被刑法惩罚或丧失刑法保护的风险面前,感受到压力,从而谨慎地规范自己的行为。只有这样,才能达到减少和保护潜在被害人的最终目的。

五、理论框架的定位与功能

如果按照问题的抽象度来区分理论层次,那么,笔者所提出的自我决定权与刑法家长主义互动的理论框架应属于一种中层理论。一方面,这种中层理论为进一步的教义学观点的建构和具体问题的解释,提供了作为基础的思想根据。另一方面,这种中层理论本身并非无可辩驳的终极原理,在其背后仍然是解释者个人的价值立场发挥着作用。按照笔者的一贯主张,对于刑法问题的解释,归根结底,具体的结论总是可以溯源到解释者的价值立场上面。但是,在解释者的价值立场与具体问题的结论之间追溯的过程,并不是两点间的直接连线—那样就会变成直接凭借感觉、偏好、激情或权力来断案而丧失其正当性—而是必须经由一系列可反复检验的理论管道,使得抽象的、隐含的价值观逐层被具体化和显露出来,最终落在具体的案件中。

一个按照抽象程度递增来表示的思考顺序,可以简单地图示如下:

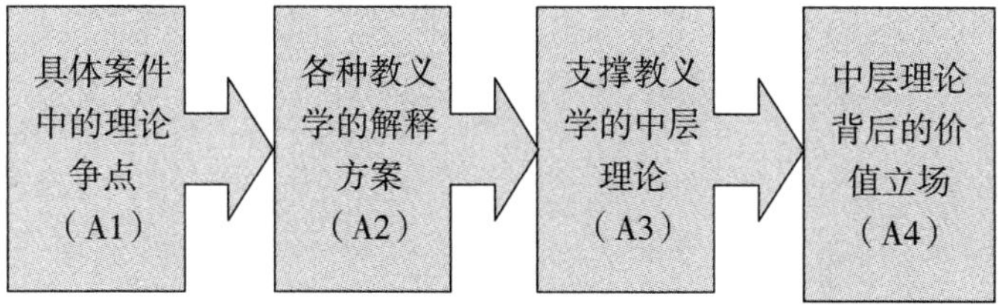

图1　法教义学思维导图

在上述思考过程的各个环节中,A1 环节主要是归纳事实,转化为刑法理论上的争议点(有罪还是无罪?此罪还是彼罪?既遂还是未遂?正犯还是共犯?有效还是无效?等等);A2 环节可能会出现多种解释方案(一般在论文中经常出现的“各种观点”),各个方案要想有竞争力,首先或者主要是必须在逻辑上自洽;A3 环节会进一步地追溯到各个教义学模型(或各种观点)背后的中层理论,当然,这些所谓“中层理论”对于刑法学理论来说,已经基本上位于专业领域的最基层,因此也可以说是刑法理论的“元概念”;在 A4 环节,则最终要逼得构建或选用这些中层理论背后的(解释者的)价值立场现身。需要特别指出的是,上述图表中的箭头是按照从微观到宏观的层次递进来标注的,但是一个人的实际思考过程,却完全可能是与之相反,即在 A1 环节的争点确定之后,首先受到 A4 环节的价值取向的影响而在内心已经有了某种决断,然后又在各个环节之间往返来回地寻找合适的解释管道来论证和具体地落实其价值观,最终达到在法理和解释上自圆其说的目的。

这里所讨论的自我决定权和刑法家长主义基本上属于 A3 环节的中层概念,但是,对这两个概念的把握却不能悬空、孤立地停留在该层面泛泛而论。自我决定权与刑法家长主义的理论框架，能够“向下”对进一步的教义学观点构建提供思想支撑。换言之，一种教义学上的观点，应该能够由其背后的中层概念所搭建的理论模型得到有效、合理地说明。[1] 例如，对于被害人基于受骗而做出的同意是否一律无效，理论上存在不同观点。“全面无效说”认为，凡是被害人知道真相便不会同意的决定一律无效；“法益相关错误说”则认为，只有那些与法益相关的错误才会导致同意无效，至于其他仅仅是在回报上面受骗的同意，错误并不影响其效力。若进一步追问，“法益错误说”为什么要把这些回报落空的错误排除在刑法保护之外？这个教义学理论缘何被设计出来？学者基于什么样的考虑而提出这样的观点？这些问题就可在自我决定权与刑法家长主义的理论框架内得到妥当的解释。站在现代刑法家长主义的立场，刑法不赞成个人将身体作为商品进行交易来换取报酬，即使不会因此去直接惩罚出售行为，但至少也不会表现出支持的态度，即对这种人身法益商品化的“交易自由”拒绝再用刑罚手段提供保护。借此，“法益错误说”就不是一种凭空而来的理论遐想，而是可以追溯出扎实厚重的思想根基。

这是中层理论“向下”的功能，即为下一级的教义学层面的观点和理论提供支撑。但是，需要注意的是，其实中层理论本身已经隐含了非逻辑性的价值选择，例如，上述“刑法不赞成个人的人身法益商品化”的观点，实质上是由某种哲学或政治哲学上的理念导出。这就是中层理论“向上”的关联。只有揭示出这一层关联性的存在，解释者个人的价值立场才不会在刑法专业术语和概念的堆砌组合中被有意或无意地遮蔽。

---

〔1〕 这是因为就法律教义学本身而言，是以未经检验即视为真实的条件为前提，是在“现有的情况下”思考。依据康德的说法，“纯粹理性在现有理论架构上运作，而未先行批判它自身的能力”。参见[德]阿图尔·考夫曼：《法律哲学》(第2版)，刘幸义等译，法律出版社2011年版，第12页。

"向上"追溯的话,如何看待和解释自我决定权与刑法家长主义之间的关系,实际上涉及解释者在自由主义或保守主义等基本价值立场上的倾向(无论其自知或不自知)。如果解释者是一个把个人自由看得至高无上的自由主义者,就会认为,一个自由国家不能公开奉行某种美好生活的观念或把这种价值观强加给公民,而必须在什么是美好生活这一问题上保持中立。"就什么可以被称作是美好生活的问题来说,政府必须保持中立的态度……政治决定必须尽可能地独立于任何一个特殊的美好生活观,或者,政治决定必须尽可能地独立于什么东西赋予生活以价值的任何特殊观点。"[1] 也就是说,由于无法比较各种人生理想之间的高下,因此我们对一个人想要追求怎么样的理想人生没有干涉的权利,每个人都有自由去追求及实现他所认为的理想的人生。[2] 按照这种国家在价值观上必须保持中立的逻辑,显然就会坚决维护自我决定权的自由行使,将人身法益的交易也看做一种个人自主决定的自由。由此推出的结论是,作为"家长"形象出现的刑法就应该充分保障这种交易自由,最终在教义学层面,就会支持"全面无效说"。

反之,一个在自由问题上偏向保守主义立场的人会批评说,上面这种自由主义观念在教导人们各种欲望都是平等的同时,也使得人们丧失了羞耻感,摧毁了自尊。这种标榜中立性的自由主义否认崇高也否认了卑鄙,否认了人畜之别。[3] 因此,"真正自由人今天最紧迫的责任莫过于要全力对抗那种堕落的自由主义,这种堕落的自由主义宣扬人的唯一目的就是只要活得开心而不受管

---

〔1〕 [美]罗纳德·德沃金:《原则问题》,张国清译,江苏人民出版社 2012 年版,第 239 页。

〔2〕 石元康:《当代西方自由主义理论》,上海三联书店 2000 年版,第 6 ~ 7 页。

〔3〕 参见[美]列奥·施特劳斯:《古今自由主义》,马志娟译,江苏人民出版社 2010 年版,第 259 页。

教,却全然忘了人要追求的是品质高贵、出类拔萃、德性完美”。[1]如果解释者更加青睐这种保守主义立场,认为人们应该追求一种崇高庄严的美好生活,真正的“自由教育”应该让人们变得“品质高贵”“德性完美”,那么,他就非常可能对人身法益的商品化和器官的自由买卖忧心忡忡,进而主张刑法对这些做法至少不应表现出支持的态度,也就是不应该用刑罚手段为这些“堕落的”行径保驾护航。这种基础上的刑法家长主义,会坚持有所为有所不为,拒绝为自我决定权提供无节制的保障。最终,在教义学层面,就会认同对被害人的错误进行选择性保护的“法益错误说”。

厘清了上述价值立场与具体观点的关系,每一个解释者都可以借此自省,其他人也都能够看清解释者的内心倾向。至于笔者个人的价值立场,在前述关于自我决定权与刑法家长主义的关系的阐述中已经表达得很清楚了。自由既是形而上学这座庙宇里供奉的最高神,也是政治哲学理论座架上的冠冕。[2] 但她不应该是漫无边际、毫无节制的纵欲者。就这一点而言,对自我决定权既有制约又有保障的刑法家长主义,应该算是保守主义在刑法专业领域中的一个代言人。[3]

六、结语

作为被害人教义学的重要组成部分,笔者尝试构建自我决定

---

〔1〕 [美]列奥·施特劳斯:《自然权利与历史》,彭刚译,生活·读书·新知三联书店2003年版,第33页。

〔2〕 应奇、刘训练编:《第三种自由》,东方出版社2006年版,第1页。

〔3〕 保守主义不应该被看做与自由主义完全对立的东西。保守主义的关键不在于保守与否,而在于保守什么。若撇开了保守的具体对象,保守主义便空洞无物。“保守”是任何人都可能具有的一种天然倾向,并不自动构成“主义”。因此,由柏克创立的保守主义所保守的是对自由亲和的制度和对自由友善的传统。对此参见刘军宁:《保守主义》(第3版),东方出版社2014年版,第28页。事实上,保守主义与自由主义分享着很多共同的基础,在这个意义上,也可以说保守主义是一个大的自由主义阵营中的“保守派”。

权和刑法家长主义之间复调式的理论框架。一方面,自我决定权作为被害人同意等刑法问题的思想地基,是公民的基本人权。涉及个人法益的场合,是自我决定权在刑法领域的存在空间。强调被害人在刑法上的自我决定权,可以看做一种复兴被害人角色和功能的努力。另一方面,现代的刑法家长主义思想,与个人的自我决定权之间的关系呈现出复杂的形态。首先,在个人应该也能够充分实现意思自决的场合,刑法应该以一种宽容的态度放松不必要的保护,不宜推行“强制的爱”。其次,宽容并不意味着完全放任,在涉及生命、身体等极端重要的个人法益或牵扯进公共利益的场合,刑法家长主义仍需发挥一定的制约功能。再次,当个人由于一种虚假的、实质上存在瑕疵的“自我决定”而受到损害时,刑法不能旁观而需要积极介入以保障自我决定权的行使。最后,有些决定,刑法本来就不赞成,但是个人仍然执意为之并因此遭受侵害时,刑法只能保持沉默和不作为;因为在这种情况下,家长主义需要给公民一个合适的教育和引导,而不是无保留的溺爱。

总之,刑事实体法和程序法上的一系列问题,均能够从自我决定权的思想中找到支撑,但是也时刻受到刑法家长主义的影响。排斥、制约、保障与教育,构成了刑法家长主义与自我决定权之间的复调结构关系。这里需要的是公民个人理性、审慎的自治,也需要一种宽容、成熟、有力的刑法家长主义,后者应该以保障前者真正有效地实现为目标。笔者的上述观点是站在以自由主义为基底、偏向保守主义的价值立场上展开研究所得出的结论。

第二章　刑法公法化与罪刑法定原则

一、问题、进路及其意义

尽管有那么多的论述在批判刑法的工具性，却总是不能遏止刑罚权的膨胀，刑法的谦抑性始终不能被张扬，它作为刑法的几大基本价值之一，[1]但却从来没有真正的符合过。近年来，一些学者不满足于刑法学研究的现状，提出“是否在总体上存在根本性的偏差”[2]的问题，这样的质疑也许有一些过了，但现实也促使我们反思也许真的在对刑法价值体系和基本原则的构建中，存在自身的、内在的、难以克服的矛盾，却被我们习惯的“辩证、统一、结合”等词语掩盖住了。全面带来的有时可能不仅仅是平庸，还能遮住我们的双眼，看不清真正的问题。也许正如陈兴良教授所说，“片面的深刻”应该是刑法得以发展的动力。[3] 如果我们承认耶赛克所说的“刑法在某种程度上是我们文化状态最忠实的反映并表现着一国占主导地位的精神状态”，[4]那么我们就必须要问：各国刑法尤

---

〔1〕 陈兴良教授认为，“公正、谦抑和人道”是刑法的三大价值，参见陈兴良：《刑法哲学》（第5版），中国人民大学出版社2015年版，第4页以下。

〔2〕 李海东：《刑法原理入门》，法律出版社1998年版，第7页。

〔3〕 参见陈兴良：《刑法的启蒙》，法律出版社2007年版，第322页以下。

〔4〕 李海东：《刑法原理入门》，法律出版社1998年版，第16页。

其是中国当下的刑法反映了什么样的文化状态和精神状态呢？这种文化状态和精神状态是通过何种形式或隐或现地体现在刑法中呢？又是何种手段赋予其合法性的呢？当我们面对一部日益强大的刑法典；面对着打着各种旗号的公权力借助刑罚的威力侵入到私领域时；当面对着社会情势的变化，刑法作为本应“最后出动的法律”却常常急于主动出击时；当宪法中“抽象肯定”的权利往往被刑法“具体否定”时，我们就无法逃避地面对理论的重新检讨，就尤其需要回答上面这些问题。

本文从公法和私法的概念入手，通过层层剥离，最后进入被奉为大陆法系刑法铁则的“罪刑法定”原则，希望在一个整体性的法治框架内（或者说在单纯的刑法之外）来考察这一被刑法学界奉为至上的原则。笔者将通过对“刑法公法化”的界定和分析，试图揭示出这看似风马牛不相及的现象背后的潜在勾连——即罪刑法定原则为那种通过立法形式就可以不受制约地进入刑法的公法性规范提供了合法化的依据，以及引发这种勾连的深层的思想根源——建构论的唯理主义。正是这一“高尚而危险的自负”，[1]在一定程度上催生了“罪刑法定”原则，并使得由以自生自发进化而来的规范为主的私刑法逐渐演变为拥有大量经人为理性建构旨在保护社会（国家）利益的公刑法。

笔者对罪刑法定原则所展开的反思，并不企图论证应该用英美法系的法治国形式取代大陆法系的法治国形式，正如苏力所说的，中国的法治最后会走上什么样的道路，取决于其自身的发展。[2]而且笔者绝对不否认罪刑法定原则对于限制司法权力的重大意义以及因此在大陆法系国家刑法中的地位，笔者更不赞同那种抨击

〔1〕［英］弗里德里希·奥古斯特·哈耶克：《致命的自负》，冯克利译，中国社会科学出版社2000年版，第73页。

〔2〕参见苏力：《送法下乡——中国基层司法制度研究》（修订版），北京大学出版社2011年版，第6页以下。

罪刑法定而为类推翻案的倒退式的做法，笔者想说的毋宁是，虽然没有罪刑法定是万万不行的，但仅仅有罪刑法定还是远远不够的，它还远不足以支撑起一个理想法治国的刑法文化。更为紧要的是，若一味地将其至上化，而缺乏对其正当性和合理性的追问，在制度层面上也缺乏有效的制约，那么很有可能"按下葫芦又起瓢"，罪刑法定原则在阻止司法权作恶的同时又打开了另一个"潘多拉魔盒"，成为立法权极度膨胀的通行证和保护伞。这种膨胀的结果之一，就是"刑法的公法化"，而这一过程，在笔者看来，即便在立法者的道德上能保证不立恶法，在立法智识和能力上也是可疑的，其必将导致刑法下自由的不断萎缩，导致对"法律保障而非限制人类的自由"〔1〕这一箴言的背叛，并最终滑向极权主义。

二、公法与私法：分析工具的重新界定

关于公法与私法的划分，自古罗马时代就已经存在了，大陆法系由于继承了罗马法的传统，因而也将公法与私法这一分类传统保留下来，并不断予以理论化和系统化。相对而言，英美法系则基本没有承受这一传统，与关于普通法和衡平法分类的论述相比，有关公法与私法的研究则显得少之又少。中国的法律自古以来其实并没有这种区分的标准，只是近百年来西学东渐，西方的法治思想及其理论开始被传播到中国来，自清朝沈家本制律始绵延至今，其间虽时有搁浅，但在法律相对发展而法学研究也相对活跃的时期（尽管与文史哲等学科相比，法学仍有幼稚之名），中国的法律人主要还是承受了德、日以降的大陆法传统，并在不同程度上受到苏联法学理论的影响。尤其是近十几年以来，随着中国社会的发展与变迁，法律在中国的地位逐渐提升，一些禁区被打破，公法与私法

〔1〕 这样一种信念在古希腊人和西塞罗、经中世纪到约翰·洛克、大卫·休谟、伊曼努尔·康德等古典自由主义者以及苏格兰道德哲学家，直至19世纪及20世纪的许多美国政治家的理论和实践中被承继下来。

又成为一个在时下被讨论颇多的问题。

就笔者所读到的相关文章,可以大致将其分为两类:一些是介绍公法与私法划分的历史背景、发展过程等,当然也免不了在文章末阐发一下引进的意义。这一类文章,在笔者看来,更多的是介绍性和评价性的文字——如果不是全部的话——尽管也是不小的功劳,但同很多法学界流行的文章一样,惜乎对"舶来品"缺乏进一步的分析和思考。还有一些文章,应该说在前者的基础上不同程度的有所推进,将公法与私法的问题放在中国法治建设与市场经济的大背景下去考察,提出了不少似乎颇有见地的观点。但同样可惜的是,由于下面的缘由使得文章的分量因缺乏坚实的理论基设而有所减轻:即便在西方法学界,围绕公法与私法的争论向来不断,尤其在如何划分的标准上一直没有得到公认,在理论上呈聚讼之势;而我国学者在引进这一理论时,更多的是引进了这些含糊不清的争论,如果仅仅是介绍倒也罢了,因为介绍域外的理论争鸣也是开阔视野的好事,但倘若要运用这些尚无定论的概念来分析中国法制的去处,那必须要鲜明地表明观点,界定概念,并对之做出清晰有力的、属己的论证。而不是简单介绍之后跟上一句"作者更为赞同某某"或"某一种学说似较有理"就敷衍了事的。不然,前提未定就率尔操刀,谁晓得文中漫天飞舞的"公法"与"私法"究竟是何意义?到底包括哪些法律?也许笔者这样的质问在有些人看来过于苛刻,有形式主义之嫌,会被人讥为"过分从概念出发而至下流"(王朔语);但之所以如此,那尤其是因为对公法与私法这样一个提法而言,泛泛的运用也许并不是最重要的;相反,如何去界定它并据此反思实践才是问题的核心要害而不仅仅是一个理论前提。

因此,在笔者对刑法的归宿进行探讨之前,笔者必须为自己如何或者说在何种意义上去使用"公法"与"私法"这样两个概念做出大量的然而绝不是赘述的说明。其实,"公法"是什么和"私法"是什么与如何划分"公法"与"私法"这两个问题具有同质性或者说两者可以看做同一个问题。如前所述,对于这个问题的答案,可谓议论纷纭。[1] (在提出笔者的看法之前,不可避免也是很有必要地,将对此做一简要归纳)上面这些争议也许并不能真正让我们信服,但却明白地传达出这样一种信息:以往关于公法与私法的划分问题是很混乱的,无论哪种标准都留下了疏漏,都有不少难以重合或

---

〔1〕 (1)利益说。古罗马时代的五大法学家之一乌尔比安(Ulpian,B. C. 220 - 170)是"公法"与"私法"问题的始作俑者,也是"利益说"的创始人,他认为可依照法律所要保障规范的利益来区分公法与私法。凡以保护国家及社会利益为目的之法律,是为公法;以保护私益为目的之法律,则为私法。用乌尔比安在他那个时代的名言所称就是:"公法者,关系罗马国家利益之法;私法者,关系个人利益之法也"(Publicum jus est quod ad statum rei romance spectat privatum quod ad singulorum utilitatem)。这一派理论渊源久远,但其中却有两个硬伤:其一,从"利益"这个词出发,公益与私益恐怕难以视作两个截然割分的概念,二者多是"你中有我,我中有你",比如禁止半夜喧哗的法规,其保障的利益中既有公益(公共安宁),亦有私益(个人免受干扰)。因此,就存在一个如何去区分公益与私益的问题,"而按照宪法理论,公益和私益是一个相辅相成的概念,而不是相反"(陈新民:《中国行政法学原理》,中国政法大学出版社 2002 年版,第 8 页)。其二,从部门法来看,即便是在像民法这样被普遍认为是私法的法律中,也有尊重公益的规定,例如民事法律行为不得有悖于公共秩序和善良风俗等。而在宪法这样的基本大法中,也有多处对公民的私益进行保障的规定。因此可见,这一理论的说服力并不与其悠久的历史成正比。(2)关系说(也称服从理论、权力说、意思说)。由德国法学家拉班德(La band)所倡导,以法律所规范对象的平等性与否来区分。认为规范权力者及服从者的意思为公法,规范对等者的意思的为私法。参见梁慧星:《民法学说判例与立法研究》,法律出版社 2003 年版,第 54 页;参见刘得宽:《法学入门》,中国政法大学出版社 2006 年版,第 24 页。但是如果像一般认为的那样将国际法划入公法,那么此说就很成问题。(3)主体说,为德国学者耶利内克(G Jellinek)所倡,得到日本法学家美浓部达吉的赞同。认为公法主体至少有一方是国家或者国家授予公权者,私法主体双方是法律地位平等的私人或者私团体。参见[日]美浓部达吉:《公法与私法》,黄冯明译,周旋勘校,中国政法大学出版社 2003 年版,第 1 ~6 页。这一学说被梁慧星称为通说,但也很有问题,比如拉德布鲁赫早就指出,"如果国家在没有事先征得我们同意的情况下,让士兵在我们的住所宿营,那么它就是以公法为基础;如果国家将机关设在我们房中,而在房产又是我们自己租赁给国家的,那么这便是以私法为基础"。[德]拉德布鲁赫:《法学导论》,米健译,商务印书馆 2012 年版,第 87 页。其他还有生活关系说、效力说等,由于影响相对不大,故此处不赘述,其具体内容可参见史尚宽:《民法总论》(第 4 版),法律出版社 2011 年版,第 4 ~5 页。

者相互交叉的地方。以至于很多学者认为这一关于公法与私法的划分完全没有必要，而主张完全废除或者代以其他学说。[1]

但笔者看来，这种说法又走向了另一极端，保存公法与私法的学说，不仅仅因为其是一个“人类社会文明重大成果”，[2]并且在“救济程序方面”具有重要意义。[3] 如果我们不去渴求一个绝对正确的真理，而只是希望借助一个相对便利的分析工具，那么这一划分还是很有价值的。与标准的混乱相比，更令人困惑的是刑法的归宿。现在国内理论界一般都将刑法划入公法之列，[4]除了上面提到诸多标准都有此倾向外，可能还与中国自古以来刑法的发达程度相关，[5]在当代中国的具体语境下，恐怕在一定程度上也受到马克思的影响。[6] 然而我们也注意到，在很多法律学者的笔下，与作为“私

---

〔1〕 比如，凯尔森就认为，“作为法律的一般体系化的一个共同基础来说，这种区分是没有意义的”，关于他对几种区分标准的批判，参见［奥］凯尔森：《法与国家的一般理论》，沈宗灵译，商务印书馆2013年版，第296页以下；我国台湾地区学者黄右昌则认为，所有的法律都是，民众的法律，不必强调公私。例如，民事诉讼法，德国学者称其为公法，而法国学者则认为是私法，界说完全不明。因为学说愈多，剖析愈难，根本取消，反而明白。但他的意思却又提出要用代之以根本法与附属法之分，参见梁慧星：《民法总论》（第4版），法律出版社2011年版，第33～36页以下；蔡枢衡先生则主张，用“组织法”和“以组织法之违反为前提的法律”的二分法来取代公法与私法的划分。参见蔡枢衡：《刑法学》，独立出版社1947年版，第152页。

〔2〕 梁慧星：《社会主义市场经济与民事立法》，载《中南政法学院学报》1993年第1期。

〔3〕 王泽鉴：《民法总则》，北京大学出版社2009年版，第2页。

〔4〕 陈兴良：《从政治刑法到市民刑法——二元社会建构中的刑法修改》，载陈兴良：《当代中国刑法新视界》（第2版），中国人民大学出版社2007年版，第521页以下；梁慧星：《民法总论》（第4版），法律出版社2011年版，第33页以下；另外，夏勇主编的《公法》（第2卷）中就收入了多篇关于刑法与刑罚的文章。参见夏勇主编：《公法》（第2卷），法律出版社2000年版。

〔5〕 一些学者认为中国古代的法律文化主要具有公法性就是通过无所不在的刑法表现出来的，参见夏锦文：《论中国传统法律文化的公法性》，载《法学家》2000年第2期。

〔6〕 关于马克思对于刑法在市民社会与政治国家中的问题的论述，可参见《马克思恩格斯全集》（第1卷），人民出版社1956年版，第339页以下。

法”代表的民法相对的公法,其代表是“行政法”和“宪法”。[1] 关于刑法则常常含糊不清,一笔带过。有些甚至将刑法在事实上排除去公法的领域。[2] 很多更广义上的法学家对此提出了一些有意思的探讨,比如在韦伯看来,只是在一定意义上,“公法”才与刑法相联系。[3] 而在哈耶克眼中,刑法根本就包含在“私法”之中。[4]

当然,对“公”、“私”的定义不同,就会有不同的分类,然而问题在于,即使我们根据众多的学说标准一一对各个部门法进行归类,恐怕也难以为刑法找到如同民法之于私法,行政法之于公法这样理直气壮、毋庸置疑的归宿。那么刑法的性质到底是什么?在笔者看来,问题可能出在使用概念的方法上。现在有一种在公法/私法外存在第三种“社会法”的观点。然而在笔者看来,在公法/私法的框架外另构“社会法”是一种笨拙的方法,这种具体的单线思维将导向概念沦落为具体事物名称的同义词而失去抽象和概括的力量,照这种模式,随着将来人们立法增多,恐怕还会出现第四种法。这种一一对应的划分只是搬运工的任务。正如韦伯所说的,不曾有任何一个科学体系能再现全部的具体事实,也不曾有任何一个

---

〔1〕 比如,在《台大法学论丛》第28卷第4期中收录了一篇德国哥廷根大学史塔克博士的《公法上之法比较》,洋洋洒洒数万字谈论宪法与行政法,却只字不提刑法。又如,陈新民在其颇负盛名的《公法学札记》中,是要介绍“德国公法学中,最闪烁的星光”,可文中所及都是宪法与行政法的大师,不见半点刑法学家的影子。如果不是说作者意图将刑法放到公法的圈子之外,那就无论如何,也难以解释像李斯特(Liszt)、宾丁(Karl Binding)、拉德布鲁赫(Gustav Radbruch)这样的刑法大家的缺场(陈新民:《公法学札记》,法律出版社2010年版)。

〔2〕 台湾地区学者朱武献就指出,在台湾“传统意义之公法范围较为广泛,除宪法、行政法以外,尚包括刑法、刑事诉讼法等其他法律,但今日德、日等法治先进国家,无论在学术上或实务上,公法均以宪法和行政法为范围”,参见朱武献:《公法专题研究》(1),台北,三民书局1991年版,自序。

〔3〕 参见[德]马克斯·韦伯:《论经济与社会中的法律》,张乃根译,中国大百科全书出版社1998年版,第39页以下、第44页以下。

〔4〕 参见[英]弗里德利希·冯·哈耶克:《法律、立法与自由》(第1卷),邓正来译,中国大百科全书出版社2000年版,第209页。

概念工具能完全概括各种具体现象的千差万别，一切科学都要选择和抽象。[1] 因此，当我们提到公法与私法时，不应该只是在民法、行政法等同一层次上的分类符号，而应该是从具体现象中抽象出来的更高一层的概念工具。所以，笔者坚持认为运用公法与私法这两个概念已经足够，无须再引入其他。

然而，在这里，笔者希望在概念工具的选择上借助社会学中"理想类型"的帮助以避免前面那种二分法所带来的麻烦。所谓"理想类型"，是"以片面强调一种或多种方面，并结合许多分散的、不连贯的、时隐时现的具体独特现象，将它们按照那些片面强调的方面安排成一个统一的分析框架而形成的"，[2] 它为研究者提供一种衡量尺度，以便确定具体现象与理想类型之间相似或相差的程度。但理想类型永远不会与具体现实相符合，总是与现实相差一段距离，它是一种思想范畴内的人为预设。就像纯粹的三角形或球体是不存在的一样，我们从哪个角度抽象出来的"公法"与"私法"的概念都与实际的法律有一定差距，但如果不利用这种纯粹的概念，对现实的科学的分析就是不可想象的，正如弗思德所指出的，"尽管理想类型是不真实的，但它的优点是给我们提供一个概念工具来衡量最真实的演变并澄清经验现实中最重要的因素"。[3] "理想类型"的这种特质，使得研究者可以根据自己的研究需要去运用他所定义的概念，因此，作为一种概念工具的运用，笔者在下文的论述中将在如下的意义上并将始终如一的使用"公法"与"私法"的概念：当笔者提到"私法"时，笔者是指一种自生自发、进化而来的法律，它主要来自对习惯、风俗以及传统的确认，并致力于保护个人的利

[1] 参见[德]马克斯·韦伯：《经济与社会》（上册），林荣远译，商务印书馆1997年版，第52页以下。

[2] [美]科塞：《马克斯·韦伯的著作与学说》，载《国外社会学名著选读》，中国社会学函授大学1986年版，第131页。

[3] [美]科塞：《马克斯·韦伯的著作与学说》，载《国外社会学名著选读》，中国社会学函授大学1986年版，第132页。

益;而当笔者提到“公法”时,笔者是指来自立法机关的制定(通过理性建构),而致力于保障社会(国家)利益的法律。[1]

在这样的两分框架中去考察民法或者行政法,就会发现前者的绝大部分规范都落在了私法里,而后者则更接近公法。同样地,

---

〔1〕 通过法律的自生自发还是理性建构来区分公法与私法,是从哈耶克那里得到的启示。其分析思路下文多处提及,这里不赘述。需要先作出一点说明的是,之所以将把更多的关注给予哈耶克,实是由于下面的原因所致:哈耶克不同于一般意义上的法律家,他这种划分的背后是以其庞大的自由主义社会哲学作基论,对他而言,提出公法与私法的问题,是其法律理论中的核心问题,这可以看做其自由主义理论体系中的“内部规则”与“外部规则”的自然延伸。在笔者看来,在哈耶克那里,公法与私法不仅仅是一个法律问题,而是其从在哲学上批判建构论唯理主义转换到在政治实践层面批判全职全能的政府的极其关键的切入点。若非如此,哈耶克的社会理论、自由理论与法律理论就不能一脉相承的连接,他对自由主义的捍卫就只能停留在纯哲学批判的层次上而难以对政治哲学有所贡献。

关于通过保护利益来区分公法与私法是在原有“利益说”的基础上,加入了刑法理论中的“法益说”,在李斯特看来,保护人们的利益是法的本质特征,由法律所保护的利益我们称为法益(Rechtsgüter),所有的法益,无论是个人的利益,还是集体利益,都是生活利益,这些利益的存在并非法制的产物,而是社会本身的产物。但是,法律的保护将生活利益上升为法益。在反对国家权力垄断的宪法和打击侵犯他人权利的刑法颁布以前,人身自由,住宅不受侵犯,通讯自由,著作权等一直是生活利益,而非法益。正是生活的需要才产生了法律保护(参见[德]李斯特著、[德]施密特修订:《德国刑法教科书》,徐久生译,何秉松校订,法律出版社2006年版,第5~10页)。关于“法益”的划分有二分法,也有三分法,这里采用个人法益与社会(国家)法益的两分法(也有称之为“个人法益”与“超个人法益”)。这里的“个人法益”与乌尔比安所定义的“私法”所“保护的个人利益”是同质的,而所谓社会利益与他所定义的公法所“保护的国家利益”大体相当。尽管在英美法系中并没有发展出“法益”这样一个概念,但对于法律保护利益这样的观点可见于很多学者的论述,如J. E. 史密斯和B. 霍根在《英国刑法》中开篇就态度鲜明地表示赞同美国的《模范刑法典》中对刑法目的的第一个表述便是“禁止和防止那些给个人及国家利益造成和有可能造成严重危害的行为”。参见[英]J. C. 史密斯、[英]B. 霍根:《英国刑法》,李贵方等译,法律出版社2000年版,第3页。

另一个支持笔者这种划分因素的论据是,在罗马法中有关“公法”与“私法”的说法,其划分标准的变化就是由法的创始渊源到法的保护利益。可参见[意]朱塞佩·格罗索:《罗马法史》(2009年校订本),黄风译,中国政法大学出版社2009年版,第82~83页;以及对此问题的一个分析,参见强世功:《“公的法律”与“私的法”——〈罗马法史〉的一点启示》,载《中国书评》1995年第5期。

按照这样的分析思路，我们将目光投向在以往的归宿中令人困惑的刑法。

三、刑法的公法化问题

（一）自由的法律——作为私法的刑法

古今中外，在各国的刑法（成文或不成文），几乎都可以找到一些同样被禁止的行为。这种法律规定其实是对自古以来一些朴素却具有强大生命力的习惯、传统以及某些信仰的确认，它们的起源比较早，而且具有较为明显的恒定性。这些规范所针对的行为主要是按照现代刑法理论一般被认为是侵害个人法益的行为，包括对生命和身体的犯罪、对于名誉和财产的犯罪等。[1] 这些侵害内容早在人类发展之初就已经出现，对于这部分刑法内容，虽然刑罚方式有所变迁，刑罚权力的行使发生转移，但这些否定性规范的实质内容却一直被继受下来，历经千年而极少变化。

例如，在公元前1800年古巴比伦王国的《汉谟拉比法典》中就已经规定了偷盗、暴力和性关系等问题。[2] 公元前621年，古希腊的执政官德拉古依据习惯法制定了雅典的第一部成文法，其中就涉及了盗窃、杀人、渎神等。[3] 在罗马共和国初期，实行的是来源于民族习惯的习惯法，在后来的《十二铜表法》中，也包括了伤害、盗窃、杀人以及婚姻与家庭的规定，实际上是对当时习惯的总结与记载。[4] 而也许更早一些的《格尔蒂法典》中“对于强暴、逼奸、遗

---

〔1〕 这部分刑法内容，可参见甘雨沛、何鹏：《外国刑法学》（下），北京大学出版社1985年版，第六篇中第三十五章“对于个人法益的犯罪”，第875页以下；又请参见张明楷：《外国刑法纲要》（第2版），清华大学出版社2007年版，各论第一编“对个人法益的犯罪”，第441～633页。

〔2〕 参见由嵘：《外国法制史》，北京大学出版社1995年版，第28页以下。

〔3〕 李明德：《中国法律起源模式探究》，载韩延龙主编：《法律史论集》（一），法律出版社1998年版，第1页以下。

〔4〕《牛津法律大辞典》，法律出版社2003年版，第901页。

弃、妨碍诉讼等行为的处罚，没有任何人身性刑罚，仅有关于罚金的规定”，[1]这恰恰说明了对于这一类行为虽然惩罚的方式时有不同，然而行为的可罚性却是基本上经各个年代一以贯之的。中国比较早的在《夏书》中有“昏、墨、贼、杀”，这几种罪名在中国数千年的刑法文化长河中，都能在不同时期的刑法典中找到类似的规定。荀子曾说过，“杀人者死，伤人者刑，此百王之所同，不知其所由来也。”[2]

因此，在笔者看来，虽然各国的刑法历史都是波澜壮阔，时有变革，但对其中某些行为的“犯罪化”却是较为固定的，变动的只是刑罚部分。所以，虽然加罗法洛在《犯罪学》开篇便对“是否存在所有时期和所有地方都认为应受处罚的行为”提出疑问，[3]但我们仍可以在相对意义上找出一些接近这个答案的行为，它们其中有些因为侵犯了人类所共有的某些道德观、情感或者赖以生存发展的基本利益，而在各国都受到普遍的谴责，表现为在法律上的“犯罪化”；[4]还有一些行为虽然因各个国家、地区的文化传统不同而受到区别对待，但就其在本国或者当地的遭遇来看，则长期地被予以排斥，并不因朝代的变迁而得以正名。这些行为中的一部分或者更多被加罗法洛用情感分析的方法定义为“自然犯罪”，这是一种饶有趣味的分析。如果从法的渊源上去看，那么刑法中的这部

---

〔1〕 易继明：《〈格尔蒂法典〉与大陆法私法的源流》，载《外国法译评》1999年第1期。

〔2〕 这里的不知其所由来，陈兴良教授认为就是指已经演化为人所共知的常识。参见陈兴良：《刑罚目的新论》，载《华东政法学院学报》2001年第3期。

〔3〕 [意]加罗法洛：《犯罪学》，王新译，中国大百科全书出版社1996年版，第20页。

〔4〕 加罗法洛并不能否认这一点，否则，他希望指定的所谓“国际刑法”将以何种犯罪行为为基础呢？事实上，像谋杀、暴力行为、盗窃和抢劫等行为现在已经被视作“国际犯罪”的内容，参见[法]安德烈·伯萨尔德：《国际犯罪》，黄晓珍译，商务印书馆1997年版，尤其是第一部分第一章和第二章。

分内容就是梅因所说的“由习惯法发展而来”。[1]

在中世纪的英格兰,并没有哪一个立法部门讨论并写下何种行为为合法、何种行为为非法,当时维护社会秩序的主要工具是对传统习惯和祖宗成法的服从,这些惯例一代传一代,只有微小的变动以适应时代需要,这些惯例被法院以案例的方式确立下来,成为习惯法,虽然今天在英美都已有所式微,然而这些习惯法所确立的罪名如谋杀、抢劫、盗窃、强奸等均被成文法所采用,包括罪名的定义。[2] 即使在大陆法系国家,情形也并不相去甚远,比如在法国,“规定什么是犯罪以及刑罚,其根基仍然在地方的习惯之中,可以追溯到封建法与习惯法的时代……自从习惯尚未被写成文字的时代以来,便是如此,这些经认定的犯罪行为的内容与含义可以从罗马法律及先例中寻找……”[3] 到了 15 世纪,法国进行了各地习惯法的调查,16 世纪巴黎最高法院编成《巴黎习惯法》,逐渐成为全国的普通法。[4]

这样一些刑法规范之所以能被长久地继承下来,有多种因素。其中可能是由于人性的情感或道德上的本能与风俗,或者是由于包括交易习惯等一些对人的生存和发展极为有利的方式演变而来的传统。它们通过调整人们之间的一些基本关系而保护个体的基本利益。其生命力之强大,在于深深地根植于人心,而不以是否被国家法律所调整为必要限制,所以法律所能做的,只能是将其通过

---

〔1〕 在梅因看来,“……各古代文明的法律途径一般都是这样的:开始时为习惯法,再经由法律拟制,衡平的阶段最后才进入立法……”[英]亨利·萨姆奈·梅因:《古代法》,高敏、瞿慧虹译,中国社会科学出版社 2009 年版,第 20 页以下。

〔2〕 参见刘卫政、司徒颖怡:《疏漏的天网——美国刑事司法制度》,中国社会科学出版社 2000 年版,第 28 页以下。

〔3〕 [法]卡斯东·斯特法尼:《法国刑法总论精义》,罗结珍译,中国政法大学出版社 1998 年版,第 73 页以下。

〔4〕 参见[德]茨威格特、[德]克茨:《比较法总论》,潘汉典等译,中国法制出版社 2017 年版,第 148 页以下。

文本的方式确认下来。

比如说“杀人偿命”，这条古老的符咒虽然被国家通过“杀人罪”规定在刑法中，但在国家刑罚权不力甚至正常行使时，“私决”的观念仍很浓厚，从传统文化的角度讲，儒家经学将复仇看做是近亲属的私己义务，是一种“私情”，与“公”的社会秩序关系不大；而且这种私己的义务，在本质上被看做一种道德责任，与代表“公”的法律关联也不大。很多复仇者本人是非常明显地意识到复仇是“本心徇私，非是为国”〔1〕的。这种人性本能的倾向和因而形成的观念其实并不因中西之隔就相去迥异。西方文学史上诸如《哈姆雷特》和《基督山复仇记》的诸多类似文本，〔2〕以及欧洲骑士中的“决斗”精神，说明了这些观念的源远流长。“对普遍道德观的承认，可能使不同的人民承认他们各自的法制中，有许多规定具有相同的道德基础。”〔3〕而以此为基础形成的刑法规范，一般只能是在罪刑的轻重以及如何行刑等方面有轻微的变动，不大可能对其实质性的内容有所增减，因而具有一定程度上的“恒定性”。

（二）立法的法律——作为公法的刑法

相对于上文所提到的那些自生自发进化而来的刑法内容，各国的刑法中还有很多条文是政府根据当时当地的情形而设立的，其意在“维护社会正义”和“保障国家利益”，尽管在古罗马时也已经有这样一类“公犯”，但数量并不多，而且判定何种行为是“公犯”，在不同的时代有不同的标准，因此这部分刑法内容的变动性也相对大一些。现代刑法理论一般把这类行为认定为侵害

---

〔1〕《隋书·孝义传》载王颁语。

〔2〕有关复仇问题的一个社会学和经济学的分析，参见苏力：《复仇与法律——以〈赵氏孤儿大报仇〉为例》，载《法学研究》2005 年第 1 期。

〔3〕［英］彼得·斯坦、［英］约翰·香德：《西方社会的法律价值》，王献平译，中国法制出版社 2004 年版，第 40 页以下。

社会(国家)法益的犯罪。[1] 笔者所说的"刑法公法化"就是大量的此类规范频繁进入刑法的后果。其中除了比较敏感的政治犯罪以外,近些年来主要是体现在一些"经济犯罪"和"环境犯罪"上。

以欧洲国家为例,环境刑法成为欧洲各国刑法发展最快的部分,其中尤以德国为甚,将"人类环境"和"生态环境"作为保护的法益而在立法过程中考虑到"人有向自然环境索取的权利",但这仍受到诸多刑法学者的批评,认为还不够彻底。[2] 奥地利于1915年颁布了新刑法,但之后十几年中进行了一系列的改革,出台了60多个单行法规,呈现出一幅"复杂而又混乱的刑法拼图"。奥国刑法在调整范围上不断扩张,主要就是体现在环境犯罪和经济犯罪等方面,比如1987年的刑法修正案比1975年奥地利刑法典中关于环境犯罪的刑事责任更加明确,与经济利益挂钩更直接。为顺应欧盟法总体要求,1996年又制定了《环境鉴定和环境编目法》,着重调整垃圾处理和工厂废料处理过程中的行为,将因过失所导致的污染环境行为定义为犯罪。[3] 我国学者紧紧跟上,也开始加紧对这方面的研究。[4] 实际上,环境的污染问题是自20世纪70年代以来才开始受到人们重视的,而对这一问题如何看,至今仍有不同

---

〔1〕 这部分刑法内容,可参见甘雨沛、何鹏:《外国刑法学》(下),北京大学出版社1985年版,第六篇中第33章"对于国家法益的犯罪"和第34章"对于社会法益的犯罪",第790页以下;又请参见张明楷:《外国刑法纲要》(第2版),清华大学出版社2007年版,各论第二编"对社会法益的犯罪"和第三编"对国家法益犯罪",第637页以下。

〔2〕 参见王世洲:《德国环境刑法中污染概念的研究》,载《比较法研究》2001年第2期。

〔3〕 See Manfred Burgstaller, Current Trends in Austrian Criminal Law, *European Journal of Crime & Criminal Law and Criminal Justice*, Vol. 7, No. 3, 1999.

〔4〕 比如,刘守芬、汪明亮:《论环境刑法中疫学因果关系》,载《中外法学》2001年第2期。

的甚至强烈反对的观点。[1]

各国在经济领域的犯罪化步伐也一直没有放慢，奥地利在1982年将消极破产行为规定为犯罪，1993年将“内幕交易”犯罪化，1996年将传销式金融行为规定为犯罪。德国的经济犯罪与经济刑法自“二战”以来开始大规模的扩展，从“危害国家计划的措施上”向更广的领域进入。随着在规范竞争、商业公司、食品和酒类、国家补助和银行信贷等领域里经济法的扩张，经济犯罪与经济刑法所包含的内容也随之极大地扩大了。此外，传统的对外流通、银行业、保管业、证券交易所以及保险业等规定行政管理性职能的计划法和管理法，乃至在传统财产犯罪中那种以保护个人法益为首要任务，但在“特定情势”下也能损害“经济整体或整体经济中有重要功能的分支部分”的规定，一起共同形成了经济犯罪与经济刑法的庞大阵容和持续的扩张。

这常使笔者对西原春夫的那句评论感触颇深，“德意志人特有的议论方式，使得他们决不甘心刑法理论体系中不能包括对问题的解决”。[2] 在这个过程中，德国的刑法学界的立法指导思想就是坚持所谓的“超个人法益”，其实质即个人法益之外的社会法益与国家法益。尽管自20世纪70年代以来，一些学者开始对这些扩张提出反思，认为应有所限制，但这些呼声基本上不具有直接的实行意义，基本上没有真正地付诸实践。[3]

中国的情况更为明显，从计划经济向市场经济的启动力量不是来自市民社会而是来源于国家，即由政府有计划地设计和推进

---

〔1〕 耶鲁大学历史学家雷姆查德诺·哥华教授就认为所谓环境保护是一种极其荒谬和伪善的做法，See Ramachandra Guha, The Paradox of Global Environmentalism, *Current History*, No. 12, 2000。

〔2〕 [日]西原春夫：《日本与德意志刑法和刑法学——现状与未来之展望》，林亚刚译，载《法学评论》2001年第1期。

〔3〕 参见王世洲：《德国经济犯罪与经济刑法研究》，北京大学出版社1999年版，第9页以下。

市场经济的发育进程。这使我国社会不是通过市场的自我发育自发形成一套完整的市场规范。而是将绝大部分市场规范先由国家通过民事与刑事立法的方式强制性地提供给社会。从1993年到1998年年底,我国共制定了8个有关经济犯罪的单行刑法,内容涉及侵犯知识产权、生产、销售伪劣商品、违反公司法、破坏金融秩序、破坏税收秩序等。值得注意的是,这些领域大都已制定了相应的经济法律,但国家立法机关依然在这些法律出台之后较短的时间内(长不过2年,短的甚至相隔不到6个月)即制定了相应的单行刑法,这无疑是希望用刑法来强化国家已通过经济法律向市场提供的规则的地位。在《证券法》于1998年12月29日"千呼万唤始出来"的情况下,1997年3月颁布的新刑法却先行一步设立了证券犯罪;而在期货法至今尚未出台的情况下,立法机关又于1999年12月底颁布了刑法修正案,将期货交易活动也纳入刑法调控范围。

储槐植教授曾经指出,通过刑法维护市场秩序有很大问题,因为无法否认有市场经济就有经济犯罪。[1] 但这样的反思很快就在"市场经济就是法制经济"与"依法治国"的口号声中湮没了。人大的立法在很大程度上是以政策为导向,政策需要什么法律,需要多少法律,人大就去制定什么样的法律。[2] 在当前形势下,立法为国家大政方针服务,就是要围绕经济建设的需求,以经济立法为主体。[3] 1997年刑法中新增加的大部分公法性内容就体现了这种意图,希望通过设立社会主义市场经济秩序罪对大量原先市场交

---

〔1〕 参见储槐植:《市场经济与刑法》,载《中外法学》1993年第3期。关于这方面的分析还可参见苏力:《市经济需要什么样的法律》《市场经济对立法的启示》《市场经济形成中的违法犯罪现象》等文章,收入苏力:《法治及其本土资源》,北京大学出版社2015年版。

〔2〕 参见邓小平关于"抓住机遇,推进改革"和"中国不允许乱"的两篇谈话,载《邓小平文选》(第3卷),人民出版社1993年版,第131页以下、第286页以下。

〔3〕 参见李鹏:《加强立法工作,建设有中国特色的社会主义法律体系》,载《中国人大》2001年第1期。

易中的不轨行为予以“犯罪化”而达到为“经济改革保驾护航”的目的。姑且先不说刑法承担这一使命的正当性（笔者将在下文论述），就实际效果而言，也不那么美妙。1997年至今，刑法修正案频出，被认为具有“社会危害性”的行为通过“罪刑法定”不断增加。然而，被定义的“犯罪浪潮”仍惊涛拍岸，而时下刑法能够支付的成本已几近极限，从经济学的角度分析，刑法的边际威慑力已经呈递减趋势。[1]

台湾地区学者陈志龙教授认为，在对刑法法益概念的定义上，不应考虑政治的决定以及各种政策或经济财政上的情况，因为其所涉及的是现实的利益或仅仅是谋略性的利益，这种考虑是“刑法理论不发达国家最常犯的观念错误”。在他看来，刑法的本质在于对个人的保障，是在确保人类社会长久以来的所承认的一些基本权益，因而具有恒定性。上述侧重国家与社会抽象体之权益的观念，将导致“大我”优于“小我”，造成了有无限扩张可能性的国家与社会的法益概念，从而形成反自由主义的极权思想。[2]

陈志龙的批评是针对台湾岛内“法与时转则治”的思潮，但对当下中国内地的刑法同样具有警示意义。尽管对1997年修订刑法很多学者有很高预期，比如陈兴良教授所说“实质上是刑法改革的外在表现形式，而这场改革的历史使命是要完成从政治刑法到市民刑法的转换”。[3] 但我们知道，市民社会要求刑法对于个体的

---

〔1〕 参见［美］理查德·波斯纳：《法律的经济分析》（第7版）（中文第2版），蒋兆康译，法律出版社2012年版，第306～351页；这方面的分析还可以见加里·贝克尔对刑法效益的讨论，参见［美］加里·贝克尔：《人类行为的经济分析》，王业宇译，格致出版社、上海人民出版社2016年版，第41～89页；参见［美］罗伯特·考特、［美］托马斯·尤伦：《法和经济学》，史晋川、董雪兵译，上海人民出版社2012年版，第485页以下；参见［美］加里·贝克尔：《口味的经济学分析》，李杰、王晓刚译，首都经济贸易大学出版社2000年版，第184页。

〔2〕 参见陈志龙：《法益与刑事立法》，著者自版1992年版，第38页以下。

〔3〕 陈兴良：《从政治刑法到市民刑法——二元社会建构中的刑法修改》，载陈兴良：《当代中国刑法新视界》（第2版），中国人民大学出版社2007年版，第524页。

尊重——不得单纯为国家的利益任意侵蚀市民私领域,要求以人为本,要求刑法恪守谦抑的美德。[1] 但在各种因素的考量下制定的强大的刑法典打击犯罪的范围恐怕还超出了在1979年刑法下的适用类推所能想象的范围。因此,尽管新刑法较之旧刑法废除了类推,确定了罪刑法定原则,但是至于其能否达到一些学者所谓市民刑法的要求,恐怕属于穿上燕尾服能否便能成为绅士的问题,远没有想象中那么简单。

(三)刑法的公法化

上文的分析表明了在私法/公法的二分框架中,现实中的刑法并非像一般认为的那样,完全属于公法,也并非像哈耶克所见,完全属于私法。从目前各国的刑法内容来看,大都具有私法和公法的二重属性。在刑法条文中,有一部分是私法性质的规范,另一部分属于公法性的规范。但正如笔者在文章一开始所说,构建一个理论模型,提出一种划分标准,并不仅仅是为了将刑法归队。[2]

笔者在上文的分析已经表明,现实中的刑法具有私法/公法的二重属性,被笔者归入私法的那部分内容,主要是一些自生自发进

---

〔1〕 参见邓正来、[英]杰弗里·亚历山大主编:《国家与市民社会:一种社会理论的研究路径》,上海人民出版社2006年版,第39页;参见陈兴良:《从政治刑法到市民刑法——二元社会建构中的刑法修改》,载陈兴良:《当代中国刑法新视界》(第2版),中国人民大学出版社2007年版,第494~497页;参见田宏杰:《中西刑法现代化趋势之比较考察》,载陈兴良主编:《刑事法评论》(第7卷),中国政法大学出版社2000年版,第1页以下。

〔2〕 尽管笔者也确实想通过这样的努力达到解决标准混乱的结果,而且笔者也认为,在对一个问题进行分析前,必须清晰的界定你所使用的概念和术语,然后一以贯之地使用它。一方面这是为了保证行文的连贯和论证的规范性,为下文的分析奠定框架和基础;另一方面也为进一步的讨论限定合适的语境。因此,尽管可能对私法/公法的划分标准有不同的意见,以及由此带来的对刑法属性的分歧,但至少,这里是在清晰明白的使用所界定的概念,而不是"大概其"地运用一些含糊不清的言辞。

化而来的，致力于保护个人法益的法律规范；而归入公法的内容，则是指那些在各个时代根据需要立法得来的，力图保护社会法益的规范。前者具有一定程度的恒定性和普遍性，后者的“变法”周期则相对较短，并具有一定程度的个别性。（这种区分与所谓的自然犯/法定犯，或私犯/公犯的区分紧密联系，尽管会有一些交叉和出入，但从整体来看，更多的是一些相近之处。）很明显，刑法中有些条文没有这么单纯，可能既保护个人法益也保护社会法益，那我们就说这条规范本身就既有公法性也有私法性。

按照笔者上文在私法/公法框架下设定的甄别要素，去一一考察当代一些主要国家的刑法（典），尤其是中国，就会发现这样一种现象：公法性规范从整体上大量地进入刑法，在一些国家刑法制定和修订过程中所占比例逐渐增大，甚至有些主要的是由公法性规范组成。笔者将这种现象称为“刑法的公法化”。[1] 而且笔者还认为，刑法之所以一般习惯性的给人以“公法”的印象，实是主要由上面的原因所致。之所以称为“化”，也是由于从一些国家的刑法史中，大致可以隐约触摸到这样一条线索：起先主要由一些私法性规范组成——公法性规范逐渐进入——公法性规范比例增大。[2]

行文至此，我们这个时代关于刑法的一系列问题已是呼之欲出，“刑法公法化”这样一个现象是如何出现的？如果说立法者要承担一定的使命，那么促使立法机关对公法性规范越来越青睐有

---

〔1〕 有人提出“刑法的民法化”，这与笔者所分析的“刑法公法化”是基于两个不同层面的问题，笔者在文中“公法化”的视野是对近几个世纪的刑法的“公法”印象形成过程的一个分析，而所谓“民法化”在笔者看来，只是一种应然意义上的回归，而且在用唯理主义思路去应对现代社会的飞速发展时，此回归只能是遥遥无期的假想。

〔2〕 关于刑法内容的这种变化，可参见蔡枢衡：《中国刑法史》，中国法制出版社 2005 年版，第 7～10 章，第 88～163 页；沈家本：《历代刑法考》（上册），商务印书馆 2011 年版，第 3～57 页；由嵘：《外国法制史》，北京大学出版社 1995 年版；以及由何勤华主编的一套外国法律发达史丛书中的刑法部分。

加的使命感是什么？如果说法律承载了民意，那么为什么会有这种民意？这是真实的吗？所有这些时代现象，其背后是一种什么样的时代精神呢？

正如上文的分析，刑法中的这部分公法性规范并非具有久远的传统，也并非针对穿越时空的所谓“一般人性”，它们主要是各地各时的政府针对当时的情势而立，是被“制定”而非被“确认”的。因此，不但各国的一些立法彼此相异，本国各时期的法律废立也较为频繁。笔者这样说，并非要否定制定法律的重要性，毫无疑问，在很多情形下，这样的立法都是必需的。但是，当大量的致力于保护社会法益的公法性规范进入刑法，对于一些在立法者看来不利于社会秩序的行为开始用刑罚方式予以调整时，这反映了立法者的一种决心和信念：可以通过立法的手段去对社会秩序进行控制，而且也有能力按照立法者愿意的方式对社会秩序的方方面面做出刻意的安排——包括动用刑法这种因惩罚方式的严厉性而被认为是“最后出动的法律”。这种观念的流行，在当代是伴随着法律实证主义的兴起，至凯尔森的“纯粹法学理论”而达到顶峰。

然而，法律发展的历史告诉我们，这种刻意立法的倾向，与人们开始时对法律的观念是相悖的。从史料上证实，世界史上最早产生的法律都是习惯法，成文法只不过是对习惯法的记载、汇编和经过长期发展的结果。“……直接创制新的法律规范在最初的立法活动中并不多见，而是从认可习俗，或对原有法律进行解释的间接立法方式开始……”〔1〕在罗马时期，“法律和各种生活制度被认为是一直存在着，而且也没有人会追问它们的起源。认为法律由人创造出来的观点，只不过是后来较为先进的人所具有的幼稚想法”。〔2〕

〔1〕 张善恭：《中国立法史论》，上海三联书店1994年版，第6页。

〔2〕 Max Kaser, *Romische Rechtsgeschichte*, Göttingen, 1950, p. 54. 转引自［英］弗里德利希·冯·哈耶克：《法律、立法与自由》（第1卷），邓正来译，生活·读书·新知三联书店1998年版，第148页。

从这段引文中可以看出，即使是大陆法系诉诸源头的罗马法，其早期法典编纂的过程更多的是对一些旧法的诠释和确认而非创制。

不过，事情后来却逐渐发生变化，“那种认为有效的行为规范可以通过立法而得到确立的观点，乃是希腊和罗马晚期阶段所特有的观念；然而在西欧各国，直至罗马法的重新发现和君主专制确立以后，这个观念才占据了支配地位，有关所有法律都是主权者命令的主张，乃是法国大革命的民主思想所引发的假定，即所有的法律都必须由那些经适当程序当选的人民代表来制定”。[1] 关于这一点的绝佳注脚莫过于伏尔泰的名言：“要好的法律吗？把过去的法律通通烧掉，制定新的就行了。”但法国人革命的热情也并未能鼓舞他们的邻居，那种立法的观点“只是对现实情况的不真实描述，对盎格鲁—撒克逊普通法国家里的情况就更不符合了”。[2] 在这里，我们不能简单地看做大陆法系与英美法系体例上的一个不同，实际上，正是在这一过程中，刑法开始逐步迈向它的公法化进程的。因为人们在赋予立法手段的正当性后，公法规范的逐渐增多才成为可能。

正是通过对刑法发展历史的追溯，我们才能理解为什么刑法发展之初，主要是一些私法性规范，才能理解为什么很多刑法规范在《查士丁尼法典》这部开私法/公法划分之先河的法典中是放在“私法”的名义下面的；也正是由于随着立法观念的盛行，刑事领域里的新的公法性规范逐渐增多但是仍然保持着那些跨越时空的、几乎未有多少变化的私法性规范，我们才可以明白为什么即便在刑法已经公法化的今天，很多人提到公法/私法时，仍对刑法的归

---

〔1〕 Max Rheinstein, Process and Change in the Cultural Spectrum Coincident With Expansion: Government and Law, in C. H. Kraeling and R. M. Adams (eds.), *City Invincible*, Chicago, 1960, p. 117.

〔2〕 Max Rheinstein, Process and Change in the Cultural Spectrum Coincident With Expansion: Government and Law, in C. H. Kraeling and R. M. Adams (eds.), *City Invincible*, Chicago, 1960, p. 117.

宿闪烁其词,大都以“私法和刑法”来对应着“公法”,而无论他们在什么意义上使用着这些术语。

问题并没有结束。我们仍然要追问,法律的概念是如何发生这种变化的?立法作为“一项伟大的发明”在近代社会生活中被人们普遍接受,其背后支撑的理念是什么?人们为什么会相信立法的有效性呢?

四、致命的自负——立法至上的谬误

(一)建构论唯理主义 vs. 进化论理性主义

自19世纪以来,科学和技术继续取得惊人的大踏步地前进,它与显著的经济进步相结合,使许多西方人相信他们正生活在这样一个进步的时代,以至于人类金色的前途已经在地平线上出现。由于许多知识分子把科学视作人类思想的最高成就,他们力图把科学方法运用于其他思想领域,他们认为这是处理所有问题的最可靠的方法,他们坚持认为依照社会发展的科学准则,历史可以得到科学的研究,社会可以得到改造。其中最有代表性的是马克思主义和实证主义。[1] 我们如果把这种情形的思想源头再上溯一些,就可以一直追溯到笛卡儿和培根那里。

被恩格斯称为“近代实验科学鼻祖”的培根率先提出了这样一个规划:它向人们允诺借助于一种普遍的方法社会就能得到最大程度的仁善。[2] 笛卡儿则为这种规划提供了一种方法,他的影响之巨,被哈耶克认为是一切建构论唯理主义的源头,[3]这一路还包

---

〔1〕 马文·佩里:《西方文明史》(下),胡万里等译,商务印书馆1993年版,第155页。

〔2〕 参见[美]列奥·施特劳斯、[美]约瑟夫·克罗波西:《政治哲学史》(上),李天然等译,河北人民出版社1996年版,第498页。

〔3〕 [英]弗里德利希·冯·哈耶克:《法律、立法与自由》(第1卷),邓正来译,中国大百科全书出版社2000年版,第40页。

括百科全书派的学者、卢梭、重农学派的学者和孔多塞等。当然，霍布斯也被列为这一传统的奠基人之一，在他看来，一切科学知识都可归为数学或几何知识，[1]并运用其在社会论辩和伦理论辩方面作了相当详尽的阐释；与此相对是被哈耶克称谓“进化论理性主义”的一派，主要由一些苏格兰道德哲学家明确阐明。他们当中杰出者首推大卫、休谟、亚当·斯密和亚当·福格森等，随后在英格兰的同时代人塔克·埃德蒙、柏克和威廉伯列·帕列也对之做出了详尽的阐述。[2]

哈耶克对这一传统的划分，是在理性主义的框架内进行的，[3]这种区分还被波普称为“幼稚的理性主义”与“批判的理性主义”。前者认为，人生而具有智识和道德的禀赋，认为个人理性至上，能使人审慎思考而型构文明，因此所有的社会制度都是，而且应当是，审慎思考设计的产物；后者则相反，认为人的理想是有限的，无论是在理解自身运作的能力上还是在认识社会生活的作用方面，因而型构文明是不可能的，文明只能经由不断试错、日益积累而艰难获致。[4] 正是基于对这两种理性主义的区分，哈耶克提出了他

---

〔1〕［美］列奥·施特劳斯、［美］约瑟夫·克罗波西：《政治哲学史》（上），李天然等译，河北人民出版社1996年版，第452页。

〔2〕参见［英］弗里德利希·冯·哈耶克：《自由秩序原理》，邓正来译，生活·读书·新知三联书店1998年版，第65页。

〔3〕必须指出的是，哈耶克对理性的态度，正如他自己所说，是继承休谟和康德的传统，持一种怀疑而开放的有限观，并不是反对理性，这与19世纪70年代兴起的后现代思潮对理性的彻底颠覆有本质上的不同。

〔4〕关于哈耶克对这两种思想的详细区分，在他的多部著作中均有提及，参见［英］弗里德利希·冯·哈耶克：《法律、立法与自由》（第1卷），邓正来译，中国大百科全书出版社2000年版，第1页以下、第32页以下；参见［英］弗里德利希·冯·哈耶克：《自由秩序原理》，邓正来译，生活·读书·新知三联书店1998年版，第61页以下；参见［英］弗里德里希·奥古斯特·哈耶克：《致命的自负》，冯克利译，中国社会科学出版社2000年版，第71页以下；See Friedrich August Hayek, *New Studies in Philosophy, Politics, Economics and the History of Ideas*, Routledge & Kegan, 1978, p. 96。

著名的“社会秩序二元观”,即将所有的社会秩序分为两种:“自生自发的秩序”和“组织”(人造秩序),也称为“内部秩序”和“外部秩序”。

二者的主要区别在于:第一,她们所展示的有序性的产生方式不同,前者不具有一种共同的目的序列,所具有的只是个人的目的,用哈耶克的话说,“在各种人际关系中一系列具有明确目的的制度的生成……既非设计的结果,也不是发明的结果,而是产生于诸多并未明确意识到其所作所为会有如此结果的人的各自行动”。[1] 或者说,是“人之行动而非设计的结果”。[2] 第二,这两种社会秩序所依赖的协调手段不同,手段的不同对应于秩序本身的特性。在自生自发秩序中,赖以为基的协调手段是长期进化而来的、目的独立的、否定性的原则,被哈耶克称为“内部规则”,也就是哈耶克意义上的“私法”;而为一个组织(最大的组织即政府)所遵循的“外部规则”,则主要是那些应时而立的、目的依附的、哈耶克意义上的“公法”。这一区分,在他的论述中也常对应着正当行

---

〔1〕 [英]弗里德利希·冯·哈耶克:《自由秩序原理》,邓正来译,生活·读书·新知三联书店1998年版,第58页。

〔2〕 关于这一点,基于哈耶克对自公元前5世纪古希腊智者们提出的长期阻碍现代人确当理解社会秩序及其规则之独特性质的二分法——“自然的”与“人为的”——的批判。而这种二分法的谬识,是通过种种信奉刻意设计和规划优位于自生自发的社会力量的观点——也即笛卡儿式的建构论唯理主义——才明确进入欧洲思想的。此一过程,See Friedrich August Hayek, *New Studies in Philosophy, Politics, Economics and the History of Ideas*, Routledge & Kegan, 1978, pp. 4 – 5。直到18世纪,诸如孟德维尔和休谟指出,这里还存在另一个范畴的现象,然而这种现象在从前的二分观中不是被划入“自然的”便是被划入“人为的”范畴,这种第三现象便是后来被亚当·福格森称为“人之行动而非设计的结果”。哈耶克在此基础上进一步阐发了“自然的”“人为的”“人之行动而非设计的结果”的三分观,并提出了他那句极为著名的论断——“人不仅是一种追求目的的动物,而且在很大程度上是一种遵循规则的动物”。关于这一点的详尽论述,参见[英]弗里德利希·冯·哈耶克:《法律、立法与自由》(第1卷),邓正来译,中国大百科全书出版社2000年版,第19页以下。

为规则/具体命令，原则/权宜，或自由的法律/立法的法律等二分框架。

（二）立法至上——建构论唯理主义的魔咒

在哈耶克的整个体系中，他认为自生自发的秩序以及与之相对应的内部规则（私法）是自由主义社会理论和法律理论的核心概念。[1] 这并不意味着组织不重要，实际上，现代社会的秩序是这二者的组合。但是，在这种组合中，自生自发秩序是组织能够存在的前提，后者的存在是为了有助益于前者，内部规则与外部规则之间的关系也应该是如此。

然而，建构论唯理主义的观点经由上文所提到的“自然”与“人为”的二元观，而在实质上型构了“自然与社会”的二元观，而此二元观的真正谋划在于建构出一个由人之理性设计的同质性的实体社会，并且建构出一种对社会施以专断控制的、忽视所有差异和不可化约的价值的、“扼杀个人自由的一元论的社会观”；并以此为基础经由对所谓“自然法理论”和“法律实证主义”的阐述，在多数民主式的“议会至上论”的推动下，最终确立起以理性设计的立法为唯一法律的社会秩序规则一元观。[2] 这样一种人类在判断自己理性能力方面产生的一种幻觉，被哈耶克称为“高尚而危险的自负”。

之所以如此评价，是因为这种思路不可能实现它所做的承诺，它在事实认识上存在偏差，也因而在方法上是错误的，并将最终走向对理性的背叛。哈耶克从知识论的角度对此作出了深刻的批判，正是出于上文所说的对人类理性的正确估计，对于个人知识局限性的认识，以及任何个人或者一小群人都无法知道为某些其他

---

〔1〕 参见邓正来：《自由与秩序》，江西教育出版社1998年版，第17页以下。

〔2〕 邓正来：《法律与立法的二元观》，生活·读书·新知三联书店2000年版，第44页。

人所熟知的事情这一事实中,[1]我们必然得出结论:任何计划不可能穷尽关于一个社会中人们经济活动的一切信息,同样,任何立法者也不可能穷尽一个社会中法律活动的全部知识,那么,我们就必须对打着各种名义的政府权力予以限制。这是哈耶克对政治哲学作出的重要贡献,即给出了一个限制权力的新视角。如果没有这种信念,那么理性膨胀的结果,就不仅仅是在智识上无法实现诺言的问题,而必将是导向强权和专政,正如阿克顿勋爵所说,"权力导致腐败,绝对的权力导致绝对的腐败"。总而言之,正是由于不可能存在了解全部的具体知识和信息的全知全能的立法者,因而任何企图为整个社会和经济发展做出计划的梦想往往会走向相反。[2]

因此,哈耶克庞大繁复的自由主义体系在法律理论中的着力点,就可以被理解为反思现代社会以外部规则对内部规则的侵扰或替代的问题。而笔者之所以大量的引用哈耶克,也正是要在这

---

〔1〕 [英]弗里德利希·冯·哈耶克:《个人主义与经济秩序》,贾湛等译,北京经济学院出版社1989年版,第16页。其实在哈耶克之前,休谟对知识和理性的限度就提出了著名的"休谟问题",他对归纳主义的质疑被康德继承下来,于是又有了关于分界的"康德问题"。在哈耶克的同时代,波普尔从科学哲学的角度提出了证伪主义,即对一切科学知识只能通过猜想——反驳的方法去验证获得,他关于人类知识能否以及如何增长的思考被认为承继了休谟和康德的传统而被称为"波普尔问题"。在哈耶克之后,吉尔兹走得更远,他认为所有的知识都是地方性的、具体的,不存在大写的真理。按着这条线索,我们可以最终到达后现代主义对一切所谓真理性知识的颠覆和对理性神话的解构。

〔2〕 这被称作哈耶克的"终身问题",对这个问题"长达四十年的思考",也导致他与形形色色的唯理主义者(社会主义者)之间持续几十年的论战。他一生著作都致力于此,以至于被称为"一个简单而执著的自由主义者"。也因此在凯恩斯主义盛行的时候遭到冷落,因为同样的原因,在凯恩斯主义千疮百孔时,又重新获得世界范围内的巨大声誉。关于对这种"自负"何以是不可能且为什么会"致命"的更进一步分析,可详见哈耶克已经被翻译为中文的几本主要著作,如《个人主义与经济秩序》《自由秩序原理》《法律、立法与自由》以及《致命的自负》等。

一问题框架内审视笔者称为“刑法公法化”的现象。〔1〕一如哈耶克所指出的，“最能揭示我们这个时代的支配地位的趋势……即公法对私法的逐渐渗透和取代”。〔2〕

五、罪刑法定原则的困境

笔者在上面对立法至上的思想源头——建构论唯理主义进行了梳理，但是这种建构论的思潮不可能直接作用于刑法的具体条文，而是通过刑法中的一些基本原则和基本观念体现出来，并在这些原则和观念的指导下，生成“刑法公法化”的结果。按照这样的思路，再返回头来看刑法中的某些具体问题，就可能有一些新的启发。

例如，在前些年备受推崇而在这几年又屡遭诟病的“社会危害性”，这理论和观念的背后实质包含着对所谓“社会正义”观念的认同，即将社会当成一个似乎有生命有人格的实体，这种拟人化语言的流行极大地征服了公众的想象力，体现了按个人理性去管理社会和型构秩序的渴望。但鉴于对“社会危害性”的批判，已经有不

---

〔1〕 必须说明的是，笔者在文章第一部分所界定的私法/公法的概念与哈耶克意义上的私法/公法有所不同，这也是导致他将刑法完全视为私法，而笔者认为刑法兼具二重性的一个原因。但是，在界定私法/公法最重要的思路上——即是自生自发还是理性的人为建构——笔者是从他那里学到的，并在此一基础上展开分析。只是笔者认为将法律保护的利益区分为个人法益与社会(国家法益)，并将后者纳入公法保护，可能更有利于我们清醒地看到通过理性建构立法而来的主要是哪些内容。正是在这个意义上，笔者认为哈耶克所提出“公法对私法的渗透与替代”和笔者所要分析的“刑法的公法化”尽管在概念运用上不尽相同，但在最关键的地方具有同质性。因此并且也仅仅因此，笔者借鉴了哈耶克的论证思路并大量地引用。

〔2〕 See Friedrich August Hayek, *New Studies in Philosophy, Politics, Economics and the History of Ideas*, Routledge & Kegan, 1978, pp. 81 – 82.

少学者从不同的进路进行了深刻而富有洞察力的分析,[1]笔者就不去再痛打“落水狗”了。笔者想关注的是在对“社会危害性”进行检讨时,常常被用作最锋利的武器的“罪刑法定”原则。

人们常常有这样一种倾向,当他们喜爱某个概念或观点时,就会忽略它的问题,而将其完美化,并力图使这个概念或观点成为百宝箱,“与时俱进”的赋予新的内容,这常被人们讥为“某某是个筐,什么都往里装”,比如“改革”和“文化”,再如时下的“罪刑法定”。“罪刑法定”原则在刑法学界几乎已被作为不可动摇的“铁则”,具有无须证明的正当性,人们在反对某一观点时,似乎只要能证明其违反了“罪刑法定”原则,就将该论点及其论者宣判死刑。“罪刑法定”在刑法学界的至上地位,可以从大量的相关文章中看出来。[2]

罪刑法定原则的最早来源是1215年英王约翰签署的《大宪章》,但外国刑法理论通常认为,现代意义的罪刑法定原则的法律渊源是法国1789年的《人权宣言》、1791年的宪法及1810年的法国刑法典,它诞生在法国大革命的特殊背景下。德国刑法史专家冯·巴尔曾对当时整个大陆法系国家刑法状况作出过描述,“刑罚是不平等的,它们不是根据犯罪的性质而是根据犯罪人的地位而发生变化;犯罪没有确切的定义;个人没有丝毫的安全保障足以避免国家在镇压犯罪时的过火行动……”[3]从贝卡里亚的书里我们可以清晰地看到,所谓罪刑法定主义从诞生之日起,它所肩负的历

---

〔1〕 比如陈兴良:《社会危害性理论——一个反思性检讨》,载《法学研究》2000年第1期;冯亚东:《理性主义与刑法模式》,中国政法大学出版社1999年版,第一章“社会危害性辨析”,第7页以下;李海东:《刑法原理入门》,法律出版社1998年版,第6页以下;周光权:《刑法诸问题的新表述》,中国法制出版社1999年版,第8页以下。

〔2〕 依据《人大报刊索引》做的粗略统计,其中收入的关于罪刑法定原则的文章1997年有23篇,1998年有19篇,1999年有18篇,2000年有20篇,2001年有29篇,全部是从正面谈论罪刑法定原则的重大意义。

〔3〕 转引自黄风:《贝卡里亚及其刑法思想》,中国政法大学出版社1987年版,第2页。

史使命就是用来反对封建社会中法官的罪刑擅断，也一直是在限制和防止司法机关运用不确定的类推出入人罪。李斯特所谓"刑法也是犯罪人的大宪章"可谓对这一精神的经典表述。

但是，正是在那样的背景下所产生的原则，也带上了那个时代的精神，社会契约论和自然法理论深入人心，人们重新认识"人的理性"而作为理性载体和体现方式的立法和运用这种载体和方式的定法机关被人们寄予厚望，[1]包括大多数启蒙学者在内，人们丝毫不怀疑由"人民主权"的国家立法机关会制定出良好的刑法，所须提防的只是法官而已。这样的理念对后来的大陆法系都产生了深远的影响。[2] 我们只能把尊敬而不是任何苛求给予贝卡里亚们，因为时代不一样了，情况发生了变化，它所提出的问题已远不能被先前的理论或原则所满足。要回答新问题仅靠旧原则是不够的。同样一个理论或原则，在不同情况下可能会被凸显出不同的侧面与角度，比如上文提到的"社会危害性"，今天的一些学者开始从"缺乏规范质量"和"突破罪刑法定"的角度对其反思。但在贝卡里亚的时代，他提出"犯罪对社会的危害是衡量犯量的真正标尺"。[3] 这在当时用来反对主观定罪和宗教裁判的呐喊，正如陈

---

〔1〕 实际上，洛克等人从理念层面上推导出罪刑法定的思想，参见[英]洛克：《政府论》(下篇)，叶启芳、瞿菊农译，商务印书馆1983年版，尤其是第7~13章，第48页以下。

〔2〕 尽管贝卡里亚本人也谈到了关于立法权的局限，但他只是在如下两点上做了说明：第一，"代表社会的君主只能制定约束一切成员的普遍性法律，但不能判定某个人是否侵犯了社会契约"，即身为立法者不能同时又是司法者；第二，立法不能违背"开明理性"所散发的善良美德……和公正和社会契约的本质。就这两点而言，前一点在当时具有革命意义，但也只是重复了孟德斯鸠；而后一点则几乎没能告诉我们立法权在实质上和可操作的层面上如何被限制，这种洋溢着"理性至上"却又缺乏实际内容的修辞是那个时代的行文风格，因为那是启蒙民众思想时期。参见[意]切萨雷·贝卡里亚：《论犯罪与刑罚》，黄风译，北京大学出版社2014年版，第14页以下。

〔3〕 [意]切萨雷·贝卡里亚：《论犯罪与刑罚》，黄风译，北京大学出版社2014年版，第24页。

兴良教授所说“在我们今天看来尽管不无偏颇,但在当时却具有历史进步意义”。[1]

在笔者看来,罪刑法定原则亦应作如是观。其实早在罪刑法定原则诞生后,就有很多学者提出了质疑和反对。比如萨维尼就认为通过人类的普遍理性制定出人类普遍适用的法典完全是幻想,是荒诞无稽的。他提出法是缄默的、无名的与非理性的产物,同一个民族的语言和习惯一样,是在某一特定民族的共同信念上,持续的、固有的进程中发展起来的。[2] 然而我们也必须承认,对于摆脱封建社会中法官罪刑擅断的噩梦的大多数国家而言,通过确立“罪刑法定”使司法者随意出入人罪的噩梦不再重演,是一种历史的选择。在这个意义上,在刑法中确立“罪刑法定”原则有其合理性,但随着历史的发展,政治实践的丰富,对人的理性局限性的反思和人的恶性的警惕,“罪刑法定”原则所潜在的立法万能的理念所导致的一些不那么乐观的后果也逐渐凸显出来,我们就应该对立法机关可能在新情形下出现的种种问题有足够的准备,也正是这个意义上,在刑法领域只有罪刑法定原则是远远不够的,至于将罪刑法定原则至上,那更加有可能在对立法机关缺少制约的状况下上演出新的噩梦。

当我们谈到“罪刑法定”原则时,我们必须关注德国。因为中国作为一个深受大陆法系影响的国家,包括“罪刑法定”在内的诸多观念就是从那里直接或间接学来的。这个经常产生伟大巨人的国家作为大陆法系国家的代表,为什么被认为“不仅在很大程度上为世界各国提供了那些导致全权主义政权之确立的哲学观念,而且也是最早屈从于并堕落为由理论领域提出的那些观念所促成的

〔1〕 陈兴良:《刑法的启蒙》,法律出版社2007年版,第68页。

〔2〕 萨维尼的观点可参见张宏生:《西方法律思想史》,法律出版社1996年版,第143页以及上海社会科学院法学研究所编译:《法学流派与法学家》,知识出版社1981年版,第333页。

全权体制的国家之一呢”?[1]德国纳粹给各国人民的心中都留下了难以抹去的创伤。然而它的出现绝不是偶然的,在罗素看来,“希特勒是卢梭的一个结果”。[2] 这说明仅仅是政客的野心引不出这样的灾难,背后必然有着深刻的信念层面上的原因,不然我们就难以解释为什么像海德格尔这样出色的人物也纵身其中。除了哈耶克,对于建构论唯理主义为何会最终导向极权主义,波普尔在《开放社会及其敌人》中,自柏拉图始对黑格尔和马克思的理论中蕴涵的极权主义因子做了深入的智识上而非道德上的批判。[3] 我们在这里关注“罪刑法定”的历史和前景,也应该放在这整个历史发展背景和那些巨人的影响中去考察,因为法律的发展从来就没有摆脱掉这些影响。

就有关上文所提到的社会秩序的性质的哲学观念对法律发展的影响方式而言,卡尔·施密特的理论可以说是此一方面的最为凸显的例证。他早在希特勒执政之前就已经将其可怕的智能用来打击各种形式的自由主义,后来他成为希特勒法律的辩护者之一,而且在今天的德国法律哲学家和公法学家中仍有巨大的影响力。而正是他的著作,“从一开始就指向某种特定目的,否弃自由法治的国家,使之变成立法国家”。[4] 有学者认为纳粹时期完全废除

---

〔1〕 [英]弗里德利希·冯·哈耶克:《法律、立法与自由》(第1卷),邓正来译,中国大百科全书出版社2000年版,第108页。

〔2〕 [英]罗素:《西方哲学史》(下),冯元德译,商务印书馆2002年版,第225页。

〔3〕 参见[英]卡尔·波普尔:《开放社会及其敌人》,陆衡等译,中国社会科学出版社1999年版,尤其是第一卷中第6章、第8章、第10章,第二卷第11章、第12章、第13章、第17章、第18章。

〔4〕 这是施密特的追随者George Dahm对施密特著作的评价,转引自[英]弗里德利希·冯·哈耶克:《法律、立法与自由》(第1卷),邓正来译,中国大百科全书出版社2000年版,第112页。

了罪刑法定原则,[1]但事实是尽管纳粹于1935年废除了罪刑法定原则,但还有很多恶行恰恰是通过立法后再依据法律实施的,刑法典被按照种族主义、恐怖主义的需要而修改,任意出入人罪的特别法层出不穷。

例如,1933年2月4日颁布的《保卫德国人民法令》,从根本上取消了集会和言论自由。同年2月28日的《关于保卫人民和国家》的法律,使18000名德国共产党员在6周内被判处监禁,《关于危险的惯犯》和《关于保安矫正处分》等则恢复了中世纪野蛮的刑罚。[2] 国会通过修改《婚姻法》对犹太人开始"依法"清理,而以刑罚为后盾的《纽伦堡法》的出台更加说明了通过立法实行暴政的便利。[3] 不用过多的引用,我们已经可以看出纳粹时期的法律并未如一般所认为的那样,完全废除了罪刑法定原则而任由法官随意定罪。实际情况是,纳粹时期很多在今天看来的暴行是依据法律实施的,是贯彻了"罪刑法定"原则的。现实的复杂性说明罪刑法定绝非灵丹妙药,用它就灵,不用就生病,在很多时候,就如罗兰夫人所说,"自由啊自由,多少罪行借你之名而行"。如同法国大革命在自由民主的旗帜下曾经驱走了封建暴政,又建立起新的暴政一样,"罪刑法定"原则曾驱走了封建刑法的罪刑擅断,也并不当然意味着取得了无须辩驳的正当性,它同样可能带来更大的厄运。

实际上,力倡罪刑法定原则的贝卡里亚也曾受到欧洲最反动的几个君主的欢迎,法西斯统治时期的意大利和西班牙也都规定

---

〔1〕 "经过第二次世界大战,纳粹法西斯践踏法制,侵犯人权的血的洗礼,人们更加认识到罪刑法定主义的重要价值",参见陈兴良:《罪刑法定的当代命运》,载《刑法问题与争鸣》编委会编:《刑法问题与争鸣》(第1辑),中国方正出版社2000年版,第1页以下。

〔2〕 参见朱华荣:《各国刑法比较研究》,武汉出版社1995年版,第48页。

〔3〕 参见[德]英戈·穆勒:《恐怖的法官——纳粹时期的司法》,王勇译,中国政法大学出版社2000年版,第88页。

了罪刑法定原则。[1] 也许又要有人说笔者误读"罪刑法定"了,但是如果我们能以一种客观的态度去对待历史,如果我们不是为了论证的需要而"与时俱进"地赋予旧概念以新的内容,如果我们不是寻求托古改制,那么我们就必须承认除了纳粹时期,各个国家在各个时期都有过一些被认为是"恶的刑法内容",在其适用过程中是"明文规定罪与刑的"。难道今天的立法者就比过去更英明,立法机关的身份更合理,因而立法机关的权力就更具有正当性了吗?有人会说,从世界范围看,过去是帝制,是专政,现在各国大都采用议会民主立法了。这是个理由,但在笔者看来远远不够,有时甚至更坏。在能否制定出侵犯个人自由的恶法上,民主也同样难以获得当然的通行证。

以中国为例,很多学者在论述我国"文革"时期的法制虚无时,认为是由于"党大于法""无法无天""没有罪刑法定"等,然而经过那个时代的人们都明白,即便当时由人民代表认真地立法,狂热的群众将会合谋产生何样的法律,恐怕也会让人不寒而栗。多数人的暴政完全可以通过"罪刑法定"来实现。再退一步说,即使没有暴政的意图,也不能保证当然制定出好的法律,尤其是刑法这样的基本法律。在民主立法的场合,许多人常常认为既然由多数人来决定提案,总会朝对自己有益的方面做决定。但正如殷海光所质问的,这个"总会"的保证何在?在民主立法的方式中,"用电子显微镜也找不出这种保证","当人的动机想做对自己有益的事情时,他所做的并不一定就有益,有时甚至相反"。[2] 即使远离那样的年代,今天各国立法过程中有多少情绪立法、利益立法、领导人意志立法、专家超前立法,谁又能说得清?

中国的情况尤为复杂。法律是党和国家的方针政策定型化的

---

〔1〕 陈忠林:《从外在形式到内在价值的追求——论罪刑法定原则蕴含的价值冲突及我国刑法应有的立法选择》,载《现代法学》1997 年第 1 期。

〔2〕 参见殷海光:《中国文化的展望》,中华书局 2016 年版,第 419 ~424 页。

表现,“是把实践证明的比较成熟的党和国家的方针、政策用法律的形式固定下来”,[1]这一直是一种带有“中国特色”的对“立法”的正式描述。同时,“党的政策要经过国家的形式而成为国家的政策”,[2]而“国家的形式”主要就是立法。这就使法律成为当今中国多数决策的最后形式,立法则是其合法化的最重要的途径。到20世纪80年代后期,党的“决策”与国家的立法之间界限已经模糊,“立法”成为大量“决策”的不可或缺的部分。越来越多的“重大政策”的内容是在把它们起草为法律的过程中经过千锤百炼而浮现的。在中国当下这样一个转型时期,国家的政策重心必然是放在经济增长和政治稳定上,而刑法作为“保驾护航”的大法,出现上文所提到的“公法化”现象也就不足为奇了。

事实上,当存在“类推制度”时,是司法机关手中握有更大的权力,当废掉“类推”实行罪刑法定时,判断行为是否为犯罪时的权力便完全纳入立法机关手中了,说到底,不过是权力的分配发生了转移,人们在为法官被套上了脚镣跳舞而欢呼时,却似乎忽略了一个更为重大的问题,那就是谁来保证制定脚镣的人不会滥用权力?即使他们在道德上可靠,他们在智识上就能制定出好的刑法吗?

在刑法领域中,这样的问题在罪刑法定的伟大光芒下被遮盖住了,或者说被保护起来了。似乎不言而喻地,立法者在道德上的自制力和在智识上的能力要高于司法者,这里最典型的是卢梭的说法:“公意永远是正确的,且永远以公共利益为依托”,“立法者在一切方面都是国家中的非凡人物”。[3] 对于立法机关的信任和青

---

〔1〕 彭真:《论新时期的社会主义民主与法制建设》,中央文献出版社1989年版,第22页。

〔2〕 彭真:《论新时期的社会主义民主与法制建设》,中央文献出版社1989年版,第220页。

〔3〕 [法]卢梭:《社会契约论》,何兆武译,商务印书馆1990年版,第39页、第55页。更详尽的论述参见第二卷中的第三章“公意是否可能犯错误”和第七章“论立法者”。

睐，体现在西欧各国“议会至上”的法制设计中。建构论唯理主义者们在哲学领域里撒下的种子，在政治哲学领域里开出了花，并最终在法律领域中结果。然而，罪刑法定原则最伟大的地方因而我们也必须坚持的原因就是它使我们可以对司法机关的行为有所预期；而罪刑法定原则可能引发的最大问题因而我们也必须对其警惕的原因则是将设定罪与刑的权力完全交给一个同样也可能犯错误的机关。既然司法机关有可能罪刑擅断，立法机关为什么不会罪刑擅定呢？

很多学者在为“为什么要有刑法”这样的问题所鼓舞时，力陈个人面对强大的国家机关时的弱小，而通过“罪刑法定”原则可以起到制约国家权力的作用。这里面有一个很奇怪的逻辑——将司法机关想象成常常作恶的“利维坦”的代名词，而将立法机关作为企图控制这头巨兽的“人民群众”的象征，似乎“国家权力”这个词语当中从来没有包括过立法权力似的。在笔者看来，这种对政治哲学发展之初那些最基本却有极大危险性观念的推崇以及对当下活生生的政治实践的视而不见，只能以卢梭式的热情将我们带回到法国大革命那“热火朝天做主人”的年代中去。很多人将罪刑法定原则比做国家与公民之间的一纸契约，因此国家不能逾越界限在刑法之外对公民“非法追究”。但是他们忘记了，国家完全也可能通过制定恶法在刑法之内对公民“依法追究”。对这一点，罪刑法定反而提供了理论依据。

按照这种“契约说”，没有制约的罪刑法定原则有可能产生的只是具有潜在危险的“强制性格式合同”，合同一方可以正当而肆意的制定、修改条款，而另一方又必须服从。只要立法机关是依照法定的程序立法，便合乎“罪刑法定”的原则，而法定的罪与刑是否在实质上合理，甚至合宪，则没有更高的权力予以制约，除了学者的“人微言轻”的意见外，在缺乏外部制约的情形下，罪刑法定就极容易沦为罪刑擅定。这种“擅定”的冲动可能是统治的需要，也可能是源于是要为经济服务，可能是集团的利益，可能出于善意，也可能出于恶意，无论怎样，在这些因素驱动下的罪刑擅定，将导致其“私法”的品质逐渐消亡，刑法沦落为专政的工具；从智识上讲，企图通过严密和严厉的法网来整合社会，通过立法而型构文明，就如上文所分析的，只能是一种“致命的自负”和幻想。

从大陆法系和英美法系对比来看，后者从来没有在明文中提出“罪刑法定”的问题，但法治情况却不逊于前者，他们“凭着一个又一个判例，自由慢慢扩展到下层”。[1] 在英美法系中，罪刑法定的内涵并非没有体现，但任何规定犯罪刑罚的规范或者判决有罪的判例决非具有天然的正当性。散布于各州的刑法在用来去限制法官的司法裁量权之前，首先要接受是否违宪的审查。在此一过程中，“罪刑法定”是立法者用来限制司法者的根据，而“违宪审查”则是司法者用来限制立法者的利器。就是在这样一种互不信任、互相监督的游戏规则中，实现了权力的相互制约与平衡。反观大陆法系诸国，将“罪刑法定”奉为圭臬，但对于立法权的制约则相对薄弱。这样一种对立法者的信任常常导致立法权的膨胀，产生极其危险的后果。刑法的公法化便是一个典型。实际上，之所以在盎格鲁—撒克逊的传统中，将刑法划入私法，就是认为刑法是一种自生自发的规则，涉及人的基本权利，不能因一时的情势变化而有所限制，因而总是排斥或不信任政府新的立法，以防止公权力对私领域的过分介入。

笔者在这里对比这两个法系，并不是仅仅简单地提倡在制度层面去学习如何去为“罪刑法定”原则套上“违宪审查”的辔头，更觉得久受黑格尔和马克思哲学思想影响的刑法学界很有必要去补上怀疑论的一课。中国社会自清末以来寻求变法，总有一种对“普

---

〔1〕［英］丁尼生：《丁尼生诗选》，黄杲炘译，上海译文出版社 1995 年版，第 88 页。

世救世主”的渴求，这种线形的一元追求表现在各个领域对“救国方案”的不断更替，一个失败了，必然会出现一个新的，而且一定要出现，然后论证其合理性，但最后又常受其害。在法律领域里则体现为一种对最高权力的认同和追求，这使笔者常常想起伏尔泰的话“我帮你们把一个猛兽赶走了，你们又向我要另一个”！美国的建国者给我们的最大启发就是，没有不受限制的权力，无论这种权力是以多么高尚的名义行使，因此根本不存在至高无上的政府权力，其中当然包括立法权。正如汉密尔顿（或麦迪逊）所说，“假如人都是天使，就不需要任何政府了；如果是天使统治人，就不需要对政府有任何外来或内在的控制了”。[1] 马歇尔法官出于也许不那么伟大的目的然而却在事实上成就了对立法权进行司法审查这一伟大的政治实践，从美国的治国经验来看，如果我们承认每个立法者同样是人而非神，如果我们“承认凡人的有限性并拒绝神化任何由凡人组成的政府”，我们就必须“对人类有史以来最崇高的权力——人民代表的立法权力——进行监督和制衡”。[2]

正是在这个意义上，社会危害性也好，类推也好，罪刑法定原则也好，都还远不足支撑起一个理想法治国的刑法文化。所有这些都是“双刃之剑”，真正要紧的是弥漫在这个社会之中的信念和思想。而企图为法治提供导向的学者们的信仰尤其关键，那种认为赶走了“社会危害性”，废除了“类推”，迎来了“罪刑法定”便能为刑法正名的人们是犯了非此即彼的简单的二元对立的幼稚病——如果不是有既得利益在里面的话。或者说，也许我们永远都需要有那么一种怀疑精神，一种批判意识，一种对自身理性不断反省的冲动。不然无论我们为法律的堕落换上何种外衣，实质转换的只是我们的言说方式。形式合理性与实质合理性即便不能完

〔1〕［美］汉密尔顿、［美］杰伊、［美］麦迪逊：《联邦党人文集》，程逢如、在汉、舒逊译，商务印书馆2015年版，第312页。

〔2〕张千帆：《认真对待宪法》，载《法制日报》2001年12月3日。

全符合,也需要相互的诘问,永远的对话。

刑事古典学派最坚定地提出"罪刑法定"原则,是 18 世纪的事情。其目的是反对封建社会的罪刑擅断,随意出入人罪,毫无疑问,这也是今天的我们必须警惕的。但时光毕竟过去了几百年,在今天,仅仅靠它是不够的,甚至远远不够,如果以为确立了罪刑法定原则,就能实现刑法的现代化,那只是一厢情愿的想法。因为如果真是如此,就很难解释早就确立了该原则的德、意、日等大陆法系国家的刑法何以又出现了那么多的波折与反复。刑法学者如果只满足于国外 18 世纪时发现的新大陆而不去进一步反思,那就不仅仅是难以面对"什么是你的贡献"这样的问题,而恐怕要为将来的高歌猛进中可能出现的刑法堕落负起历史的责任。

六、结语

中国当下的法学界在很多时候"忙于为法制建设提供服务,而少于自身的反思"(赵晓力语)。在刑法学界,这一点尤为明显。一个国家的刑法太发达,对于靠以解释罪名出书谋生的学者可能是好事,但对于一个具有人文关怀的学者来说,也许是一种悲哀。不反省到这一点,法学界尤其是刑法学界的学者就永远难以摆脱掉被其他学界排斥出"知识分子"的难堪,只能在本专业中自言自语。很多学者以"专业槽"为自己的短视辩解,但在笔者看来,这只是一种误解。陈兴良教授在 1992 年提出"专业槽"的说法,旨在建立严肃的学术规范,而规范化的目的,是"要倡导一种以现实社会关心与终极人文关怀为底蕴的刑事法学研究模式"。因为无论槽有多深,低头吃草是为了更好地抬头看路,虽然时代在向前走,但是历史告诉我们,"1984 年"可能比"1587 年"更加可怕。[1] 如果凡是

---

〔1〕 这里借用了两部小说的名字,奥威尔的《1984》和黄仁宇的《万历十五年》(1587 年),从这两部书中可以看出,极权主义下的法制比之封建国家里的酷刑更为可怕。

被法定了的罪刑,学者都去予以正当化,凡是扔进槽里的草,就低头去吃,那么早晚是要出问题的。当这样一种观念远未在中国形成时,为刑法的谦抑性做任何努力可能都是徒劳的。在一个层面克制的欲望,又会在另一个问题上抬头。当我们的法学家在为圆满的解释法律而自得时,在我们的法学家被犯罪人的罪行所震惊、被正义感所驱动的时候,种种"严密法网"的对策及立法建议便出台了,用句刑法学的术语来说,也许主观上有故意与过失之分,但在客观事实上,他们已经成为为这个"利维坦"摇旗呐喊的最得力的一部分。

正是出于对这些情形的考虑,笔者在文中尝试从一个整体性的法治视角而非仅仅在刑法专业框架内去考察罪刑法定原则,这种有别于以往在单纯的刑事法范畴内就事论事的努力,除了笔者所笃信的——学科与专业的划分从来不能也不应该限制住知识分子的真正关怀——这一精神格言外,还来源于笔者的在方法论上的信念:在显微镜式的本体解剖的方法外,仍有一种望远镜式的"大刑法观"在。〔1〕一个在专业领域里看不出问题的原则或观点,放在一个更广阔的专业之外的视野中,很多内在的冲突和矛盾可能就会被外化出来,或者用经济学的术语来说,只有与外界的接触,事物的"负的外部性"才会被凸显。

同时需要说明的是,尽管笔者在文中表现出对英美国家中司法审查制度的赞赏,而且也认为这一方案是对笔者所提出问题的回答中迄今为止最为有效的一种。但也并不当然意味着笔者认为此一制度可以无异议地被移植过来,任何贸然的建议都有可能又

---

〔1〕陈兴良教授在不久前的刑事法论坛上关于"刑法的宪政基础"的发言,可以为证。他的发言对本文颇有启发。但也必须指出的是,笔者对与会学者所提的"将罪刑法定原则写入宪法"能否就会保证"刑法的宪政基础"表示怀疑。在笔者看来,恰恰是缺乏制约的罪刑法定原则与宪政之间存在的张力,才引发出刑法中一些条文对宪法所保障的基本权利的侵犯问题,才逼迫我们去反思"刑法的宪政基础"。

落入另一个建构论的怪圈。笔者这么说,并非指我们只能或者应该无所作为,只是还需要去进一步考察"制度是如何形成的"(借用苏力的一部书名)及其在中国形成的可能性,然而这已非本文力所能及,在这个意义上,笔者赞同苏力所说的:"历史究竟如何发展,究竟会形成什么样的制度,又会如何形成,所有这些问题对于身在此山中的愿意思考并具有一点反思能力的当代人来说,大约总是有某种无能为力甚至荒谬之感"。[1] 因此,上述由对刑法公法化现象的分析而引发出来的对于罪刑法定原则能否被至上的怀疑,如果能够被清晰合理地呈现,那么对笔者而言,就已经远胜于为一些众所周知的表象提供某些隔靴搔痒的"学者意见"或"解决方案"了。

行文至此,笔者不由得开始露怯,笔者企图去揭露出罪刑法定原则的"合法性危机",但自己这种反思的资格、能力以及这种没有"建议"的叙述风格是否获得了合法性呢?正如马克思曾经给予那么多人以实践和理论的勇气一样,出于这种心虚,笔者也去他老人家的话中寻找资源以壮胆色,"一个时代所提出的问题,和任何在内容上是正当的因而也是合理的问题,有着共同的命运:主要的困难不是答案,而是问题,因而真正的批判要分析的不是答案,而是问题"。[2]

---

〔1〕 苏力:《制度是如何形成的》,北京大学出版社2007年版,第94页以下。

〔2〕《马克思恩格斯全集》(第40卷),人民出版社1982年版,第289页。

第三章　监狱里的同居楼与刑法的现代性反思

“那时我就想，要是有个小孩，我也不用死了，公婆也不用死了，这个家就不会因为罗峰一个人死了就全毁了。我不知道，这种要求会让这么多人为难，让这么多记者感兴趣，可是我想要孩子，这是我能想到的唯一办法啊……”

这是故事的女主人公郑雪梨面对记者采访时的一段话。2001年5月，浙江省舟山市一名男青年——罗峰（24岁）因为工作中的琐事与同事发生争执，在争吵的过程中杀死对方。2001年8月7日浙江省舟山市中级人民法院以故意杀人罪判处罗峰死刑，8月8日，罗提起上诉，在上诉过程中，罗的妻子郑雪梨向两级人民法院提出请求，希望借助人工授精，为罗峰，为自己，也为罗的父母生一个孩子。法院以“没有先例”为由拒绝了其请求。一时之间，此案成为媒体关注的焦点，“她给法院出了个难题”“死刑犯与生育权的讨论”等见诸报端，与此同时，一些专家纷纷出场发表评论，郑的请求，媒体与专家的介入，以及法院的那个意味深长的判决，这一切构成一个事件。笔者的所有阐述和分析都将在此一背景下展开。

然而，这并不意味着笔者打算写一个个案的分析，透过这个事件，笔者想关注的，如福柯所言，是“那些因为其一目了然而不为人察的东西”。使得它们得以在刑事法的视域中被凸显出来,这才是笔者的兴趣所在。

一、性和生育:司法的麻烦与权利的论证

(一)蒙眼的法神:迷失在权利语词的丛林间

在人工授精技术的发展尚未进入司法视野之前,对于生育权的请求其实大多是包含在所谓的“婚姻访问”(Conjugal Visit)之中的——犯人夫妇向监狱提出过性生活的要求,如果被同意,想要孩子的夫妇可以在这个过程中实现心愿。[1]

相对于国外的司法实践,国内似乎鲜见提出这一类权利要求的先例,所以笔者先从美国法院的判例谈起。在美国法院的一系列相关判决中,很少有过支持这种权利的明朗表示,绝大多数是断然而又几乎不说理的拒绝,或者尽管说理也是寥寥几句难以令人信服。比如在 payne v. ditrictofcolumbia 一案中,联邦上诉法院认为这种婚姻访问不符合宪法要求。这个判决在 tarlton v. clark 案中得到了维持和加强,法官认为犯人要求的所谓婚姻访问的权利并没有达到宪法保护的基本权利的水平,因此在联邦法院的审判权限内,不能将此作为提供救济的基础。在 polakoff v. hendeison 案和 lyons v. gilligan 案中,持续地拒绝将此看做囚犯能享受的宪法基本权利,在前者中,法院宣称拒绝婚姻访问并不构成宪法第八修正案中所说的残酷的和不人道的刑罚;在后者的判决中,法院驳回了上诉人所说的“婚姻关系中配偶生活权”的说法。在 champion v. artuz 一案中,监狱的看守发现在为犯人提供婚姻访问的时候,犯人的妻子带进去一些被认为是有助于越狱的东西,因此取消了这种访问权。而美国监狱管理局的看法是,“提供这种访问的权利对

〔1〕 尽管为避免女犯怀孕,监狱要求必须实行避孕措施,但对于男犯来说,即使其家属离开后在监狱外怀孕,也对监狱没什么麻烦,犯人也不会因此受到惩罚。

犯人的自由没什么益处”。[1]

如果在说上面的判例中，关于生育权的请求只是被涵盖在婚姻访问权的请求中，那么，在 Gerber v. Hickman 一案里，法庭则是直接面对犯人夫妇生育后代的请求。[2] William Gerber，一个因恐怖活动犯罪被判处终身监禁的犯人，和他的妻子想通过人工授精的方法怀上孩子，在被州政府拒绝后向法院寻求救济。这个案子和前面提到的郑雪梨的案子有着惊人的相似，二者都是希望借助技术来实现一个无“性”的生育愿望，它们的不同之处在于：前者是被判处死刑，后者是终身监禁；前者是以请求的方式直接向法院提出，后者是在被监狱拒绝后向法院主张权利。Gerber 基于三个理由提出申请：一是他被判处的是终身监禁；二是他按政府的规定没能享有“婚姻访问”的资格；三是考虑到他妻子的年龄。他认为人工授精提供了唯一可行的手段，他甚至已经联系好了提供技术的实验室并且由他自己来付这笔费用。尽管如此，仍然被监狱拒绝，Gerber 向地方法院提起诉讼，法院以“监禁使权利消失”为由拒绝了其请求。Gerber 再向第九巡回法庭提起上诉。[3]

第九巡回法庭认为，这一基本权利并不能因为监禁而丧失。应该指出，法庭兵分两路的做法沿袭了美国最高法院在以往先例中惯常使用的技巧——将问题一分为二：权利是否存在？它是否受到了

---

〔1〕 JohnW. Palmer, *Constitutional Rights of Prisoners*, Anderson pub Co. 1997, 5th ed., pp. 31－32.

〔2〕 264F. 3d 882, 890－91 (9th Cir. 2001).

〔3〕 264F. 3d 882, 890－91 (9th Cir. 2001). 对于此案的评论，还可参见 Sarah L. Dunn, The“Art” of Procreation: Why Assisted Reproduction Technology Allows for the Preservation of Female Prisoners' Right to Procreate, *Fordham Law Review*, Vol. 70, No. 6, 2002; Jason Hoppin, Nineth Upholds Inmate`s Urge to Bea Dad, *The Recorder*, September 6, 2001, Thursday。

限制？[1]在 Gerber 一案中，法庭最终根据 Turner v. Safley 和 Skinner v. Oklahoma[2]的先例做出支持 Gerber 请求的判决，认为加州监狱和地方法院所提出的"男女平等、越狱风险以及引发更多诉讼"等理由"不足以说明拒绝通过人工授精提出生育请求的正当性"。[3]

这个判决比之以前的判决有所突破，但我们也不应该忘记，这个突破是在一个司法判决中完成的，也必然会有限，对此我们不能奢望更多。如上所述，美国的司法判决书是一门艺术，里面需要考虑和平衡众多因素，法官需要做的是针对本案用种种"尽管……但是……""虽然……然而……"等语言修辞符号包装成一个尽可能严密的逻辑网，使之可以自圆其说。对一个问题及其相关问题进行全面、系统和深入的分析，这不是也不应该是判决书的任务。正是因为如此，才留给我们众多思考的空间——在 Gerber 一案中，法官巧妙地绕开了以往那些关于"婚姻访问"的争论，将"人工授精"凸显成一个似乎是崭新的权利形式。但是，如果我们放开司法技巧不谈，而是认真分析事情的实质，就不禁要问：这个问题真能绕过去吗？就"权利是否存在"以及"是否受限"而言，无性生育与有性生育究竟有什么不同？前者真的比后者更有说服力吗？二者之间真有那么大差异吗？

"人工授精"是近年来技术发展的产物，[4]但在笔者看来，它始终只是一种不得已的补正手段。在人类社会发展的相当一段时期内，这种无性生育都不会成为主流，性和生育仍然是密不可分

---

〔1〕 想一想美国司法实践中的一些著名案例，如 Marbole v. Madeson 案，很多法官都是运用这种手法，看似否定了一项请求，其实质在于借助其中的逻辑来肯定或确定另一项权利。

〔2〕 参见 482U. S. 78(1978)和 316U. S. 535(1942)。在前一个判决中，法院肯定了犯人婚姻的权利，在后一个判决中，法院认为强迫犯人绝育是违法的。

〔3〕 264F. 3d882.

〔4〕 对于人工授精问题的更进一步的讨论，可参见 Elizabeth Price Foley, Human Cloning and the Right to Reproduce, *Albany Law Review*, Vol. 65, No. 3, 2002。

的。这不仅是由于性和生育本身的原因，更是由于作为婚姻和夫妻生活的主要组成部分，通过性交实现生育对于家庭的血缘合力，对于整个社会的伦理基础具有难以估量的意义。即使从功利的角度来说，允许监狱中的犯人“人工授精”实在也不见得比允许其同居更加便利或者安全，在 Gerber 一案中，如果 Gerber 的请求被批准，那么他还需要和芝加哥大学的实验室取得联系来帮助完成，届时还必须由一名经过严格审查的医生在场监视其完成这一“取精”过程。[1] 而就中国现在的监狱状况而言，在人力、物力、财力和技术等各方面会更麻烦。相比之下，无论是对于监狱还是囚犯本人，可能倒是允许其“婚姻访问”来得更快捷、更便利一些。[2]

所以，问题的关键不是如某些媒体和专家所说的那样在于“有性”还是“无性”，更不在于“死刑”还是“终身监禁”，让我们设想一下，如果郑雪梨向法院提出的是与丈夫同居以怀孕的请求，如果郑的丈夫被判处的是有期徒刑，问题就会变得简单了吗？法院就会根据法律容易地做出回答了吗？恐怕一点也不。从这个意义上说，郑雪梨的案子，Gerber 的案子及前面提到的那些美国的司法先例，尽管包含了“人工授精”“死刑犯”等似乎特殊性的因素，但它们在本质上都是一样的，是在向我们提出一个一般性的问题——一个囚犯的生育权的问题。然而正如我们看到的，法院在对这类案子判决的说理上，是不太尽如人意的，法院的功能是对公民的某种权利请求作出裁判，有权利就是有权利，没有权利就是没有权利，为什么总是吞吞吐吐，遮遮掩掩，或者欲说还休，总让人感觉隔了一层。为什么会这样？难道真的仅仅是因为法律上没有规定吗？

在古希腊神话中，法律女神（或者叫正义女神）是一个一手持

---

〔1〕 Jason Hoppin, Nineth Upholds Inmate`s Urge to Be a Dad *The Recorder*, September6, 2001, Thursday.

〔2〕 如笔者在前面提到的，Gerber 也是在被剥夺婚姻访问的资格后才想到人工授精的。

剑、一手持天平的形象，剑象征着斩除邪恶，匡扶正义，天平则象征着实现公平，而所有这一切是在被蒙眼的状态下完成的——这意味着正义女神在执法的过程中要保持中立，不能偏袒任何一方当事人。但是在上面提到的那些案子中，模模糊糊的、总让人感觉不太对劲的那些判决似乎在暗示：这一次，正义女神的蒙眼不仅没有能够让人信服地实现了正义，却反而有被表象遮蔽的感觉；她好像迷失在了权利语词的丛林间，找不到真相了，那么，什么才是真相？而这一次，遮住正义女神双眼的又是一双什么样的手呢？

（二）性和生育：一项基本权利的论证

1999 年 8 月在香港地区召开的世界性学会第 14 次世界性学会议上，通过了所谓的《性权宣言》（Declaration of Sexual Rights），将“性的权利作为普世的基本人权，以全人类固有之自由、尊严和平等为基础”，共列举了 11 项权利。其中第 8 项提到：“自由负责之生育选择权，该项权利包括是否生育，生育之数量与间隔，以及获得充分的生育调节措施之权利”。

尽管该学会的《性权宣言》并不具备任何实质性的法律效力，但它确实是世界范围内多年来性权利与性自由运动的一项“伟大成果”。[1] 笔者在下文也将把生育权作为性权利来看待。在前面，笔者一直惯性地使用着“生育权”和“性权利”这样的表述，在一般意义上，它也许能够被接受，而且在一些场合已经被正式或非正式地使用着，但严格说来，在今天的中国法学理论的范畴里，这个问题并非是不证自明的。所以写到了这里，为严谨起见，笔者必须要论证的是，“性权利”以及作为其主要内容之一的“生育权”的表述能否成立？“性”在何种意义上是一种权利呢？

---

〔1〕 赵合俊：《性权与人权——从〈性权宣言〉谈起》，载《环球法律评论》2002 年第 1 期。

这种涉及权利的论证是很困难的，因为权利概念就像博登海默感慨的正义概念一样，“有一张普洛透斯似的脸，变幻无常、随时可呈不同形状并具有极不相同的面貌。当我们仔细查看这张脸并试图解开隐藏其表面背后的秘密时，我们往往会深感迷惑”。〔1〕康德在谈及权利的定义时写道，“问一位法学家‘什么是权利’，就像问一位逻辑学家一个众所周知的问题‘什么是真理’那样使他感到为难”。〔2〕《牛津法律便览》“权利”词条开篇说，权利是“一个严重使用不当和使用过分的词”。1991年出版的弗雷顿《权利》一书在论及权利概念的途径和方法时说，“在政治理论里，权利已经成了一个最受人尊重而又确实模糊不清的概念”。〔3〕

事实上，关于权利的界定虽然不能用有一个学者就有一种观点的地步来形容，但就最具有影响力的理论而言，也不下数十种，粗线条地来看权利的本质，孟德斯鸠、密尔、哈耶克等强调“自由”，康德、黑格尔和哈特等强调“意志”，耶林等看重“利益”，罗尔斯、德沃金则强调“平等”，我国学者也对此做了很多归纳和概括，〔4〕汗牛充栋的理论学说使得无论是重构、清理甚至只是引经据典地重述，也不是这一篇论文所能完成的事情，何况这也不是文章的重心。因此，这里不去也无能力追本溯源地从“什么是权利”之类的定义说起，而且在笔者看来，这种从定义权利入手来分析性/生育权的努力可能只是徒劳的，因为从逻辑学的角度，按照“种差＋属

〔1〕［美］E.博登海默：《法理学——法哲学及其方法》，邓正来译，中国政法大学出版社2004年版，第261页。

〔2〕［德］康德：《法的形而上学原理》，沈叔平译，商务印书馆1991年版，第39页。

〔3〕M. Freeden, *Rights*, University of Minnesota Press, 1991, p.1.

〔4〕这方面的论述不胜枚举，如郭道晖：《民主、法制、法律意识》，人民出版社1988年版，第180～181页；沈宗灵主编：《中国社会主义法律基本理论》，法律出版社1987年版，第288页；李步云、徐炳：《权利与义务》，人民出版社1986年版；以及夏勇：《人权概念起源——权利的历史哲学》（修订版），中国政法大学出版社2001年版，等等。

概念”的方式实在难以解决这个问题。所以笔者只能根据权利问题中一些已经达成最基本共识的阐述来描述性地分析性/生育权利。

总的来说,性/生育属于道德权利的范畴,而在现代司法实践中已经开始被作为一种可解释的法定权利受到保护。道德权利和法定权利是权利的两个基本类型,前者属于道德体系,由道德原理来维系,后者属于法律体系,靠法律规则来支持。法定权利由法律或者行政命令授予,可以由国家机构来实施改变或者取消;道德权利本身不仅不是法律和政治权力可以增损或取消的,而且是确证或批判法定权利的根据。如斯托加所说,法定权利并不能自证其身(self-sustaining),它必须得到道德原理的支持。[1]

在法理学上,这样的区分来自自然法与实在法的二分论,该讨论从索福克利斯的《安提戈涅》到现代法理学流派的分歧(如哈特与富勒之争),贯穿于整个西方政治法律思想史,简单地说,自然法概念本身的存在,为超越实在法之上的权利,如道德权利、应然权利、自然权利,在逻辑上的独立存在提供了可能。人们可以凭借自然法这个普遍权威来主张那些未被实在法所承认甚至与实在法上的权利相抵触的权利,而且,这些独立于实在法的权利是某种永恒秩序安排的一部分,它们来自人及人类社会本身所具有的不可改变的本性,并表现个人的理性,用中国的语言讲,就是这些权利合乎天道人性。

性/生育就属于这一类权利,它来自人作为一种生物所天然具有的欲望和属性,是最基本的人性。即便是讲求“克己复礼”的儒家也承认“食色,性也”,道家则把性看做一项“顺乎自然”的事情。宋明理学企图“存天理,灭人欲”,但可笑的即使是朱熹自己也纳妾,是以这个违背人性的虚伪口号很快就崩溃了。与中国社会几

---

〔1〕 S. J. Stoljar, *An Analysis of Rights*, The Macmilan Press Ltd., 1984, p. 75.

千年来教科书和正人君子们所宣扬的对“性”的谨慎压制形成鲜明对照的是，妻妾成群、发达的“房中术”和妓女事业。这就是人性的表现，是人作为一种生物无法克制、无法自省的人身附属物，而认识到并承认这一点才是人作为一种更高级物种能够诉诸理性的体现。

过去有“不孝有三，无后为大”的说法，这不应该简单地作为一种“封建思想”加以批判，实际上，这种世俗的渴望在表述一种人性追求的同时，也揭示了人类社会得以延续和发展的规律。性/生育关系到人类生存的根本价值和利益，它甚至比这些年来热烈讨论的“名誉权”等问题更为要紧。在笔者看来，它对于人类发展的物质意义和生命价值的伦理意义，完全可以和“言论自由”在人类社会政治领域里和文学艺术创作上的分量相比。我们甚至也许可以暂时失去言论自由，但却无法想象一个无性的社会，更实在地说，即便是“学术的薪火相传”这种听起来既重要又崇高的事，也必须是建立在“子孙的香火相传”的基础之上。否则人都没了，还传什么？正是在这个意义上，恩格斯在1884年早春撰写《家庭、私有制和国家的起源》一书的序言中对“两种生产”作过经典的总结，“根据唯物主义观点，历史中的决定性因素，归根结底是直接生活的生产和再生产。生产本身又有两种，一方面是生活资料的生产；另一方面是人类自身的生产，即种的繁衍”。[1] 在恩格斯那里，人类自身生产，也就是生育繁殖后代是制约历史进程的两个基本因素之一。

因此，在笔者看来，性/生育不仅仅是一项道德权利或自然权利，还是一项基本人权，它并非仅指人类对某物的权利，而是人作为类的权利，这意味着，一个人，仅因他/她是人，而不因其社会身份和实际能力（如出身、财产、才智、职位、机遇等）就应该享有性/

---

〔1〕《马克思恩格斯全集》（第21卷），人民出版社2003年版，第29～30页。

生育的权利；这些权利与他/她作为人的属性相伴随并因此是不可剥夺、不可转让的。用夏勇先生的话说就是，“只有否认某人是人，才能否认某人应该享有这些权利；承认某人是人，就意味着承认某人应该享有这些权利；否认某人应该享有这些权利，也就否认某人是人。”[1]性/生育作为一种基本人权，就属于恩格斯所说的“作为人的共同点”，“一切人，作为人来说，在这些共同点所及的范围内，他们是平等的”。[2]

就生育而言，怎么样才算是健康和自由的？1994年，世界卫生组织对生育健康下了一个正式定义，“生育健康是指，人们应能生育，且享有决定是否生育、何时生育以及生育多少的自由。”这个定义后被联合国人口与发展大会(ICPD)所通过的《国际人口与发展大会行动纲领》采用。应该说，这个定义对生育权的内容做了比较科学和全面的诠释，它同样适用于性权利的其他方面。当然，任何权利的形成和发展都不是从天突降和无限延伸的，性/生育权利也是这样。从历史上看，它也有一个缓慢发展的过程。尽管性/生育的重要性早在中国古代就已经被认识，[3]但成长为一种权利意识，则是伴随着妇女地位的提高和国家在人口和性问题上对个人和家庭生活的介入。

一方面，妇女由过去作为父权、夫权和家庭私有财产的一部分、作为人类“存种”的工具，开始成为具有自我意识的主体，这种身体意识的觉醒使得很多妇女开始在是否生育、何时生育和对性生活的要求等性/生育的自主权上对抗家人或外界的压力，[4]在美

---

[1] 参见夏勇：《人权道德基础初探》，载夏勇：《人权概念起源——权利的历史哲学》(修订版)，中国政法大学出版社2001年版，第220页。

[2] 《马克思恩格斯全集》(第3卷)，人民出版社1960年版，第142~143页。

[3] 可参见《易经》、《老子》(第6章、第52章)和《论语·阳货》等对生育问题的论述。

[4] 现实生活中已经出现很多家庭因妻子和丈夫在生育问题上意见不一引起的纠纷。另外，在夫妻性生活方面的争执也很多，体现在修改《婚姻法》时，引发了很多对夫妻双方如何协调性生活的讨论。

国则典型地体现在对堕胎问题的激烈讨论上,用经济学的术语来表达,就是妇女开始要求对自己的身体应该“产权清晰”。另一方面,性/生育又不仅仅是一种生物现象,更是一种社会现象,它与各个国家各个时期的社会、经济、文化发展水平和情势密切相关,各国各地区在宏观上的人口政策和对待性的态度必然在微观层面上和个人和家庭发生实质性接触。生育不仅仅是个人和家庭的事情,还必须考虑到国家的人口政策。例如,在中国是“计划生育”,在新加坡等国则是鼓励多生。性生活也不仅仅是个人和家庭的事情,还涉及社会风气、经济利益和道德稳定等问题,如包括中国在内的不少国家和地区对于卖淫嫖娼这种“没有被害人”的行为视为违法犯罪,甚至动用刑法来调整,而在古代中国和现代的另一些国家地区则将此仅仅作为一种行业来对待。此外,还有因《婚姻法》修改而炒得火热的对于“包二奶”现象的国家干预,也使得过去比较私人化的“性”开始成为公共问题。

这些外界(国家和社会)变化开始给原本可能无羁束或者少羁束的个人和家庭的性/生育赋予或多或少的羁束和义务,如“提倡晚婚,男女的结婚年龄有法定最低线”“禁止卖淫嫖娼,打击政府官员包二奶现象”等,如果违反这些羁束和义务,就要受到法律的追究和道德的谴责。在法理上,义务和权利是相辅相成的,这样的义务设定必然会产生相应的权利,国家与个人/家庭的边界在此被凸显出来,在遵从这些义务的同时,个人会要求享有限度之内的权利。体现在:多生孩子受处罚,那个人和家庭至少可以决定是否以及何时生育;不允许嫖娼,那至少夫妻双方的性生活方式和频度排斥国家干涉等。性/生育权在此不仅仅表现为夫妻内部的产权配置,更重要的是,它表现为一种个人/家庭与国家/社会之间的权利紧张。可以说,政治国家与市民社会的分野、公法与私法的区分、公权力与私权利的互动、产权的归属和界定等一系列政治哲学、法哲学和经济学的重要命题都可以在性/生育权利的发展形成中得到具体而微的体现和诠释。

在现代司法实践中，性/生育权作为一项可解释或者隐含的法定权利也已经开始得到法律认可和保护。近年来，“性权利”“生育权”以及类似的表述开始在当事人和法院制作的法律文书中出现。有一些是夫妻双方内部对于性/生育权的产权归属有争执，比如妻子背着丈夫私自堕胎，丈夫一怒之下向法院起诉主张生育权；还有一些是夫妻双方的性/生育权利受到外界侵犯，而向法院主张权利，比如丈夫被撞成性功能障碍，致使妻子性生活权利无法实现，妻子由此提出精神赔偿请求等。[1]

二、刑罚权 vs. 性/生育权：剥夺还是冲突？

（一）关于刑罚：剥夺的内容和范围

如果上文关于性/生育权作为一项基本权利的论证可以成立，那么我们接下来首先将要面对的是这样一个问题：一个公民被判处刑罚后，他/她的性/生育权在法律上是否被剥夺或者被“附带剥夺”？从世界范围来看，这里的刑罚主要是指生命刑和自由刑（很容易理解的，笔者在这里将财产刑和资格刑放在考量范围之外）。

死刑，是人类历史上最古老的刑种，其制刑和行刑的目的在于剥夺人的生命权利，故而也称为生命刑和极刑。但是就死刑本身而言，无论是按照罪刑法定的要求去解释刑法中关于死刑的条文，还是从历史上去考察死刑所剥夺的内容，我们都无法得出“剥夺生

---

〔1〕 9月2日，南京市雨花台区人民法院对妻子提出性权利的诉讼请求予以支持，主张性生活权利的精神赔偿在我国法律界尚属首次。法院经审理认为，驾驶员徐某是该事件的主要制造者，应负全部责任。性权利是公民健康权的一个方面，王某的性权利受到了侵害，她有理由作为被害人要求被告赔偿精神损失。法院为了缓和和减轻王某由于不健全的夫妻生活而产生的痛苦，认为给予其物质赔偿是合法、合理、合情的，遂判处被告于判决生效后10日内给付原告张某共计10万余元，张某之妻王某得到精神损害赔偿金1万元。载《南京晨报》2002年9月4日。

命就等于或者包含剥夺生育"这样的结论。当然,毫无疑问,人一旦死去,再多的权利也无从享有,尤其是像性和生育这样与人身密切相关的权利,正所谓"皮之不存,毛将焉附"。所以,讨论已经被执行死刑的犯人的性/生育权是没有多大意义的,笔者在这里所说的,只能是指已经被判处死刑,但尚未执行的犯人。对于这部分死刑犯来说,法律上并没有规定在执行死刑前要附带剥夺他的性/生育权,但他们实质上处于被剥夺自由的状态。

例如,在郑雪梨案中,罗峰在二审维持判决出来之前,在法律上讲,尚属于未被确罪之人,他在看守所中处于一种失去自由的被羁押的状态,而根据《联合国囚犯待遇最低限度标准规则》,类似状态下的"囚犯"的权利范围应该是大于已经被判处自由刑的已决犯的,尽管实践中往往更糟糕。所以写到现在,从逻辑上讲,自由刑与性/生育权的关系已经开始成为我们讨论的重心,那么,在刑法范围内,自由刑剥夺了性/生育权利吗?

自由刑作为近代兴起的一项刑罚,它的内容是对犯人人身自由的剥夺和限制。从语义学的层面去推敲这个意思,可能会遇到不少麻烦。如果我们把"人身自由"界定为身体的积极行为或某种程度上的消极不作为的话,犯人的哪一项举动似乎都与"人身自由"相关。无论是在法律中明文规定不能予以剥夺的(如受教育权、通信和会见的权利等),还是未有明文规定但却实际施行的(如休息、吃饭、如厕、运动以及在监狱中小范围的走动等)。

具体到性权利上,那些认为自由刑包含剥夺性权利的论者可以说,实施生育行为是人身自由的一部分,是建立在人身自由权基础之上的,但是失去了人身自由就使这些权利的实现遇到了困难。反对的观点则认为,剥夺一种权利,必须要有明文规定。合法的阻碍必须有事先的法律规定,不能临时制造一个。对权利的限制需要法律的明示,如果没有明示,权利是不受限制的。权利的剥夺必须以列举的方式表达出来,不能是概括式的规定。限制权利的时候，必须采用明示的方式，要列举出来到底哪些权利受到哪些限制，如果没有列举，只能推定没有限制，而不能推定都受到限制。这说明了，由于“人身自由”这一概念的模糊性，对于自由刑是否剥夺性权利这个问题，恐怕很难得出一个令人信服的结论。

如果一定要找出一项以剥夺性/生育权利为核心内容的刑罚，那就是宫刑。中国古代曾有“五刑”之说，其中“宫刑”是和死刑（大辟）并举的一种极其严厉的刑罚，在由奴隶制五刑向封建制五刑发展的过程中，宫刑虽然在个别朝代生存，但总的来看，它已经作为一种野蛮的刑罚被驱除出刑法向文明社会进化的历程。事实上，处以宫刑未必就一定比其他肉刑更加痛苦，也没有像死刑那样让人“彻底消失”，那为什么，在其他肉刑尚存的古代，在死刑仍旧被保留的今天，都将宫刑作为极其“不人道”的刑罚予以取消呢？就是笔者在前面所说的，这种对于性/生育权的强行剥夺极大地摧毁了人之为人的最重要的尊严和最基本的权利，因而不得人心。

（二）刑罚权 vs. 性/生育权：一种冲突论的解释？

当上文关于性/生育权被剥夺的论证无法获得正当性时，我们把视线投向另一项颇有解释力的理论——权利的冲突。这是一种时下颇受青睐的进路，它可以从米尔恩的权利理论和科斯的产权理论找到资源。

霍菲尔德曾经在《基本法律概念》一书中对于权利分成四类：要求权、自由权、权力权和豁免权，这被认为是迄今为止最为经典的一种分类。米尔恩遵照了这种分类，同时提出在很多情形下，这四种权利之间以及每种权利之间会存在不可避免的冲突，他举例说，一个新闻记者的自由采访权可能与公民的私生活秘密权发生冲突——一种自由权与豁免权的冲突，冲突的来源是奉行自由主义民主价值观的共同体的特定道德中的两个原则。一个是言论与采访的自由，另一个是个人的隐私权。这两个原则之间存在内在的不和谐。倘若它们同时适用，可能会导致其各自要求的冲突。而如果官方就安全事务进行公共调查时向记者询问他所采访的内容时，新的冲突又会产生。官方有询问记者的权力权，而记者在负有回答询问的义务的同时，也负有不泄露消息来源的义务，于是官方的权力权与消息提供者要求保密的要求权之间就会发生冲突。

据此，米尔恩认为，权利之间发生冲突时，其中必然有一项权利被放弃。究竟放弃哪一方，则取决于在特定场合下，哪一种更重要，哪一种应被优先考虑，哪一种更能给共同体带来最大利益。[1]但实际上，“谁更重要”这样的评判在理论上说说还可以，具体操作起来却很难实行。米尔恩也明白这一点，于是索性说白了，就是“法定权利优先于道德权利和习俗权利，而法定权利之间不可能存在冲突”。[2] 但在笔者看来，这样的结论无疑是过于简单，因为在实际立法过程中，不可能将以后实际生活中诸多权利的可能冲突完全考虑进去而在立法技术上先行避免，更重要的是，即使是一些必然会有所冲突的权利，仍然需要在法律中确立，因为这些权利本身的价值可能要远远大于法律体系本身自洽、融合的价值。

这样的例子很多，比如美国宪法中言论自由与国家安全之间的紧张，人民持枪自由与人民生命权之间的冲突，妇女堕胎权与胚胎生命权之间的争论等，[3]苏力教授在其《〈秋菊打官司〉的官司、邱氏鼠药案和言论自由》一文中就对言论自由与名誉权之间的冲突进行了细致的分析，他用科斯的产权理论作为分析工具，批评了

---

〔1〕［英］A. J. M. 米尔恩：《人的权利与人的多样性——人权哲学》，夏勇、张志铭译，中国大百科全书出版社1995年版，第145页。

〔2〕［英］A. J. M. 米尔恩：《人的权利与人的多样性——人权哲学》，夏勇、张志铭译，中国大百科全书出版社1995年版，第148页。

〔3〕具体讨论可参见［美］罗纳德·德沃金：《自由的法：对美国宪法的道德解读》，刘丽君译，上海人民出版社2013年版，第40～247页；林达：《历史深处的忧虑》，生活·读书·新知三联书店2013年版。

传统法学理论中认为权利与权利之间完全可以划清界限的观念，指出，“权利是交互重叠的，在两个权利之间无法找到一个互不侵犯的界限”。[1] 因此，面对权利的相互性，“我们必须要决定的真正问题是：是允许甲伤害乙，还是允许乙伤害甲”？[2]

再回到笔者讨论的问题，是否在性/生育权和国家刑罚权之间也凸显出这样一种冲突？按照霍菲尔德和米尔恩的观点，笔者把性/生育权归入自由权，把刑罚权看做权力权，那么当自由权与权力权发生冲突时，何者更为重要？或者按照产权理论，在综合考虑交易成本的情况下，怎样对权利进行重新配置才能获取最大的社会效益？如果从一个更广阔的背景来看，笔者甚至可以把性/生育权与刑罚权的冲突放至市民社会与政治国家的二元框架中来考察，因此，性/生育权与刑罚权的冲突就首先被置换成一个私权利与公权力、市民社会与政治国家何者优先的宏大命题。这将是令人激动的阐述，如果笔者能论证国家刑罚权优先，那么至少在理论上就可以让“死刑犯的生育权”之类的讨论偃旗息鼓；如果能论证性/生育权优先，那么按照现在很时兴的“应然与实然”的路子，这属于理想的“应然状态”，接着再说明一下为什么现在监狱还不能不限制和不剥夺的“实然情况”，这样就能比较全面地表明中国法治仍然“在路上”，我们仍然“徘徊或纠缠或挣扎于应然与实然之间”等，于是皆大欢喜，本文的结构发展至此可以休矣。

但是，本文实际上才刚刚开始。尽管笔者在上面的论述似乎言之成理，但是当笔者真的走进监狱中去看、去观察、去思考这个问题时，笔者却发现，如果按照上文的思路论证下去，笔者所得出的可能只是一些伪结论。真实的世界远远不是想象中那么简单，

---

〔1〕 苏力：《〈秋菊打官司〉的官司、邱氏鼠药案和言论自由》，载苏力：《法治及其本土资源》，北京大学出版社2015年版，第184页。

〔2〕 [美]罗纳德·哈里·科斯：《社会成本问题》，载[美]罗纳德·哈里·科斯：《论生产的制度结构》，盛洪译，上海三联书店1994年版，第142页。

理论遮蔽了我们的双眼，可是，那个被遮蔽的、真实的世界又是什么样子呢？

三、隐蔽的治理与异化的权利

（一）“权利”是怎样形成的

最近有媒体报道监狱里的同居楼，认为这是个新鲜事物，其实真的是“太阳底下无新事”。不用说国外的监狱或“矫正机构”在这方面的实践已有数年，就是在国内，在北京地区从1994年起就已经开始悄悄地“随风潜入夜”了。所谓“悄悄”的意思是说，怎样处理囚犯与其性伙伴（国内限于配偶）对于性的要求，从未见之于官方的正式文件，更不用说“监狱法”了。也很少看到公开对这种“同居楼”实践进行系统的理论分析和整理的文章。笔者所翻到的国内已出版的正统监狱学著作中，比较明朗地对此表态是在金鉴主编的《监狱学总论》中有提到，“……在监狱行刑实践中还有其他一些权利罪犯可以享有，如对改造表现好的罪犯，在配偶来探监时允许夫妻同居”。[1]

为了具体化和佐证笔者的分析，笔者走访了北京市第一监狱和北京市少管所（这里面同时也关押着105名成年犯和563名成年女犯）。笔者向监狱干警说明了要调查的问题，在他们看来，笔者当然并且也应该是一个对这项“人道主义改革”的热心者和支持鼓吹者。于是，他们放下警惕，极其热心、不厌其烦地向笔者介绍了关于这方面情况。以北京市少管所为例，“接见”被分为由高到低四种形式：同居接见，亲情接见，温馨接见，电话接见。同居接见是安排犯人的配偶住下，房间里有床和空调（一监的条件要好一些）；亲情接见在这里允许犯人与家人在小食堂里进餐；温馨接见是允许犯人与家属近距离面对面地交谈；电话接见则是犯人可以与家

[1] 金鉴主编：《监狱学总论》，法律出版社1997年版，第442页。

人隔着玻璃用电话交谈。[1] 关于“同居楼”，狱警对笔者说，北京市很多监狱都有这一类设施，1994 年之后被作为一项成功经验予以推广，但中间因各种原因有过断裂。

从世界范围来看，在瑞典、丹麦和南美的一些国家，以及美国密西西比州和加利福尼亚州等地的监狱也允许犯人进行婚姻访问，由监狱为已婚犯人在配偶访问期间提供房间。[2] 在国际刑法改革组织(Penal Reform International，PRI)为详细解释《联合国囚犯待遇最低限度标准规则》(Standard Minimum Rules for the Treatment of Prisoners，SMR)而编写的小册子中记载了一段来自哥斯达黎加的报告：“一般来说，各种监禁机构都允许在个人房间里进行夫妻探视。探视采取的形式依监狱体制的不同而有所不同：在最高警戒程度的机构和区域，每周进行一次严格控制下的探视。还有为夫妻探视而准备的卧室，夫妻可以在里面度过 4 个小时到一个晚上。”[3]

写到这里也许有人会说，这难道不是好事吗？难道不是囚犯待遇提高的表现吗？这难道不正符合人道主义的需求吗？这又有什么可以非难的呢？是的，在刚听说和接触到这些材料和情况时，笔者确实也是为之雀跃的，笔者甚至要推翻前面的一些叙述了。如果我们承认现代监狱是现代国家机器发展和运作的一个有机部

---

〔1〕 但据笔者采访到的几名少年犯和笔者讲，实际上电话接见基本上取消了，也就是说，最低限度也是温馨接见。

〔2〕 Nigel Walker，*Sentencing：Theory，Law and Practice*，Butterworths. 1985，p. 147. 从笔者所掌握的最新情况来看，美国很多监狱提供这种“婚姻访问”便利的同居设施，参见 PatriciaM. Wald，The International Criminal Tribunal for the Former Yugoslavia Comes of Age：Some Observations on Day – To – Day Dilemmas of an International Court，*Washington University Journal of Law & Policy*. Vol. 87，No. 5，2001；David McCord，Imagining a Retributivist Alternative to Capital Punishment，*Florida Law Review*，Vol. 50，No. 1，1998。

〔3〕 刑法改革国际编：《〈联合国囚犯待遇最低限度标准规则〉详解》，于南译，法律出版社 1998 年版，第 133 页。

分，那么与以前暴力机器直接以加之于囚犯酷刑相比，现代监狱能为“国家的敌人”提供解决性需求的条件便利，这无论如何不能不说是现代社会的一个进步。然而说到进步云云，我们都会想到耐斯托依泼的冷水：“每一个进步表面看起来都比其实际进步伟大。”[1]这话常让笔者保持冷思考，在价值多元和鼓吹反思的今天，甚至关于进步本身，也很难说存在一种线性意义上的确定无疑。因为在讴歌枝叶繁茂的时候，也要看到巨树投下的阴影，或者即便它可以遮阴，但它也常常遮住了阳光。

之所以这样说，是因为在笔者看来，不仅仅应该关注是否获得某项东西，同时也应该关注获得的方式。同居楼的出现在很大程度上解决了犯人的生理需求，但笔者的问题是，犯人是如何获得这种满足的呢？是以权利的方式请求的吗？在同居楼的资源分配中，性权利、生育权这类在上文中被笔者按照法学界传统的、核心的权利理论分析和论证过的所谓“基本人权”，是如何体现的？同居楼的出现究竟是一种人道主义的呼吁还是另有其他隐情？这张慈爱的面具的背后是一张什么样的脸？

“我们对犯人实行考核打分，排在前10%的犯人才可以有权利享受‘同居接见’和‘亲情接见’”，狱警介绍了这种权利的来源并补充道，“同居接见的次数是按等级划分的，它和犯人的日常表现直接挂钩。”在北京市第一监狱和少管所犯人宿舍的过道处，笔者都看到了那张决定犯人能否享有包括同居机会在内诸多“权利”的考核计分表。它包括劳动、学习和生活表现三部分，劳动表现4分，学习表现3分，生活表现3分，每天是10分制，每月将分数累计然后排名。计分表制作得非常正规和细致。这里面的学习表现包括在监狱安排的政治、文化和技术教育的大课上（其中政治课是不

---

〔1〕 转引自［英］维特根斯坦：《哲学研究》，汤潮、范兴棣译，生活·读书·新知三联书店1992年版，第6页。

少于2/5）是否睡觉、是否迟到考试及作业完成情况，还包括每晚必须要看的新闻，这是“硬性”规定，如有懈怠，当然要扣分。至于生活表现，包括床铺是否清洁、被褥是否整齐、是否说脏话等。尤其在一些细节问题上是否“有规矩”，比如见到干警或者外来的“参观贵宾”要以最快的速度起立问好，问好时使用规范语言，回答问话时要身体挺直，目光不能游离，在路上行走要自动排成队伍，有节奏地结队前行等，甚至上厕所也要排队去，绝对禁止自由活动，要形成作息时间表来严格控制，而对于这些分数的加减都是由狱警掌握的。在狱警陪同我们去“参观”一个犯人房间时，屋内所有人都立刻起立，有两个人动作慢了些，狱警似乎认为这很没有显示出训练的成效以及他的威严，出门时恨恨地对笔者说，“回头就扣那两个人的分”！笔者追问，“那他们排名落后，这个月估计没机会和妻子同居了吧”？狱警冷笑一声，“他做梦”！

以表现为标准，用分数作质料，以考核作为编织骨架的技术，笔者看到所谓“权利”，就是这样形成的。

（二）作为报酬的权利？

事情的真相令人困惑，同居楼的出现固然满足了一部分犯人的生理需求，但这种“权利”与我们先前所论证的、法学理论上阐述过的那种权利似乎很不相同。关于性和生育的权利，笔者在上文已论证其为一项基本人权，而关于“人权”，经典和权威的论述认为这是法学与政治学最神圣的名词之一。现再举几例来验明正身，“人权是那些属于每个男女的道德权利，它们之所以为每个男女所有，仅仅因为他们是人”。[1] “人权是平等地属于所有人的那种普

---

〔1〕 L. J. MacFarlane, *The Theory and Practice of Human Rights*, St. Martin' s Press. ,1985, p. 3.

遍的道德权利”。[1] 这种权利属于一切人，“无论其在种族、肤色、性别、语言、传统、政治的或其他的见解、国籍或门第、财产、出生或其他身份等方面有何差异”。[2]

这些都说明作为一种道德意义上的权利，它要求平等地认可、保护和促进人之为人所应有的利益和要求，必须指出的是，现代法哲学和政治哲学已经将平等问题放至各自理论构建的核心位置。如果说从前的政治哲学中还有一种看法，认为平等与自由之间存在不可调和的紧张的话（这成为对斯密、哈耶克一路古典自由主义的最主要的挑战），那么自罗尔斯修正了自由主义后，即便是最极端的自由主义者也不能无视“平等”一词了。时至今日，我们谈论人权，谈论法治，不仅要认真对待自由，也要认真对待平等，才配得上称“认真地对待权利”。德沃金，这位在法学界中“权利理论”的集大成者，将“平等待遇”看为构成权利的两大基石中的第一块，在他看来平等是权利的应有之义，没有平等就没有所谓权利，在他的《认真对待权利》一书中，他通过对罗尔斯的正义理论的分析，提出人们不仅具有权利，而且在这些权利中还有一个基本的甚至是不言自明的权利。这一最基本的权利便是对于平等权的独特观念，他称为受到平等关心与尊重的权利。[3]

从中我们可以看出，说某人享有某种权利，是在平等的基础上提出的，事实上，很多权利的主张或要求正是基于先前待遇上的不平等。我们不消去回顾久远的奴隶制，历史上只要看一看美国的女权主义运动和种族问题就可以明白这一点。当然，对“平等”的理解不应是僵化的，同等的条件下同等对待，不同的条件有所区

〔1〕 Winston, *The Philosophy of Human Rights*, Wadsworth Publishing Company Belmont, 1989, p. 7.

〔2〕 1948 年《世界人权宣言》第 2 条。

〔3〕 参见［美］罗纳德·德沃金：《认真对待权利》，信春鹰、吴玉章译，上海三联书店 2008 年版，尤其是第六章、第七章。

别，那么，什么又是不同的条件呢？笔者在这里也无法一一列举。在当前的讨论中，这似乎是个无法系统论证的概念。经济的差异和历史文化的影响使得在不同区域和空间内的理解有所不同，这一点或许可以算是一个“不同的条件”，但是，除了一些无力改进的客观条件外，人们都承认不论是性别、种族、信仰抑或其他任何即使能够在某种程度上构成重大意义的因素，都不应成为不平等对待的理由和原因，这就是现代法理学对于权利之所以为权利的最关键的论证。

回过头来再看现代监狱，再看监狱中的同居楼，再看同居楼里的性和生育，你就会明白，这实在不是一种权利，更不是笔者所论证的基本人权。它可以被冠以各种名义，但却和“权利”两个字没半点关联。笔者姑且承认说监狱里的犯人作为一个整体与其他未犯罪的公民相比，在权利的实际享有上有所差别，存在“限制、不完整性、局限性”等特点，可是，对于同一片天空下的囚犯，他/她的权利也分三六九等吗？上课是否睡觉，考试是否及格，见长官是否问好，走路是否走正步，是否按时看新闻……难道，这些就能决定一个人是否享有性和生育的基本权利吗？

一项权利可以被赋予，在自然法意义上被平等地赋予，它也可以被确认，通过实定法予以确认；但它无论如何也不能因为考核而获得，不能因为表现好才给予，何况构成考核标准竟然是这样一些东西！

可是就有为此辩护的。《刑事法评论》（第10卷）刊发了一篇狄小华博士的《论监狱行刑权力资源的分配》。[1] 作者借用加尔布雷思在《权力的分析》中对权力所作的分类，将我国监狱的行刑权力区分为三种类型：惩罚性权力、报偿性权力和制约性权力。其

---

〔1〕 狄小华：《论监狱行刑权力资源的分配》，载陈兴良主编：《刑事法评论》（第10卷），中国政法大学出版社2002年版，第615页以下。

中作者尤为青睐报偿性权力。这是一种“通过给予奖励和报酬赢得别人服从”的权力。在作者看来，报偿性权力取代惩罚性权力是监狱的一种进步，这些激励措施和报偿手段因“更文明而更符合个人的自由和尊严从而在维护监狱稳定，促进罪犯的改造方面具有惩罚性权力所起不到的积极作用”，因此狄博士呼吁要大力“开发和利用报偿性权力资源”。该文作者特别提到了同居楼的问题，但他用了一个“与配偶同在”来定义。他将此称为一种特许权——罪犯经监狱许可而享有的某些权利，在他看来，这种“特殊形态”的权利是在报偿性权力支配范围内的。

笔者能理解作者在监狱管理工作方面探索的善意和热情，甚至笔者也并不一般和完全地反对他所说的这个意思。但是，笔者认为作者忽略了或者没搞清楚最关键的两点：报偿性权力运作的对象和内容以及这种权力的合法性来源。这两个问题是密切相关的。在我国监狱行刑的实践中，报偿性权力包括减刑假释以及各种经济奖励等，前者是由于《刑法》和《监狱法》中的明确规定，是行刑权的直接体现；后者就如同我们在日常生活学习中所遇到的戴红花、发奖金之类的激励和报酬措施，在这些意义上，笔者暂且承认报偿性权力的支配对象和权力来源也许是能够自我证明的。但是，犯人及其家属对于同居的请求中实际包含对性/生育的权利主张，这种基本人权是否能成为报偿性权力支配的对象？这种权力的合法性来源在哪里呢？《监狱法》中没有对此作出规定，笔者想任何人也不会同意在他的生活中将性/生育当作小红花或奖金一类的奖励放在被恩赐或可有可无的地位上。然而狄博士却认为对于犯人来说是可以的。至少他的论证隐含了这一点，但他认为这是人道主义的表现，并以此批评惩罚性权力。

他的心意是好的，但问题是——如果性和生育的权利确实被法律剥夺或限制了，监狱又有什么权力超越法院而重新赋予呢？如果未被法律剥夺或限制，那么监狱又有什么权力在实际的剥夺和限制后又打着人道主义的旗号，披着救世主的面纱去随意的分配和赐予呢？之所以说随意，是由于与人最基本的需求和欲望相比，那些考核标准实是鸡零狗碎，何况各个监狱的标准还因地制宜地有所差别。我们必须清醒地看到，惩罚的问题不在于惩罚本身，而在于实践中常常游离出了惩罚的限度，犯人应受什么样的惩罚，国家的刑罚中应规定清楚，不使额外空间过多存在。“得到他应得的”，如果犯人应受惩罚而必须丧失某些权利，那么为什么不惩罚他？这会给公众带来不公正的感受；但是同样地，如果犯人的某些权利并没有因惩罚而丧失，那为什么要通过奖励而获得？奖励的前提是惩罚的存在，被剥夺了才出现赐予。从这个角度说，监狱的奖励实际上暗含和默认了一种剥夺的前提。

这一系列追问的背后触及了近现代政治哲学中的阿喀琉斯之踵：在何种情形下，何种权力能够支配何种权利？近几十年中在政治实践和法理学领域中最激烈的争论，几乎都是在此一问题背景下展开的，如关于堕胎，关于言论自由，关于种族隔离等，在笔者看来，监狱中犯人的性和生育的问题与上面这些讨论有颇为相近的提问基础。然而狄文对此没有作出令人信服的论证。很多可质疑的地方都被他作为不证自明的前提和预设。所以尽管狄博士对监狱中行刑权力的划分和论述是首先系统地提出并令人兴奋的，但由于上述原因还是使得文章有些许缺憾。

除此之外，现在涉及对某项具体权利的讨论时，还出现一种比较精巧的说法，即关于“资格”与“能力”的划分，或者说区分“权利能力”与“行为能力”。具体到此处，就可以说犯人具有性/生育行为的“资格”，但却因囚禁而丧失实施的“能力”；或者说犯人虽然具有性/生育的“权利能力”，却缺乏“行为能力”。[1] 前者本是法理

---

〔1〕 付立庆：《死刑犯的生育权》，载陈兴良主编：《刑事法判解》（第5卷），法律出版社2002年版，第503页以下。

学上对权利理论作一般定义时出现在“或”字前后的两个语词，是一种选择性表述；后者是在民法中对于未成年人和精神病人权利状况的一个特定论述。[1]

笔者不是一般地反对这种理论，但我们也必须认识到它们使用的限度和场合，包括它们适用的主体能否被创造性地或扩大性地进行一般解释和应用，笔者很是怀疑，因为这样一种说法的广泛应用是可以用来正当化任何被剥夺或者因一些更为隐秘的原因而无法实现的权利，它的解释力和说服力潜藏着一种危险：强权和暴政并不总是与说理相悖，它甚至往往是通过严密的逻辑和华丽的辞藻实现的。笔者的话有一点重了，这种担心可能也有一些过虑。笔者知道解说者的本意还是好的，那就请原谅笔者这个无事忧天的杞人吧。但历史上这样的情形并不少见，直接宣称某人“没有权利”有点过于直向或赤裸裸了，很多实际上的剥夺就是通过“你虽然享有××，但由于×××的原因，却没有××××”之类的外交词语和语言游戏来完成的。这一方面保证了理论的解释力和包容性——不是推翻它，而是要利用它来服务于统治；另一方面也使得理论家在语言拼图中自我满足且不至于失业。尽管这对于那些丧失了权利的人们在实际上没有不同，但是这样的论证却使得统治合法化，也是另一种意义上的“教鱼游泳”——让你死个服气！

（三）通过肉体实现规训：一种隐蔽而迂回的治理

笔者在上面表示了对于“报偿性权力”支配性/生育权利的不赞同，但这并不意味着笔者在此将要对神圣的“权利”话语进行原教旨意义上的捍卫，甚至成为一名经典语词的卫道者，这并不是笔者的兴趣所在。如果说上文是参照现代法理学中对基本人权的论证，来对比监狱中的实际“权利”，那么更让笔者感受兴趣的是考察

---

〔1〕 参见沈宗灵：《法理学》，北京大学出版社1999年版，第438页、第445页。

在真实世界中,这一切是如何发生的?所谓的权利到底变成了什么?变化的原因和目的何在呢?最后,如果有意义的话,也许我们还可以再回到价值层面上——如何去评价这种变化呢?

这里必须再次关照到事件的背景:监狱。然则何为监狱?学术界对此有许多论述,最简明的是:监狱是执行自由刑的场所。这里面蕴含三层意思,第一,监狱是一种场所,具有一定物的和人的设备,故不具备一定设施的场所,不是本来意义上的监狱;第二,监狱是执行自由刑的场所,其他虽然具备一定设备的但却不是执行自由刑的场所,如看守所等,不同于监狱;第三,监狱是国家的机构,任何团体和个人都不得私设。但在台湾地区学者林纪东先生看来,这类定义只是说出监狱的形式,却没有表明监狱的灵魂,尤其是现代监狱和旧日监狱在精神实质上大为不同。旧日监狱行刑的目的,在于予犯罪人以惩罚,以平社会愤懑之心,是为行刑而行刑,并没有更高远的目标。而现代监狱则限制受刑人自由,为"迫不得已的措施,不是为限制自由而限制自由,而是为达到使受刑人改过向善适于社会生活的目的,以限制自由为手段以便于教化和辅导",这才是现代监狱行刑最后目标之所在。要言之,现代监狱的任务已发生了变迁——"由惩罚犯人而为改善犯人"。随之而动的监狱学也应由"监禁戒护之学,变为矫正防治之学"。[1]

这种"矫正防治之学"被福柯称为规训(Discipline)。在他看来,监狱可不是先有剥夺自由的功能然后再增添了教养的技术功能,它从一开始在法律体系中就是一种负有剥夺自由以改造人的任务的机构。也就是说,刑事监禁的功能从19世纪初起就包括剥夺自由和对人的改造,[2]它取代了过去那种公开处决以显王权的酷刑,而演化成一种隐蔽的治理术,这种变化并非如人们所宣称的

〔1〕 林纪东:《监狱学》,台北,三民书局1977年版,第1~3页。

〔2〕 参见[法]米歇尔·福柯:《规训与惩罚》,刘北成、杨远婴译,生活·读书·新知三联书店1999年版,第261页。

那样,完全是人权运动与人道主义者呐喊的结果,这只是原因之一。福柯认为,改革的真正原因和目标与其说是确立一种以更公正的原则为基础的新惩罚权利,不如说是建立一种新的惩罚权力结构使权力分布得更加合理,与其说是对犯人的人性的尊重,不如说是追求更精细的司法,对社会实体做出更同意的刑法预测。改革者的批评与其说是针对当权者的残忍,不如说是针对一种糟糕的权力体制。[1] 总之,使改革得以问世的事态不是一种新的情感状态,而是另一种对待非法活动的政策,新的刑法理论实际上是与一种关于惩罚权力的新的"政治经济学"相呼应的。

这可能是对"人权运动"与"人道主义"的一次冷冰冰的、看起来似乎有所贬低但实际上也许是恰当的评价,他的观点可能会招致不少学者的反对甚至愤懑,但如果不带过多的感情色彩,我们必须承认福柯确实为我们打开了一扇重新观察"惩罚理性"的大门。在这座惩罚之城中,诞生了一种政治解剖学,一种新的权力技术学。这种权力的微观物理学通过控制和训练犯人的肉体而征服他的灵魂,使其不仅在"做什么"方面,而且在"怎么做"方面都符合前者的愿望。换言之,对肉体的支配不是要增加人体的技能,也不是强化对人体的征服,而是要建立一种关系,传达一种权力,要通过这种机制本身来使人体变得归顺和有用。

笔者在前面提到的,北京市第一监狱和少管所中的作息时间表和考核记录表,便是这种规训手段的具体应用,它们致力于对犯人生活节奏和身体姿势的控制和干预,通过物理动作的重复使肉体训顺,这样做的目的就是使犯人形成习惯,并寓于在灵魂之中,即使在监狱里,也仍然潜意识甚至无意识的指挥他的言行。"犯人在刚进来时是一个反复无常的人,或对自己的反常执迷不悟、要用

---

〔1〕 参见[法]米歇尔·福柯:《规训与惩罚》,刘北成、杨远婴译,生活·读书·新知三联书店1999年版,第86~88页。

各种恶习毁灭自己的人。然后,他就会逐渐养成一种习惯。这种习惯开始纯粹是外在的,但很快就变成第二天性。他会熟悉工作并享受工作的乐趣。如果明智的教育能使他的灵魂深感悔恨,那么当他最终恢复自由时,他会更加坚定地面对各种诱惑"。[1]

在现代狱政管理中,被特别强调的是"规律"与"规矩"。那么如何保证这架规训机器按照规律和规矩正常运转呢?——通过惩罚或者奖励。对于不听话,不驯服的犯人,监狱往往有着各种法定刑罚之外的纪律措施,从减少食量到关禁闭,对于恭顺和驯服的犯人,监狱也有奖励的办法,最有效的方式之一就是同居接见。犯人因为害怕惩戒或者渴望与家人的相聚而自觉规训自己的表现,这些都是规训技术的组成部分。一个细节是,犯人被要求在牢房里的床头必须摆上自己亲人的照片,这是一种对于心理和生理需求的巧妙利用,通过这种硬性的注视,监狱企图首先唤回犯人心中的情感需求,当犯人被这些渴望或要求激荡得急于与亲人相聚甚至早日出狱时,他们就必须卖力地改造以良好的表现去争取这种机会。监狱先通过种种方式唤起犯人们对于家庭亲情甚至性的渴望,再允诺如果考核表中上的排名能够进入前列,就可以满足这种需求。[2]

在这种征服体制中,"需求也是一种被精心培养计算和使用的政治工具"。[3] 这就叫欲擒故纵,要想办法培养出他所渴望和所畏惧的,"民不畏死,奈何以死畏之",真正的无所畏惧、无所需求者是令人头疼的,如果他真的什么都无所谓了,又怎么去规训他呢?这是一种被现代惩罚技术改写过的利益经济学和情欲动力学。当

---

〔1〕 [法]米歇尔·福柯:《规训与惩罚》,刘北成,杨远婴译,生活·读书·新知三联书店1999年版,第269页。

〔2〕 还包括重新激起其他一些被犯罪削弱的"有益而高尚的兴趣",比如对荣誉、自由和生命的尊重情感。

〔3〕 [法]米歇尔·福柯:《规训与惩罚》,刘北成、杨远婴译,生活·读书·新知三联书店1999年版,第21页。

然，从权利理论的立场来看，我们也可以说监狱剥夺了那些不顺从者性/生育的权利以示惩戒。在这里可以看到，已经很难说清究竟是惩戒还是奖励，因为对于这类“权利”，法律上没有过明确的承认和保护，这自然为监狱权力技术的运用提供了进退自如的空间。

笔者这样说，也许有人会认为笔者歪曲了监狱中的人道主义举措，但笔者并不惮于回击，因为在笔者看来，当我们使用“人道主义”这样的词语时，我们应该指涉的是一种无差别的对待和平等的关心。但在这里，监狱里的同居楼并不是真的要去关注犯人的生理需求，这只是一件漂亮的外衣而不是真实的目的，包括同居接见在内的种种“人道主义举措”真正要关注是这些举措是否有效，是否有利于改造，是否能增进对于犯人的控制。所谓“经费条件有限，不能让所有人都享受”的解释背后，是“有差别才有激励，有激励才有效率”的现代管理学策略。

当然，这些必须是通过对肉体的控制才能进行。这种技术源远流长，早在1836年就被夏尔作了概括：“它可以不仅在一天之内，而且在连续的岁月里管制起床和睡觉，活动和休息的时间，吃饭的次数和时间，食品的质量和份额，劳动的性质和产品，祈祷的时间，语言的使用，甚至思想的使用。总之，这种教育就是简单地控制着肉体在餐厅到车间再到囚室之间的运动，甚至在休息时也是如此。它决定时间的使用。简言之，这种教育占据了整个的人，占据了人的全部体力和道德能力，占据了人的全部时间。”〔1〕

同居楼的实践再好不过地说明了这一点。从作息时间、行走姿态、劳动表现到日常的打分、考核、评比，直至获得或失去同居的“权利”。这一切都是紧密联系、前后呼应的，织就一张完美的权力网络，或者用福柯的话说，构成一种“征服状态”，通过对肉体的干

〔1〕［法］米歇尔·福柯：《规训与惩罚》，刘北成、杨远婴译，生活·读书·新知三联书店1999年版，第265页。

预、控制、奖励和惩罚，使犯人对监狱的要求形成一种条件反射式的习惯，甚至在不知不觉中“重新做人”。治理的艺术在这里被发挥得淋漓尽致。允许同居是对犯人最有效的肉体激励，这种激励的性质决定了在同居楼里，犯人的身体动作实质上传达着监狱的权力意志，他的肉体也并没有因为隔了墙壁便脱离了控制和支配的范围。实质上，是国家的权力在与其配偶性交，犯人的身体只是一个工具和介质，在此过程中，权力一时一刻也没有离开过教养的对象，他不过是惩罚权力的作用点，尽管犯人看起来有了性生活，其性要求得到了满足。但我们难以用权利之类的词语来界定这些行为，这只是权力运作的一种策略，是改造技术的一种表现。

（四）寻找失去的权利：行刑权下的异化物

写到这里，我们更加明白包括郑雪梨一案在内的诸多由犯人或其家属提出的性和生育的要求何以被拒的原因，因为在监狱的环境下，所有这些说起来似乎言之成理的“权利”都已经在不同程度上悄悄地发生了某种变化。

甚至包括通信、受教育这些在《监狱法》中被明文规定的显性权利，也已经与我们在教科书或法理学著作中看到过的那种本原意义上的权利相去甚远。例如，通信作为一种被宪法保护的基本权利，要害在于通信的自由，但在狱中经严格审查过的通信不知道还与权利两字有多大联系？又如“受教育权”，在笔者去访问过的北京市的监狱里，教育被列为思想矫治的手段，包括政治、文化、技术三部分，其中政治教育不少于2/5，放在首位，未成年人则实行“全日制”教育。这些都是必须出席的硬性要求，绝好地体现了“受教育更是一项义务”的精义。但是，对于犯人自动提出来的一些受教育要求，比如参加全国自学考试，尽管笔者在问到监狱长这个问题时，他们异口同声地说每个犯人都可以申请，但实际上，在与犯人的私下交流中笔者却了解到，这也是和那张考核评分表挂钩的，只有表现好的犯人才有资格申请参加。当然,狱中的犯人对此已习以为常了,一位因打架入狱的,脸上稚气未脱的少年犯在回答笔者的问题时不停地说:“这都是有制度的!都是为我们好!”看着他那认真的表情,也了解到他因表现好而即将出狱,笔者知道他是一个受益者,“制度”的暗示和作用已经在他血液里扎根了。

如果一定要把这些与“权利”问题扯上点什么关系的话,笔者将它称为一种权利的异化现象。“异化”这个词,最早是在十七八世纪唯物主义哲学家和启蒙思想家的著作中出现的,后来在德国古典哲学中用得更加广泛,在《精神现象学》中,黑格尔用异化这个概念用来说明绝对精神向自然界的转化以及主观精神如何转化为客观精神。费尔巴哈则把异化的主体还给感性存在物——人身上,他指出,上帝身上的全知、全能和博爱是人的理性、意志和心的体现,是一个“类概念”,是人的本质“被表象成为一个独立的存在者。”〔1〕上帝不过是人根据自身的想象创造物,但人反过来却拜倒在上帝脚下了。人的头脑的产物脱离了人,凌驾在人之上,成为一种独立存在的异己力量,转过来统治了人——这就是人性的异化。马克思则更进一步,吸取了黑格尔和费尔巴哈的合理因素,从宗教哲学的异化开始,进而分析了国家、政治等上层建筑的异化状态,通过市民社会异化现象的揭露,最后在与私有制的本质的联系上追溯到劳动的异化,“劳动所生产的对象,即劳动产品,作为异己的东西,作为不依赖于生产者的独立力量,是同劳动对立的”。〔2〕马克思把劳动异化看做人的异化的前提,把产品异化看做人的异化的主要形式,把人受其同类压迫和被社会必然性所支配,看做人的

〔1〕 参见[德]路德维希·费尔巴哈:《费尔巴哈哲学著作选集》(下卷),荣震华等译,商务印书馆1984年版,第327页。

〔2〕 [德]马克思:《1844年经济学—哲学手稿》,刘丕坤译,人民出版社1979年版,第44页。

自我的完全丧失。[1]

今天笔者重提这个词，主要是用它被重新解释过，更具包含性的含义，即主体在一定的发展阶段分裂出自身的对立物，或者说通过自身的活动转化为客体，反过来反对和统治主体本身。从法学界上正式地使用“权利”这个词语，尽管说法繁多，但谁都承认，每一项具体的公民权利中包含的内容都是主体对外界提出的一种满足自身利益的诉求和主张，它具有主动性、侵略性，在某些情形下也具有不受干涉的意思。总之，它是被法律保护和承认的增加主体福利的一种手段。一个人的各种权利内容组成了他“幸福生活”的可能性，但在监狱中，我们却发现主体向外界主张的权利已经异化成一种外界控制主体的手段和技术，甚至可以说，一个犯人的“权利”越多，各种名目的权利越丰富，他的需求和愿望越强烈，对他规训的方法就越多，对他治理的手段就越灵活，对他控制的可能性就越大。以同居楼里的实践为例，笔者在与狱警的交流中得知，那些有配偶的、对性权利要求比较强烈的犯人往往会“比较好管”，会自动地去规训自己的表现来争取与家属同居的“权利”。这就是笔者说的“权利的异化”，对于人之为人的基本权利而言，其实质就是一种人的异化。

因此，无论现代监狱的运作有着怎样高远的目标和宏大的说辞，这种对权利的技术性和策略性的使用至少在一定程度上证实了——试图通过这种改造技术所恢复的不是卷入社会契约的基本

---

〔1〕 除了《1844年经济学—哲学手稿》是着重说明这个问题以外，马克思在《论犹太人问题》、《黑格尔法哲学批判》、《德意志意识形态》中也多次强调了这个问题。“异化”这个概念后来成为西方马克思主义在对马克思重新解读时的一个切入点，中国理论界在20世纪80年代初期反思“文革”问题时也曾经对这个问题展开大讨论，相关资料可见北京大学哲学系编：《人道主义和异化问题研究》，北京大学出版社1985年版；周国平等编：《关于人的学说的哲学探讨》，人民出版社1982年版；人民出版社编辑部编：《人是马克思主义的出发点》，人民出版社1981年版；段若非等编：《关于人道主义和异化问题论文集》，人民出版社1984年版，等等。

利益中的权利主体，而是恭顺的臣民。他应该听命于习惯、规矩、命令和一直凌驾于头上的权威，让这些东西在他身上自动地起作用。换言之，权利话语只有在契约关系中才可能存在。但在规训关系中，犯人面对的实际上是纪律而不是法律。如福柯所言，这种纪律看起来是一种子法(Infra - law)，实质上是一种反法律。它具有不可克服的不对称性和相互排斥性，纪律的实施方式使得一群人受到另一群人的不可逆的支配，永远属于一方的"过剩"权力。[1] 在这种情形下，怎么可能有任何真正意义上的权利呢？有的只是一些被冠以"权利"名称的异化物罢了。

上面提到了监狱中犯人的所谓"权利"，那么，使这些权利发生异化的权力又是怎样形成的呢？

在现代国家立法—行政—司法的权力分布图中，监狱一般被定位于行刑机关，即依法院判决执行刑罚的机构。笔者认为这在某种程度上是一个误解，如果有人不愿笔者称它为谎言的话。对于从报应刑到目的刑的观念嬗变有汗牛充栋的论述，笔者没有必要在这里重复。但毫无疑问的是，在这一过程中，改造犯人的思想已经压倒了单纯行刑，甚至剥夺自由这一法定刑的执行事实上已成为改造犯人的手段和工具。

例如，假释和减刑制度的法律化，就使得监狱有足够大的弹性空间来行使几近于"定罪量刑"的司法权力——想一想在法庭上，控辩双方的无数口水，法官伤过多少脑筋，也不过是在多一年或少一年的刑期长短上裁量而已。而根据《刑法》《监狱法》以及相关司法解释的规定，犯人所在的中队，就可以提出减去最多近1/2刑期的意见，层层上报，法院最后审查的不过是材料和手续是否齐全而已。《监狱法》第29条规定，减刑的条件是"在服刑期间确有悔改

〔1〕［法］米歇尔·福柯：《规训与惩罚》，刘北成、杨远婴译，生活·读书·新知三联书店1999年版，第249页。

或者立功表现”。所谓立功表现，规定还较为明确，但“悔改表现”根据相关司法解释。指具备以下四方面情形：认罪伏法；认真遵守监规；接受教育改造积极参加政治、文化、技术学习；积极参加劳动完成生产任务，这些大而空洞的口号式的条文当然不便于具体操作，于是便有了我们在前面提到的那张从睡觉到上厕所都一一在案的考核评分表，而且各个监狱的细化标准也不尽相同。

不要小看这些“站有站相，坐有坐相”的细则，它们是权力的微观表现，是权力延伸处最纤细的血管。实际上，“保障原则上平等的权利体系的一般法律形式”，正是由这些细小的、日常的物理机制来维持，是由“我们称为纪律的那些实质上不平等和不对称的微观权力系统维持的”。[1] 各个监狱中队便是根据这些最终决定一个人在监狱中多待上或少待上若干年。[2] 再回头来对比一下法官在法庭上根据那本《刑法》所能做的微乎其微的自由裁量，你还能说，监狱是执行机关吗？究竟是谁在量刑？究竟是谁控制了司法权力？

我们现在再回头看本文开头提出的那个问题——正义女神为什么会迷失？法院对性权利的请求为什么难以回答，作出的判决为什么会模糊不清？——对于答案相信会有一种新的理解。法院的判决只能是针对某一项权利是否存在作出裁决，如果法院对郑雪梨的请求作出肯定的支持，那么就意味着在法律上确认一项权利，而监狱则必须要给所有的犯人同样的权利；如果法院不支持这个请求，否定这个权利，那么监狱就不能再给予一部分犯人同居的

---

〔1〕［法］米歇尔·福柯：《规训与惩罚》，刘北成、杨远婴译，生活·读书·新知三联书店1999年版，第248页。

〔2〕根据《刑法》第78条和最高人民法院1997年10月28日发布的《关于办理减刑、假释案件具体应用法律若干问题的规定》的规定，罪犯经过一次或者几次减刑以后实际执行的刑期、判处管制、有期徒刑的，不能少于原判决的1/2；判处无期的，不能少于10年。死缓减为无期、有期后又被减刑的，其实际执行的刑期不能少于12年。

权利。总之，无论法院是明白的肯定还是明白的否定，都会使得监狱失去一项最为有效的控制犯人的手段。笔者认为，这才是法院的回答含糊其辞的根本原因。事实上，笔者在监狱里和狱警私下交流郑雪梨的案子时，他们也认为郑的请求是在一个错误的环境下递给了一个错误的对象，在他们看来，如果郑的律师帮助郑私下里"走走路子"向看守所请求，而不是搞得大张旗鼓地公开向法院提出，那么情形可能会很不同。

这些事实和议论或许可以暗示，如果说真的有一种审判在进行，那么最有力量的审判者恐怕并不是法院里的法官，至少并不总是；被审判的也绝对不仅仅是罪行本身。但是，我们也不能因此便匆忙得出监狱专擅权力的结论，实际上，所有的一切都是被整个司法体制甚至政治体制以及所谓的民众法律意识所认同，所正当化了的。从中国近几十年的监狱建设理论和实践来看，"改造犯人"一直是一条贯穿其中的主旋律。所有这些都是经过立法机关的和司法机关的确认的，换言之，监狱的权力背后有一种被认为是正确的法律意识形态及其正当话语的支持。

为什么会这样？这一切是如何发生的？不识庐山真面目，只缘身在此山中。要回答这个问题，我们必须得跳出监狱之外，在现代社会的大背景下来考察现代监狱，或者说，我们必须"到一个更广阔的天地中去"。

四、复调的现代性与启蒙之后的刑事法

（一）刑法的启蒙

1764 年，贝卡里亚以《论犯罪与刑罚》而跻身于"启蒙思想家"之列，尽管这是一部以刑法主题命名的书，但这本只有薄薄几十页的小册子对当时以及后世的影响远远超出了刑法的范围。话又说回来，贝卡里亚本人也不算一个纯正意义上的刑法学者，只是他赶上了一场运动，而又敏锐地捕捉到了这场风暴的中心旋涡，拿到了

一把能够最好地反射这个旋涡的镜子而已。

毫无疑问,笔者指的是启蒙运动。对于这场运动,西方后来将它总结为历史发展的一个转折点,它寻求的是在文艺复兴之后,将人进一步从愚昧的传统和宗教神学的偏执中解放出来。启蒙的目的是要高扬人性,希望惶恐卑微的上帝子民可以从此挺直腰杆,顶天立地地做“人”,摆脱掉愚昧、专制、恐怖等种种压在头上的阴影。但是这需要理由,人凭什么做到这一点?人为什么可以做到这一点?一干思想家的回答汇集成那个时代的最强音:“理性!”这也是迄今为止在人类思想史和实践史上最伟大的和最激动人心的一个概念,一般认为,西方社会凭着这柄利刃披荆斩棘,开始进入“现代社会”。人类开始按照理性的引导来改造世界,寻求用理性和科学的方法来理解和重铸社会,并且它对如此而为的智识能力充满信心。

一般认为,理性的观念发轫于古希腊哲学,到近代黑格尔哲学发展到顶峰。从苏格拉底提出“认识你自己”之后,哲学家转而注重对人自身的研究。柏拉图和亚里士多德相继提出人性中包括理性和非理性的因素,这之后漫长的发展中,自然和宗教成为人们关注和寻求理性的着力点。直至文艺复兴,人文主义对人性解放的执著追求,以知识理性为改善人性的信念,鞭笞宗教神学的蒙昧主义。同时,又大胆热烈地追求人的现实生活的幸福与快乐;肯定生命的价值和意义,讴歌生命的自然本性,猛烈抨击中世纪以禁欲主义为内容的宗教理性。路德的宗教改革引发了人类理性思想的启蒙,由此带来的对人的内在主体的自我意识的肯定,使每个个体的自我意识获得了空前的精神解放和自由。从十七八世纪开始,随着启蒙运动的兴起,欧洲进入了理性时代。当时的启蒙运动,就是以理性为号召,用理性来扫除一切愚昧与无知,并对当时的社会制度和一切意识形态进行理性的反思。[1] 如恩格斯指出的，“一切都必须在理性的法庭面前为自己的存在做辩护或者放弃存在的权利”。[2] 这场轰轰烈烈的理性大跃进肇始于古希腊，经笛卡儿、斯宾诺莎、伏尔泰、卢梭等人，在18世纪德国古典哲学中达到顶峰，标志性人物是康德和黑格尔。在康德看来，人是一个理性的存在者，只有理性才能决定人之为人的和人的道德基础，理性为人与其他动物划开了界限。黑格尔则在康德基础上，将人类理性精神上升为宇宙本体精神，创立了庞大的唯心主义体系，至此，“理性”在哲学发展史上成为最重要和最核心的一个概念，成为证明其他问题的基本前提之一。

人类进入了一个新纪元，刑法也在这一过程中获得了新生，在启蒙之前，或者更准确地说在现代之前，它充斥了专制、司法专横、宗教法庭的酷刑甚至更早的神明裁判等“不人道”“非人性”的历史画面和场景，在后来的法学家和人道主义者眼中，正是经由贝卡里亚等伟大人物的呐喊，刑法中的“人性”才开始被发现被重视，但是，如何通向罗马？历史为刑法选择了运用“理性”，这种选择与其说是思想家的发现，毋宁说是社会发展的必然。在笔者看来，贝卡里亚的声名鹊起也许更多地体现了一种对于历史潮流的顺之者昌——在人性的大旗下，用科学、理性的方法重新梳理刑法。看看这位“刑法学之父”是如何为刑法大厦奠定的，日后几百年的风雨飘摇中仍得以屹立不动的那几块基石吧！无论是“罪刑法定”还是“罪刑相适应”，在贝卡里亚眼里，它们都闪烁着理性的光芒，贝卡里亚甚至还根据他的数学知识为罪刑如何相适应得出了一个阶梯

---

〔1〕 陈兴良：《刑法的人性基础》（第3版），中国人民大学出版社2006年版，第4～5页。

〔2〕 《马克思恩格斯选集》（第3卷），人民出版社1960年版，第404页。

性的计算方法。[1]

先贤们的努力不是没有缘由,启蒙之前的刑法是在一个在宗教、君权、神命之间纠缠不清的混沌体。梅因在《古代法》中便提出过"法律源于宗教"的论断。[2] 霍贝尔与梅因略有不同,他认为更多的是宗教不断地在侵入和影响法律。直至马林洛夫斯基更清晰地让我们看到了法律,或者主要地说是刑法在被"启蒙"之前经历了多少巫术的照射。[3] 从文艺复兴始,至启蒙时代,有识之士要从神的脚下拯救出人时,便运用了理性这把"利刃"去砍掉那些不科学的毒藤,于是便有了"刑法的启蒙"(借用陈兴良教授的一部书名)。韦伯有一个极富冲击力的概念叫"除魅",即随着理性的增进,"从原则上说,再也没有什么神秘莫测、无法计算的力量在起作用,人们可以通过计算掌握一切,而这就意味着为世界除魅。"[4]

在笔者看来,启蒙刑法很大程度上就意味着在刑法中除魅,除去那些不确定的、不精确的、不便于计算的因素,使得从前的司法擅断、宗教裁判、随意出入人罪都成为不可能。于是便有了"罪刑法定",有了"罪刑相适应",科学和理性大踏步地进入刑法,在这里安营扎寨,设计刑法的新蓝图。以意志自由的理性人为中心展开的刑事古典学派逐渐形成。[5] 而作监狱史研究的学者一般都承

---

〔1〕 [意]切萨雷·贝卡里亚:《论犯罪与刑罚》,黄风译,北京大学出版社2014年版,第21页。

〔2〕 参见[英]亨利·萨姆奈·梅因:《古代法》,高敏、瞿慧虹译,中国社会科学出版社2009年版,第1~3页。

〔3〕 参见[英]马林诺夫斯基:《原始社会的犯罪与习俗》(修订译本),原江译,法律出版社2007年版,第58~66页。

〔4〕 [德]马克斯·韦伯:《学术与政治》,冯克利译,生活·读书·新知三联书店1998年版,第29页。"为世界除魅"这个说法,据 *From Max Weber* 的编者 H. H. Gerth 和 C. Wright Mills 说,是引自诗人席勒。但他们没有指明具体出处。参见第52页注[11]。

〔5〕 关于刑事古典学派的人性假设问题,参见陈兴良:《刑法的人性基础》(第3版),中国人民大学出版社2006年版,第27~93页。

认，真正意义上的监狱也正是在18世纪中叶始告诞生。[1]

从此，几百年来，大陆法系在形式理性的驱动下大搞成文法典化运动，英美法系中的技艺理性也日益成熟，法学院里制造出大批的能言善辩、头脑缜密的法律界精英。刑法典的条文越来越繁多，体系越来越"科学"，已经由单纯的罪刑裁判规范发展成涵盖刑事诉讼法、犯罪学、监狱学、刑事政策学、犯罪心理学等众多领域的呈恢宏气象的所谓全体刑法学，这一过程中，理性功莫大焉。应该说，回顾刑法的发展，同时也是一部人类理性发达的历史，是现代社会大步向前的历史。

（二）徘徊在现代性与人性之间：启蒙之后的阴霾

在笔者看来，对"理性"这个概念的考察离不开当时的历史背景，它为什么会在那个时代大放光芒并延续至今呢？一如前面所述，近代以来，人的主体意识觉醒，不再甘于受君权和神权的压迫，人要在上帝面前显得和其他动物不一样，要为自己在上帝面前的直立行走找个"说法"，要为自己能够在世俗世界里创造"新生活"寻找信心。

"我认为人类自身像这样被尊重是时代最好的标志，它证明压迫者和人间上帝头上的灵光消逝了。哲学家证明了这种尊严，人们感到了这种尊严，并把他们被践踏的权利夺回来，不是去祈求，而是把它牢牢地掌握在自己手中。"[2]对理性的高举使得人们有可能去反驳和回应像毕希纳们的感叹——"人啊，你本来是用灰尘、沙子和泥土制造出来的，你还想成为比灰尘、沙子和泥土更多的东西吗？"[3]经验主义似乎难以给予这种信心，抛开理论本身的

---

〔1〕 林纪东：《监狱学》，台北，三民书局1977年版，第5页。

〔2〕 ［德］黑格尔：《黑格尔通信百封》，苗力田译，上海人民出版社1981年版，第43页。

〔3〕 转引自刘小枫：《沉重的肉身——现代性伦理的叙事纬语》，华夏出版社2004年版，第39页。

严谨，也许这也是休谟一路的经验主义怀疑论始终争不过理性主义这一路风头的原因之一，或许在严肃的专业哲学家那里可以，但对整个社会和大部分人文知识分子来说，毕竟后者更有诱惑力。如果笔者的这种分析有一点道理，那么实际上，理性在“人之为人”这一点上具有无法替代的工具价值和说服力，理性这个概念提升了人相对于其他物种的品质，但也正是在这个意义上，它终究还是为人服务的，是处于“人性”下位的一个概念。它自身的价值确是人性价值的一部分，但同时它还有人性中其他因素（如情感、性欲）所不具有的、能向上帝和大自然显示人的证明力和创造力的工具性价值。

理性这个概念尽管是从康德那里才开始被推向高潮，但是，作为启蒙运动的标志性人物，康德不仅仅是喊出了“运用你的理性”，他同时也提出了另外两个在理性的逐渐膨胀下几近湮没的命题。一个是关于理性的限度，还有一个就是人作为目的的重要性。在笔者看来，这是对如何运用理性的两个制约性条件。前者在事实层面上划出了理性的边界，后者在价值层面上将人性作为目的看守理性——即便一个人的理性能力很弱，他是不是就缺乏价值，就可以不被尊重？这是一种伦理学的诘问。但即便在当时，这恐怕也未能像人们发现运用理性可以来改变世界那样激动人心，这之后许多年，关于“人是目的”以及理性限度的思考也多半停留在专业哲学家的圈子中（如法兰克福对现代性的反思以及哈耶克、波普尔对于唯理主义的批判），而对整个社会来说，科技一日千里，生产力水平不断提高，物质产品极大地丰富了人类对理性的自信和雄心，这一切早已经超越了任何看起来啰里啰唆的、道德说教式的、杞人忧天般的约束。

在笔者看来，在此一过程中，理性之中的手段性和证明性的价值不断膨胀，工具理性被推崇到极致。在运用理性时，不再存在一种更高阶次的制约，“人”这个命题开始有一点黯然无光，甚至成为在实现更有效率的目的时可以利用的一个手段。如果在某种意义上可以说当初人是目的,而理性则是实现和证明这个目的的手段,那么现在人性却变成了一种可以服务于理性的手段。在二者之间,手段与目的的关系悄悄地发生了换位逆转。在现代学科体系下的监狱学和犯罪(心理)学便是通过研究个体上的人性实现优化管理和有效预防的目的。人,开始成为被关注的对象,是因为可以更为有效的治理。想一想各类著作和论述中常常出现的语言:“通过××的研究使得××更加科学化,更加具有可操作性云云”,可是,更加科学是为了什么?这在今天已经成为一个愚蠢的问题了。“科学”“体系化”等已成为一个最高的评价标准,似乎做到这一点就已经完全占据了语言和道德上的优势。难怪马尔库塞感叹:我们开始进入一个被技术统治的时代,技术已经被意识形态化了。[1]

人类当初寻求理性是为了解放自身,是为了将人从神的压迫下拯救出来,但之后的几百年中,理性却又开始成为一个向人性步步紧逼的新神。在笔者看来,人类的悲剧之一也许就在于人不仅运用理性去控制、改造自然,而且开始运用理性来研究、控制和改造自身。人们津津乐道于此,当他们感觉不妙时可能已难以抽身,因为理性的“利维坦”和政治哲学中的国家一样,一旦被发动起来后,就会出现设计者和拥护者当初意想不到的情形,而且显示出一种“不以人的意志为转移”的威力和惯性。

只有基于这样的反思,我们才有可能看到现代社会中刑法的另一面。笔者在这里谈论作为刑事法体制一部分的监狱,不过是现代社会的一个缩影,但它却是极具代表性的一个“具体而微”的缩影。它折射到刑事法的各个领域并在这里可以看到形形色色的规训术、攻心术、治理术和管理学;在这里,“改造人”具有最正当化

---

〔1〕[美]赫伯特·马尔库塞:《单向度的人》,刘继译,上海译文出版社1989年版,第19~45页。

的语境,因而可以由理性发展出各种细微的知识去研究被改造者。笔者相信,在这里每一位狱警都是洞悉人性弱点的大师,都是一位知晓如何实现有效管理的人才。在北京市少管所,有一个礼堂天厅,每到周末的时候,可以允许平日里就管制得紧绷神经的犯人们到这时来大喊大叫,甚至谩骂,这是为了释放平日里的压力和积怨,以便在新的一周里更有效的管理,这种“一张一弛”的治理术,早先听说在日本高压的工业社会中被推广为一种放松的方法,但相信绝不会像在这里被运用得这么淋漓尽致,这么具有戏剧性。监狱长称为“人性化管理”的一种体现,笔者认为更恰当的说法是——利用人性进行管理。

在库布里克导演的《发条橙》中,主人公因为暴力和色情犯罪被送进监狱,漫长的刑期不能让他及早出狱,也没对他产生什么悔改作用。为此,对他运用了一种“新疗法”。医生将他全身固定在椅子上,并用火柴棍支开他双眼,令其长时间地被迫观看一些暴力、凶杀和强奸的镜头,同时在他耳边不停地播放他所钟爱的《贝多芬第九交响曲》。开始还没什么反应,到最后时看到电影就会恶心呕吐。等到将他放至社会上时,他发现自己如果产生一点暴力或淫秽的想法,就全身痉挛,恶心不已,于是终于成为一个打不还手、骂不还口、对女色丝毫不感兴趣的“恭顺的臣民”。通过肉体控制灵魂,通过知识去改造人性以实现社会的治理——这部20世纪最经典的艺术片是现代社会的一个翻版?还是或早或晚的预言?

其实,论起治理术,中国人可不多让老外,几千年斗下来,到“文革”时已经蔚为大观。“狠斗灵魂深处一点私”“坚决划清阶级界线”,这些后来都悄悄进入了监狱,在那里蛰伏生息,再向外界扩散,笔者在参观北京市一监的犯人宿舍时,注意到楼梯是极狭极陡的,人走在上面,须拼命地抬头向上看,看到的是在每一层拐角的墙壁上面贴着的大标语:“昨天已无可挽回,明天远未到来,你能面对的只有今天!”那么,收起一切幻想和憧憬,老老实实地低头改造吧，在白纸黑字的监视下，人心里的任何防线相信都会被彻底击垮。在这里，攻心术已被发挥到了极致。“人是万物的尺度”，普罗塔哥拉曾经如是说。但在今天，人已经开始沦为自身和同类的奴隶。在某种意义上，我们能否在霍布斯所设想的“一切人对一切人的战争”的原始状态与现代社会中已经实体化的、边沁式的“一切人监视一切人”的全景式建筑之间找到勾连？

总之，现代监狱，已不是将受刑人和社会隔离，加以惩罚的场所，而是陶冶受刑人身心，使他能够改过向善、适应社会生活的学校和医院。[1] 这是一种适应现代社会品位的、科学的矫正机构。[2] 监狱中对人的治理经验在军队、学校以及一系列的规训机构里随处可见，或者说，我们在监狱、军队、学校、机关、医院、公司里能找到的更多是相同点而不是相异。福柯就曾对《人是机器》[3]这部作品发过感慨，在他看来，“人是机器”这部大书是在两个领域同时撰写的。一个是解剖学——形而上学领域，笛卡儿写了有关的最初篇章，医生和哲学家续写了以后的篇章。另一个是技术——政治领域，它是由一整套规定和与军队、学校和医院相关的、控制或矫正人体运作的、经验的和计算的方法构成的。

从这个意义上说，监狱并非茕茕孑立，而是与一系列的“监狱”机制相联系。这些机构表面上与监狱迥然相异，但它们同监狱一样，都往往行使着一种致力于规范化的权力，用于对付一系列复杂的非法活动。笔者将之称为“监狱群岛”，或者用福柯的话说，是一座“监狱之城”，把这些机构说成是压制、排斥、制造边缘状态的机构的种种观念，“不足以描述出处于‘监狱之城’核心的居心叵测的

---

〔1〕 林纪东：《监狱学》，台北，三民书局1977年版，第25页。

〔2〕 美国的很多地方监狱都称为“矫正机构”，参见［美］克莱门斯·巴特勒斯：《矫正导论》，吴培栋等译，中国人民公安大学出版社1991年版；［美］大卫·E.杜菲：《美国矫正政策与实践》，吴宗宪等译，中国人民公安大学出版社1992年版。

〔3〕 ［法］拉·梅特里：《人是机器》，顾寿观译，商务印书馆2009年版。刘北成在《规训与惩罚》中译作“拉美特列”。

怜悯、不可公开的残酷伎俩、鸡零狗碎的小花招、精心计算的方法以及技术与'科学'等的形成"。[1] 也许正是在这个意义上,《大话西游》中的唐三藏不愿意越狱,因为"外面不过是一座更大的监狱";正是在这个意义上,哈姆雷特愤怒,因为"整个丹麦都是一座监狱";也正是在这个意义上,福柯总结道,"监狱矗立在城市的中心"。

(三)现代性:一个无法回避的问题

从郑雪梨一案出发进入到这里,在刑事法领域,现代社会已经向我们展示出一幅极其繁复的图景。事实上,上文关于监狱中人权问题的考察,已经折射出奉理性为圭臬的现代社会为刑事法带来的双重变奏:一方面,我们在享受着刑法"现代化"或曰"理性化"之后的伟大成果,并在为实现刑事领域的法治孜孜不懈的努力,这一点是必须予以肯定的,因为已经有无数的民众并将有更多的人从中受惠;另一方面,如笔者在上文所揭示的那样,我们也不能对以监狱为个案所显现的刑法危险无动于衷,何况还可能有更多的角落里隐藏着困境。

笔者对于监狱的分析大量地借鉴了福柯的权力/主体/知识的理论模式,但这并不意味着笔者就是一个悲观的后现代主义者。这仅仅是因为,即使是坚定捍卫现代社会如哈贝马斯者也承认,后现代的视野确实关照到了一些未曾为人们觉察的——"现代的社会和经济发展中存在根植于体制性的、自我生成的危险"。[2] 而法律作为现代社会的一个极其重要的组成部分,无从逃避地要面对这种危险。每一个有责任心的法律人包括刑法学

---

〔1〕 [法]米歇尔·福柯:《规训与惩罚》,刘北成、杨远婴译,生活·读书·新知三联书店1999年版,第353页。

〔2〕 [德]哈贝马斯:《现代性的地平线:哈贝马斯访谈录》,李安东、段怀清译,上海人民出版社1997年版,第56页、第123页。

人，无论是现代主义者还是后现代主义者，也都无法回避对于这种危险的思考。

行文至此，必须对"现代性"问题有一个大致的交代了。何为"现代性"，这是一个仁者见仁、智者见智的问题。大致来说有两种观点。一是把现代性作为断代史意义上的史学概念，论者的主要目的是描述西方社会从文艺复兴以来的历史沿革和基本特征，"现代性"概念是对继古希腊罗马时代和欧洲中世纪之后的近现代史的概括性称谓。二是把现代性作为道德理想意义上的概念，论者的主要任务是要探究支配现代社会政治、经济和文化等领域历史变迁背后的规范和理想。时下在国际学术界包括国内学界讨论激烈的"现代性"当指后一种意思。

对此有不同的阐述方式，如哈贝马斯将现代性看做"一项尚未完成的方案"，在他看来，这种在18世纪为启蒙哲学家所系统阐述过的现代性方案，含有他们按内在的逻辑发展客观科学、普遍化的道德与法律以及自律的艺术的努力。同时，这项方案亦有意将每一个领域的认知潜能从其外在形式中释放出来。启蒙哲学家力图利用这种特殊化的文化积累来丰富日常生活——也就是说，来合理地组织日常的社会生活。〔1〕福柯则认为，现代不应该仅仅从时间的维度去理解，而更多指的是一种态度，一种与当代的现实发生关联的模式，一种思考、感觉乃至行为举止的方式，它处处体现出为某种归属关系，并将自身表现为一项任务。〔2〕近年来作为"布莱尔智囊"，以"第三条道路"而声名鹊起的吉登斯总结道，现代性可以看做现代社会或工业文明的缩略语，它涉及对世界的一系列态度，关于实现世界向人类干预所造成的转变开放的想法；复杂的

---

〔1〕［德］尤尔根·哈贝马斯：《论现代性》，载王岳川、尚水编：《后现代主义文化与美学》，北京大学出版社1992年版，第17页。

〔2〕［法］福柯：《什么是启蒙》，李康译，载《国外社会学》1997年第4期。

经济制度；以及一系列的政治制度，包括民族国家和民主等。[1] 在国内，有学者提出“现代现象”的命题，认为“从形态面观之，现代现象是人类有史以来在社会制度、知识理念体系和个体 = 群体心性结构及其相应的文化制度方面发生的全方位的秩序重排，她体现为一个极富偶在性的历史过程，迄今还不能说这一过程已经终结”。[2]

“现代性”作为一个问题提出，从具体历史时间来看，是在 19 世纪，尽管此前并不缺乏对现代性的朦胧认识和直觉批判，比如一些人认为德国启蒙思想家哈曼和赫尔德等就是这方面的先驱。但一般都承认，在马克斯·韦伯那里，现代性问题才被真正具体地凸显出来。韦伯作为一个社会理论家，他的伟大之处不仅仅在于指出了资本主义与新教伦理之间的勾连关系，更在于他那个对同辈以及后世产生巨大影响的概括性命题：所谓“现代性”，即是“合理性”；所谓“现代化的进程”，就是“理性化的过程”。这样一来，韦伯就把“现代性”问题转化成了合理性的问题，现代性批判在他那里就成了理性批判。韦伯这样认为，固然有着浓厚的康德主义的理性批判色彩和形而上学味道，但他毕竟为解剖和诊治现代性提

---

〔1〕［英］吉登斯：《现代性——吉登斯访谈录》，尹宏毅译，新华出版社 2001 年版，第 69 页。

〔2〕刘小枫：《现代性社会理论绪论》，上海三联书店 1998 年版，第 2 页。另外，汉语学界中关于现代性问题的系统阐述，笔者认为还有一个绕不过去的人物是金耀基，实际上，金也正是通过他对现代性/化问题的一系列论述奠定其学术地位，一般认为，“李泽厚致力于美学的中国化，金耀基则致力于社会学的中国化”。他的相关著作有：金耀基：《从传统到现代》，台北，商务印书馆 1966 年版；金耀基：《中国现代化与知识分子》，台北，商务印书馆 1971 年版；金耀基：《中国社会与文化》，香港牛津大学出版社 1992 年版。他的思想深受美国社会学中结构功能学派特别是帕森斯的影响，这一派与韦伯的学术师承密切，因下文主要讨论韦伯，此处就不再提及。但这个人物自有其重要性，“从整个汉语学界的现代流变来看，通过现代化理论对中国现代文化的重释，引入了韦伯—帕森斯的社会理论思路，与另一社会理论的主流论述——马克思的社会思想达到平衡”。刘小枫：《现代性社会理论绪论》，上海三联书店 1998 年版，第 32 页。

供了极大的便利。正是由于这个原因,韦伯在东西方探讨现代性问题时都成为一个出发点,轻易绕不过去。

在西方,针对韦伯的"现代性"批判命题,出现了三种相互不同而又相互牵涉的现代性模式,分别是:(1)社会主义现代性模式:从马克思,经过卢卡奇,一直延伸到当代的法兰克福学派。(2)自由主义现代性模式:从韦伯,经过帕森斯,一直发展到当代的卢曼。(3)保守主义现代性模式:以托克维尔、舍勒和西美尔等为代表。[1] 在中国,韦伯同样也经常被当做提问的基础,"韦伯与中国现代性问题"已经引起汉语学界的广泛重视。[2]

韦伯在《宗教社会论集》导言中开宗明义地提出:"一个在近代的欧洲文明中成长起来的人,在研究任何有关世界历史问题时都不免反躬自问:在西方文明中且仅仅在西方文明中才显现出来的那些文化现象——这些现象存在于一系列具有普遍意义和普遍价值的发展中——究竟应归结为哪些事件的合成作用?"[3] 支配韦伯一生学术的两大主题是:从欧洲文明中生发的理性主义是否具有世界性的普遍意义?塑造现代西方文明的合理化将给人类带来什么命运?在韦伯那里,合理化是由两个相关过程构成的:一是文化的世俗化;二是社会组织的合理化。在分析宗教世界观的世俗化时韦伯是运用抽象的价值合理性概念,而在分析社会合理化时运用的是工具理性(Instrumental Rationality)的概念。工具理性是资本主义经济行为的基础,围绕以企业家为核心的市场经济制度,

---

〔1〕 曹卫东:《交往理性与诗学话语》,天津社会科学院出版社2001年版,第4页。

〔2〕 相关论述可参见万俊人:《现代性的伦理话语》,黑龙江人民出版社2002年版,第162~167页;刘小枫:《现代性社会理论绪论》,上海三联书店1998年版;葛兆光:《佛教伦理与中国民间生活》,载《学人》(第8辑),江苏文艺出版社1995年版。

〔3〕 [德]马克斯·韦伯:《新教伦理与资本主义精神》,于晓、陈维纲等译,生活·读书·新知三联书店1987年版,第4页。

法律结构和政治制度也发生相应的改变。其一是为保障市场交换的契约关系和社会的基本秩序,形成了调节市民行为的私法体系和管理国家事务的公法体系;其二是形成了保障法律强制力的国家机器。在私人经济行为和公共政治行为领域中,社会的合理化都是朝着目的合理性(Purposive Rationality)和策略合理性(Strategic Rationality)方向发展的。总的来说,韦伯所说的社会合理化实质是工具理性的合理化。

现代社会变迁的本质是社会的合理化和现代化。然而,韦伯对它的情感却是矛盾的。韦伯认为,现代化是世俗化、除魅化、理智化的过程。合理化意味着理性的增长,个人的自由,在这个意义上,传统社会的现代转向,标志着人类历史的积极发展。就此来说,韦伯是启蒙的信徒。但是,合理化的结果却与启蒙理想背道而驰。传统世界观的解体,意味着由实质理性转变为形式理性,在这一理性框架中,只有工具性的知识可以得到合理的证明,而价值和规范是无法通过理性证明的,它们也就没有存在的权利。文化合理化只是工具理性的合理化。完全启蒙的世界是一个没有意义和价值的世界。由于工具理性具有合理化的优势,资本主义的现代化只能释放工具理性的潜能,与这种合理化相适应的经济和政治制度使人完全失去了自主性,成了被动执行系统命令的存在物。就如同前面所讨论的监狱中的问题,监狱管理的科学和有效正是建立在使犯人作为系统作用的客体的基础之上的。完全启蒙的世界是一个组织化的世界,是一个受非人格力量统治的世界。自由的失落和意义的失落(Loss of Freedom and Loss of Meaning)成了韦伯对现代性的基本诊断,成为后人对启蒙和现代性理想反思和批判的两大主题。[1]

---

〔1〕 汪行福:《走出时代的困境》,上海社会科学院出版社 2000 年版,第 122 页。

韦伯的两大诊断对所有严肃思考现代性的人来说都是一个挑战。接受韦伯的结论意味着接受悲观主义，拒绝这一诊断则与事实不符。正如哈贝马斯所说："这两大论题直到今天仍然是怀疑社会进步的社会科学意识形态的主要依据，世界观的合理化确立了不同符号系统的合理性，却导致形而上学、宗教世界观意义统一体的解体和价值领域内不同要求的冲突。"[1] 韦伯对现代性的诊断改变了人们对启蒙和现代性的态度，自韦伯之后，悲观主义成为现代性话语中挥之不去的阴影。[2] "工具理性"也成为社会理论关于现代性的一个基本命题。任何一种现代性理论话语，自由主义的也好，社会主义的也好，保守主义的也好，在对待工具理性批判这一点上可以说是高度一致的，都认为工具理性独步一时是现代性问题的症结所在，工具理性批判是现代性批判的一条必由之路。[3] 这其中，社会批判理论继承了马克思的"异化学说"，在韦伯基础上对工具理性穷追猛打，然而到最后，却出现了连霍克海默和阿尔多诺当初也无法想象的困境。

"工具理性批判"在哈贝马斯看来，是马克思政治经济学批判的韦伯主义转向的产物。[4] 后期批判学派接受了马克思关于科学技术和生产力发展是社会合理化原动力的命题，又接受了韦伯对于社会合理化的消极评价，结果使批判理论日益陷入悲观主义。工具理性批判的要义在于强调，如果没有一个能把生产力用于人类解放目的的积极力量存在，工具理性的增长恰恰是理性的失落，正如霍克海默的《理性之蚀》书名所昭示的那样。这使得现代性理想和现代性现实之间的矛盾更加突出，批判理论在这种夹缝中挣

---

[1] 参见[德]尤尔根·哈贝马斯：《交往行动理论》(第1卷)，洪佩郁、蔺青译，重庆出版社1993年版，第二章"马克斯·韦伯的合理化理论"，第141页以下。

[2] 汪行福：《走出时代的困境》，上海社会科学院出版社2000年版，第123页。

[3] 参见[德]霍克海默：《工具理性批判》，载《霍克海默集》，曹卫东编译，上海远东出版社2004年版。

[4] 汪行福：《走出时代的困境》，上海社会科学院出版社2000年版，第131页。

扎，他们认为现代社会已经变成一个完全非理性的总体管制社会，理性的工具化使得启蒙精神的理性主义走向自己的反面，理性正在走向自我毁灭，他们相信这就是启蒙辩证法。这场由批判理论所发起的对现代社会的批判，又在福柯和哈贝马斯那里得到发展，但两人的方向是不同的。福柯将晚期批判理论对现代社会的失望发挥到极致，将现代社会看做一个极权体系，而工具理性的增长则是管理权力的延伸。福柯彻底放弃了批判理论还残留的对于现代社会潜力的观点。〔1〕 正如上文所描述的那样，在他眼中，现代社会只不过是一座“监狱之城”。

谁也不能否认福柯的深刻性，他把我们对于现代性的反思推向了一个崭新的高度，连他的论敌哈贝马斯也认为，“在我在这一代对我们的时代进行诊断的哲学家圈子里，福柯是对时代精神影响最持久的”。〔2〕 对于他的思想，上文中已经有大量的引述，这里不再赘述，而且笔者也认为，这里在福柯的权力/主体模式下对监狱中的犯人的性/生育权进行的分析是能够站得住脚的，因为这是一个在批判现代性的理论之内被凸显出来的问题，它的存在离不开其时代背景，而它的时代背景已经成为事实。也许在习惯了“改造犯人”的正当性话语的学者看来，某些地方有一些夸大，但至少笔者认为，这不是一个伪问题，它是真实存在的。

可是，借用福柯的模式并不等于就赞同了他的理念，难道现代社会真的已经无药可救？难道法律真的只是一种权力工具？难道我们真的已经无路可去了吗？

哈贝马斯试图回答这个问题。他对“工具理性”和“主体性哲学”进行重新评价，在他看来，批判理论需要进行哲学基础和范式

---

〔1〕 [英]尼格尔·多德：《现代性与社会理论》，陶传进译，社会科学文献出版社 2002 年版，第 99 页。

〔2〕 转引自[法]米歇尔·福柯：《规训与惩罚》，刘北成、杨远婴译，生活·读书·新知三联书店 1999 年版，封底语。

的转换，只有从主体哲学走向主体间哲学，由工具理性走向交往理性，由意识形态哲学转向语言哲学，才能使批判理论走出困境，才能回答现代性难题。

在哈贝马斯看来，由启蒙开启的理性并不就等于工具理性。工具理性批判的困境在于，如果启蒙和奴役辩证法一开始就是人类文明的本质，工具理性批判最多只会使人意识到这种命运，而并不能改变这种命运。批判理论因此也失去作为推动人类解放的实践功能，变成单纯地批判和否定。从这个角度来说，工具理性批判不能把握现代性病症的实质，而且容易陷入理性悲观主义。如果把启蒙和现代性理解为工具理性化，就无法找到用来克服工具理性的力量，只能回到前现代的传统宗教，或者通过把内在主观性激进化审美化为拯救的力量，霍克海默晚年回到宗教，阿尔多诺则诉诸现代艺术，[1]启蒙辩证法针对理性本身的彻底批判瓦解了社会批判理论的规范根基，它只能求助无法用理性和理论阐明的理性“他者”（The Other），来同集权化、整体化和工具化理性相对抗，从而走上尼采开启对现代性的非理性批判的道路。

工具理性批判的挫败使得哈贝马斯转向“交往理性”，在他看来，现代性危机不是由理性本身造成的，而是由于在资本主义的社会条件下，交往理性和工具理性、生活世界和系统之间的不平衡关系造成的。体现工具合理性的经济和行政系统凌驾于由交往行为作为再生产机制的生活世界之上，从而导致生活世界被非交往的力量侵蚀，对于这一病态现象，哈贝马斯称为“生活世界的殖民化”（Colonization of Life-world）。他认为，交往行为是人原生的基本人类行为；相反，工具和策略行为则是衍生的，非基本的。但是，一旦目的和策略行为从交往行为中派生出来，获得相应的独立性，就产生两种相反的协调行为的机制。一种是以语言相互理解取得的合

---

〔1〕 汪行福：《走出时代的困境》，上海社会科学院出版社2000年版，第15页。

理共识协调行为的机制，另一种是以非语言的媒体，通过行为结果的影响协调行为的机制。现代性的内在矛盾是理性的两种应用方式和逻辑的矛盾。质言之，是以语言表达意义的相互理解为机制的交往行为与以行为效果为机制的目的和策略行为之间的矛盾。前者是交往行为，后者是工具行为。工具理性体现在现代经济和行政管理系统中，交往理性体现在文化知识和生活世界中。如何解决二者的冲突，如何划定二者的界限，是回答现代性问题的一个入口。

交往理性在哈贝马斯的现代性理论中具有元理论的地位，这一理论突破了传统意识哲学的理论框架，把理性从主体内心自我意识移植到主体间的相互理解行为之中，交往理性概念可以克服工具理性批判的自相矛盾。工具理性本身既是主体意识哲学的必然产物，又是主体哲学所要克服的对象。从主体意识哲学出发，只能把理性作为实现主体目的的工具，它体现为人对自然的认识和改造，体现为社会文明的物质成果。但是，主体哲学的起源与人类的自由有着不可分割的联系，它从来都没有把理性限制在对手段的选择上，为社会规范和人生理想提供合理的基础，才是理性的根本目的。但是，在哈贝马斯看来，主体哲学无法从理论上阐明非强制的集体生活和自我实现的理想。只有主体间哲学才才能做到这一点。而这也就意味着哈贝马斯对康德以来的主体哲学发出挑战。

主体性原则是德国古典哲学的共同起点，如黑格尔所说，“现代世界的原则是主体性原则，即所有呈现在理智总体中的本质因素在其发展过程中都有存在的权利”。[1] 康德通过“哥白尼革命”使主体性原则成为哲学的核心，并规定了德国哲学发展的基本方向。主体性原则要求人的一切观念和行为规范都必须经过理性批判审查后才能被认可，人的理性取代了传统的权威成为真理的最

---

〔1〕 转引自汪行福:《走出时代的困境》，上海社会科学院出版社 2000 年版，第 43 页。

高法庭。在哈贝马斯看来，传统现代性理论是在主体意识哲学的语境中运作的。它把理性理解为人的意识与生俱来的认知和实践能力，主体与客体之间的认知与行为关系是理性的基本框架。理性是主体对客体的表象和干预能力。在这个语境中，主体对客体的反映成为真理的源泉。

哈贝马斯认为，这一理论范式无法容纳现代性理想，它必然会导致理性和自由、自然与社会、个人与社会、情感与理性的冲突。首先，意识哲学对主体的理解总是陷入先验论和经验论的对立这一矛盾。当把主体作为行为和思维的始发性源泉时，实际上是把主体作为自由来理解的，即主体无论在任何情况下都具有思维和行动的能力，意味着在先验层面上，主体性就是自由。当主体作为对象世界的一部分，就成了客体，他受客观世界的因果性制约，他是不自由的，哈贝马斯将其称为“超验之我”与“先验之我”的对立。其次，主体哲学把主客关系理解为基本的认知和行为关系，那么在行为理论中只能证明目的和工具的合理性，在文化领域中只能解释客观自然科学的合理性。以自我为中心主体，通过对其他主体的排斥和对自我本能的压抑来建立自己的主体意识的统治，必然会导致人与自然、人与人的冲突。主体哲学在概念层面的自相矛盾和对文化合理性的狭隘认识，使得它把现代性理解为相互冲突的两种倾向，一方面，作为理性的主体，人具有不可移易的自由；另一方面，社会合理化只能体现为工具和目的的合理性，这种合理化最终必然会导致主体的自我奴役。哈贝马斯认为，只有通过主体间性，才可以避免这种非此即彼的选择。[1]

---

〔1〕 Habermas, *The Philosophic Discourse of Modernity*, MIT Press, 1987, p. 297. 转引自汪行福：《走出时代的困境》，上海社会科学院出版社 2000 年版，第 131 页。对于哈贝马斯的“主体间性”哲学，极其繁复，不是在这里可以展开的，有兴趣者可参见哈贝马斯已被译为中文的一些著作，如《交往行为理论》《合法化危机》《作为意识形态的科学技术》《认识与兴趣》等。

启蒙的理想就是现代性的理想，是支配二百多年来整个世界的各种进步和解放事业的精神动力的源泉。“现代性曾经从中获得自我意识和自己乌托邦期待的那些增强影响力的力量，事实上却是自主性变成了依附性，使解放变成了压迫，使合理性变成了非理性。”[1]启蒙运动似乎并未兑现它的诺言。霍克海默、阿尔多诺认为，理性已经堕落为工具理性，自由、平等和正义的现代性理想成了不折不扣的谎言。福柯认为，现代性的科学、道德理想不过是权力意志的话语。现代和前现代的区别在于，前者借助于知识合理化进行隐蔽的统治，后者以鲜血和权杖公开统治。海德格尔认为，现代社会是技术统治的社会，这一统治是“在”的命运的现身方式，是“在的遗忘”和“在的沉沦”。德里达把一切知识都还原为文学的隐喻，把启蒙的主体自由理想称为逻各斯主义。

在哈贝马斯看来，这些批判有着共同特点，他们都把现代性的困境归罪于西方理性主义，归罪于启蒙运动，因为启蒙时代所确立的主体哲学的基本原则产生了以主体为中心的理性观，而它又导致了主体与客体的分离和对立，对自然的横征暴敛，对他人的奴役和自我压抑。哈贝马斯认为，这种批判虽然揭示了主体理性观的片面性，但它在批判主体哲学错误的同时，把现代性和启蒙的理想一起抛弃了。更重要的是，哈贝马斯认为，无论是尼采的权力哲学、海德格尔的“在”的命运学说、福柯的系谱学、德里达的解构理论，还是阿尔多诺的启蒙辩证法，之所以不可避免地陷入自相矛盾的困境，是因为一旦批判的矛头指向批判的工具——理性本身，批判就失去了可以依靠的基础。因为任何人，即使是最愤世嫉俗的人，都希望别人是基于自己学说的真理而不是自己的权力接受

〔1〕 Jürgen Habermas, The New Obscurity: The Crisis of the Welfare State and the Exhaustion of Utopian Energies, in Jürgen Habermas, *The New Conservatism: Cultural Criticism and the Historian's Debate*, edited and translated by Shierry Weber Nicholsen, The MIT Press, Cambridge, Mass., 1992, p. 51.

它的。

从上文可以看出，在对启蒙和现代性的反思中，哈贝马斯基本上持调和立场，既不美化现代社会，也不全盘否定现代社会。他说，我们要像马克思对待黑格尔那样，“务必小心翼翼，切莫将婴儿和洗澡水一起倒掉，然后再翱翔于非理性的天空”。〔1〕 哈贝马斯现代性理论的基本动机在于，反思从启蒙运动到社会批判理论对现代性的误读，克服建立在主体哲学范式上的现代性理论自相矛盾、自我解构、自我否定的倾向，把现代性视为虽然有缺点，但尚有解放潜能的方案。他强调，现代性是不能抛弃的，也是无法抛弃的，它并非某种我们已经选择了的东西，我们也就无法通过一个决定将其动摇甩掉。

那么，我们将怎样面对我们的法律？

（四）现代社会中的法律

在哈贝马斯视野中，他赋予法律一个稳定社会秩序的角色，同时也是造成体系界与生活世界分歧的原因。他认为法律的作用在于使驾驭性的媒介，诸如金钱和权力的运作具有制度性和稳定性的特质，使经济体系和政治体系可以独立行使功能，亦即从生活世界独立出来运作。将金钱与权力予以规约、规定、规范——披上法律化的外衣——那么经济体系和政治体系便可以大大方方地与生活世界分家，但是又回过头来影响生活世界，使得两个体系重新与生活世界挂钩。那么法律是如何产生的？在哈贝马斯看来，是交往和沟通产生了法律，而非统治者、立法者等决断者随意创造了法律。是沟通的行动、公共的辩论、交往的权利塑造了法律。而今天技术官僚之横行、专擅、恣肆，已经忘记立法之基础在民意，在人民

〔1〕 ［德］尤尔根·哈贝马斯：《现代性的地平线：哈贝马斯访谈录》，李安东、段怀清译，上海人民出版社1997年版，第37页。

之慎思明辨。反之,以为在国家指示下,科学的经验性结果可以权充法律生成的源泉,正是现代人的狂妄与困境。[1] 笔者分析的同居楼问题不正是一个鲜明的例子?它向我们表明现代法律一味注重立法、司法与行政的技术面,以应付日益复杂的社会情势,将人性置于管理、规训的名下,导致法律与道德愈走愈远,这种重视法律的效力,而忽略其他规范前提、无视其他道德的意蕴,都会威胁到法律的正当性。

法律需要正当性,需要道德标准的支撑,尤其表现在刑法之上。传统上对犯罪的界定都是立基于对道德价值的破坏或违逆之上,政府拥有权力惩罚违逆者,无论是监禁还是杀头,无非是借此来阻止犯罪的再现与流行。刑法的基础,不管是犯罪的界定,还是处罚的得当,都牵涉道德标准的应用。而法律所采取的应对手段,诸如犯罪侦查,判刑轻重,受刑的待遇,都涉及犯罪者身家性命、自由与财产受到剥夺程度的大小的问题。但是我们看到,刑法的历史发展又是呈现脱离道德基础之趋势,各国强调刑法在打击犯罪的效力,也就是看重刑法及其执行机构工具性的价值,以及能否有效阻止犯罪的再现与蔓延。乱世用重典与提高改造技术的说法甚嚣尘上。在这个背景下,再度审视刑法的道德基础及其正当性也愈来愈迫切。

值得注意的是,哈贝马斯对法律正当性与道德内涵的说法与韦伯有很大不同。韦伯认为法律的形式合理性的前提是法律与道德分家,韦伯主张法律的正当性并不源于道德,而是从法律形式的特质中衍生出来。这些形式的特质包括:一套法律规范体系,由法律专才演绎而成,目的在把现存的社会规范分门别类形成秩序;立法机构创造一般性效力,而又抽象型塑的条文;司法机构与政府其

---

〔1〕 洪镰德:《法律、道德、民主和法治国家的发展——哈贝马斯法律观的析评》(上),载《哲学与文化》2001年第2期。

他部门受到这些法律的引用和执行时。[1] 由于法律具有这些形式的特质，才产生其合理性，而不再依靠道德作基础。因之韦伯作一总结，法律与道德应该分开为两个不同的领域。法律的正当性，不再依赖道德，而是合法性。

哈贝马斯批评了韦伯对法律采用形式合理性之说法。依照他的说法，法律和道德无法分离，而必然联系在一起。法律的形式特质，不能用道德中立的眼光来指出其合理性。透过实证法的执行，政府权力的合法性本身不带有正当的力量，合法的不一定正当。哈贝马斯认为，整个法律体系法律形式上的实质隐含道德的成分，这才是法律具有正当性的源泉。首先，法律专才对法律的系统化不一定提供正当性，除非他们在制定时，将道德一并考虑。其次，一般和抽象的法条必须建立在道德之上，才称得上正当。最后，司法机关在解释或者引用法条时，道德的看法也介入。[2] 因此实证法必须把内涵的道德成分当做它正当性的来源。

以笔者讨论的监狱中的性/生育权为例，拒绝生育权的请求是一种不包含道德的法令，而以同居楼的控制作为改造犯人的手段，就更加将人的基本道德权利搁置一旁，它追求的只是一种有效的结果，这样的规则就不具备正当性。哈贝马斯认为，在保证法律的正当性的同时，法律程序必须提供道德辩解的机会，也就是讨论规范性有效诉求的正确、正当和正直。而哈贝马斯关于交往理性或者说“言说伦理”的提法，对重估刑法或者一般法律的道德基础有很大帮助。他认为在实践的言说中，道德的讨论是理性决策不可或缺的程序。因此法律的言说必须被视为道德/实践的言说的一

---

〔1〕 Peter. Bal, Discourse Ethics and Human Rights in Criminal Procedure, *Philosophy & Social Criticism*, Vol. 20, No. 4, 1994.

〔2〕 洪镰德：《法律、道德、民主和法治国家的发展——哈贝马斯法律观的析评》(下)，载《哲学与文化》2001 年第 3 期。

种，形成实践言说的条件为：不受镇压、抑制的左右，也不分权力的大小不同；提供大家参与的机会平等；所有问题都可以讨论，没有任何禁忌的话题；唯一被接受的意见，是那个经由深思熟虑、反复激辩，为大家比较上可以接受的较佳意见。

从这里我们可以看出，哈贝马斯不仅仅保持了对于现代性的清醒，更重要的是，他从未对启蒙和理性失去信心，他一直在努力给出解决的办法，因此被一些学者称为真正的“启蒙之子”。[1]哈贝马斯的说法在一些人看来也许过于乌托邦，不过我们也不妨借此想象，如果郑雪梨的案子包括监狱里的同居楼，都能够在这种沟通中达成共识，是不是也意味着刑法的“世界观”将被重写？

关于现代性，带给我们的思考远远不止这些。中国刑法的理论构建模式，受苏联刑法的影响颇大，包括世界上很多国家的刑法，它们的哲学都是建立在自康德以来的主体哲学和工具理性基础之上的，这已经深深地融入刑事立法、司法和行刑的实践之中。比如，构成要件理论中对于犯罪主体和犯罪客体的对立划分，作为具有主体意识自由的人对外界实施侵害，等到他进入司法/行刑程序，他实际上又成为外界的客体。我们的哲学观让我们对此习以为常，并能做出颇有条理的论证。这样的思维模式和行为模式已经化为平常事理，我们一直就是这么看待世界、看待他人、看待自己的。在刑事法领域的各个角落，随处可见人在主客体之间的反复变换和挣扎。过去马克思感慨人在劳动面前的异化，今天很多人反思人与自然之间的关系，那么，人在自己创立的法律面前又会怎样？想一想卡夫卡笔下的法律之门，想一想陀思妥耶夫斯基笔下的宗教大法官，怎么能不让人心惊？这将迫使我们思

〔1〕 黄瑞琪：《批判社会学——批判理论与现代社会学》，台北，三民书局1996年版，第3页。

考——有没有一种在主体间性的哲学基础上重新理解刑法的可能?

在我们呼吁形式法治的今天,我们也必须清醒地看到,它与工具理性之间或明或暗的暧昧与勾连,必须看到,由韦伯论证的这种法律的形式合理性带给现代社会的,并不都是那么让人喜悦的,我们至少要看到韦伯自己的忧虑。这些年来其实不乏学者对工具理性的问题进行思考,但是,是不是工具理性的思维以及会将带来什么样的后果,与我们用的词语无关,与我们所宣言的无关,它藏在生活深处,甚至可能变换头面由批判的对象包装成批判的工具出现却未为我们意识,这才是最令人担忧的。其实,对于眼下的中国法治进程,每一个法律人都乐于投身其中,那么福柯也好,哈贝马斯也好,能带给我们什么呢?可能是一种他山之石的比照,也可能是一种未雨绸缪的担忧,可能是一种居安思危的清醒,也可能是一种独辟道路的雄心,当然,还可能是一种无可奈何的荒谬。也许吧,但不管怎样,笔者认为,在我们奋力向"现代"的途中,不仅仅要看身后,也要看看同行者,看看已经跑到前面的人,因为如果我们同意"并没有与欧美的现代性决然不同的中国的现代性",[1]那么至少他们的反省和呐喊还是有价值的。

五、结语

关于本文,还有一些专业上的问题需要交代。

本文是由郑雪梨一案进入到监狱里犯人的权利问题,但与其说笔者想在人权问题上放点厥词,毋宁说笔者希望关注在现代社会中,人如何成为制度运作中的对象和工具而失去其主体性,说权利异化也好,说理性的困境也好,这是每一个卷入现代化进程中的国家都会遭遇的问题。只是以刑法切入这个问题是否恰当?

---

〔1〕 刘小枫:《现代性社会理论绪论》,上海三联书店1998年版,第3页。

或者说，这是否僭越了专业而让刑法承担起了一种不能承受之重？

也许，但未必。历史上有很多思想家都是将犯罪与惩罚的问题作为他们思考的起点或终点，因为从刑法本身看，这里面包含国家、社会、个人、自由、生命、惩罚、权利/权力、人性等种种极为重大的哲学和社会学命题，康德、黑格尔、边沁、马克思和陀思妥耶夫斯基都光顾过这个专业且留下了不少墨迹，一直滋养刑法至今。有学者对此作过提炼，"刑法是一种人与社会的现象，也就更需要从人性和社会的高度对其做出解释。并且，对刑法的法律解释只有奠基于人性解释与社会解释之上，才是具有说服力的。实际上，对人性的理解程度，对社会的理解程度，直接决定着对刑法的理解程度，在这个意义上说，刑法学家首先应该是社会思想家……"〔1〕换个角度想想，西方思想史第一哲人苏格拉底，不正是一个被判死刑的罪犯吗？而柏拉图也是在他的《斐多》篇第一次提到"哲学"这个词，须知《斐多》正是写犯人的，这岂不正说明了——"只有经过刑法，才能进入哲学"〔2〕吗？

宣告是容易的，但当再回头看论文主题时，还是有些沉重，尼采曾经用他的铁锤宣示了上帝之死，如今福柯又在我们耳边低语，"人只是一个近期的发明，并且正接近其终点……人将被抹去，如同大海边沙地上的一张脸"。〔3〕如果果真如此，那么还会有什么永恒法与自然法吗？还会有什么人法与神法吗？刑法会不会失去源泉和主体呢？哈贝马斯的交往理性能带给我们希望吗？徘徊在

---

〔1〕 陈兴良：《刑法理论的世纪展望》，载陈兴良：《当代中国刑法新境域》（第2版），中国人民大学出版社2007年版，第966~967页。

〔2〕 Seth Benardete, *Plato's "Laws": The Discovery of Being*, University of Chicago Press, 2000, p. 3. 转引自［俄］罗赞诺夫：《陀思妥耶夫斯基的"大法官"》，张百春译，华夏出版社2002年版，刘小枫中译文序，第2页。

〔3〕 ［法］米歇尔·福柯：《词与物——人文科学考古学》，莫伟民译，上海三联书店2001年版，第506页。

现代与后现代之间，聆听着人在现代社会中的呻吟，启蒙之后的刑事法何去何从？每位刑法学人应当或者又能够有何作为呢？

拯救还是逍遥？这是个问题。

第二编

刑事立法的教义学批判

第四章 《刑法修正案(九)》的三重反思

2015 年 8 月 29 日,全国人大常委会通过《刑法修正案(九)》。这是自 2011 年《刑法修正案(八)》颁布之后,时隔四年,刑法又一次大变身。三审过程中,立法机关向社会各界广泛征求意见,公众和媒体对这次修法给予了前所未有的关注,刑法修改被推到了社会舆论最前沿。这也对立法的质量提出了更高的要求。本文将在简要廓清法教义学与刑事立法之关系的基础上,从教义学的基础理论、中层模型和具体解释三个层面,对《刑法修正案(九)》展开反思和批判。所寄望者,是法学承担起引领立法的使命,推动我国刑事立法的理念和技术不断完善。

一、刑事政策、法教义学与立法的关系

一种流行的观点认为,刑事政策是刑事立法的指导教师,而法教义学,只能在刑事立法划定的框架内提供解释服务,对立法本身的妥当性无能为力。

这种片面的看法,以刑法体系与刑事政策的相互分离为认识前提:将刑法的社会任务归于刑事政策,而将法律的平等适用和自由保障机能归于刑法体系。而刑法教义学只能在这个与刑事政策

相分离的刑法体系之内展开。这就是所谓的“李斯特鸿沟”。[1] 刑法教义学成了一个与刑事政策相对自给自足的存在,其视野被严格限定在现行刑法条文上,结果的理性、合目的性问题即刑事政策问题,不允许在刑法教义学中发挥作用。这样的刑法教义学,自然也难以为刑事政策指导下的立法工作提供意见。

但是,这种观点已经过时了。人们已经逐渐认识到,“李斯特鸿沟”的存在,使法的安全性与正义处在一种紧张关系之中。“在教义学上是正确的东西,在刑事政策上却是错误的;或者在刑事政策上正确的东西,在教义学上却是错误的。”[2] 如果刑事政策上的合理性要求不能够或者不允许进入刑法教义学之中,那么,从刑法教义学体系中得出的正确结论虽然是明确和稳定的,却无法保证它是正义所要求的合理结论,从而导致刑法教义学中的精工细作与实际收益脱节。[3] 因此,今天的刑法教义学理论,一直在致力于贯通刑事政策与刑法体系之间的鸿沟,而且事实上已经取得了丰硕的成果。[4]

在吸纳刑事政策思想的基础上,通过解释具体法律条文之间的意义脉络和原理联系,并且追溯背后的相关法律思想,从而形成一个协调的教义学体系,这就是今天得到普遍赞许的法教义学的发展方向。需要指出的是,通过具体解释来寻求刑法分则条文本意,这只是法教义学工作的一部分。法律要想得到正确的理解和适用,需要很多比个别条文的解释本身更为复杂和基础的理论模型,例如,因果关系与客观归责、间接故意的边界、正犯与共犯的区

---

〔1〕 关于“李斯特鸿沟”的说法,参见[德]克劳斯·罗克辛:《刑事政策与刑法体系》,蔡桂生译,中国人民大学出版社 2011 年版,第 4 ~5 页。

〔2〕 [德]克劳斯·罗克辛:《刑事政策与刑法体系》,蔡桂生译,中国人民大学出版社 2011 年版,第 14 页。

〔3〕 冯军:《刑法教义学的立场与方法》,载《中外法学》2014 年第 1 期。

〔4〕 关于目的理性刑法体系的简明介绍,参见[德]克劳斯·罗克辛:《德国刑法学总论》(第 1 卷),王世洲译,法律出版社 2005 年版,第 124 页。

分、不作为犯的保证人地位等，这些都不是依靠传统的几种解释方法能做出回答的。于是，在学者们的不懈努力下，出现了大量更加复杂的理论模型，它们构成了法教义学中非常重要的一个组成部分。“这种理论和理论模式为现实中出现的具体问题，以及在解决这些问题中应当考虑的具有现实意义的法的价值和原则，能够提供一个充满理性、公正以及实用的答案。在这种情况下得出的答案，不但在各个事实关系中必须确立一个不能相互矛盾的子系统，而且与从其他子系统中得到的答案具有可兼容性”。〔1〕

法教义学向来就有着引领和帮助立法的功能。“如果一部法律要有较强的生命力，那么立法者事先就必须对有待规范的生活关系、对现存的规范可能性、对即将制定的规范所要加入的那个规范的整体、对即将制定的这一部分规范必然施加于其他规范领域的影响进行仔细的思考和权衡……对于这些前期工作而言，显然，法学的帮助是不可或缺的，无论是法律社会学、法律教义学、比较法学还是法的一般原理——如果所涉及的是对法学基本范畴的正确运用”。〔2〕对刑法教义学来说，特别是当它汲取了刑事政策思想之后，就不仅是作为司法者的助手为案件解决提供方案，而且，也就同时获得了参与立法指导的资格，可以发挥出引领和帮助立法的作用。

具体来说，刑法教义学影响刑事立法的过程应当是这样的：当刑事政策的思想进入刑法教义学体系之后，它就会在与现行法条和法学理论相对照与碰撞的过程中，发现立法政策与现行法律之间的潜在冲突，彼此修补和融合，克服政策与法律各自可能存在的纰漏，从而以一种更加妥当、成熟和贴近逻辑的方式呈现出来，成为刑法教义学体系的一部分。处在教义学体系之中的刑事政策，

〔1〕［德］沃尔福冈·弗里希：《法教义学对刑法发展的意义》，赵书鸿译，载《比较法研究》2012年第1期。

〔2〕［德］卡尔·拉伦茨：《论作为科学的法学的不可或缺性》，赵阳译，载《比较法研究》2005年第3期。

比以往那种单纯的与刑法理论体系相互分离的刑事政策，多出了法律体系内部自洽性的考量，也多出了法律的适用效果的司法视角。在这样一种融合了刑事政策思想的教义学理论的帮助下，立法者就能够最大限度地避免新法与旧法之间的矛盾，就可以透过一个个教义学理论模型，看到之前的政策转化为立法之后在解释与适用过程中的得失，看到曾经的立法原意在实践贯彻中的后果和效率，从而来预测和调整当下的立法。由此我们可以说，“在讨论什么是正确的刑法这个话题上，刑法教义学者肯定是有能力来适当地回答相关的技术问题的”。[1]

综上，法教义学不仅承担解释法律的任务，也具有指导和评估立法理念和技术的能量。尽管我们常说，教义学是“对自身能力未先予批判的纯粹理性的独断过程”，但是，“这也不意指法律教义学必然诱使无批判”。[2] 这种批判，是在融入了宪法思维和刑事政策思考的基础上，“借由对法体系内部之规范、规范意义及其脉络关联的总结、抽象而获得的统合性原则，得以对于争议条款、规范解释乃至法院判决保持一种反思性评价的可能性。”[3] 接下来，本文就从法教义学的视角，来讨论《刑法修正案（九）》的一些立法理念和立法技术问题。

二、透过法教义学基础概念的反思

（一）批判性的法益概念

《刑法》第290条增加第3款：“多次扰乱国家机关工作秩序，

---

〔1〕［德］沃斯·金德豪伊泽尔：《适应与自主之间的德国刑法教义学——用教义学来控制刑事政策的边界?》，蔡桂生译，载《国家检察官学院学报》2010年第5期。

〔2〕［德］阿图尔·考夫曼、［德］温弗里德·哈斯默尔主编：《当代法哲学和法律理论导论》，郑永流译，法律出版社2013年版，第4页。

〔3〕白斌：《论法教义学：源流、特征及其功能》，载《环球法律评论》2010年第3期。

经行政处罚后仍不改正，造成严重后果的，处三年以下有期徒刑、拘役或者管制。”“两高”为该条款拟定的罪名是“扰乱国家机关工作秩序罪”。值得注意的是，在该第 3 款增设之前，第 290 条已经包括了针对国家机关工作秩序的保护。第 1 款规定，“聚众扰乱社会秩序，情节严重，致使工作、生产、营业和教学、科研（《刑法修正案（九）》增加了医疗）无法进行，造成严重损失的……”。其中，“社会秩序”和“工作”的用语当然也包括了国家机关的工作秩序。第 2 款规定，“聚众冲击国家机关，致使国家机关工作无法进行，造成严重损失的……”。在第 1 款的一般性保护之外，第 2 款是针对“国家机关工作秩序”的专门性保护。“冲击”的对象不像第 1 款那样涵盖了所有的机构或场所，而仅仅限于国家机关，这显然是认为国家机关的工作秩序比之一般的工作、生产、营业和教学、科研秩序更加重要，因此要予以额外的加强保护。

现在，在第 1 款和第 2 款之后，第 3 款又对国家机关工作秩序设置了专门性保护。它不同于第 1 款的“聚众扰乱”，也不同于第 2 款的“聚众冲击”，而是“多次扰乱”，去掉了“聚众”的限制。一般而言，刑法上的“聚众”是指 3 人以上，那么，从体系解释的角度来看，如果行为主体达到 3 人，就可以直接适用第 1 款或第 2 款，原无增设第 3 款的必要。由此可见，第 3 款的立法目的，主要是针对一个人或两个人扰乱国家机关工作秩序的行为。于是，在第 290 条的重重保护之下，国家机关工作秩序被塑造成一个极其重要但又极易受伤害的、无比脆弱的法益。

要评价作为保护法益的国家机关工作秩序，首先要看看针对该保护客体的可能出现的“扰乱”方式。伤害在机关工作的人员的身体，砸毁国家机关的财物，没有正当合理的诉求而到国家机关起哄闹事，这些行为当然都会影响到国家机关的工作秩序，但是，刑法已经有伤害罪、毁坏财物罪以及寻衅滋事罪等规定，足以处罚上述行为。而且，这些犯罪的法定刑设置都要比第 290 条第 3 款更高，不会出现轻纵犯罪的效果。所以，如果打算把第290条第3款中的"扰乱"限定为上述行为，那么，这款立法除了造成一个想象竞合犯从一重罪论处的结论之外，似乎在堵截漏洞加强保护方面并没有实际意义。

这样看来，从体系解释的角度，"扰乱国家机关工作秩序"的立法，显然不是以上述行为作为规制重点。如果把那些造成国家机关工作人员的人身伤害或国家机关的财产损失，或者是无理取闹、起哄闹事的行为暂且排除在外，就会看到第290条第3款的立法的打击目标。按照一些参与立法审议的全国人大法工委委员的说法，"针对实践中一些个人缠访、闹访，屡教不改，严重扰乱国家机关执行的情况，增加规定本罪"。[1] 因此，诸如因问题长期得不到解决而长期上访的"缠访"，以哭闹的方式表达诉求的"闹访"等行为，就被立法者评价为侵害了国家机关工作秩序这一法益。

从教义学的角度来审视这一立法，首先涉及对法益概念的理解。一种常见的观点是，在刑法体系内部定义法益，将法益视作是由刑法所确立下来的生活利益，不存在一个预先给予立法者的法益概念。"对刑法预先给出的限制，法益概念没有提供适当的根据"。[2] 从这一方向出发，法益被赋予一种位于刑法体系之内的解释工具的方法性功能，它不能挑战给予其生命的刑法本身，而仅仅服务于对具体构成要件的解释。与此相反，另一种理解方式是，法益概念是先在于刑法体系的，它决定和制约着刑事立法，能够针对刑法干预发挥限制功能。从这一方向出发，法益概念被赋予一种体系批判的功能，"用刑罚威胁来禁止一种行为，而这种禁止不

〔1〕 载 http://www.npc.gov.cn/npc/xinwen/2014-11/03/content_1884976.htm，最后访问日期：2017年6月30日。

〔2〕 Hirsch, Die aktuelle Diskussion über den Rechtsgutsbegriff, in Courakis (Hrsg.), Die Strafrechtswissenschaft im 21. Jahrhundert. *Festschrift für Dionysios Spinellis*, 2001, S. 425, 436.

能以法益作为根据，那么这种禁止就可能是国家的错误”。[1]

笔者主张法益概念具有解释和批判的双重功能。“放弃法益保护原则的批判潜力将会使得刑法再次回到启蒙之前的水平”。[2] 法益不仅仅是一个指导解释的方法论概念，而且也应当兼具批判性的功能，能够告诉立法者合法刑罚处罚的界限。对其所承担的立法批判功能而言，法益是一个位于刑法条文之上的、能够预先勾勒刑罚权边界，并据此审查和批判刑法规定正当性的角色。限于主题和篇幅，这里不能过多展开论证，只能作为一个理论前提。由此出发，笔者认为第 290 条第 3 款的立法存在疑问。

一个具有批判性功能的法益概念，是指有益于公民个人的自由及其发展，或者是建立在此目标上的国家制度的运转所必要的现实存在和目的设定。[3] 按此，第 290 条第 3 款所要保护的“国家机关工作秩序”，不能因为被立法者规定，就自然地具有了法益保护的正当性和必要性。它要面对以下质疑。

第一，法益保护的正当性。并非一些人员在物理场所中聚在一起就形成法律上的秩序，而是要看特定机构、场所的具体功能。对国家机关而言，其设立目标和存在根据就是服务于公民个人的自由及其发展，因此，只有当国家机关的工作内容是为公民个人的自由发展提供服务时，才存在一个值得法律重视的“国家机关工作秩序”。同理，只要相关事项涉及公民个人的自由及其发展，围绕着该事项产生的争议及处理，无论是公民个人的主张，还是国家机

---

〔1〕 Hassemer, Darfes Straftaten geben, die ein strafrechtliches Rechtsgut nicht in Mitleidenschaft ziehen?, in: Hefendehl/Hirsch/Wohlers (Hrsg.), *Die Rechtsgutstheorie*, 2003, S. 57.

〔2〕 Schünemann, Das Rechtsgüterschutzprinzip als Fluchtpunkt der verfassungsrechtlichen Grenzen der Straftatbestände und ihrer Interpretation, in: Hefendehl/Hirsch/Wohlers (Hrsg.), *Die Rechtsgutstheorie*, 2003, S. 133, 145.

〔3〕 [德]克劳斯·罗克辛:《德国刑法学总论》(第 1 卷)，王世洲译，法律出版社 2005 年版，第 15 页。

关的应对,都属于国家机关工作秩序的一部分。

实践中的“缠访”“闹访”行为,往往是涉及公民个人的自由及其发展的事项(如征地拆迁补偿、案件处理等),大部分诉求都有一定根据,即使其方式欠妥,解决或回应这些诉求,也本应当是国家机关工作秩序的一部分。将其评价为对“国家机关工作秩序”的“扰乱”,这种做法是将本应属于国家机关工作秩序的一部分内容抽离出来,使之成为与国家机关的工作相脱离、相对立的东西,但这也抽空了国家机关存在和受到保护的理由和基础,使得国家机关只剩下一个由建筑物、人和权力编织而成的怪物,对国家机关的工作秩序的保护,也就此沦为对建筑物内的人员行使公权力的不受干扰性和自在安宁性的保护。从批判性法益概念的检验来看,这种所谓的“国家机关工作秩序”,是否还能被承认为是“法益”而受到刑法保护,恐怕是大有疑问的。

第二,法益保护的必要性。作为国家层面设立、由公民纳税支持运转的机关,如果其工作秩序可以轻易地被一两个人(用暴力、伤害、毁财等犯罪行为之外的轻微方式)“扰乱”,这样的脆弱程度,又如何能够被信赖其可以担负起服务于公民个人自由及其发展的功能。而如果它不能胜任这个功能,无法有效实现这一目标,它就失去存在的价值,更不配成为刑法保护的法益。

第三,法益保护的辅助性。刑法不是法益保护的首要和唯一手段,而是提供一种辅助性的保护。在通过行政不法的评价足以解决问题时,对于轻微的法益损害,就不适合采用刑罚手段。通常这也被称作刑法的碎片性和最后手段性。因此,即使在劳动教养废除以后,也不意味着就可以当然地将某些个人“缠访”“闹访”的行为纳入刑法规制,相反,优先考虑通过《治安管理处罚法》等行政处罚手段解决,区分行政不法与刑事不法,是在法益保护的问题上遵循比例性原则的必然要求。

(二)以预防为中心的刑罚目的理论

原《刑法》第241条第6款规定:“收买被拐卖的妇女、儿童,按照被买妇女的意愿,不阻碍其返回原居住地的,对被买儿童没有虐待行为,不阻碍对其进行解救的,可以不追究刑事责任。”《刑法修正案(九)》将其修改为:“收买被拐卖的妇女、儿童,对被买儿童没有虐待行为,不阻碍对其进行解救的,可以从轻处罚;按照被买妇女的意愿,不阻碍其返回原居住地的,可以从轻、减轻或者免除处罚。”此外,《刑法修正案(九)》增设了第383条第4款:“犯第一款罪,有第三项规定情形被判处死刑缓期执行的,人民法院根据犯罪情节等情况可以同时决定在其死刑缓期执行二年期满依法减为无期徒刑后,终身监禁,不得减刑、假释。”

上述所列两条,基本上没有涉及对构成要件行为的修改,而是修改了行为的法律后果,在处罚原则和法定刑设置上有较大变化。这就涉及一个刑法教义学的基础问题:刑罚应当以什么方式发挥作用,才能使刑法的任务成为正义的?这个问题,通常由刑罚目的理论来回答。

关于刑罚目的理论,大体上存在三种基本观点。其一,报应理论。不是在追求任何对社会有用的目的中考虑刑罚的意义,而是通过让罪犯承担痛苦的方法,使行为人由于自己的行为而加于自身的罪责,在正义的方式下得到报应、弥补和赎罪。其二,特殊预防理论。刑罚的目的指向未来,针对个别的行为人,其任务仅仅在于阻止行为人将来的犯罪行为。其三,一般预防理论。刑罚的目的在于对一般公众的影响。通过刑罚的威胁和执行,公众应当掌握法律的禁止性规定并且避免违反这些规定。因此,刑罚不应当特别地作用于被判刑人,而应当一般性地作用于社会公众。

将上述某一种理论单独作为刑罚目的,这种观点如今已经很少有人主张了。大多数学者赞成一种综合性的理论。只是,如何综合，见仁见智。有的学者主张以报应为主导，兼顾特殊预防和一般预防。[1] 有的学者认为，在刑罚创设、裁量和执行的不同阶段，报应与预防具有不同的重要性。[2] 在各种理论中，德国学者罗克辛的以预防为中心的综合理论有其独到之处。在这个方案中，报应不是一种与预防并列的刑罚目的，它的作用是提供了罪责原则，作为设定刑罚界限的手段。刑罚不允许超过由罪责原则划定的边界，在这个范围之内，考虑作为刑罚目的的特殊预防与一般预防。而当特殊预防与一般预防发生冲突时，优先考虑特殊预防。[3]

笔者赞成这种以预防为中心的方案。其理由是：(1)有取长补短的效果。它尝试通过一种交叉组合和相互限制的方式，来尽量消除报应理论与预防理论各自的弱点，并保留和发扬各自的优点。相比之下，其他的综合理论，往往失之于一种简单集合，并没有排除传统理论的缺陷，而是相当于把各自的缺陷也一并相加。(2)报应理论经过改造后获得重生。这种方案将报应理论由刑罚的目的改造为刑罚的边界，相当于从前锋变成边裁，这种定位和功能的变化，最大限度地发挥了报应理论的精华。由报应理论中提取出的罪责原则，能够提供各种预防理论均无力提供的限制国家刑罚权的功能：刑罚在任何情况下，都不能高于一个人的罪责。在这个意义上，关乎到宪法上的人格尊严。同时，它对于稳定一般大众的法律意识也有重要意义，任何人都不会受到比其应受的更重的惩罚。这种理论与将报应作为刑罚目的传统理论的区别在于：罪责仅仅是提供了一个不得逾越的边界，在这个范围之内，刑罚的轻重与报

---

〔1〕 Maurach/Zipf, *Strafrecht AT*/1, 8. Aufl., 1992, 6/8.

〔2〕［意］杜里奥·帕多瓦尼：《意大利刑法学原理》（注评版），陈忠林译评，中国人民大学出版社 2004 年版，第 307～309 页。［日］福田平、［日］大塚仁：《日本刑法总论讲义》，李乔等译，辽宁人民出版社 1986 年版，第 14 页。陈兴良：《刑罚目的新论》，载《华东政法学院学报》2001 年第 3 期。

〔3〕［德］克劳斯·罗克辛：《德国刑法学总论》（第 1 卷），王世洲译，法律出版社 2005 年版，第 36～38 页。

应无关,而仅仅是取决于预防目的。(3)优先考虑特殊预防,而以一般预防为辅,这种排序能将刑罚效率最大化。在两者出现冲突时,优先考虑一般预防,会阻碍特殊预防的实现;但是,优先考虑特殊预防,并不会排除一般预防的效果,最多只会以一种难以测量的方式削弱了其影响,而轻微的刑罚同样有一般预防的效果。〔1〕

接下来,就用这样一种以预防为中心、以报应(罪责)为边界的刑罚目的理论,来对前面提到的两处修法进行评述。

1. 收买被拐卖妇女、儿童罪的回头路由宽变窄

原《刑法》第 241 条收买被拐卖的妇女、儿童罪第 6 款规定:“收买被拐卖的妇女、儿童,按照被买妇女的意愿,不阻碍其返回原居住地的,对被买儿童没有虐待行为,不阻碍对其进行解救的,可以不追究刑事责任。”当初设立这一规定的政策考虑是:收买被拐卖的妇女儿童的行为“有各种不同的情况,应当区别对待,这样有利于减少阻力,有利于解救和保护被拐卖的妇女、儿童”。〔2〕《刑法修正案(九)》草案一稿将“可以不追究刑事责任”修改为“可以从轻、减轻或者免除处罚”,最终稿又将“可以从轻、减轻或者免除处罚”修改为仅适用于收买妇女。如果收买对象是儿童,即使收买人“对被买儿童没有虐待行为,不阻碍对其进行解救的”,最多也只能是“可以从轻处罚”。显然,在对收买人的惩罚原则上,《刑法修正案(九)》是从严论处,由轻改重了。

值得注意的是,这一修改不是直接针对收买行为本身,而是针对收买之后的表现。按照原刑法规定,如果收买之后能够善待妇女、儿童,也不阻碍解救,那么就为收买人开辟一条“回头路”,而现在,这条路由宽变窄了。这种修改,显然是与近年来人贩子猖獗、

〔1〕 关于这种以预防为中心的综合理论的详细展开,可参见[德]克劳斯·罗克辛:《德国刑法学总论》(第 1 卷),王世洲译,法律出版社 2005 年版,第 36 ~ 53 页。

〔2〕 高铭暄、赵秉志主编:《新中国刑法立法文献资料总览》(第 2 版),中国人民公安大学出版社 2015 年版,第 264 页。

拐卖儿童问题引起社会普遍关注有密切关系。修法的动机值得肯定,但这种修法方式,能否更好地实现对妇女儿童的保护目的呢?以下几点值得思考。

第一,首先要明确,拐卖收买类犯罪的保护对象不是父母,而是儿童。任何法律规定都有一个保护目的。刑法规定拐卖和收买被拐卖儿童罪,是要保护儿童不作为商品被贩卖的利益,而不是抚慰被拐儿童家长的精神损害。如果是后者,那么,那些孤儿、流浪儿童,或者因为重男轻女或生活困顿而被父母主动出卖的儿童——这部分案件在中国数量很大——就失去了刑法的保护。既然法律的保护对象是儿童,那么,惩罚机制的设置,就不能围绕着如何能够最大限度地平息和发泄为人父母者的愤怒来展开,不能围绕着如何满足一般人的正义感来展开,而是还要回到如何最好最有效地保护儿童自身的利益上面来。

第二,发挥刑罚的一般预防目的,是以行为人属于对刑罚轻重敏感的、可威慑可沟通的理性人为前提的。现在的修法主要是针对的是收买之后的表现,当然,这种威慑效果同时指向两个阶段。首先,它指向收买行为当时。立法者的修法初衷,就是本着“没有买方就没有卖方”的想法,想要通过堵死收买人的回头路的方式,来威慑收买行为。[1] 这种做法的确在客观上提高了收买行为的成本,但是,试图在一个人决定是否收买妇女或儿童的当时,因为考虑到日后的回头路变窄而放弃收买,可能收效甚微。一个人既然考虑收买,就是要把被拐卖的妇女或儿童纳入自己的家庭生活,这就意味着他当然不愿意被收买的妇女儿童再返乡或被解救,自然也不会进一步地考虑是否阻碍其返乡或解救的后果。因此,回头

---

〔1〕 关于全国人大常委会委员们对修改该罪的意见,参见《常委会委员提出没有买方市场就不会滋生卖方市场　收买被拐妇女儿童一律追究刑责》,载 http://www.npc.gov.cn/npc/xinwen/lfgz/2015-07/07/content_1941147.htm,最后访问日期:2017 年 6 月 30 日。

路是宽还是窄，这种尚在未来的、充满不确定性的激励，对于当下的收买决定而言，太过遥远和微弱。

相反，对于一个已经收买了妇女或儿童的人来说，在其决定是否阻碍其返乡或被解救的时候，回头路的激励就放在其眼前了。设置一个具有明确差异性的选项，就像面对枪口反抗则死、投降则生一样，这就是一个现实而有效的激励。如果反抗或投降都是死路一条，那么，一个理性人就必然会选择可能还有逃生机会的反抗。对于收买人而言，如果无论是否善待儿童，未来可能降临的惩罚都没有太大差异的话，落下的皮鞭就失去了外部制约的力量。如果无论是否阻碍解救儿童，几乎都没有什么网开一面的回头路时，对收买人而言更优的选择，只能是想方设法通过藏匿等方式阻碍解救，因为这样反而可能会因缺乏证据无法定罪而逃避惩罚。“今亡亦死，举大计亦死，等死，死国可乎？”事虽不同而理则一也。

由此可见，立法者将收买人的回头路堵死或变窄，其激励效果既指向决定犯罪之前的潜在收买人，也指向实施犯罪之后的现实收买人。但是，这种激励对于前者的威慑效果甚微，也很难达到遏制买方市场的目的。相反，却会对后者起到一种显著的反向激励，使其做出更加不利于被收买的妇女或儿童的选择。因此，在一般预防的意义上，如何设计法律才能实现最有利于妇女、儿童利益的保护，立法者似乎缺乏足够清醒的后果权衡，体现的更多的是一种加大保护的立场和表态。

第三，按照修法，收买儿童最宽是可以从轻，收买妇女最宽则可以免除处罚。立法者区分了收买妇女和收买儿童的惩罚原则。据报道，这是由于“有的常委会组成人员、部门和地方提出，收买被拐卖的妇女和收买被拐卖的儿童情况有所不同，在刑事政策的掌握和处罚上应有所区别，对后一种情况减轻或者免除处罚应当慎重。"[1]从特殊预防的角度来看,收买儿童做子女的人,比收买妇女当媳妇的人,教育改造的必要性未必更高,甚至可能更低。从给家庭带来伤害的角度来看,为人者均有父母,妇女可能还多出配偶,因而把对父母造成痛苦这一点作为区分根据也不充分。唯一值得作为区分理由的是,可能会出现一些被拐卖的妇女自愿脱离原环境的情形,或者被收买之后,与收买人共同生活甚至生儿育女而与收买人关系发生变化不愿返乡的情形,考虑到作为成年女性,其意志决定自由的程度和实现意志的能力都要强于儿童,这可能会给区分收买妇女与收买儿童的罪责程度提供根据。

2. 重特大贪污受贿犯罪面临终身监禁

根据《刑法修正案(九)》的规定,因重特大贪污受贿罪被判处死缓的犯罪分子,依法减为无期徒刑后,可能因不得减刑、假释而面临终身监禁。

显然,从法律上来看,终身监禁不是一个新设的刑种,而是执行无期徒刑不得减刑、假释的必然结果。但是,在目前的刑罚执行体制中,由于减刑、假释的普遍存在,无期徒刑往往是名不符实的"假无期"。这样一来,不得减刑和假释的规定,实际上是在死刑与"假无期"之间,制度性地设置了一种能够彻底剥夺犯罪人自由的"真无期徒刑"。就此而言,这种刑罚结构的局部改革,相当于在事实层面为个别犯罪增加了一种刑罚种类。这将是一个具有重大意义和深远影响的规定。对于这种"真无期徒刑"的终身监禁,基于刑罚目的理论,以下几点值得思考。

第一,从报应和罪责程度的角度来看,《刑法修正案(九)》对贪污受贿犯罪实行"不得减刑、假释"的终身监禁,是否超出了罪责边界,值得探讨。当然,一种犯罪的罪责边界到底有多大,很难有一

---

〔1〕《常委会委员提出没有买方市场就不会滋生卖方市场　收买被拐妇女儿童一律追究刑责》,载 http://www.npc.gov.cn/npc/xinwen/lfgz/2015-07/07/content_1941147.htm,最后访问日期:2017 年 6 月 30 日。

个绝对的结论。但可以做一个相对的比较。《刑法修正案(八)》增设了第50条第2款,立法者首次提出“限制减刑”的说法,针对的是“对被判处死刑缓期执行的累犯以及因故意杀人、强奸、抢劫、绑架、放火、爆炸、投放危险物质或者有组织的暴力性犯罪被判处死刑缓期执行的犯罪分子”。这一类犯罪人最多是“限制”减刑,而贪污受贿犯罪的犯罪人则是“不得”减刑、假释。在两者宣告刑相同的情况下(都是被判处死刑缓期执行),如果把对后者从重惩处的理由归结到罪责,认为贪污受贿犯罪比杀人、强奸、抢劫、绑架、放火、爆炸、投放危险物质或者有组织的暴力性犯罪的罪责更深重,是否像官方所说的那样,“有利于体现罪刑相适应的刑法原则”,[1]恐怕不无疑问。

或许会有反驳说,按照笔者所说的以预防为中心的综合性方案,报应性的罪责只是提供了一个边界,并不是决定刑罚轻重的决定性因素,因此,即使贪污受贿犯罪与杀人强奸等暴力犯罪的罪责程度相当甚至更低,也完全可能在罪责范围之内,基于预防目的的需要,对前者终身监禁,而对后者仅是“限制减刑”。不错,仅仅集中在罪责程度的讨论,尚不足以动摇这一修法的正当性。对终身监禁的根本性疑问,其实是来自下面所说的特殊预防。

第二,就特殊预防而言,针对贪污受贿犯罪的终身监禁难见正面效果。一方面,从剥夺再犯能力的角度来看,[2]对于贪污犯受贿犯没有基于再犯危险性预测而剥夺其犯罪能力的必要性。因贪污受贿入狱的国家工作人员,都被褫夺公职而仕途终结,再出狱之后,几乎没有再犯贪污受贿犯罪的可能性。同时,与暴力犯罪不

---

〔1〕《判死缓重大贪污受贿罪犯或被终身监禁》,载 http://www.npc.gov.cn/npc/xinwen/lfgz/2015-08/25/content_1944106.htm,最后访问日期:2017年6月30日。

〔2〕关于剥夺再犯能力理论的详细展开,可参见刘军:《该当与危险:新型刑罚目的对量刑的影响》,载《中国法学》2014年第2期。

同,从贪污受贿犯所犯罪行来看,也不能得出其具有再犯其他犯罪的人身危险性的结论。因此,这完全是将有限的行刑资源浪费在了不具有危险控制必要性的犯罪类型和犯罪人之上。

另一方面,从教育改造的角度来看,终身监禁意味着犯罪人永远不能重返社会,这只能适用于那些完全没有任何教育改造可能性的犯罪人。而对于贪污受贿犯罪,法院如何在宣判时得出这一结论,存在疑问。按照《刑法修正案(九)》的规定,“人民法院根据犯罪情节等情况可以同时决定在其死刑缓期执行二年期满依法减为无期徒刑后,终身监禁,不得减刑、假释”,该规定对某些贪污受贿罪的罪犯,直接堵死了其重返社会的可能性,实际上是认为这些贪污受贿者属于没有任何教育改造可能性的犯罪人。这不仅不符合一般人的常理认知,而且问题在于,法院根据什么在宣判当时尚未执行的阶段就得出结论说,这些贪污受贿者是无法改造的,在行刑过程中也绝对不会有悔过自新重新做人的可能性,因而需要终身监禁?

第三,在特殊预防无效的情况下,一般预防的刑罚目的,更不能为这处修法提供任何支持。显然,在贪污受贿的死刑仍然保留的情况下,多出一个终身监禁,很难说在边际效应上会增加什么威慑效果。总之,预防和罪责都无法解释这一修法的正当性。

在刑罚目的理论之外,还有两种说法试图为此提供理由。一种理由是全国人大的官方说法,“防止在司法实践中出现这类罪犯通过减刑等途径服刑期过短的情形”。[1] 这一理由令人不解。一方面,减刑制度设定的宗旨,本来就是通过缩短刑期来鼓励罪犯改造。要防止这一点,除非是彻底否定减刑制度。另一方面,实践中的情形是,“服刑期过短”是由于很多贪污受贿者在入狱后仍然能

〔1〕《判死缓重大贪污受贿罪犯或被终身监禁》,载 http://www.npc.gov.cn/npc/xinwen/lfgz/2015-08/25/content_1944106.htm,最后访问日期:2017 年 6 月 30 日。

发挥权力活动空间寻租所造成。[1] 可是,不正当的减刑毕竟不是越狱,决定权不在于罪犯而在于监狱。《刑法》第 401 条已经针对司法人员规定了徇私舞弊减刑、假释罪,但是该条在实践中一直适用甚少。要解决不正常减刑假释的问题,关键在于激活和充分适用第401 条,并结合其他行政手段,大力治理狱政腐败。至于罪犯,只要其确有悔罪表现,无论其身份是否为贪腐官员,通过减刑和假释提前出狱,都是正常现象。不能把本应打在执行机关身上的板子,反过来打在享有减刑假释申请权的罪犯身上。如果任何规定因为执行者的腐败因素而变形,就要停滞甚至废止该规定,那整个社会治理体系也剩不下多少制度了。

另一种理由来自学界。有的观点认为,这是为我国“减少死刑、延长生刑”的刑罚结构改革进行铺垫。我赞成对“死刑过重、生刑过轻”的反思,[2]但是不赞成以现在这种修法方式来进行改革。首先要明确的是,为什么要减少甚至废除死刑?如果从刑罚目的来检验死刑的话,首先,死刑肯定存在某种程度的威慑力,有一般预防的效果;其次,它也能迎合报应刑的观点;唯一有疑问的,就是特殊预防。改造个人的特殊预防思想可追溯至古希腊,但在之后的几百年中,一直受到报应刑和一般预防论的压制,直到 19 世纪末期,在李斯特的《刑法中的目的论》[3]中得到重生。按照李斯特的观点,特殊预防应该按照行为人的不同人格类型有区别的进行:对无法遏制又无法矫正的惯犯进行无害化处理;对单纯的偶犯加以威慑;对可以矫正的罪犯进行矫正。

由此可见,特殊预防的根本思想在于认为绝大多数罪犯是可

〔1〕 中央政法委于2014 年1 月21 日下发《关于严格规范减刑、假释、暂予监外执行,切实防止司法腐败的意见》,要求从严把握减刑、假释、暂予监外执行标准。

〔2〕 参见陈兴良主编:《宽严相济刑事政策研究》,中国人民大学出版社 2007 年版,第 20 页。

〔3〕 Liszt, *Strafrechtliche Aufsätze und Vorträge*, Bd. 1, 1905, S. 126ff.

以矫正的，刑罚的目的在于通过教育令其重归社会。只有对于极少数的无法矫正和遏制的罪犯，才切断他重归社会之路。死刑，就是彻底切断罪犯重归社会之路的最有效途径。而死刑的残酷和不人道，也正是来自将罪犯与人类社会生活的隔离，至于肉体的消灭，仅仅是这种隔离的一种方式而已。按照法国哲学家利科的观点，西方国家废除死刑，“是给犯人一个未来”。[1] 而终身监禁，恰恰是没有给犯人一个未来。就像贝卡利亚所说，“终身苦役同死刑一样也是痛苦的，所以，它也同样是残酷的。笔者认为：如果把苦役的受苦时间性加在一起，甚至是有过之而无不及”。[2] 在这个意义上，真正的无期徒刑即终身监禁，和死刑一样，都是将一个人永远地与人类社会生活相隔离，差异仅仅在于肉体是否在物理意义上存在而已。张明楷教授甚至认为，“以终身刑替代死刑，只不过是用一种死刑（甚至更为残酷）替代另一种死刑”。[3]

退一步来讲，即使认为终身监禁的残酷性和不人道性没有达到死刑的程度，可以考虑作为死刑的替代刑，《刑法修正案（九）》的立法方式也存在疑问。目前的修法，是仅仅对贪污贿赂犯罪部分设置终身监禁。这显然是中国政经改革中常见的局部试点的风格。对此有几点疑问。其一，以往政经改革中在局部“摸着石头过河”，如经济特区或自贸区等，往往是赋权或给予政策支持。现在的修法，则是把一个本来已经被法律明确规定为所有犯罪人可以普遍享有的关于减刑假释的优惠申请权，从一部分罪犯身上扣除和取消。这是否有违宪法规定的（同样制约立法者）平等原则，值得斟酌。其二，即使采取个别探索、局部试点的方式，也应当从罪

---

〔1〕 杜小真编：《利科北大讲演录》，北京大学出版社2000年版，第24页。

〔2〕 [意]切萨雷·贝卡利亚：《论犯罪与刑罚》，黄风译，北京大学出版社2014年版，第80页。

〔3〕 张明楷：《死刑的废止不需要终身刑替代》，载《法学研究》2008年第2期。

行最严重的、人身危险性最高的暴力犯罪开始。无限防卫权以及以往限制减刑的规定也只是针对这些暴力犯罪，已经充分说明了它们的危害性，而贪污贿赂显然不属于这一层级。其三，立法者在规定终身监禁的同时，仍然保留了贪污受贿犯罪的死刑（立即执行）。这种立法，没有看出减少死刑、延长生刑的同步性，反而在“死刑过重”的基础上又增加了“生刑过重”。相当于由原来的一种酷刑，变成两种酷刑并存。而这个并存期间会有多长，尚无日程表。至少，对处在这一不同步时期的贪污受贿的犯罪人而言，完全被当成了改革试验的牺牲品。

（三）行为人刑法的观念

《刑法修正案（九）》将原第 267 条第 1 款修改为：“抢夺公私财物，数额较大的，或者多次抢夺的，处三年以下有期徒刑、拘役或者管制，并处或者单处罚金……”在第 290 条中增加两款作为第 3 款、第 4 款：“多次扰乱国家机关工作秩序，经行政处罚后仍不改正，造成严重后果的，处三年以下有期徒刑、拘役或者管制。多次组织、资助他人非法聚集，扰乱社会秩序，情节严重的，依照前款的规定处罚。”在《刑法》第 286 条后增加一条，作为第 286 条之一：“网络服务提供者不履行法律、行政法规规定的信息网络安全管理义务，经监管部门责令采取改正措施而拒不改正，有下列情形之一的，处三年以下有期徒刑、拘役或者管制，并处或者单处罚金……”这几处修法，并没有对构成要件行为本身做出修改，但是对于行为实施的次数，以及是否受到处罚后仍不改正做出了规定，使其成为决定刑事可罚性的条件。在基础理论层面，这就涉及行为人刑法的问题。

行为人刑法是以特殊预防为刑罚目的，以“行为人”而非“行为”为思考重心的刑法思想。这支学术传统曾在与行为刑法的“学派之争”中盛极而衰，但始终没有消退，直到今天仍在各国的刑法典中延续。从最初的思想源头看,行为刑法与行为人刑法的区分,主要表现在惩罚根据和惩罚对象的不同。行为刑法的概念是一种法定的规则,根据这个规则,惩罚仅仅表现为对单个行为的反应,而不是表现为对行为人整体生活导向的反应,更不是表现为对一种行为人所期待的未来危险的反应。行为人刑法则相反,刑罚是与行为人的人格相联系的,同时,刑罚是由行为人对社会的危害及其程度所决定的。[1]

以特殊预防为目的引领的行为人刑法,侧重的是刑法保卫社会、打击犯罪的一面。因此,在以保障被告人权为基本精髓的罪刑法定原则面前,行为人刑法的发展空间要远小于行为刑法。这可以轻易地做出对比:行为刑法着重构成要件行为的描述并依此确定刑罚,而行为人刑法需要发现和确证行为人人格中的不良因素,并以此作为刑罚的根据。在明确性、清晰度和无争议性上,前者的效果显然要优越于后者。正如德国学者罗克辛教授指出的,“建立在自由的法治国基本原则上的一种法律制度,总是倾向于行为刑法的。”[2]或者按照周光权教授的说法,与行为刑法大致对应的刑法客观主义,迎合了一种刑事领域的法治立场。[3]

但是,尽管目前各国刑法典的基本底色上都是行为刑法,但是这并不意味着其中没有行为人刑法的成分。这里无须大量的比较列举,仅以我国现行1997年刑法典为例,事实上,无论是总则分则中的一些条文,还是围绕刑法适用制作出台的一些司法解释,都能从中看到行为人刑法的影响和人格因素的作用。一方面,部分刑法条文及司法解释侧重人格、动机等行为人特征,规定了入罪、加

〔1〕[德]克劳斯·罗克辛:《德国刑法学总论》(第1卷),王世洲译,法律出版社2005年版,第105~106页。

〔2〕[德]克劳斯·罗克辛:《德国刑法学总论》(第1卷),王世洲译,法律出版社2005年版,第106页。

〔3〕周光权:《法治视野中的刑法客观主义》(第2版),法律出版社2013年版,第104页。

重、从重及其他不从宽的效果。例如,未成年人具备恶劣动机的构成寻衅滋事罪、累犯从重处罚、立功不能由亲友代行等。另一方面,部分刑法条文及司法解释同样从行为人角度考虑,规定了出罪、减轻或者从轻的惩罚效果。例如,关于死缓和缓刑制度、老年人的免死规定、未成年罪犯的教育和矫正等。这些相关规定都是典型的从行为人角度出发做出的规定。

《刑法修正案(九)》中,增加了几处关于“多次”“经行政处罚后仍不改正”“经监管部门责令采取改正措施而拒不改正”的规定。例如,行为人仅实施一次抢夺行为数额较小的,不构成抢夺罪,但是如果多次抢夺,即使数额较小,也按照抢夺罪论处。这里能够与“数额较大”相替代的,是“多次”。再如,行为人只有“多次”组织、资助他人非法聚集,才作为犯罪处理。又如,网络服务提供者不履行信息网络安全管理义务,经监管部门责令采取改正措施后履行义务的,就不构成犯罪,只有“拒不改正”的,才作为犯罪处理。这些规定都没有改变构成要件行为本身的特征,而是说明行为人反复实施构成要件行为。这里涉及的就是偶犯与惯犯的问题。我国司法解释中虽然没有使用惯犯的概念,但是已经多次出现过“初犯、偶犯”的用语。例如,2010年《最高人民法院关于贯彻宽严相济刑事政策的若干意见》第19条规定,“对于较轻犯罪的初犯、偶犯,应当综合考虑其犯罪的动机、手段、情节、后果和犯罪时的主观状态,酌情予以从宽处罚。对于犯罪情节轻微的初犯、偶犯,可以免予刑事处罚”。与这种初犯、偶犯相反,多次实施同一构成要件行为,或者经过行政处罚仍不改正的,就可以认定为惯犯。

这里所说的惯犯,仍然是以实施了抢夺等构成要件行为为前提条件的。这一点根本有异于像德国1933年《惯犯法》规定的那种惯犯,即对流浪者、乞丐、酗酒者和懒汉由于其所谓“生活方式的罪责”或者“生活选择的罪责”而施加惩罚。“多次”“拒不改正”等因素的体系性地位,可以放置在责任概念中。这也是与传统的、仅仅在量刑阶段考虑行为人因素的行为人刑法有别之处，即行为人的因素可以被提前放到责任中来。当然，这里的责任概念，也不再是传统的规范性的罪责概念，而是一种功能性的责任概念。它同时包括了罪责和预防必要性两部分考虑。偶犯与惯犯在罪责部分是相同的。不同的是，初犯、偶犯的预防必要性要低于惯犯，因而它们的责任在整体上也要低于惯犯。例如，一个抢夺数额较小财物的初犯、偶犯，即使在有罪责的时候，也可能因为缺乏预防必要性而没有责任，最终是因为免责而无罪。但是，一个多次抢夺财物的行为人，即使财物数额较小，但是也属于本文所说的惯犯，对其存在预防必要性，因此充足了抢夺罪的责任要求。此外，像第286条和第290条的立法，也都是行为人刑法的观念在《刑法修正案(九)》中的体现。

三、透过法教义学中层理论的反思

(一)预备行为的实行化

《刑法》第22条规定，“为了犯罪，准备工具、制造条件的，是犯罪预备。对于预备犯，可以比照既遂犯从轻、减轻处罚或者免除处罚。”将原本属于准备工具或制造条件的预备行为，通过立法规定为实行行为，是近年来刑事立法的一个重要动向。预备行为的实行化，集中表现在《刑法修正案(九)》对下列条文的修改上。

首先，增设了第120条之二：“有下列情形之一的，处五年以下有期徒刑、拘役、管制或者剥夺政治权利，并处罚金；情节严重的，处五年以上有期徒刑，并处罚金或者没收财产：(一)为实施恐怖活动准备凶器、危险物品或者其他工具的；(二)组织恐怖活动培训或者积极参加恐怖活动培训的；(三)为实施恐怖活动与境外恐怖活动组织或者人员联系的；(四)为实施恐怖活动进行策划或者其他准备的。”其次，增设了第287条之一：“利用信息网络实施下列行为之一，情节严重的，处三年以下有期徒刑或者拘役，并处或者单处罚金:(一)设立用于实施诈骗、传授犯罪方法、制作或者销售违禁物品、管制物品等违法犯罪活动的网站、通讯群组的;(二)发布有关制作或者销售毒品、枪支、淫秽物品等违禁物品、管制物品或者其他违法犯罪信息的;(三)为实施诈骗等违法犯罪活动发布信息的。”

上述规定中的“为实施恐怖活动准备凶器、危险物品或者其他工具”“为实施恐怖活动与境外恐怖活动组织或者人员联系”“为实施诈骗等违法犯罪活动发布信息”等行为,本来可以被归入《刑法》第 22 条规定的“准备工具、制造条件”的犯罪预备行为。但是,经过《刑法修正案(九)》的修法,这些预备行为被独立评价为一种实行犯行为,惩罚时点大大提前了。笔者将其称为预备行为的实行化。

受苏俄刑法影响,[1]我国《刑法》第 22 条规定对所有预备犯原则上均得科处刑罚。但是,从理论上来看,普遍处罚预备犯意味着刑罚的提前发动和全面膨胀,这既缺乏足够的法理正当性,也没有刑事政策上的必要性,同时存在诸多法教义学上的适用困难,[2]因而在司法实践中,这一普遍性规定基本上处于闲置状态,较为少见直接援引第 22 条处罚预备犯的情形。但是,从刑事政策的立场考虑,如果彻底否定预备犯的刑事可罚性,必须等到实际着手实行犯罪之后才启动刑罚,又会使得刑法处在难以及时有效保护一些重大法益的尴尬境地。因此,全面放弃对预备犯的处罚也并不妥当。

如何在预备犯领域中寻求刑罚膨胀与法益保护之间的平衡?面对第 22 条的闲置状态,立法者似乎听之任之,并无修改总则条文的想法,倒是在分则部分,将部分预备犯拟制为正犯独立处罚。

---

〔1〕 现行俄罗斯刑法典已经取消了预备犯普遍处罚原则,仅规定“只有对预备严重犯罪和特别严重的犯罪,才追究刑事责任。”参见[俄]俄罗斯联邦总检察院编:《俄罗斯联邦刑法典释义》(上册),黄道秀译,中国政法大学出版社 2000 年版,第 62 页。

〔2〕 梁根林:《预备犯普遍处罚原则的困境与突围》,载《中国法学》2011 年第 2 期。

例如，伪造国家机关公文、证件、印章，通常都是为了实施其他的违法犯罪活动（如诈骗罪）而“准备工具、制造条件”，而立法者把这些预备犯拟制为正犯，单独规定了《刑法》第280条伪造、变造、买卖国家机关公文、证件、印章罪。于是，我国刑法典中就出现了这样的预备犯处罚格局：一方面，总则部分虽有普遍处罚的一般性规定但基本上闲置不用；另一方面，在分则部分的一些犯罪中，出现了将预备犯升格为实行犯的倾向。现在，《刑法修正案（九）》又有新的推进。增设第120条之二和第287条之一，都属于预备行为实行化的立法。这两处修改各有特色，也在法教义学上凸显出不同的争点。

1. 第120条之二：针对某一特定重罪的所有预备行为的实行化

恐怖主义犯罪是我国刑法重点打击的对象，本次修法进一步加大了打击力度，属于具有严重法益侵害性的重大犯罪。第120条之二的规定，实际上是把为了实施这一重罪而“准备工具、制造条件”的各种预备行为，全部予以实行化。这种立法体例，应当算是1997年大修刑法典以来的第一次。要实现这一立法目的，首先面对的是以往针对预备犯处罚的一个常见的批评，那就是“预备行为相对于实行行为而言，不具有实行行为应有的类型性，其内涵无相对确定的行为定型，其外延亦无相对确定的外部边界”。[1] 因此，会极易导致预备行为范围和处罚范围的无限扩大与不确定性。[2]《刑法修正案（九）》在增设第120条之二时，显然注意到了这一问题，

---

〔1〕 梁根林：《预备犯普遍处罚原则的困境与突围》，载《中国法学》2011年第2期。

〔2〕 尽管理论上存在“预备行为必须与实行行为具有密接性”“预备犯都是目的犯”“归纳七种常见的预备形式”等限定性观点，但是都难以从根本上提出一个能够克服缺乏类型化的批评进而将预备行为与日常行为明确区分的标准。上述观点可参见陈兴良主编，周光权、车浩副主编：《刑法总论精释》（第3版），人民法院出版社2016年版，第427页；陈兴良：《判例刑法学》（上卷），中国人民大学出版社2009年版，第346页；赵秉志：《犯罪未遂形态研究》（第2版），中国人民大学出版社2008年版，第91页。

有意在立法技术上加以克服。在该条下的四项内容中,分别规定了“准备凶器、危险物品或者其他工具”“组织”“与境外恐怖活动组织或者人员联系”“策划”这四种行为类型,并在第四项后段规定了“其他准备”。这不仅在类型化程度上比“准备工具、制造条件”有明显的进步,而且也设置了兜底性的堵截条款。应当说,在该条立法中显示出的从预备犯到正犯的变身,虽然仍有瑕疵(例如,第一项中准备工具的规定还是比较宽泛,着手时点的认定仍然较困难),但整体而言算是较为成功的,也大体上回应了教义学上关于预备犯处罚的类型化难题这一争点。

2. 第287条之一:针对所有违法犯罪活动的某一特定预备行为的实行化

与第120条之二正好相反,第287条之一的立法特色,是针对所有违法犯罪活动的某一特定预备行为的实行化。这种立法体例,也是1997年大修刑法典以来的第一次。一方面,从条文内容来看,立法者并不是要对所有的诈骗、传授犯罪方法、制作或者销售毒品枪支等犯罪的预备行为均予以正犯评价,而仅仅是从各种“准备工具、制造条件”的预备行为中挑出两种形式,即设立网站(通讯群组)或发布网络信息。而且,与第120条之二相比,立法者也没有使用其他预备行为这样的兜底规定,更加明确表达了只处罚这两种预备行为的立法意图。另一方面,立法者不是把这两种预备行为的目的限定为某一类犯罪,而是针对所有的违法犯罪。法条在列示了诈骗、传授犯罪方法、制作或者销售毒品枪支等几类犯罪之后,又加上了“其他违法犯罪”或“等违法犯罪活动”的文字表述。这样一来,只要设立网站(通讯群组)或发布网络信息的目的,是实施违法犯罪活动,那么,无论是为了实施哪一种违法犯罪,设立网站(通讯群组)或发布网络信息的行为都可以按照实行犯直接处罚。

从教义学的观点来看,第287条之一的预备行为实行化的立法,有值得肯定的地方,也不无令人困惑之处。好的一面,是在将预备犯转身为实行犯的过程中，挑选出设立网站和发布信息这两种行为予以处罚，超越了“准备工具、制造条件”的泛泛而论，在一定程度上克服了行为轮廓和处罚边界不清的弊端。而且，“各预备行为对法益的侵害危险并不相同，处罚的必要性也就应有所差异”。[1] 考虑到现时代网络传播的广泛程度和影响力，对其所要准备实施的犯罪而言，设立网站和发布信息通常也比其他的预备行为具有更突出的作用。

有疑问的一面是，设立网站和发布网络信息的行为，毕竟与伪造公文印章不同，其本身是中立无害的，并不包含侵害法益的风险，也不违反社会管理秩序，因此，只有当它所要服务的犯罪活动较为严重时，才能证明立法惩罚的正当性。但是，从“其他违法犯罪”或“等违法犯罪活动”的立法表述来看，不仅仅是为了实施所有形式的犯罪活动，而且就连为了实施一般的违法行为而设立网站或发布信息，都可以构成该罪。若果真如此，则这个入罪的口袋简直是无边无际。带来的困惑是，以往实践中一般犯罪的预备行为都是不罚的，为什么现在针对一般的违法行为的预备反而要处罚，而且是作为实行犯处罚？当然，解释者或许可以尝试用同类解释的方法，努力把“违法犯罪活动”的范围，限制在与诈骗、传授犯罪方法、制作或者销售违禁物品等犯罪性质相近、危害性相当的犯罪，但是，考虑到这几种列示的犯罪本身也难以相互比较，因而这种限定将是非常困难的。对此，或许只能寄望于再出台司法解释围绕着“情节严重”，用次数、点击量之类的来做文章了。

最后需要说明的一点是，这里将第22条预备犯的“为了犯罪”理解为，既包括为了自己犯罪，也包括为了他人犯罪。对此可能有不同观点。例如，有的学者认为，“为了犯罪”仅限于为了自己犯罪；如果是为了他人犯罪而准备工具、制造条件，则构成帮

[1] 郑延谱：《预备犯处罚界限论》，载《中国法学》2014年第4期。

助犯。[1] 按照这种观点，上述立法就不仅包括预备犯的实行化，而且包括部分帮助犯的正犯化。但是，从“两高”拟定的罪名来看，第120条之二的罪名是“准备实施恐怖活动罪”，第287条之一的罪名是“准备网络违法犯罪活动罪”，因此，从预备犯的角度解释，与罪名设置也更加相符。不过，即使是从帮助犯的角度理解，其变身正犯之后所面临的问题，与预备犯实行化之后的问题有共通之处。上文的讨论要点，应当也同样适用。

（二）中立帮助行为的正犯化

《刑法修正案（九）》增设了第287条之二：“明知他人利用信息网络实施犯罪，为其犯罪提供互联网接入、服务器托管、网络存储、通讯传输等技术支持，或者提供广告推广、支付结算等帮助，情节严重的，处三年以下有期徒刑或者拘役，并处或者单处罚金。单位犯前款罪的，对单位判处罚金，并对其直接负责的主管人员和其他直接责任人员，依照第一款的规定处罚。有前两款行为，同时构成其他犯罪的，依照处罚较重的规定定罪处罚。”这一立法，涉及中立帮助行为的问题。

一些看起来中立无害的、被社会秩序接纳和允许的行为，客观上为他人犯罪提供了帮助，且行为人也对此有认识时，应当如何处理？在刑法理论上，这个问题被称为“中立的帮助行为”。对此，刑法理论上存在很大争议。有较为激进的少数观点认为，中立的帮助行为与普通的帮助犯一样，不存在任何特殊性。帮助犯的处罚规则并没有对某个行业给予特殊的优待。如果认为一种符合交易惯例的帮助方式有别于其他的帮助犯，那么就会在此撕开一道惩罚漏洞，在这个漏洞的范围之内，鉴于这种有利可图而又没有风险后果的划算理由，会形成一种特别有效的刺激，激励人们去提供这

[1] 梁根林：《预备犯普遍处罚原则的困境与突围》，载《中国法学》2011年第2期。

种可以出售的支持和服务。

但是,这种不加限制的观点很少得到支持。绝大多数学者主张,应该对中立行为的处罚进行限制。其中,一些观点是从客观构成要件层面进行限缩。其理由在于,如果把各种日常行为千篇一律、机械地视作抽象的支持行为,就会导致刑法构成要件的范围不可接受地过度延伸。当一个日常行为能够被公民的一般性行动自由所覆盖和庇护时,客观构成要件的部分就已经取消了。仅仅依靠剩下的主观部分,惩罚一个提供间接帮助的行为决意,是对个人自由的不被允许的限制。这是要求从事日常生活交往的人,对于犯罪人承担起一种额外的监管义务,或者说赋予其一种对于受到威胁的特定法益予以保护的保证人地位,而这种要求是缺乏根据的,也违背了基本的生活情理。[1] 另外,还有部分学者从主观层面

---

〔1〕 在从客观层面加以限缩的理论阵营中,具体的角度和进路也存在差异。例如,有的观点主张通过社会相当性理论进行限制。(如 Maiwald、Rudolphi、Hoyer、Welzel、Haft 等)具有社会相当性就意味着一种属于通常状态的、在社会上行动的自由。如果行为落在这个范围之内,它就同时脱离了刑法构成要件的包围。中立行为所创设的这种风险,落在应该由社会答责的范围内,因为既然它是一种在日常生活中大量出现的、被社会生活秩序允许进行的,社会就要为这种诞生和容纳这种行为的后果负责。也有的学者认为,一般的社会相当性标准有些模糊宽泛,应该进一步加上"职业"的限制。(如 Hassemer、Gallandi、Kniffka、Kohlmann、Volk 等)并非所有的中立的、具有社会相当性的行为,都应该被排除出刑法构成要件的范围,而仅仅是那些条件或群体被专门化的或被地方化的行为人,如医生、糕点师、律师、税务顾问等,由于其职业的性质和行规而形成了职业的社会相当性,这样的职业相当性就应该被预先规定在构成要件之外。之所以如此,是因为如果每一个职业都公开其行业行为规范,并在这种规范下履行了国家和社会认可的工作任务,也就是都在执行社会的分工,那么,就可以推论说,这种行业规范并没有和刑法相抵触,而是呈现出相互补充和更加具体化的关系。还有一种看法认为社会相当性的标准过于苍白,需要进一步借助客观归责理论。(如 Freud、Frisch、Gropp、Lesch、Ransiek 以及我国学者陈洪兵等)只有通过客观归责理论的替代和弥补,才能对于那些间接地引起危害后果的帮助行为提供能否归责的具体化的标准,也就是说,是否创设了一个法所不允许的、而且在具体结果中被实现的风险。

入手，区分直接故意和间接故意或者是看有无促进意思。[1] 此外，还有很多学者采取较为折中的观点，认为在中立帮助行为的问题上，主客观要素有必要同时考虑。[2]

可以说，刑法理论在中立的帮助行为的问题上，观点林林总总，理由不一而足，但是一个共同的努力方向，都是在为这种中立行为的入罪化，寻找一个可靠的教义学上的限制标准。进一步来说，这些教义学的技术方案的背后，或者说，制约甚至决定人们设计或者选择具体理论方案的驱动力，是要回答一个宪法的甚至是法哲学和公共政策上的一般性问题。那就是，一个行为可能在某些场合创造了风险，但同时，它又是一种在日常生活中大量出现的、被这个社会生活秩序允许和接纳的行为，那么，这个行为创设风险的后果，究竟是要归责给这个行为人，还是要作为社会存续和进步所必付的代价，而由这个社会自己消化、自我答责呢？

从以往的刑法规定来看，对这个问题的回答一直比较谨慎。这里举两例说明之。(1)《刑法》第156条关于走私共犯的规定，“与走私罪犯通谋，为其提供贷款、资金、账号、发票、证明，或者为其提供运输、保管、邮寄或者其他方便的，以走私罪的共犯论处”。(2)《刑法》第350条关于制造毒品罪的共犯规定，“明知他人制造毒品而为其提供前款规定的物品的，以制造毒品罪的共犯论处”。(1)中成立共犯必须是“通谋”，(2)中则只要“明知”即可。

为什么会有这种差异？在(1)中的行为，是为走私者提供贷款、资金、账号、发票、证明，或者提供运输、保管、邮寄等，这些都是属于现代社会生活中非常普遍的、大量存在的日常行为。提供此类帮助者，必须事先与他人有通谋。而在(2)中的行为，即为制毒者提供制造毒品的原料或者配剂，却并不是一种日常性的行为，显

---

〔1〕 如德国学者 Forthäuser、Häcker、Rainer、Krekeler 等。

〔2〕 如德国学者 Roxin 以及我国学者张明楷、周光权等。

然，这些制造毒品的原料或者配剂不同于普通的货物，持有者或经营者不能像其他的日用商品一样随意向他人提供。提供此类帮助者，主观上只要明知就足以入罪。由此可见，尽管都是在客观上为犯罪提供了帮助，但是，刑法还是对不同的帮助行为的日常性进行了细致区分，相应地，入罪时对于行为人的主观方面的要求也宽严不同。

但是，这种刻意的、精细的区分，却被一些司法解释有意或无意地抹杀了。例如，2004 年“两高”《关于办理利用互联网、移动通讯中断、声讯台制作、复制、出版、贩卖、传播淫秽电子信息刑事案件具体应用法律若干问题的解释》第 7 条规定：“明知他人实施制作、复制、出版、贩卖、传播淫秽电子信息犯罪，为其提供互联网接入、服务器托管、网络存储空间、通讯传输通道、费用结算等帮助的，对直接责任人员和其他直接责任人员，以共同犯罪论处。”性质相似的司法解释还包括：2010 年“两高”《关于办理利用互联网、移动通讯终端、声讯台制作、复制、出版、贩卖、传播淫秽电子信息刑事案件具体应用法律若干问题的解释（二）》、2001 年《关于办理生产、销售伪劣商品刑事案件具体应用法律若干问题的解释》、2003 年《关于办理假冒伪劣烟草制品等刑事案件适用法律问题座谈会纪要》以及 2004 年《关于办理侵犯知识产权刑事案件具体应用法律若干问题的解释》，根据这些司法解释，只要明知他人传播淫秽信息而放任其在网站上发布，明知他人从事生产、销售伪劣商品、侵权产品的企业而向其提供贷款的，均构成相应犯罪的帮助犯。

上述司法解释的一个共同点是，对为他人犯罪提供帮助者，主观上一概以是否“明知”衡量之。只要达到这一门槛，不再进一步考虑有无“通谋”的问题，而直接以共犯入罪。同样是帮助行为，提供贷款、提供网络服务与提供制毒原料之间的差异及其法律意义，在上述司法解释的定罪逻辑中，均处在了一个盲点的位置。就此而言，司法解释的入罪化步伐显然跑在了刑法典条文之前。但是，

2015年通过的《刑法修正案(九)》又扳回了一局。立法者增设了第287条之二,似乎要与最高司法机关在入罪的跑道上比一比速度和魄力。

该款立法,“两高”拟定的罪名为“帮助信息网络犯罪活动罪”。为上网用户提供互联网接入、服务器托管、网络存储、通讯传输等技术支持,本来是互联网时代最平常不过的一种技术工作,其本身是中立无害的,不带有任何危害社会的性质。同样,广告推广、支付结算等也是如此,均属于典型的中立帮助行为。但是,按照上述条文的规定,此类行为直接构成犯罪。这个立法,比各种司法解释更进了一步,将本来还存在理论争议的中立帮助行为,一下子立法提升为正犯处罚了。

这一步跨得如此之大,修正案的制定者,似乎并没有考虑过上文提到的那个问题,即对中立帮助行为的惩罚与社会存续进步之间的关系。特别是在互联网领域中,决策者似乎并没有充分理解和认识到相关立法的后果和深远影响。生活在一个全球化时代,互联网已经成为公认的最充满想象力和创造性的新产业。中国这些年在经济、文化、社会等各个方面所涌现出来的想象力和创造力,在整个全球竞争中展现出来的活力和影响力,相当大一部分来自于互联网。在今天这样一个信息网络的时代,类似的立法会不会给网络服务商赋予过重的、实际上也难以承担的审核和甄别的责任?会不会在网络服务商与用户之间滋生出一种相互监督甚至敌视的关系?要求企业履行网络警察的义务,这样一个社会分工的错位,最终会不会阻碍甚至窒息整个互联网行业的发展?

在举国提倡创新的今天,要摆脱对他国的技术依赖、思想依赖、文化依赖,就必须要给创新者提供一个最少束缚的、能让其迸发出最大创造力的平台。有关部门在立法过程中反映的意见认为,按照共同犯罪理论处理,会出现抓不住主犯的情况下也难以定共犯、共同犯意难以查明等困难。然而,打开窗户,总会飞进来苍蝇,但人们还是要打开窗户;吃饭有时候会噎住,但人们不会因噎废食。凡事都有代价,不能因为付出一些代价,就看不到这个代价可能换来的巨大收益。立法者在出台或制定每一项法律规定时,应当在一个更加长远的视野之内,认真地考虑这些利弊权衡的问题。

(三)共同犯罪抑或监督过失

危险驾驶罪是2011年《刑法修正案(八)》增设的罪名。2015年的《刑法修正案(九)》在第1款新增了第3项的超载超速行为:“从事校车业务或者旅客运输,严重超过额定乘员载客,或者严重超过规定时速行驶的”,以及第4项的违规运输危险化学品的行为:“违反危险化学品安全管理规定运输危险化学品,危及公共安全的”,此外,又增设了第2款,“机动车所有人、管理人对前款第三项、第四项行为负有直接责任的,依照前款的规定处罚”。由此就引出了针对机动车所有人、管理人的责任认定的新问题。

1. 机动车所有人、管理人“负有直接责任”

现行刑法关于“直接责任”的规定,主要有两种情形。较为常见的情形是,在单位犯罪中,处罚对其直接负责的主管人员和“其他直接责任人员”。这里的直接负责人员,是指“在单位犯罪中具体实施犯罪并起较大作用的人员”(参见2000年《全国法院审理金融犯罪案件工作座谈会纪要》)。可见,与直接负责的主管人员相区别,直接责任人员必须是直接参与实施具体的犯罪行为。但是,从危险驾驶罪的规定来看,机动车的所有人、管理人显然是指没有实际驾驶的人员,即没有实施直接的危险驾驶行为。因此,单位犯罪中的“直接责任”的含义,应该并不适用于危险驾驶罪中的“直接责任”。

关于“直接责任”的第二类规定,还出现在如《刑法》第138条这样的条文中,“明知校舍或者教育教学设施有危险,而不采取措施或者不及时报告,致使发生重大伤亡事故的,对直接责任人员,处三年以下有期徒刑或者拘役”。显然,这里的“直接责任人员”,不是指所有“明知危险”和“不采取措施或者不及时报告”的人。按照立法说明,“构成本罪的主体主要是学校的校长以及其他对教育教学设施的安全负有责任的人员和学校上级机关、有关房管部门的主管人员。”〔1〕由此可见,这里的“直接责任”的含义,不能从刑法条文规定本身循环定义来取得,而是需要在刑法之外诉诸其他规范上的责任和义务。

从《刑法修正案(九)》为危险驾驶罪增设的第2款规定来看,机动车所有人、管理人“负有直接责任”,应当指的是上述第二种情形。这里的“直接责任”不是指实施了具体的危险驾驶行为,而是指对于第3项中的“校车业务或者旅客运输”或第4项中的“运输危险化学品”负有管理、监督或约束责任的人。这种责任不是指刑事责任,也不是由刑法规定的义务,而是来自具体个案中的机动车所有人、管理人与驾驶人之间的业务管理关系或契约关系。如果机动车所有人、管理人没有履行其应尽的管理、监督或约束责任,而出现了危险驾驶的行为,那么就可以认定为对这些危险驾驶行为“负有直接责任”。简言之,这一款规定的就是针对机动车所有人、管理人的(以危险驾驶行为作为后果的)“渎职罪”。

2. 机动车所有人、管理人“依照前款的规定处罚”

关于危险驾驶罪的责任形态,理论上一直存在争议。一般认为,危险驾驶罪是故意犯。〔2〕 也有学者认为,危险驾驶罪是过失的

〔1〕 全国人大法工委编:《中华人民共和国刑法释义》,法律出版社2011年版,第177页。

〔2〕 张明楷:《危险驾驶罪的基本问题——与冯军教授商榷》,载《政法论坛》2012年第6期。

抽象危险犯。[1] 限于主题和篇幅，这里不能对此问题详加展开。在此想要指出的是，随着《刑法修正案(九)》对危险驾驶罪的修改，这一问题的争议将会被进一步的放大，引出更多的分叉。

一方面，如果认为危险驾驶罪是故意犯，继而认为新增设的第3项中的超载超速行为，以及第4项中的违规运输危险化学品的行为，其责任形态也均是故意，那么，第2款规定的机动车所有人、管理人“对上述行为负有直接责任”，就必须也是基于一种指使或放纵的故意，而不能是一种疏忽或懈怠的过失。否则，让过失的机动车所有人、管理人“依照前款的规定处罚”，即按照故意责任形态的危险驾驶罪处罚，显然存在法理上的冲突。在认定危险驾驶罪是故意犯罪的大前提下，关于机动车所有人、管理人“依照前款的规定处罚”，可能存在以下几种情形：(1)机动车所有人、管理人与驾驶人双方对超额运输或危险化学品运输的驾驶危险性均有认识，且有意思联络，构成危险驾驶罪的共同犯罪。(2)驾驶人认识到驾驶的危险性，但机动车的所有人、管理人对此缺乏认识。对驾驶人按照危险驾驶罪论处，机动车所有人、管理人不构成犯罪。(3)机动车所有人、管理人认识到驾驶的危险性，而驾驶人对此缺乏认识。此时，机动车所有人、管理人构成危险驾驶罪的间接正犯，而驾驶人则是被机动车所有人、管理人利用的工具，不构成犯罪。(4)双方对驾驶的危险性均有认识，但机动车所有人、管理人误以为驾驶人不知情的，驾驶人构成危险驾驶罪的正犯，机动车所有人、管理人属于教唆犯。驾驶人误以为机动车所有人、管理人不知情的，驾驶人构成危险驾驶罪的正犯，机动车所有人、管理人构成片面共犯。

另一方面，如果认为危险驾驶罪是过失犯，那么第2款规定的

---

〔1〕 冯军：《论〈刑法〉第133条之一的规范目的及其适用》，载《中国法学》2011年第5期。结论相同但论证思路不同的，参见梁根林：《醉驾入刑后的定罪困扰与省思》，载《法学》2013年第3期。

"依照前款的规定处罚",机动车所有人、管理人只能是以过失形态成立危险驾驶罪。这样一来,首先排除了机动车所有人、管理人与驾驶人成立共同故意犯罪的可能。其次,这里涉及监督过失的问题。监督过失的概念源自日本刑法理论。一般认为,监督过失是指两个以上有从属关系的人,即监督者与被监督者之间,由于被监督人所实施的造成危害结果的行为而追究监督人过失的刑事责任。这种责任通常有两种形式:违反通过指挥、命令、训练、监督直接行为人而防止事故之义务的监督过失(间接防止型),以及违反处于管理者的地位为了预防事故于未然而应准备物资设备、人员体制之义务的管理过失(直接介入型)。[1] "在判例和学说上,也有的将监督过失和管理过失合并称为广义的监督过失,而将单独的监督过失称为狭义的监督过失"。[2]

在日本,监督过失的行为人所成立的犯罪,与被监督者的过失犯罪相同。有学者认为,"(我国)现行刑法事实上也肯定了监督过失(参见刑法分则第135条、第138条、第139条等)"。[3] 但是,由于在这些犯罪的规定中,缺乏一个追究同样过失责任的被监督者,因而可能尚不算是典型的监督过失。相比而言,一些司法解释的规定更为典型。例如,最高人民法院《关于审理交通肇事刑事案件具体应用法律若干问题的解释》第7条规定,"单位主管人员、机动车辆所有人或者机动车辆承包人指使、强令他人违章驾驶造成重大交通事故的,以交通肇事罪定罪处罚"。一些学者批评该司法解释违反了总则关于共同故意犯罪的条文,相当于承认了共同过失犯罪,但实际上,不需要涉及共同犯罪的问题,监督过失概念就可以为这一规定提供理论根据。在这种场合,肇事的驾驶人是被监

---

〔1〕[日]西田典之:《日本刑法总论》(第2版),王昭武、刘明祥译,中国人民大学出版社2013年版,第245页。

〔2〕谭淦:《监督过失的一般形态研究》,载《政法论坛》2012年第1期。

〔3〕张明楷:《刑法学》(上)(第5版),法律出版社2016年版,第297页。

督者，指使、强令他人违章驾驶的单位主管人员、机动车辆所有人或者承包人是监督者，在前者构成交通肇事罪的基础上，根据监督过失理论，后者也构成交通肇事罪。

按照上述法理分析，如果认为危险驾驶罪是过失犯（驾驶行为本身是故意，但对驾驶的抽象危险是过失），那么，《刑法修正案（九）》增设第 2 款规定，对机动车所有人、管理人根据危险驾驶罪追究刑事责任，就可以根据监督过失（管理过失）理论得到说明和支撑。按此，这应当是我国刑法典中第一次明确规定监督过失的典型情形，即监督者与被监督者成立同样的过失犯罪。在这种情况下，驾驶人与机动车所有人、管理人不能成立共同犯罪，但是前者的一般过失与后者的监督过失（管理过失）会形成过失的竞合，分别按照自己的行为承担过失责任。

四、透过具体问题解释的反思

（一）共犯规则的虚置

近年来的历次修正案，立法者的目光都盯在刑法分则部分，少数涉及刑法总则的，也集中在刑罚论部分。刑法总则特别是犯罪论部分，似乎成了一个被忽视甚至漠视的角落，以至于一些本来可以利用总则的规定和理论加以解决而无须修法的问题，仍然习惯性地付诸分则立法。笔者把这种立法现象称为“总论虚置”和“现象立法”。《刑法修正案（九）》中就存在这样的问题。立法者在刑法第 284 条后增加一条，作为第 284 条之一。第 1 款规定，“在法律规定的国家考试中，组织作弊的，处三年以下有期徒刑或者拘役，并处或者单处罚金；情节严重的，处三年以上七年以下有期徒刑，并处罚金”。第 2 款规定，“为他人实施前款犯罪提供作弊器材或者其他帮助的，依照前款的规定处罚”。该条第 2 款的设置，实际上是一个在认定共犯问题上的冗余表达。在刑法理论上，早已经对共同犯罪中的正犯与共犯问题达成共识。作为共犯的一种典型形态,帮助犯是指共同犯罪中没有直接参与犯罪的实行行为,而是向实行犯提供帮助,使其便于实施犯罪,或者促使其完成犯罪的人。刑法总则第 27 条规定,“在共同犯罪中起次要或者辅助作用的,是从犯”,就是适用于帮助犯的处罚原则。在第 284 条之一第 1 款明确规定的正犯行为是“组织作弊”的情况下,即使没有第 2 款的立法,“为他人实施前款犯罪提供作弊器材或者其他帮助”的行为也会当然地按照总则的共犯规定和理论处理。就此而言,第 2 款的立法完全是冗余和没有效率的。

忽视已经成熟的刑法理论和解释方法,热衷于现象立法而虚置总论,是一个普遍存在的立法技术问题。如果立法者面对类似第 284 条的问题时,都采取专门规定共犯的方法,就会使得理论上对于共犯理论的研究变得毫无价值,刑法总则关于共同犯罪的规定也会被虚置。这是最没有效率的立法浪费。

(二)婚姻性质的界定

刑法中多处涉及婚姻问题。一方面,当婚姻作为刑法保护的对象时,仅限于法律婚。例如,《刑法》第 357 条“暴力干涉婚姻自由罪”中的婚姻,仅限于法律婚,同居生活的事实婚,不受本条保护。如果是干涉他人同居生活的,不构成本罪。另一方面,当婚姻作为侵犯他人利益的一种行为手段时,也包括事实婚。例如,关于第 258 条中的“重婚”或“结婚”。根据 1994 年最高人民法院出台的《关于〈婚姻登记管理条例〉施行后发生的以夫妻名义非法同居的重婚案件是否认重婚罪定罪处罚的批复》,有配偶的人与他人以夫妻名义同居生活的,或者明知他人有配偶而与之以夫妻名义同居生活的,按重婚罪定罪处罚。按此,“以夫妻名义同居生活”的事实婚也被认定为第 258 条中的“重婚”中的婚姻。此时,事实婚是作为一种破坏他人法律婚的手段。又如,根据《刑法》第 259 条的“破坏军婚罪”的规定,与现任军人配偶同居或结婚,均属于破坏军婚。这里的“同居”，作为一种破坏军婚的手段，在法律上是作为事实婚的形象出现的。

《刑法修正案（九）》增设了第120条之四，“利用极端主义煽动、胁迫群众破坏国家法律确立的婚姻、司法、教育、社会管理等制度实施的，处三年以下有期徒刑，并处罚金；情节严重的，处三年以上七年以下有期徒刑，并处罚金；情节特别严重的，处七年以上有期徒刑，并处罚金或者没收财产”。在“婚姻”前加上了“国家法律确立的”定语，这是在刑法中第一次明确说明刑法只保护法律婚，不保护事实婚，保持了与刑法中其他涉婚罪名的逻辑一致性，对于在刑法中区分法律婚与事实婚的不同定位有重要意义。上述第120条之四的立法，是一个考虑到与其他法条协调性的、值得肯定的立法。立法时的体系性思维，使得“婚姻”这个概念在刑法内部的条文之间保持了逻辑一致性。

（三）嫖宿幼女罪的废除

《刑法修正案（九）》废除了嫖宿幼女罪。但是，从立法技术上来看，这一修法是相当草率的，留下了巨大的后遗症。这主要是由于没有澄清和明确修法的理由。如果修法的原因，是认为嫖宿幼女罪与强奸罪相比较，刑罚设置轻重无序，那么，立法者根本不需要使用废除整个嫖宿幼女罪的构成要件这一在以往修法中极其罕见的极端做法，而完全可以直接将嫖宿幼女罪的起点刑调低，或者将最高刑调高就可以了。由此，就能够用最小的成本，最圆满地解决嫖宿幼女罪与强奸罪之间的轻重评价的问题，而完全不需要将整个罪名废除。但是，如此显而易见的做法，立法者并没有采用。这足以说明，嫖宿幼女罪的刑罚轻重问题，并不是推动修法的真正原因。那么，废除嫖宿幼女罪的理由究竟为何？

按全国人大官方网站公布的说法，嫖宿幼女罪之所以被废，是因为“考虑到近年来这方面的违法犯罪出现了一些新的情况，执法环节也存在一些问题,法律委员会经研究,建议取消嫖宿幼女罪”。这一说法经不住推敲。以往修法,的确基本上都是以形势变化为由。比如,时过境迁,法条已经不再适应时代变化了。再如,实践中此类案件发生太少,几近绝迹,相关法律处于闲置状态。但是,近年来嫖宿幼女罪引起关注,恰恰是因为各地出现了多起嫖宿幼女案,引起了巨大的舆论反响和全社会的广泛关注,因此,修法肯定不是基于案件过少,导致法律闲置的原因。至于“执法环节存在一些问题”的废法理由也说不通。现实中的确存在一些权贵阶层以嫖宿之名行强奸之实,嫖宿幼女罪成了这些人逃避强奸罪重罚的“保护伞”。可是,本应当定性为强奸的案件,被错判成了嫖宿,这不是法条本身的问题,而是法律解释和适用的问题。法律本身已经由于误解和滥用而被伤害,更不宜再把应该打给司法的板子,反打到立法身上。任何事物被滥用,首先要考虑和解决的是滥用者的问题,而不能反过来指责甚至消灭那个事物本身。司法实践中将本应当认定为强奸罪的情形误判成嫖宿幼女罪,这是法律解释和适用的问题,不能将司法的错误归咎于立法。在排除各种表面化的观点之后,真正的废除理由其实是,立法者认为嫖宿幼女罪相当于在法律上承认了幼女成为嫖宿的对象,也就是承认幼女可以自主决定卖淫,而这是对幼女的污名化和二次伤害。因此,废除嫖宿幼女罪,就是试图在立法上放弃幼女卖淫的法律评价,否认幼女的性自主权和同意能力,试图将所有与幼女发生性关系的行为一律评价为强奸。

但是,由于缺乏体系性的通盘考虑,立法者的意图并没有被全面而审慎地贯彻到整个刑法典中。相反,仅仅是着眼于卸除嫖宿幼女罪这一个零件,立法者未能关注到整个法典机器运转所需要的内部各个零件之间的配合。按照上述嫖宿幼女罪的废法逻辑,幼女没有性同意能力,不可能成为嫖宿的对象,而只能是强奸的对象,任何形式的与幼女相关的性交易都是表象,都不能被评价为卖淫。但是，在嫖宿幼女罪之外，现行刑法中很多条文仍然可能将幼女卖淫的行为包含在内，而立法者却未能充分注意。于是，嫖宿幼女罪的废法逻辑将带来一系列法条零件之间的摩擦。

例如，嫖宿幼女罪的废除，同步引出了一个男女性权利保护，特别是男童女童的权利保护是否平等的问题。《刑法修正案（九）》有一个值得肯定的亮点，就是在刑法上承认对男性性权利的保护。立法者将《刑法》第 237 条强制猥亵的对象由“妇女”修改为“他人”，这意味着，对男性的性侵犯，从此可以通过该条得到打击和防治。既然立法者已经开始正视同性之间的性行为现象，以及与之伴生的针对男性的性侵犯问题，并在立法上正式地回应，那么，就没有理由去回避更为恶劣也早已经不鲜见的性侵犯男童的问题。但问题是，立法者在性侵犯男童与性侵犯女童的问题上，采取了令人费解的区别态度。一方面，立法者废除了嫖宿幼女罪，意味着性侵犯幼女的行为，无论是否有交易形式，以及幼女是否自愿，均按照强奸罪处理，最高刑可到死刑。另一方面，按照《刑法修正案（九）》之后的刑法，性侵犯男童的行为，仍然被归入第 237 条猥亵儿童罪之列。即使将最严重的鸡奸形式解释为“恶劣情节”，最高刑也不过是 15 年。这种一边提高对幼女的保护力度、一边维持对幼男的低保护力度的做法，让人费解：性侵犯女童与性侵犯男童之间的危害性差异，以及保护力度的差异，立法者到底是怎么区分出来的呢？

又如，现实生活中存在幼女卖淫的现象，即使不承认其为“卖淫”，这种现象在客观上也仍然存在。假设一个不满 14 周岁的幼女，因为性生活不洁而患上了梅毒、淋病之后，出于报复社会或自暴自弃的心理，开始持续地与他人性交易，对此，法律上该如何评价？《刑法》第 360 条规定，“明知自己患有梅毒、淋病等严重性病卖淫、嫖娼的，处五年以下有期徒刑、拘役或者管制，并处罚金”。在“不法—责任”的阶层犯罪论体系中，要不要承担责任是一回事，做的对不对是另外一回事。不能因为年龄小不承担责任,就对其行为的对错(也就是“不法”与否)放弃或回避评价。按照阶层犯罪论体系,在得出幼女因不满 14 周岁而不承担刑事责任的结论之前,仍然要通过第 360 条对该行为做出不法的评价,由此才能发挥呼吁和教育的功能。但是,如果按照幼女不能卖淫的废法逻辑,自始就不应当再对上述故意传播性病的幼女适用第 360 条。这样一来,对于幼女通过性交易传播性病的行为,刑法就丧失了对其进行评价、引导和教育的功能。

五、结语

德国学者拉伦茨在谈论立法与法学的关系时,有一段充满激情的回顾:

“近代那些伟大的法典没有一部可以脱离同时代的法学而产生。奥地利《普通民法典》以及《普鲁士普通邦法》以现代自然法学说、以托马斯和沃尔夫的学派为基础。《德国民法典》完全是由 19 世纪普通法时代的法学所孕育,它体现了那个时代法学的一切长处和弱点。《瑞士民法典》则是胡伯这颗科学大脑的天才作品。当今的立法者更是不断运用法学所提供的法的范畴。立法者也和法官一样,必须容忍科学的批评;而今天我们是不缺少科学的批评以及由这些批评中产生的改革建议的。”〔1〕

相信每一位中国刑法学者都会希望 1997 年刑法典也能成为一部伟大的法典。当然,这需要时间和历史的检验。在这个过程中,刑法学者和立法者都有各自的任务。学者应当努力提供“科学的批评”和“改革建议”,而立法者则需要“容忍科学的批评”,需要“不断运用法学所提供的法的范畴”。本文基于法教义学的视角,

〔1〕 [德]卡尔·拉伦茨:《论作为科学的法学的不可或缺性》,赵阳译,载《比较法研究》2005 年第 3 期。

对《刑法修正案(九)》的立法理念和立法技术进行评述,其中,有肯定亦有否定,有解读也有批评,都是在努力履行学者的义务。毫无疑问,一篇围绕着修正案条文展开的论文,注定是短命的。但是,这也并没有什么值得悲哀之处。正如拉伦茨所说,“即使法律制定者从中有所汲取的那些法学文献本身成了‘废纸’,只要科学努力的结果在一部好的法典中继续发生作用,这些努力就绝非毫无价值”!

第五章 《刑法修正案(七)》的个罪检视

根据现行《刑法》第180条的规定,内幕交易罪是指“证券、期货交易内幕信息的知情人员或者非法获取证券、期货交易内幕信息的人员,在涉及证券的发行,证券、期货交易或者其他对证券、期货交易价格有重大影响的信息尚未公开前,买入或者卖出该证券,或者从事与该内幕信息有关的期货交易,或者泄露该信息,或者明示、暗示他人从事上述交易活动,情节严重”的行为。其中,处罚“明示、暗示他人从事上述交易活动”,是2009年《刑法修正案(七)》增设的规定。一般认为,这里的“明示”和“暗示”是两种意思表示方式,表明只要将实施该交易行为的信息传达给相对人,并意欲使其根据该信息从事相关交易即可。[1]

在笔者看来,《刑法修正案(七)》在第180条中增设“明示、暗示他人从事上述交易活动”的立法,违背了“如无必要,勿增实体”的基本原理,是一种立法浪费。修法的目的,本来完全可以在原第180条的框架内,通过间接正犯的理论达致;而设立直接正犯的修法方案,不仅未能超越间接正犯的处理效果,反而增加了解决问题

〔1〕 王作富主编:《刑法分则实务研究》(第5版)(上),中国方正出版社2013年版,第446页以下。

的难度。

一、探究修法目的

在《刑法修正案(七)》立法草案说明中,仅仅对增设第180条第4款也就是打击俗称“老鼠仓”行为的必要性做了简略交代,却完全没有提及在第1款中增加“明示、暗示他人从事上述交易活动”的原因。[1] 根据第180条的规定,该罪犯罪主体是“证券、期货交易内幕信息的知情人员”或“非法获取证券、期货交易内幕信息的人员”。这种特殊主体,也就是刑法理论上的“身份犯”。[2] 毫无疑问的是,当被明示或被暗示的“他人”具有上述身份时,本无须修法。因为这种情况下,“他人”就是知悉内幕信息而从事交易的正犯,而提供建议者就是其共犯,这是非常明显的法律适用问题,不会出现可罚性漏洞,完全没有为此而修法的必要;如果是想加重对建议者的处罚,那么根据刑法规定,教唆犯起到主要作用时,按照主犯处理,也完全可以实现加重处罚的目的,也完全没有必要将共犯正犯化。所以,这里的立法目的不可能是惩罚有身份的“他人”,更不会为此专门设立“明示、暗示他人从事交易”这一条。由此可见,这里的“他人”应该做限缩理解,仅限于“非身份者”。简言之,只有当“他人”不具备该身份时,才值得研究。

以上分析表明,第180条的修改,主要是针对在证券、基金、期货等市场中,大量存在的有身份者明示或暗示无身份者从事交易的现象。具体而言,这种现象主要表现为两种典型形式:一种是有身份的甲与无身份的乙合谋,甲提供明示或暗示,乙从事交易,获利后二人分赃(案例1);另一种是有身份的甲与无身份的乙之间没

---

〔1〕《〈刑法修正案(七)草案〉的立法说明》,载 http://npc.people.com.cn/GB/28320/141401/141406/8581600.html,最后访问日期:2017年6月30日。

〔2〕第180条中的身份关系到构成要件是否成立而非刑罚轻重的问题,因此属于构成的身份犯(真正的身份犯)而非加减的身份犯(不真正的身份犯)。

有合谋,甲明示或暗示乙从事相关交易,使乙获利(案例2)。

在一般的日常语言经验中,两个案例中甲的行为都可以被描述为“明示、暗示他人从事上述交易活动”,对这两种情形如何处理,首先是刑事政策的考虑。在案例1中,甲与乙的行为都具有可罚性。一方面,甲乙内外勾结,降低了利用信息从事交易进而获利的难度,既然刑法已经禁止甲单独地利用信息进行交易,那么面对比单独犯危害性更大的共同犯罪,更应该运用刑法积极打击;另一方面,作为典型意义上的“内外勾结”,这种可罚性可以从对“内外勾结型”的贪污、受贿和保险诈骗等相似现象加以惩罚的立法和司法解释中找到支持。在案例2中,甲的行为具有可罚性,但是乙的行为不具有可罚性。甲作为知情的有身份者,明示或暗示他人从事相关交易,比之间接地透露与交易有关的内幕信息,对金融管理秩序的破坏更为直接,既然刑法已经禁止“泄露信息”诱导他人交易,那么对于直接明示或暗示他人交易的行为更应该打击。但是,对乙的行为则不宜追究。因为若对单纯接受他人明示或暗示从事交易的行为也追究责任的话,就无视了股市本身天然地具有风险性和投机性的基本性质。事实上,尽管各种建议都声称“分析意见仅供参考,据此投资责任自负”,但证券市场中每一个投资者都或多或少地希望听到“有背景”甚至“有身份”的声音,尤其是在目前中国股市很大程度上尚属于“政策市”的大气候下。如果追究案例2中乙的责任,那么就不适当地扩大了刑法的惩罚范围,有违刑法的最后手段性原则,必然会丧失其正当性和立法的民意基础。

以上是从刑事政策的角度考虑行为的可罚性。刑事政策的目的是合理有效地对抗犯罪。只有先从刑事政策的目的性思考出发,才能继续为实现这一目标选择合理的道路。既然明示或暗示他人从事交易的行为,在刑事政策上值得惩罚,那么接下来的问题就是,如何实现这一目的?在经验上,一般有两条道路:一是解释刑法,在不违背罪刑法定原则的前提下,在现有刑法的框架内,经由解释达致目标；二是修改刑法，如李斯特所言，刑事政策的任务是"担任刑法立法的教师"，是刑法变革的同义词，通过修改刑法条文来达到刑事政策的目的。笔者认为，只有在第一条道路走不通的情形下，才有走第二条道路的必要性。这是因为，立法浪费是最大的浪费。如果说学者动辄批判刑法、建议修改是放弃学者的解释使命，那么立法者动辄修改刑法更是"以身作则"地轻视自己先前所立之法。当然，在要想解释出符合刑事政策目标的结论，就只能违背罪刑法定原则时，再"死守"住现行法律拼命解释就是不妥当的。这种情况下，解释者"只能向立法者呼吁"。[1]

那么，就原《刑法》第 180 条而言，该条款是否无法满足在案例 1 和案例 2 中的可罚性要求？按照《刑法修正案（七）》增设"明示、暗示他人从事上述交易活动"的方法，是否就比原条款更为合理有效地实现了这一目标呢？下面，笔者分别讨论修改前的第 180 条和修改后的第 180 条各自应对案例 1 和案例 2 的方法，通过比较两种解决方案的合理性和优劣，检验本次修正案修法的必要性。

二、修法前的解决方案：间接正犯

按照修法前第 180 条的规定，该罪的构成要件行为或者说实行行为只有两种：一种是直接利用内幕信息进行交易，具体表现为买入或者卖出该证券以及从事与该内幕信息有关的期货交易；另一种是泄露内幕信息。首先，显而易见的是，明示或暗示他人交易的行为，行为核心在于"明示或暗示"而不是直接交易，因此不属于第一种实行行为。其次，明示或暗示他人交易的行为不同于泄露信息的行为。虽然在某些情况下，泄露行为也是明示或暗示行为

---

〔1〕［德］克劳斯·罗克辛：《德国刑法学总论》（第 1 卷），王世洲译，法律出版社 2005 年版，第 138 页。

的一种形式，即向他人泄露可能影响股票价格的内幕信息，就相当于明示或暗示他人买卖该股票，都能产生使他人获利的后果。但是，明示或暗示行为的范围显然比泄漏信息更为广泛。禁止泄露内幕信息的着眼点主要在于行为人在该信息尚未公开前违背了对信息保密的义务，而明示或暗示他人交易并不一定就泄露了该内幕信息。例如，若甲向乙透露 A 公司即将重组的消息，属于"泄露内幕信息"；若甲在未透露重组信息的情况下，直接明示或暗示乙购买 A 公司的股票，甲的行为并没有"泄露内幕信息"，但毫无疑问地属于一种明示或暗示行为。因此，属于"泄漏信息"的明示或暗示行为自然没有讨论的必要；问题的关键在于处理那些无法被"泄漏信息"的行为类型所涵摄的其他明示或暗示行为。

综上，甲的明示或暗示行为不属于修法前第 180 条中任何一种实行行为，以此认识为出发点，下面分别分析案例 1 和案例 2。

（一）案例 1 中的甲乙构成内幕交易罪的共同犯罪

在双方有共谋的场合，明示或暗示他人从事交易者和接受明示或暗示者完全可以在现在第 180 条的条文范围内，通过运用刑法总则关于共同犯罪的规定和理论，对甲乙追究责任。这可以从犯罪主体与犯罪行为两个方面加以说明。在主体方面，尽管第 180 条针对的都是特殊主体，也就是身份犯，一般情形下只能由相关机构的知情人员构成，[1]但是无身份者同样可以构成身份犯的共犯。德国、日本、奥地利、韩国等国的刑法典总则对此有专门规定，我国刑法虽然没有明确规定，但理论上的通说都认为可以成立共犯，[2]

〔1〕 周道鸾、张军主编：《刑法罪名精释》（第 4 版）（上），人民法院出版社 2013 年版，第 338 页。

〔2〕 参见陈兴良、周光权：《刑法学的现代展开 Ⅰ》（第 2 版），中国人民大学出版社 2015 年版，第 275 页以下。

分则的个别条文和司法解释也对此予以确认。[1] 承认共犯的理由在于，"如果认为无身份者与有身份者共同故意实施以特殊身份为构成要件要素的犯罪时，一概不成立共犯，刑法总则关于共同犯罪的规定几近一纸废文，总则也不能起到指导分则的作用"。[2] 更有学者进一步明确指出，在证券、期货犯罪的场合，基于已有立法和司法解释等法律依据以及权利义务一致性原则这两点理由，无身份者也可以构成证券、期货犯罪的共犯。[3]

接下来，可能有争议的问题是，在有身份的甲与无身份的乙构成共同犯罪的基础上，甲明示或暗示乙从事相关交易时，二者的行为各应如何定性？对此，在理论上有几种不同的解决方案。

1. 甲构成教唆犯，乙构成正犯（实行犯）？或者甲乙构成共谋共同正犯？

第一种方案有两种变体：一是认定甲成立教唆犯，乙成立实行犯，甲的明示或暗示是对乙的教唆；二是认定甲乙成立共谋共同正犯，把甲视作没有直接实行犯罪的共谋人，而对乙的实行行为起到了实质的重要作用，因此也认定为正犯。[4] 无论甲的行为是教唆还是共谋，这两种形式的共同基础和基本前提，是首先把无身份的乙的交易行为评价为实行行为。但这一点本身就充满争议。日本刑法学界对此有强烈的反对意见，如大塚仁教授认为，真正身份犯

---

〔1〕 例如，《刑法》第198条第4款规定："保险事故的鉴定人、证明人、财产评估人故意提供虚假的证明文件，为他人诈骗提供条件的，以保险诈骗的共犯论处。"此外，最高人民法院2000年7月8日颁布的《审理贪污、职务侵占案件如何认定共同犯罪几个问题的解释》中规定："不具有国家工作人员身份的行为人与国家工作人员勾结、利用国家工作人员的职务便利，共同侵吞、窃取、骗取或者以其他手段非法占有公共财物的，以贪污罪共犯论处。"

〔2〕 张明楷：《刑法学》（第5版）（上），法律出版社2016年版，第440页。

〔3〕 刘宪权：《共同证券、期货犯罪疑难问题探析》，载《华东政法学院学报》2004年第4期。

〔4〕 持有这种观点的，参见［日］西田典之：《日本刑法总论》（第2版），王昭武、刘明祥译，中国人民大学出版社2013年版，第299页、第373页。

不可能包括共同正犯,因为“重视实行行为的规范意义时,在真正身份犯中,不能承认基于非身份者的实行行为”。[1] 我国学界对此也有批评意见,陈兴良教授认为,“没有特定身份的人不可能实施法律要求犯罪主体具有特定身份的犯罪的实行行为”。[2] 支持者如马克昌教授认为,对此不能一概否定,“无身份者能够参与真正身份犯的部分实行行为的,可以与有身份者构成共同实行犯”。[3] 对“部分实行行为”的提法,刘宪权教授则明确反对,“对于我国刑法规定的犯罪实行行为,应该做完整、全面和实质上的理解。无特定身份者实施部分有特定身份者构成犯罪的行为,并不就等于实施了该罪的实行行为。实行行为是由刑法分则规定的客观要件中的全部行为,实行行为必须包含该种犯罪的罪质行为。未实施罪质行为,就不能看成是实行行为。在共同金融犯罪中,无特定身份者不可能成为有特定身份要求的金融犯罪的实行犯”。[4]

笔者认为,乙的行为不能认定为实行犯,第一种方案的两种形式都不足取。其理由如下:

首先,对身份犯而言,之所以成立符合构成要件的不法,并非因为实施了某一特定行为,而是因为实施该行为违反了特定义务。[5] 一般情况下,对正犯性质的认定要看行为人是否在犯罪中发挥支配作用,但是,在身份犯的场合,“仅仅支配了犯罪也不足以构成正犯,只有负有特定义务的人才能称是正犯”。[6] 不具有身

---

〔1〕[日]大塚仁:《刑法概说》(总论)(第3版),冯军译,中国人民大学出版社2003年版,第283页。持这种看法的还有团藤重光、福田平、松宫孝明等。

〔2〕陈兴良:《共同犯罪论》(第2版),中国人民大学出版社2006年版,第318页。

〔3〕马克昌主编:《犯罪通论》(第3版),武汉大学出版社1999年版,第583页。

〔4〕刘宪权:《共同金融犯罪若干理论问题研究》,载《华东政法学院学报》2007年第3期。

〔5〕Roxin, *Täterschaft und Tatherrschaft*, 2006, S. 352ff.

〔6〕[德]冈特·施特拉腾韦特、[德]洛塔尔·库伦:《刑法总论Ⅰ——犯罪论》(第5版),杨萌译,法律出版社2006年版,第292页。

份的人当然不承担特定义务，无论其是否分担实行行为的一部分或全部，在法律上都不能认定为正犯。如果不具备资格的人（无身份者）在负有特定义务之人（有身份者）的策动下，实施了符合构成要件要求的行为，即使在整个共同犯罪中具有支配性地位，也不足以构成正犯。

其次，把甲的明示或暗示行为和乙的交易行为都评价为正犯行为，这是基于肯定共谋共同正犯的立场而得出的结论。从日本刑法理论和判例大都承认共谋共同正犯这一点来看，该观点似乎有成立的空间。〔1〕但是，共谋共同正犯的概念目前在我国还远未被普遍承认。退一步讲，即使承认共谋共同正犯的概念，也主要是在乙有实行行为，甲只有谋划而没有实行行为的场合下可以无疑议的适用，但是面对案例1中乙的交易行为尚难以被评价为实行行为的情况下，再主张共谋共同正犯就更缺乏牢固的基础，因而也是不足取的。所以，将乙认定为实行犯，将甲认定为教唆犯的观点并不妥当。

2. 甲构成教唆犯，乙构成帮助犯？

第二种方案是，有身份的甲构成教唆犯，无身份的乙构成帮助犯。这虽然避开了将乙认定为实行犯的理论泥潭，但其缺陷也显而易见。正如有学者所批评的，在没有正犯的情况下，教唆犯与帮助犯的立论根据颇可责难。“如果进一步地问，教唆犯是对正犯的教唆呢，还是对帮助犯的教唆？如果是对帮助犯的教唆，那么，帮助犯又是对谁的帮助？由于不存在正犯，当然也就谈不上对正犯的帮助。如果是对教唆犯的帮助，那么就犯了逻辑学上循环论证的错误”。〔2〕这种“没有正犯的帮助犯”，从根本上违反了共犯从

---

〔1〕［日］野村稔：《刑法总论》，全理其、何力译，法律出版社2001年版，第434页。

〔2〕陈兴良、周光权：《刑法学的现代展开Ⅰ》（第2版），中国人民大学出版社2015年版，第285页。

属性原理。[1] 因此,第二种方案也不可行。

3. 笔者观点:甲构成间接正犯,乙构成帮助犯

笔者认为,适当的解决方案是将甲认定为内幕交易罪的间接正犯,乙则是从属于甲的帮助犯。这种方案可以看做在否定前两种解释方案的基础上提出的,一方面,既然在身份犯中,无身份的乙即使支配了犯罪也不可能成为正犯(否定第一种方案);而另一方面,"根据一般原则,成立教唆犯以被教唆者成立正犯为前提",[2] 因此有身份的甲又不能按照教唆犯处理(否定第二种方案),这就必然会导致无法追究甲的明示或暗示行为的处罚漏洞。为了弥补这一可罚性漏洞,可以考虑将甲作为间接正犯处理。

间接正犯,是指以利用他人作为"犯罪工具"的方式来实现构成要件。作为正犯的一种形式,间接正犯与直接正犯一样,同样具有行为支配的特征。从学说史上看,间接正犯概念的提出,本来就是 19 世纪中叶从教唆犯概念中分离出来的一种法律称谓,其目的首先是填补那些因维持共犯从属性原理而无法用教唆犯处罚的漏洞。目前的刑法理论都认为,利用有故意无身份的工具,可以成立间接正犯。正是由于有身份的幕后者支配了整个犯罪,因此其虽然没有亲手实行,也被评价为一种正犯行为。这不仅是德国刑法学界的通说,[3] 也是日本刑法学界的有力观点。[4] 进而言之,在

---

〔1〕 周光权:《刑法总论》(第 3 版),中国人民大学出版社 2016 年版,第 328 页。

〔2〕 [德]冈特·施特拉腾韦特、[德]洛塔尔·库伦:《刑法总论 I——犯罪论》(第 5 版),杨萌译,法律出版社 2006 年版,第 297 页。

〔3〕 Roxin, *Täterschaft und Tatherrschaft*, 2006, S. 360ff. ; Baumann/Weber/Mitsch/Eisele, *Strafrecht AT*, 12. Aufl. , 2016, § 25, Rn. 104 ff. 国内关于犯罪支配理论的介绍,参见张明楷:《刑法学》(第 5 版),法律出版社 2016 年版,第 391 ~ 392 页;周光权:《刑法总论》(第 3 版),中国人民大学出版社 2016 年版,第 322 ~ 324 页。

〔4〕 这是日本学界的多数意见,参见[日]大塚仁:《刑法概说》(总论)(第 3 版),冯军译,中国人民大学出版社 2003 年版,第 285 页;黎宏:《日本刑法精义》(第 2 版),法律出版社 2008 年版,第 303 页。

有身份者成立间接正犯的基础上,将有故意无身份者认定为帮助犯的看法,也得到国内学界很多学者的认同。如在国家工作人员甲教唆妻子乙接受贿赂的场合,周光权教授认为,“甲成立受贿罪的间接正犯,乙成立间接正犯的帮助犯”。[1] 陈兴良教授认为,“这种观点虽然不是十分圆满,但基本上还是可取的。将有身份者解释为身份犯的间接正犯,可以直接按照刑法分则的有关规定论处。而无身份者虽然也是帮助犯,但既不是正犯的帮助犯,也不是教唆犯的帮助犯,而是间接正犯的帮助犯,这在理论上是说得通的”。[2] 因此,在甲的明示或暗示对整个交易过程发挥支配性影响的情况下,就可以依照间接正犯的原理对甲定罪。

值得研究的问题是,如果甲的明示或暗示行为仅仅是较低限度或者说较浅层次地参与到交易过程中,或者说,甲的明示或暗示行为仅仅是一般性的提出,而并没有起到支配性作用时,还能否将其评价为间接正犯?

刑法理论上的多数意见对此基本上仍然持肯定的态度,只是理由不同。坚持支配性标准的观点认为,“如果没有幕后操纵者的共同行为,犯罪媒介者自己根本就不可能实施犯罪行为,只有当幕后操纵者共同具有犯罪构成要件所要求的目的或特征时,才可能发生刑法上的重要事件。如果在此等情况下不想完全放弃刑罚——这将有可能导致明显的不公正——就必须将幕后操纵者的在法律上具有的必要影响视为行为支配”。[3] 另一种观点则放弃了“支配性”的标准,转而从“义务犯”的概念出发,认为这种场合下的正犯性不是基于行为支配的理由,而是建立在有身份的幕后操

---

〔1〕 周光权:《刑法总论》(第3版),中国人民大学出版社2016年版,第363页。

〔2〕 陈兴良、周光权:《刑法学的现代展开Ⅰ》(第2版),中国人民大学出版社2015年版,第285页。

〔3〕 [德]汉斯·海因里希·耶赛克、[德]托马斯·魏根特:《德国刑法教科书》(下),徐久生译,中国法制出版社2017年版,第907页。

纵者破坏特殊义务的基础之上。[1] 笔者的看法是,就《刑法》第180条而言,法律本来就规定只有在"情节严重"时才构成本罪,如果甲虽然提出明示或暗示,但根本未被乙所重视,甚至并不将其作为交易时的依据,也就是说,甲的明示或暗示行为没有起到支配性作用,那么甲乙的合作就不符合"情节严重"的要求,当然不构成该罪;但只要乙的确是与甲合谋,并按照甲的明示或暗示进行交易,那么甲的明示或暗示在事实上就必然起到了支配作用,因此应认定为间接正犯。

综上,笔者认为,可以将明示或暗示视作教唆的一种方式,但是,实施教唆行为并不一定就意味着必然成立作为共犯的教唆犯,也可能是以教唆的形式利用他人从而成立间接正犯。在案例1中,正可以通过间接正犯的概念,把无法被评价为教唆犯的明示或暗示行为,评价为一种利用他人实施内幕交易的正犯行为;同时,"间接正犯的成立,并不意味着共同犯罪的否定"。[2] 接受明示或暗示的"他人"虽然因为不具备身份而不能成立正犯(即使在整个证券交易过程中起到支配性作用),但是作为间接正犯的利用工具,对利用者起到了帮助的作用,可以成立帮助犯。因此,在甲乙共谋,甲以明示或暗示提供交易建议,乙按照明示或暗示实施交易的场合,甲乙二人成立内幕交易的共同犯罪,甲构成该身份犯的间接正犯,无身份的乙构成帮助犯。

(二)在案例2中,甲单独构成内幕交易罪的间接正犯

在上文详细讨论案例1的基础上,同样运用间接正犯的理论,可以在修法前第180条的框架内,顺利解决案例2的问题。

间接正犯具有多种表现形式,其中,对于缺乏故意者的利用,

---

〔1〕 Roxin, *Täterschaft und Tatherrschaft*, 2006, S. 360ff.

〔2〕 张明楷:《刑法学》(第5版),法律出版社2016年版,第406页。

正是其中之一。[1]“被利用者实施了幕后操纵者自己想实施的行为，但在被利用者对案件事实完全不知情，缺乏犯罪故意时，利用者成立间接正犯。”[2]在案例2中，乙并无犯罪故意，甲乙之间当然不构成共同犯罪。例如，乙可能并不知道甲的身份，只是出于对甲的信任而听从其明示或暗示买卖股票。在这种情况下，即使乙在获利后基于感谢而分钱给甲，也不能追究乙的责任；另外，无论甲是基于期待乙回报的目的或者其他目的而给乙明示或暗示，也无论甲的明示或暗示最终是否得到乙的回报，也无论乙按照甲的明示或暗示进行交易是否确实获利，甲的明示或暗示行为都应视作通过乙实施了第180条中的构成要件行为。这是因为，《刑法》第180条不是侵犯财产罪，而是破坏金融管理秩序罪；该条的立法目的不在于禁止行为人非法占有财物，而是禁止有身份者违反特定义务。甲作为知悉内幕信息的有身份者，根据该信息明示或暗示他人买卖证券，违反了知情者特定的保密义务，无论其本人是否从中获利，都应受到惩处。间接正犯的概念正好为解决这一问题提供了方案。因此在甲乙二人没有共同犯罪故意的情况下，甲明示或暗示乙买卖股票的行为单独构成内幕交易罪的间接正犯，乙无罪。

三、修法后的解决方案：直接正犯

《刑法修正案（七）》在第180条第1款中增加了“明示、暗示他人从事上述交易活动”的文字，在新增的针对“老鼠仓”的第4款中也列出了“明示、暗示他人从事相关交易活动”的文字。这一修法意味着从此第180条在原来两种实行行为的基础上，又增加了第

---

〔1〕 Baumann/Weber/Mitsch/Eisele, *Strafrecht AT*, 12. Aufl., 2016, § 25, Rn. 120; Wessels/Beulke/Satzger, *Strafrecht AT*, 46. Aufl., 2016, Rn. 775.

〔2〕 周光权：《刑法总论》（第3版），中国人民大学出版社2016年版，第328～329页。

三种行为方式。换言之,修改后的第 180 条不必再借助间接正犯的法理,而是直接按照刑法明文规定,就可以处罚有身份者明示或暗示他人从事交易的行为。笔者将这一立法称为"间接正犯的直接正犯化"。把明示或暗示行为作为一种实行行为直接在立法上加以规定,是利用立法工具直接解决问题而不必再借助理论。反映在案例 2 的场合,就是可以直接按照刑法条文追究甲的责任。在案例 1 的场合,看起来也似乎是避开了间接正犯的复杂理论,减少了司法者的法律适用难度。但实际情况真会如此吗?

笔者认为,将甲的明示或暗示行为规定为直接正犯的修法,在案例 1 中反而增加了对乙的交易行为的解释难度。一方面,如前文所述,乙因不具有特定身份而无法成立正犯,其交易行为当然不是实行行为,因此乙不能构成内幕交易的共同正犯。另一方面,若将乙的行为解释成帮助行为,会产生对帮助犯概念的解释困扰。对此,只要将直接正犯与间接正犯的解决方案略一比较,即可看出明显差别。在间接正犯的场合,甲通过乙去实施的,是第 180 条的中"从事相关交易"的行为,甲的正犯性体现在对"从事相关交易"具有支配性上,乙的交易行为是对甲所明示或暗示内容的实现,是以"代替甲去从事相关交易"的方式来提供帮助,因而是帮助犯,这在解释上并无阻滞。但是,在直接正犯的场合,甲所实施的正犯行为,不是"从事相关交易"的行为,而是"明示或暗示"的行为,那么,若要构成对甲的帮助犯,只能是针对明示或暗示行为本身所实施的帮助。

例如,在甲于室内明示或暗示第三人实施交易时,为甲在室外把风,或者为甲提供反窃听的通话工具,或者为甲做现场翻译,这才是当正犯行为是"明示或暗示"行为时,帮助犯的表现形式。相反,乙按照甲的明示或暗示去实施交易的行为,这并不是对甲明示或暗示行为的帮助,而是对明示或暗示内容的落实,是接受明示或暗示的结果。若要将此解释为帮助犯,既与事实不符,也令人费解,必然在逻辑上陷入混乱。由此可见,将甲的明示或暗示行为直接以法定的方式规定为直接正犯，就面对既无法将无身份的乙的交易行为解释为正犯，也无法将其解释为帮助犯的难题。如果严格遵循罪刑法定原则，那么就无法追究乙的责任，这势必造成处罚漏洞。除非立法者认为可以推翻上述论证的前提，即无身份者也可以构成实行犯，从而对甲乙追究共同正犯的责任，但是这样一来，就需要推翻以往刑法学界通说，并对之前关于保险诈骗罪和贪污受贿罪等犯罪的立法和司法解释重新整理，这一任务与将乙解释为帮助犯相比，恐怕更加艰巨。

除了对于帮助犯的解释困难外，修法带来的麻烦还有很多。例如，有身份者对无身份者实施的其他行为，如胁迫、命令、欺骗他人从事交易等，在利用他人实施交易这一点上与明示或暗示的应罚性相同，而在文义解释上又明显难以被明示或暗示所包摄，对此是否还要再修法增加行为类型？此外，除了内幕交易罪之外，其他各种身份犯中是否都要增设类似的表述？如果增加，将是一项巨大的修法工程；如果不增加，必然会产生明显的处罚漏洞，在司法实践中导致处罚的不公平。这些新问题的涌现，真是“不立法本来没问题，立了法反而更麻烦”，可谓是被立法者制造出的新法律反过来开给立法者的玩笑。

笔者开篇曾提出，修改第 180 条的主要目的，是要打击知悉内幕信息者“明示、暗示他人从事交易”的社会现象。本来，只要充分地运用间接正犯的概念，无须修法，也可以合理有效地实现这一目标。而且，对间接正犯理论的运用有足够的基础。间接正犯概念自从 20 世纪 80 年代从德日等国引入我国刑法学界以来，随着学界研究的不断深入和不懈推广，也早已进入司法实践的视野中并获得认可。[1] 在此基础上，完全可以使用这一理论解决案例 1 中甲

---

〔1〕 最高人民法院刑一庭、刑二庭主编的《刑事审判参考》就刊登过法官运用间接正犯理论解决案件的判例。参见中华人民共和国最高人民法院刑事审判第一庭、第二庭编：《刑事审判参考》（总第 16 辑），法律出版社 2001 年版，第 74 页以下。

和乙的刑事责任问题。相反,冷落这一理论而在第 180 条中增设“明示、暗示他人从事上述交易活动”的立法,如上文所述,却并未能达到预期效果。在案例 2 中,不修法一样可以运用间接正犯的法理实现可罚性目标,而在案例 1 中,修法不仅未能超越在未修法时运用间接正犯理论解决问题的效果,反而以一种表面上看起来似乎能直接解决问题的方式,增加了解决问题的难度。上述针对第 180 条第 1 款的讨论结果,同样适用于新增设的第 4 款,即第 4 款中的“明示、暗示他人从事相关交易”也是没有必要的。按照著名的“奥卡姆剃刀”定理,“如无必要,勿增实体”,原本可以通过总则理论实现刑事政策的目标,又通过多余的立法画蛇添足,实非明智之举。

四、总则虚置与现象立法

之所以要将“明示、暗示他人从事相关交易”的行为在立法上纳入第 180 条,还有一个重要的理由是,要在证券、期货犯罪领域“增加刑法与证券法规定之间的协调性”。例如,刘宪权教授认为,“关于内幕交易、泄露内幕信息罪的规定,刑法条文中没有将‘建议他人买入该证券’的行为列入内部交易中,而《证券法》却明确规定‘建议他人买入该证券’的行为可以构成内幕交易罪。由于《证券法》颁布在后,而刑法颁布在前,人们一般习惯用后法优于前法的思路考虑这一问题,但是颁布在《证券法》后的刑法修正案也同样没有将‘建议他人买入该证券’的行为纳入内幕交易罪中”。〔1〕这种观点从法秩序的统一性出发,强调刑法与其他部门法之间的协调,可以看做除了刑事政策目标之外的第二个修法目的,值得重视。

---

〔1〕 刘宪权:《证券、期货犯罪的刑事立法及其完善》,载《法学》2004 年第 5 期。

但是,这个观点也忽略了一个重要事实,那就是刑法与证券法之间的协调,不等于二者之间的文字对应。法秩序的统一性,追求的不是一种文字规定和条文表述上的形式性协调,而是违法性评价和惩罚功能上的实质性协调。

具体而言,各个部门法之间的协调统一,并不一定非得通过显性的法律规定字面相同才能实现;法律背后的理论基础和学说建构,不仅肩负着促进每一部门法体系化的任务,也具有协调各个部门法之间不相矛盾、彼此呼应的功能。概言之,法秩序的统一可以但不必非得通过立法、修法来完成,也完全可以也有必要借助理论学说的能量。〔1〕 就这里所处理的问题而言,证券法中包含"建议他人买入该证券"的规定,并不一定非得原文不动或以"明示或暗示"的表述方法出现在刑法典中才叫协调。事实上,作为在法律任务、调控对象和制裁方式等各方面都完全不同的两个部门法,针对同一问题,完全可能有不同的处理方式。刑法总则理论中间接正犯的概念,足以应对各种身份犯中有身份者利用无身份者的行为,当然也足以解释知情人员建议(明示或暗示)他人从事交易的行为,所以不必立法也能通过理论解决;而证券法的理论中并没有类似"间接正犯"这样的对应之物,因此只能采取明文规定的方式予以禁止。这两种处理方法虽然形式不同,但起到的效果是一样的:该行为在这两个部门法中都能够被评价为不法。刑法理论完全可以帮助刑法典实现这一点,并不会放纵被证券法明确禁止、在刑事政策上也值得惩罚的行为。总之,修法前第180条完全可以通过与间接正犯理论的链接,使得在证券法中被明文禁止的行为,同样

〔1〕 这方面的典型例子是在正当化事由的领域。正当化事由的根据不是刑法的特殊材料,而是来自所有法律领域,因此最集中地体现法律制度的统一性和不相矛盾的要求。但事实上,现行刑法仅仅明文规定了正当防卫和紧急避险,而把大量空白留给了理论,在被害人同意、义务冲突、自救行为等场合,正是刑法理论把刑法与其他法律部门统一起来,避免了冲突。

可以在刑法上被追究而不会出现惩罚漏洞,这并不需要修法,也同样体现出了刑法与证券法之间的协调性。

进一步观察,《刑法修正案(七)》关于第180条的修改,表面上看,是一个将间接正犯变成直接正犯的技术问题,但在深层次上,却折射出近年来一种值得反思的立法现象。

自1999年以来,历次刑法修正案涉及的问题,主要是分则条文的删减和修改,而很少涉及总则的犯罪论部分。如果说由此认为,我国刑法典总则部分的立法水平早在1997年新刑法颁布时就已经登峰造极,那实在是一个"美丽的误会"。历次修法很少动总则,并不是因为总则条文的立法水平早就臻于完美,恰恰相反,个别总则条文的问题已经在司法实践中显露,且已通过立法解释、司法解释和学理解释在实质上被修改,[1]只是从未被提上修法日程。不碰总则的原因毋宁是说,立法者的目光只愿意盯在刑法分则部分,刑法总则特别是犯罪论部分是一个被忽视甚至漠视的角落,以至于一些本来可以利用总则犯罪论的规定和理论加以解决而无须修法的问题,仍然习惯性地付诸分则立法。我把这种缺乏体系性观念的立法现象称为"总则虚置"和"现象立法"。本次《刑法修正案(七)》在第180条中增设"明示、暗示他人从事上述交易活动"就是适例。

然而,热衷于"现象立法"而"虚置总则",其弊远大于利。首先,缺乏总则理论的原则性引导,刑法典就会变成一个松散的、无体系的法条集合体,处于无保障和不稳定的状态中。刑法总则所规定的一般性原理,对分则中的各个条文具有统摄和推演的功能,特别是各国学者共同努力建构的包括间接正犯在内的刑法总则理论,"可以使刑法在安全和可预见的方式下得到运用,并能避免非

---

〔1〕 例如《刑法》第17条第2款关于已满14周岁不满16周岁的人承担刑事责任的范围的问题,再如《刑法》第20条第3款关于"行凶"的规定。

理性化、专横性和随意性。”[1]如果立法者忽略甚至漠视刑法总论的功能,而只把眼光盯住具体的现象,那么就不得不对于每个具体的可以想象的犯罪现象,都为其法律特征和法律后果规定具体的规则,这种“现象立法”的后果必然是刑法膨胀,衍生出大量的刑法条文。对此,菲利早在一百多年前就指出:“今天的立法者一开始就急于成为十足的立法癖,似乎每个新发现的社会现象都需要一部专门的法律、规则或一个刑法条文。”而且,在缺乏理论原则统一引导的情况下,这些条文之间相互无法衔接、相互交叉和重叠甚至相互抵触的麻烦难以避免,司法者将面对大量漫无头绪甚至有缺陷的条款。例如,在第180条中增设“明示、暗示他人从事上述交易活动”所滋生的一系列新问题,就是立法者热衷于“现象立法”的恶性后果。

其次,缺乏体系性观念的立法行为,不利于甚至阻碍刑法理论的长远发展。周光权教授曾指出所谓“实践反对理论”的问题,“立法上频繁修改刑法,不考虑理论上关于罪刑法定以及刑法稳定性的呼吁。频繁修改刑法,使人们可以质疑立法的预见性、立法能力,使理论上坚守的罪刑法定堡垒部分地丧失意义,也使理论上对于某些犯罪的解释变得不正确,对于理论发展没有多少益处。”[2]如果立法者面对类似第180条的问题时,都采取设立直接正犯的方法,就会使得理论上对于间接正犯的研究变得毫无价值;如果立法者容忍司法者面对类似第133条中指使逃逸的行为时,都采取认定为共犯的方法,就会使总则关于共同犯罪的规定及其理论完全被虚置;[3]如果立法者在面对各种新出现的社会现象时,都无视

---

〔1〕 [德]克劳斯·罗克辛:《德国刑法学总论》(第1卷),王世洲译,法律出版社2005年版,第126页。

〔2〕 周光权:《刑法学的西方经验与中国现实》,载《政法论坛》2006年第2期。

〔3〕 “总则虚置”的一个典型例子,就是最高人民法院完全无视总则第25条共同犯罪只能是共同故意犯罪的原则性规定,在《关于审理交通肇事刑事案件具体应用法律若干问题的解释》第5条中规定,指使人“以交通肇事罪的共犯论处”。

刑法总论而采取直接在分则部分频繁立法修法的方式，就会使得无数学者殚精竭虑的学术研究成为无用之物，甚至经不断争鸣而达成共识的通说，也随时可能因为与新的分则立法相抵触而遭废弃。概言之，“立法者的三个更正词就可以使所有的文献成为废纸”。[1]

再进一步思考，立法者之所以会习惯和依赖“现象立法”，有多方面的原因。一方面，是由于以各种理论学说为基础的刑法总则条文，学理性、专业性和抽象性极强，不是一望而知的具体描述，而是必须通过专业解释方能运用，这超出了当下的立法者群体（学者比例极少）的知识结构和兴趣范围；另一方面，总则条文内容与提交立法建议的各个部门、团体的具体利益基本无涉，也难以具化为一些热点案件吸引社会公众的关注，而这几点，正是历次《刑法修正案》出台的最大推手。因此，要想从根本上缓解“总则虚置”和“现象立法”带来的危机，关键在于努力扩大学术界的声音对立法者的影响。

从国外的情况来看，刑法学者在各国的刑法典修改过程中或者扮演着领导性的角色，或者发挥着重要影响。以德国为例，历次刑法改革中，当时的一些著名教授都发挥了引领性的作用。没有李斯特、拉德布鲁赫、威尔泽尔、耶赛克、罗克辛等学者不懈的努力，就不会有今日的德国刑法典的面貌。正由于有学者的介入，因此很多国家刑法典总则部分的完善就极受重视，例如，德国刑法典的修改涉及不纯正的不作为犯、禁止错误、紧急避险、未遂和中止等总则条文；日本刑法典的修改涉及刑法的适用范围、刑事责任能力、刑罚期限等总则问题。与国外刑法学者完善总则的热情相比，我国自 1997 年以来的刑法修改基本与总则无关，不仅

---

〔1〕［德］J. H. 冯·基尔希曼：《作为科学的法学的无价值性——1847 年在柏林法学会的演讲》，赵阳译，载《比较法研究》2004 年第 1 期。

是立法者,学术界对此也体现出“像金字塔一样的沉默”。[1] 虽然这里首先是一个体制性的话语权的问题,不是学术界单独努力就能解决的,但是至少刑法学界对此应该有足够的自觉和努力的姿态。

当然,这里提到的“总则虚置”问题,目的不在于提倡非得像国外那样频繁地修改总则,而是强调要像国外刑法学界那样重视总则;在修改刑法分则的同时,应照顾到与总则之间的协调性;能够通过总则的规定和理论解决的问题,不宜再在分则部分频繁立法;不能让刑法总则的规定和教义学体系成为摆设之物,在实质上被架空和虚置。在这个问题上,能够引起立法者注意的,只能依靠学术界不懈的呼吁。

五、结语

的确,一个刑法学者难以避开基尔希曼于 1847 年在柏林法学会的那篇著名演讲中谈到的宿命,“……围绕着实在法的漏洞、歧义、矛盾兜圈子,所关注的仅仅是实在法中那些谬误的、过时的或随意性的东西,是立法者的无知、粗俗和狂热”。但是,关注实在法漏洞的目的和结论,却不应该像基尔希曼所嘲讽的那样,“……就连天才也不惮于将自己的全部才智和学识用来为愚昧辩护”。[2] 在立法者的纰漏面前,学者不能放弃批判的使命而沦为单纯提供解释服务的工具;在现实面前,学者也不能如赶集一般,在每次修正案出台前后,就社会热点问题热闹地讨论一番后便归于平静,而是应该对立法技术和立法理念等基础性问题进行持续的批判。唯有如此,才能从根本上推动立法水平的提高和法治进步;也唯有如

〔1〕 转引自张明楷:《日本刑法的发展及其启示(代译序)》,载《日本刑法典》,张明楷译,法律出版社 2006 年版,第 2 页。

〔2〕 [德]J. H. 冯·基尔希曼:《作为科学的法学的无价值性——1847 年在柏林法学会的演讲》,赵阳译,载《比较法研究》2004 年第 1 期。

此,才能使学者避免为“皇帝新衣”唱赞歌的命运。归根结底,笔者对《刑法修正案(七)》在第180条中增设“明示、暗示他人从事上述交易活动”的评论,就是对这一宏观理念的微观实践。

第三编

刑法概念的教义学诠释

第六章　性犯罪中的“幼女”

一、问题及讨论思路

奸淫幼女型强奸罪（以下简称强奸罪）与嫖宿幼女罪的关系究竟为何，在1997年新刑法修订之初，曾经有过激烈的争论。当时对于嫖宿幼女的行为单独论罪已有异议。例如，有学者认为，“明知是幼女而嫖宿的，实际上是一种奸淫幼女的行为，以奸淫幼女罪论处并无不可”。[1] 但是，十多年来，类似意见始终未得到修法的回应，因此，目前绝大多数刑法学教科书，基本上都采取承认立法合理性的态度，对该问题不再讨论。与几年前关于奸淫幼女是否需要明知的大争鸣相比，批评嫖宿幼女罪的声音越来越微弱，已经逐渐消隐在学界的研究视野中。

不过，社会焦点案件常常有激活刑法理论的功能。近年来，随着一系列强奸或嫖宿幼女案件的曝光，认为嫖宿幼女的罪刑设置

〔1〕 陈兴良：《刑法疏议》，中国人民公安大学出版社1997年版，第583页。

会轻纵犯罪从而主张对其取消的观点重新出现,[1]强奸罪与嫖宿幼女罪的关系问题再一次成为舆论和学界关注的热点。[2] 但是,迄今为止,在刑法理论上深入分析二者关系的文章仍然不多。笔者拟对此问题进行探讨。文章的分析思路将秉承笔者的一贯主张,即个案的结论最终决定于解释者的价值立场,但是从最终结论到所持立场之间,不能直接飞跃[3],而应该有清楚明确的连接管道,这个管道就是对所持观点展开在逻辑上尽可能纯粹的法教义学论证。唯有如此,才能避免逻辑论证与价值立场的混淆论述,才能将思考的各个环节清晰呈现并可反复重现,从而供读者检验和选择。就强奸罪与嫖宿幼女罪的关系而言,由于立法论或解释论的立场不同,可能会有相反的解释方向;由于保护幼女和保障人权的侧重点不同,也可能会有不同的方案选择。

基于这种考虑,笔者希望形成一套"多元解决机制"的方案汇

---

〔1〕 例如,有些学者认为,"嫖宿幼女罪完全符合奸淫幼女的犯罪构成。奸淫幼女的行为完全可以包括嫖宿幼女。在行为方式本身已符合奸淫幼女的情况下,将嫖宿幼女行为作单独罪名和相对较轻处罚的规定,既构成了对同一行为定罪处罚的矛盾,又在一定程度上放纵了犯罪人。因此应取消《刑法》规定的嫖宿幼女罪,对于嫖宿幼女的行为一律以强奸罪从重处罚。"参见《专家建议对嫖宿幼女行为一律以强奸罪从重处罚》,载《中国青年报》2009年4月21日。

〔2〕 相关的文章有陈兴良:《从习水嫖宿案看司法逻辑与个案公正》,载《贵州日报》2009年7月27日;张明楷:《嫖宿幼女罪与奸淫幼女型强奸罪的关系》,载《人民检察》2009年第17期;赵秉志:《略谈贵州习水嫖宿幼女案的定罪量刑》,载http://www.gz.xinhuanet.com/ztpd/2009-07/26/content_17205870.htm,最后访问日期:2017年6月30日。此外,《法学》编辑部专门就"习水嫖宿案"组织了专题,刊发了多篇论文,参见叶良芳:《存与废:嫖宿幼女罪罪名设立与审视》;齐文远、周详:《习水嫖宿幼女案中行为人的犯罪性质》;童德华:《嫖宿幼女行为的法条竞合问题》,载《法学》2009年第6期。更多的评论,可参见《贵州习水公职人员嫖宿幼女案专题》,载http://www.gz.xinhuanet.com/ztpd/xssj/index.htm,最后访问日期:2017年6月30日。

〔3〕 刑法上的价值选择主要表现为刑事政策的考量,从刑法目的角度来看,刑事政策不仅是打击犯罪的内容,而且也包括人权保障、罪刑法定等法治国基本原则。Vgl. Roxin, *Strafrecht AT*, 4. Aufl., 2006, § 7, Rn. 59.

总。一方面,为了避免给读者造成剪裁性、选择性论述的印象,这里将对那些虽不赞同但同样有一定道理的其他观点(包括论证思路和价值立场)也尽可能合理地勾勒出来,将之与笔者的主张相对比。另一方面,对于笔者难以赞同的观点,此处也坚定地采取了理性批评的态度。"理性批判并不是针对个人的。它不去批判坚持某一理论的个人,它只批判理论本身。我们必须尊重个人以及个人所创造的观念,即使这些观念错了。如果不去创造观念,我们就会永远一事无成。但是既然人们创造了并阐明了这种观念,我们就有责任批判地对待它们"。[1]

笔者的基本主张是,在解释论上,强奸罪与嫖宿幼女罪是排他互斥的关系。这是由两罪的基本要素不同所决定的:缺乏有效同意是强奸罪的构成要件要素,具备有效同意则是嫖宿幼女罪的构成要件要素。在幼女同意的场合,强奸罪的对象只能是不具备同意能力的幼女,而嫖宿幼女罪的对象则是具备同意能力的卖淫幼女。由于一个同意不可能既有效又无效,因此与不满 14 周岁的、自愿同意的幼女发生具有"性交易"形式的性关系,要么因该幼女具备对"卖淫"的性同意能力而构成嫖宿幼女罪,要么因该幼女在实质上不具备性同意能力而构成强奸罪,二者只能择一而不可能竞合。在立法论上,从两罪法条竞合但刑罚设置轻重无序的角度去论证修法的必要性,也是可以接受的第二个选择方案。笔者难以接受的观点是,基于解释论的立场,主张两罪法条竞合但适用"重法优于轻法",或者主张两罪是想象竞合犯而适用"从一重罪处罚"。接下来,笔者就对上述各种方案的利弊得失详细展开讨论。

[1] [英]波普尔:《科学知识进化论》,纪树立编译,生活·读书·新知三联书店 1987 年版,第 3 页。

二、法条竞合论的双重困境

(一)立法论视野中的法条竞合论:刑罚设置轻重无序

从现有的学术文献和社会舆论来看,绝大多数主张修改或者取消嫖宿幼女罪的观点,都是从绝对保护幼女的刑事政策角度出发,认为嫖宿幼女罪的设立,“降低了对幼女的保护力度”“违反了立法平等原则”“公众的认同感不高”等。[1] 站在立法论的立场上,这些着眼于公共政策角度的说法都有一定的道理,且形成了一定程度的共识,笔者无意从这个角度赘述。这部分着力要讨论的是,除了政策理由之外,如何从立法技术的角度设计出合理的辩论方案,证明嫖宿幼女罪的设立存在问题?

1. 两罪在构成要件上存在竞合

刑法分则各条文的规定包括两个部分,一是该罪的构成要件,二是以刑罚为主要内容的法律后果。一般所说的竞合,是指构成要件部分的竞合。比较第236条与第360条的规定可知,强奸幼女与嫖宿幼女的犯罪对象都是幼女,行为表现都是与幼女发生性关系,直接正犯的主体都是男性。更重要的是,与自愿发生性关系的幼女性交,两罪都可能成立。《刑法》第236条规定,奸淫不满14周岁的幼女的行为以强奸论。从法律规定的字义来看,“奸淫”本身没有涉及同意与否的问题。但是,2003年1月24日最高人民法院颁布了《关于行为人明知是不满十四周岁的幼女,双方自愿发生性关系是否构成强奸罪问题的批复》,该批复明确规定,“行为人明知是不满十四周岁的幼女而与其发生性关系,不论幼女是否自愿,均应依照刑法第二百三十六条第二款的规定,以强奸罪处罚”。如果承认这个司法解释的效力,就会得出如下结论:在行为成立

---

〔1〕 参见叶良芳:《存与废:嫖宿幼女罪罪名设立之审视》,载《法学》2009年第6期。

嫖宿幼女罪的场合，也必然符合强奸罪的构成要件，因此，两罪存在特别法条与普通法条的竞合关系。主张这种观点，有如下的理由：

第一，从文义解释的角度来看，两罪竞合符合文义范围。一方面，嫖宿对象是不满14周岁的幼女；另一方面，嫖宿幼女罪中的"嫖宿"，意味着性交对象是以卖淫为目的的自愿行为。按照文义解释，卖淫的幼女也是幼女，自愿卖淫也是一种自愿性交。那么，嫖宿卖淫幼女的行为，就完全符合2003年司法解释中相关用语——"不论幼女是否自愿"——的涵摄范围。如果将"行为人明知是不满十四周岁的幼女而与其发生性关系，不论幼女是否自愿，均应依照强奸罪处罚"作为法律推理的大前提，将行为人与自愿卖淫的幼女发生性关系作为小前提，必然会合乎逻辑地推导出嫖宿幼女的行为构成强奸罪的结论。按照这个推理，强奸罪与嫖宿幼女罪天然地存在法条上的竞合关系。这种竞合关系是纯正的特别法条与普通法条之间的竞合；[1]如同构成金融诈骗罪必然满足诈骗罪的基本要求一样，构成嫖宿幼女罪也必然构成强奸罪（奸淫幼女）。

第二，从历史解释的观点来看，得出两罪竞合的结论并不意外。1997年刑法修订前，全国人大常委会曾经于1991年通过《关于严禁卖淫嫖娼的决定》，其中第5条第2款规定，嫖宿不满14周岁的幼女的，依照刑法关于强奸罪的规定处罚。由此说来，肯定嫖宿幼女罪与强奸罪的竞合关系，将嫖宿幼女视为强奸罪的一种特别类型，这样的看法，可以说是对《决定》精神的一个侧面的、曲折的回归。

第三，从体系解释的角度来说，将两罪理解为竞合也不无道

---

〔1〕 关于法条竞合的种类，参见陈兴良：《规范刑法学》，中国人民大学出版社2015年版，第280～282页。

理。尽管司法解释并不是刑法条文且不断受到学者批判，但是在目前的司法实践中，对办案人员而言，司法解释的效力基本等同于刑法条文。在这个认识基础上，如果把司法解释看做扩展性的刑法条文，把刑法条文与众多司法解释视作一个被司法人员统一适用的“大刑法体系”，那么追求2003年司法解释与《刑法》第360条之间在“体系”上的协调性，也应该算是一个理由。

2. 两罪在刑罚设置上轻重无序

法条竞合是刑法上的正常现象。两罪竞合，并不能就得出应修改或取消其中一罪的结论。问题在于第二个环节：这种竞合会引出哪些不合理的现象？

笔者认为，承认两罪法条竞合后的最大麻烦，就是在比较刑罚轻重时面临解释难题。对于法条竞合的两罪而言，特别是当乙罪从甲罪中“脱胎”而来，乙罪被看做甲罪的特别类型时，比较两者轻重，是一种理所当然的思路。一般而言，甲乙两罪竞合且有如下关系时，两罪的轻重易于比较：(1)无论是最高刑还是起点刑，甲罪都高于乙罪时，说明甲罪重于乙罪。例如，《刑法》第192条集资诈骗罪的起点刑是拘役，最高刑是死刑；第266条诈骗罪的起点刑是管制，最高刑是无期徒刑。因此，集资诈骗罪重于诈骗罪。(2)甲乙两罪的最高刑相同，但起点刑甲罪高于乙罪时，说明甲罪重于乙罪。例如，《刑法》第127条抢劫枪支弹药罪与第263条抢劫罪的最高法定刑虽然都是死刑，但是，抢劫枪支弹药罪的起点刑是10年，而抢劫罪的起点刑是3年，因此，抢劫枪支弹药罪重于抢劫罪。

或许会有人质疑，比较两罪轻重的意义何在？本来，若是两罪并非竞合，倒也不一定非得比出孰轻孰重；可是，在两罪法条竞合的框架下，轻重之分却有了格外的意义。比较轻重的意义不在于理出顺序便于掌握，而在于证成和体现竞合立法的合理性。正是由于特别行为与普通行为相比，在不法程度上有整体性的改变，基于"罪刑相适应"的基本原理,才有必要从普通法条中将其独立出来,从而形成特别法与普通法的竞合,并遵循"优先适用特别法"的原则。申言之,两罪在惩罚力度上的轻重之别,本来就是两罪竞合立法的根据和推力,理应从刑罚轻重的比较中凸显出来。否则,若从刑罚上根本看不出两罪的轻重差别,特别行为也完全可以按照普通法条的刑罚强度处理的话,那么,立法者在普通法条之外,多此一举地另设一个特别法条,又有何意义?!

强奸罪与嫖宿幼女罪的法条竞合,正是在这一点上陷入了困境。一方面,强奸罪的起点刑是3年有期徒刑,虽然"奸淫幼女,从重处罚",但是也不能排除在个别案件中有3年或4年有期徒刑的裁量适用;而嫖宿幼女罪的起点刑是5年,明显高于强奸罪。[1] 从这一点来看,似乎刑法对嫖宿幼女的行为评价要重于强奸。但另一方面,在"奸淫幼女多人"时,强奸罪的法定最高刑是死刑,而嫖宿幼女罪的最高刑是15年,这样看来,似乎强奸罪又要远重于嫖宿幼女罪。这种左右为难、不知孰轻孰重的刑罚设置,可能导致明显不合理的局面:强奸一名幼女,量刑可能要低于嫖宿一名幼女;强奸三名幼女,量刑却可能远重于嫖宿三名幼女。从一名幼女到三名幼女,同样幅度地累加侵害对象,但是,惩罚起点高的却累加出低的结果,这在逻辑上和情理上都显然是荒谬的。由此不能不让人产生困惑:作为强奸罪的一种特别类型,与强奸罪相比,嫖宿幼女究竟是一种危害性更重、可罚性更高的行为,还是一种危害性

---

〔1〕 特别是同样存在从轻或减轻情节时,强奸罪(奸淫幼女)最低可至3年,而嫖宿幼女罪最低也是5年。

较轻、可罚性较低的行为?[1]难以回答的是:立法者把嫖宿幼女作为强奸罪(奸淫幼女)的特别类型格外立法,究竟是打算重罚还是打算轻罚?这种困惑的无解,说明立法本身必然存在某种缺陷。

3.结论:嫖宿幼女罪需要修改

至此,主张强奸罪与嫖宿幼女罪法条竞合,终于倒向了立法论的批判立场。[2] 批判的基本逻辑是:一方面,在构成要件上,嫖宿幼女罪与强奸罪法条竞合,嫖宿幼女罪是强奸罪的一种特别类型;另一方面,在刑罚区间设置上,嫖宿幼女罪与强奸罪之间又存在难以比较、轻重无序的问题;而这个问题,本来是一个当两罪竞合时,在法理逻辑上不应该出现的矛盾。从立法论的立场来看,以往一些废除嫖宿幼女罪的论证着眼于保护幼女的刑事政策的角度,而笔者所设计的方案则是从技术角度展开。通过论证两罪的设置存在体系性、技术性的缺陷,从而得出至少有一罪需要修改,以与另一罪相协调的结论。若保留强奸罪作为基准,则必然要修改嫖宿幼女罪。综上,可以得出修法意见说,鉴于嫖宿幼女罪的构成要件和刑罚设置之间,明显是相互矛盾、不相协调的,因此有必要修改其刑罚设置甚至取消整个构成要件。

上面是基于立法论的立场,笔者就修改嫖宿幼女罪所设计的

---

〔1〕 张明楷教授为嫖宿幼女罪的法定刑重于普通的奸淫幼女型强奸罪提供的理由是:"在幼女已经处于卖淫状态时,嫖宿者会更加胆大妄为、肆无忌惮,对幼女实施的性侵犯行为会更恶劣、性侵犯时间会更长,因而导致行为造成的结果会更严重;又由于幼女已经处于卖淫状态,导致对嫖宿行为进行一般预防的必要性增大,为了实现一般预防的效果,因此嫖宿幼女罪的法定刑高于普通的强奸罪的法定刑。"参见张明楷:《嫖宿幼女罪与奸淫幼女型强奸罪的关系》,载《人民检察》2009年第17期。姑且不论这种理由本身是否适当,问题在于,按照这种理由,如果行为人嫖宿多名幼女,岂不是更加说明"嫖宿者的胆大妄为、肆无忌惮,对幼女实施的性侵犯行为更恶劣、性侵犯时间更长"吗?那为什么在这种情形下,比起奸淫多名幼女来,嫖宿多名幼女的法定刑反而又降低了呢?这显然是难以自圆其说的。

〔2〕 所谓立法论的立场,是指从批判的角度,论证嫖宿幼女罪的立法缺陷,主张修改甚至取消。

论证方案。如果解释的终点是废除嫖宿幼女罪的条文而将其纳入强奸罪中，那么应该承认，就实现对幼女绝对保护的刑事政策这一点而言，这种理论上的努力有其合理性。但不容乐观的是，这种解释能否达到这个终极目标？对此，不能回避中国的立法现实，那就是学界的影响力微弱，特别是在刑法典的基本框架确立之后，对其中一些重要条文提出学术性的修改意见，要想被立法者采纳并引起修法，确实存在一定的困难。更重要的是，立法或修法往往是社会形势、民众关注度、领导人意志、部门利益以及学界呼吁等多方面因素综合作用和推动的产物，不是随时启动的玩具按钮，甚至即使具备了立法修法的大气候，时机条件也都已成熟，但从立法层讨论到最终通过，也常常需要很长的时间。这也是法律尤其是刑法这样的基本法律的内在稳定性所要求的。除了“时间成本”之外，立法的“直接经济成本”和“机会成本”也都是立法者需要审慎考虑的，[1]对此，应该有一定的耐心和理解。所以，尽管从学者的基本使命来看，始终不应放弃对立法的批判，但是在呼吁修法的同时，面对未修法状态下的现实问题，也不能搁置不理或者消极等待，而应该同时从解释论的立场灵活和实用地予以解决。

（二）解释论立场上的法条竞合论：“重法优于轻法”？

1. 解释论立场上的法条竞合论

上述两罪法条竞合但轻重无序的阐述，虽然能够从技术角度加强修法必要性的论证力度，但是，绝大部分修法主张者的原始动力和出发点，其实并不在于修正技术瑕疵，而是考虑到保护幼女的刑事政策，认为嫖宿幼女罪的立法有可能轻纵犯罪。那么，什么是这些主张者心目中的“不轻纵犯罪”？一言以蔽之，即使行为性质

---

〔1〕 关于立法成本的详细阐述，参见汪全胜：《制度设计与立法公正》，山东人民出版社2005年版，第169～170页。

属于嫖娼，但只要对象是幼女，也应该以强奸罪从重论处，才算是“不轻纵犯罪”。显然，这种主张强烈地表达了绝对保护幼女的愿望。

于是，有一些学者认为，要实现这一目的，不必非得持立法论的批判立场，而是可以坚持解释论的立场，[1]将两罪解释为法条竞合的关系，再按照“重法优于轻法”的原则进行处理。例如，有学者提出，“嫖宿幼女罪的行为一般应当以嫖宿幼女罪定罪处罚，因为当行为人嫖宿幼女时，比较基本法定刑，奸淫幼女型强奸罪为3年以上10年以下，而嫖宿幼女罪为5年以上有期徒刑，嫖宿幼女罪是特别法条规定的罪名，而且刑罚处罚重于强奸罪，所以通常适用嫖宿幼女罪是妥当的……但是在特殊场合，对有些嫖宿幼女的行为应当以强奸罪论处。依照《刑法》第236条第3款规定，强奸妇女、奸淫幼女，刑法规定之特定情形的，处10年以上有期徒刑、无期徒刑或者死刑。当行为人嫖宿幼女的行为符合该款规定时，依照强奸罪处罚的法定刑的上限（死刑）和下限（10年有期徒刑）都比嫖宿幼女罪较重，所以要基于重法优于轻法的原则，以强奸罪论处”。[2]

这种主张的实质，是将想象竞合犯“从一重罪处断”的处罚原则遮遮掩掩地适用于法条竞合。依这种主张，在出现嫖宿多名幼女等情节时，就不再受嫖宿幼女罪最高刑为15年的限制，而径直以强奸罪中“奸淫幼女多人的”情节，在10年以上、无期徒刑和死刑的量刑区间内论处，从而实现不轻纵犯罪的效果。这种方案乍看起来很有刑事政策上的竞争力，通过主张“重法优先”，就有可能

---

〔1〕 所谓解释论的立场，是指在不修法的前提下，通过解释的方法，尽量达到和修法同样的效果。

〔2〕 童德华：《嫖宿幼女行为的法条竞合问题》，载《法学》2009年第6期。同样观点参见张明楷：《嫖宿幼女罪与奸淫幼女型强奸罪的关系》，载《人民检察》2009年第17期。

对嫖宿幼女者适用死刑，从而满足一般民众的正义感。不过，从另一方面看，这种主张不仅仍然未能解决上文所提到的在法条竞合关系下，无法比较两罪轻重的解释难题，而且引出了一个新的困扰：在法条竞合的情况下主张“重法优于轻法”，这一基本前提是否合理？

2. 法条竞合时能否“重法优于轻法”

一般而言，两罪法条竞合时，“特别法优先于普通法”。〔1〕但是，十几年前，冯亚东教授就提出在某些情况下“重法优于轻法”的见解。〔2〕近年来，陈兴良教授和张明楷教授也分别从不同术语和范围主张“重法优于轻法”。陈兴良教授认为，在两个法条“交互竞合（两个罪名概念之间各有一部分外延互相重合〔3〕）”时，应适用“重法优于轻法”的原则。“交互竞合的两个法条之间存在择一关系。在这种情况下，重法是优位法，应根据重法优于轻法的原则适用重法，排斥轻法。至于何为重法，何为轻法，应根据案件的具体情况确定”。〔4〕

结论相近的还有张明楷教授，“当一个行为同时触犯同一法律的普通条款与特别条款时，在特殊情况下，应适用重法优于轻法的原则，即按照行为所触犯的法条中法定刑最重的法条定罪量刑。”按照张明楷教授的归纳，所谓“特殊情况”分为两种：第一种是法律有明文规定的，如《刑法》第149条第2款规定，行为符合第141条到第148条所列生产、销售假药罪等条款的同时，也符合第140条生产、销售伪劣产品罪的，若第140条处罚较重，则按第140条处

---

〔1〕 这不仅是刑法理论上的通说，也有刑法典的明文规定。例如，《刑法》第266条诈骗罪后段，“本法另有规定的，依照规定”。

〔2〕 参见冯亚东：《论法条竞合的从重选择》，载《法学》1984年第4期。

〔3〕 陈兴良：《本体刑法学》（第2版），中国人民大学出版社2011年版，第365页。

〔4〕 陈兴良：《规范刑法学》（第3版），中国人民大学出版社2015年版，第284页。

罚。第二种是“法律虽然没有明文规定，但是也没作禁止性规定，而且按特别条款定罪不能做到罪刑相适应时，按照重法优于轻法的原则定罪量刑”。[1] 根据这种观点，张明楷教授得出结论说，在嫖宿幼女的场合，不具备加重情节的，就按嫖宿幼女罪在5年以上定罪量刑；具备加重情节的，则按强奸罪在10年以上有期徒刑、无期徒刑和死刑的区间内定罪量刑。[2] 概言之，法条竞合时，哪一个法条的量刑结果重，就适用哪一个法条。

但是，“重法优于轻法”的观点值得商榷。除了《刑法》第149条第2款属于法律有明确规定以外，在其他场合适用“重法优于轻法”的理由存在疑问。

第一，“刑法没作禁止性规定”或“没有禁止适用重法”的理由，模糊了刑罚权的性质。现代刑法学的基本共识是，国家的刑罚权只有在刑法条文明确允许的情况下才可以发动。这里的刑罚权发动，既包括定罪，也包括量刑。罪刑法定原则意味着对司法者和普通公民有截然相反的要求。对司法者而言，“凡是刑法没有允许的，就是不能做的”，而对公民而言，“凡是刑法没有禁止的，就是可以做的”。现在用所谓“但是也没做禁止性规定”的说法来为司法者适用重刑提供理由，这就完全颠倒了司法者与普通公民在刑法上的地位，将公民的权利转手给了掌握刑罚权的司法者。换言之，把司法者严格受限的刑罚权当作了公民的自由权，也把刑法的基本性质从公法转换成了私法，于是，对公民“法无明文规定不为罪”被篡改成了对司法者“法无明文禁止就可罚”。这种“刑法没作禁止性规定”的论证理由，对刑罚权性质的认识有明显错位，在法理学上是难以接受的。

---

〔1〕 这是张明楷教授的一贯主张，参见张明楷：《刑法学》（第5版）（上），法律出版社2016年版，第371～372页。

〔2〕 张明楷：《嫖宿幼女罪与奸淫幼女型强奸罪的关系》，载《人民检察》2009年第17期。

第二,“按特别条款定罪不能做到罪刑相适应”的说法,则是将司法者等同于立法者,是解释权对立法权的僭越。更严厉地说,是类推思维的一种变身。这里不妨回想一下类推的基本逻辑。简单说就是,虽然法律没有规定针对某行为的条款,但是如果不类推适用某条款去惩罚某行为,就没法实现刑法正义,更“不能做到罪刑相适应”。再反过来看“重法优于轻法”的逻辑,说穿了就是,虽然法律已经明确了针对某行为的特别条款,但是如果不适用处罚更为严重的普通条款,就“不能做到罪刑相适应”。二者的共同点在于,在一行为明显不为罪或明显符合轻罪的情况下,根据解释者心目中“罪刑是否相适应”的价值观,将行为入罪或入重罪。这就把本属于立法者的判断权,转移到了司法者和解释者手中,在本质上都是对罪刑法定原则的一种破坏。

罪刑是否相适应,本来就是一种仁智互见的价值性判断,因此现代法治国家才禁止不明确的罪状和不定期刑,而是将准确描述罪状和决定法定刑的权力交给立法者,只有法定刑区间之内的自由裁量权才留白给法官。在刑法已经明确规定了特别条款,而行为又没有疑义地符合特别条款的时候,司法者能做的就是按照特别条款的规定对行为定罪量刑;只有在行为不符合特别条款但符合普通条款时,才可以适用普通条款。这不是一个法条适用技巧的问题,而是罪刑法定的题中应有之义。概言之,罪刑是否相适应,是立法者说了算而不能任由司法者个人判断。立法者本来就是基于罪刑相适应的考虑,认为普通条款的惩罚尺度不合适,才去专门设立特别条款;在这种情况下,如果说司法者可以故意搁置和架空某一个他自己认为“罪刑不相适应”的特别条款并转而适用普通条款,那么立法权与司法权之间的权限划分以及立法对司法的限制就荡然无存了。按此逻辑,司法者实际上成为另外一个分庭抗礼的立法者,他与其说是解释和适用法律,倒不如说是扮演议会立法中的少数派或反对党的角色,在法律通过之后仍然可以在法庭上贯彻自己的反对意见。这显然是与现代法治的基本共识完全背离的,除非重新定位司法权,否则在法无明文规定的情形下主张“按特别条款定罪不能做到罪刑相适应”,难以在现代法治理念的基础性框架中获得认同。

第三,如果一定要坚持法条竞合时“重法优于轻法”的表述,这种表述最多只能适用于两个构成要件之间存在补充关系的情形,而对于像强奸罪与嫖宿幼女罪这种存在特别关系的两罪而言,并不适用。

国外的刑法理论一般认为,法条竞合有三种情形:特别关系、补充关系和吸收关系。[1] 所谓特别关系,是指甲乙两个条文之间,甲法条必然包含了乙法条的所有构成要件要素,因此,成立乙罪必然已成立甲罪,此时,按照刑法理论上的通说,仅成立乙罪(特别法条)并排斥甲罪(普通法条),否则会造成重复评价。显然,若主张强奸罪与嫖宿幼女罪法条竞合,二者只能是一种特别关系的竞合。与之相对,在补充关系的情况下,或许可以总结出“重法优于轻法”的说法。所谓补充关系,是指甲乙两个刑法条文之间,仅在不适用甲法条时,才有适用乙法条的余地。补充关系表现为多种形式,如既遂犯规定优先适用于未遂犯和预备犯,[2] 正犯优先适用于教唆犯和帮助犯,作为犯优先适用于不纯正的不作为犯,以及实害犯优

---

〔1〕 关于法条竞合的分类存在很大争议,但是德国的刑法理论一般都承认,特别关系、吸收关系和补充关系是法条竞合最基本的三种形式。Vgl. Frister, *Strafrecht AT*, 7. Aufl., 2015, § 31, Rn. 5ff.;[德]约翰内斯·韦塞尔斯:《德国刑法总论》,李昌珂译,法律出版社 2008 年版,第 477 ~ 480 页;[德]冈特·施特拉腾韦特、[德]洛塔尔·库伦:《刑法总论 I ——犯罪论》(第 5 版),杨萌译,法律出版社 2006 年版,第 435 ~ 437 页。

〔2〕 德国刑法理论探讨既遂犯优先适用于未遂犯,是因为德国刑法不像我国刑法将未遂犯统一规定在总则部分,而是在分则部分对处罚未遂的一些罪名分别做出明确规定。

先适用于具体危险犯等。[1] 当两个条文表现为补充关系时，优先适用的条文在法定刑上的确表现为“重法优于轻法”（显然，既遂要重于未遂，正犯要重于帮助犯，实害犯要重于具体危险犯）。但是，这种法律适用是根据侵害阶段、参与型态和行为型态等法条自身的性质来选择的，并不是根据适用哪一个条文量刑会更“重”来选择的。换言之，补充关系下的“重法优于轻法”，只是法条适用的一个逻辑结果，而不是选择哪一个法条的根据和出发点。对于属于特别关系的强奸罪与嫖宿幼女罪而言，“重法优于轻法”就更不适用了。

总之，法条竞合时必须遵循“特别法优于普通法”的原则，[2] 至于“重法优于轻法”，仅限于刑法典中个别条款（实际上只有第149 条第 2 款）的明文规定，或者可以看做在学理上作为对补充竞合的刑罚适用后果的一种事后描述。如果仅仅根据司法者或者解释者个人对于“罪刑是否相适应”的感受，就将这一例外性的法律规定不受约束地扩展适用至其他条文，则明显是在重刑迷信的思维引导下，把公民个人的自由权和立法者的决定权一股脑地赐给了司法者。以解释论之名行立法权之实，这一步走得如此之远，是比类推更隐蔽但也更严重的对罪刑法定原则的破坏，对此应该拒绝。

---

〔1〕 例如，我国《刑法》第 114 条与第 115 条，就是具体危险犯与实害犯的对应，二者存在补充竞合的关系，当放火、决水、爆炸等行为出现严重后果时，应直接适用第 115 条而不再适用第 114 条，只有当上述行为尚未造成严重后果时，才轮到第 114 条的适用。

〔2〕 一些学者认为，特别法优先于普通法的说法会引起误导。参见黄荣坚：《刑法问题与利益思考》，中国人民大学出版社 2009 年版，第 226 页。不过，批评者的意见，前提是以刑法典与附属刑法分别对应于“普通法”与“特别法”；而这里所说的特别法和普通法，则是指同一刑法典之内的特别法条与普通法条。

三、想象竞合犯的逻辑缺陷与滥用风险

（一）成立想象竞合犯的观点及其逻辑缺陷

与上述法条竞合的论证思路不同，但是在最终结论上完全相同的，是认为嫖宿幼女的行为成立想象竞合犯的观点。一些学者提出，嫖宿幼女的一个行为，同时触犯了嫖宿幼女罪与强奸罪，属于想象竞合犯，应从一重罪论处。[1] 此外，在非正式的讨论中，这种想象竞合犯的观点也有很大的市场。[2] 这种主张的优势在于，第一，避开了法条竞合关系下，必须比较两罪轻重的解释难题；第二，回避了在无法解决罪轻罪重的比较问题时，必然倒向立法论立场；第三，避开了法条竞合关系下适用“特别法优先”的原则，而是借助想象竞合犯“从一重罪论处”的原则满足了一般民众的正义感，在如此严密的竞合关系下，似乎不会再出现具备加重情节时行为人通过嫖宿幼女罪来减轻惩罚的情形。

但是，笔者也不能赞同想象竞合犯的观点。原因在于，只要承认强奸罪与嫖宿幼女罪有竞合关系，那么这种竞合就不可能是想象竞合，而只能是法条竞合。学说上公认的想象竞合犯（一行为触犯数罪名）的竞合关系，是“不必然”和“不恒定”的。所谓想象竞合犯，是指一行为既满足甲罪又满足乙罪的情形，但是也完全可能存在大量的某一行为虽然满足甲罪，但是并不满足乙罪的情形。简言之，一行为是否同时触犯两罪名而构成想象竞合犯，要视具体

---

〔1〕 参见张明楷：《嫖宿幼女罪与奸淫幼女型强奸罪的关系》，载《人民检察》2009年第17期；齐文远、周详：《刁水嫖宿幼女案中行为人的犯罪性质》，载《法学》2009年第6期。

〔2〕 网络上出现很多主张想象竞合犯的观点，载 http://attorneybj. blog. sohu. com/124626561. html; http://www. tianya. cn/publicforum/content/law/1/162658. shtml; http://lawangxiangjun. blog. 163. com/blog/static/5154036920093111610232等，最后访问日期：2017年6月30日。

个案中的行为性质具体认定；两罪之间的竞合关系，仅仅是可能而非必然。[1] 例如，在A对B造成身体伤害的情况下，可以构成寻衅滋事罪与故意伤害罪的想象竞合犯；A在B心脏病发作时故意盗走B的救心丸而导致B无药救治而死，可以构成盗窃罪与故意杀人罪的想象竞合犯。但是，这些竞合情形并不是必然的，寻衅滋事完全可能不构成身体伤害，而盗窃更可能与杀人毫无关系。

与此相反，在强奸罪与嫖宿幼女罪发生竞合关系的场合，由于竞合点是在犯罪对象（幼女）和犯罪行为（发生性关系）部分，[2] 而这两个部分正是两罪构成要件的核心内容，因此两罪竞合的局面是恒定和必然的：只要一个犯罪行为符合了嫖宿幼女罪的构成要件，就必然同时符合强奸罪的构成要件。当行为满足甲罪就必然满足乙罪时，说明两罪之间具有先天的、恒定的、必然的竞合关系，这种竞合关系在理论上只能解释为法条竞合。[3]

由此可见，所谓想象竞合犯的解释方案，乍看起来，在“从一重罪论处”的处罚原则上比法条竞合更有说服力，但是，仔细推敲，根本就无法成立：一方面，嫖宿幼女罪与强奸罪的核心要件都是与幼女性交，如果强调竞合，那么只要行为符合嫖宿幼女的条件，则其

---

〔1〕 同样从这个角度区分两者的，参见张明楷：《刑法分则的解释原理》（下）（第2版），中国人民大学出版社2011年版，第687页。

〔2〕 那种认为嫖宿行为也包括性交行为之外的其他猥亵行为的观点，不应该被接受。因为无论如何也难以理解，为什么一个轻度的猥亵行为，起点刑（5年）却高于一个重度的性交行为（3年）。

〔3〕 陈兴良教授认为，想象竞合与法条竞合的根本区分，不在于是否必然触犯两个法条，而在于想象竞合是事实意义上的竞合，而法条竞合则是法律意义上的竞合。当行为触犯的两个法条之间存在从属或交叉的逻辑关系时，则为法条竞合，若不存在这种逻辑关系，则为想象竞合。参见陈兴良、周光权：《刑法学的现代展开Ⅰ》（第2版），中国人民大学出版社2015年版，第317页。不过，若考虑到“存在逻辑关系”，实质上就是指无法回避的、恒定的竞合，而“不存在逻辑关系”，实质上就是指或然性的竞合，那么，这种区分标准与笔者的主张并无差异。依照这种竞合标准，同样会得出强奸罪与嫖宿幼女罪之间是法条竞合而非想象竞合的关系。

必然符合强奸罪，两罪的竞合就是恒定的，这样一来，就不是想象竞合而是法条竞合；另一方面，如果否认两罪恒定竞合，而主张只在一些特殊场合（如嫖宿多名幼女）运用想象竞合犯的法理，又无法说明，为什么嫖宿多名幼女时，就与“奸淫多名幼女”构成想象竞合（从而适用“从一重罪论处”），而当嫖宿一名幼女时，则与“奸淫一名幼女”没有竞合了。这种两面来回撞墙的困境，说明想象竞合犯的解释方案仅仅是一种为了达到重罚的效果而任意地解释刑法的做法；由此导致的法律适用缺乏明确标准的后果，是令人难以接受的。

（二）想象竞合犯理论在中国语境下易被滥用的风险

想象竞合犯的方案不仅在逻辑上难以自洽，而且暴露出某种在刑事政策上值得警惕的倾向。近年来，张明楷教授主张“充分运用想象竞合犯的法理”，因为“刑法所规定的犯罪之间不可能都具有绝对明确的界限。大部分犯罪之间并不是非此即彼的关系，一个案件事实完全可能亦此亦彼。换言之，由于用语具有多义性、边缘模糊性等特征，使得一个案件事实符合多个构成要件的现象极为普遍”。〔1〕因此，“硬性划分此罪与彼罪之间的界限的做法，并不可取”。〔2〕这样一种“与其重视界限，莫如注重竞合”的主张，直接挑战一直以来的构成要件之间的区别问题，具有很高的理论意义。

不过值得注意的是，这种看法在实践中却很有可能被严重误解甚至滥用。事实上，很多场合对想象竞合犯的运用，并非基于构成要件本身的特性出发所得出的结论，而是在严密刑事法网、避免处罚漏洞的刑事政策思想驱动下，追求达到填补各个构成要件之

---

〔1〕张明楷：《犯罪之间的界限与竞合》，载《中国法学》2008年第4期。

〔2〕张明楷：《嫖宿幼女罪与奸淫幼女型强奸罪的关系》，载《人民检察》2009年第17期。

间缝隙的效果。换言之,之所以对各个构成要件做更倾向于竞合而非互斥的解释,常常甚至主要是由于,“当把任何的两罪设计或解释成排他互斥时,将无法避免地会造成许多刑事政策上所不能容忍的刑罚性漏洞”。[1] 但是,因为不能容忍惩罚漏洞而使用想象竞合犯的态度,从打击犯罪的方面来看或许是对的,但从另一方面来看,则隐藏着将罪刑法定原则与保障人权的理念打入冷宫的巨大风险。

首先,试图用想象竞合犯来弥补惩罚缝隙,掩饰立法缺陷,可能会使刑罚权的发动缺乏正当性。

刑法解释的目的是要实现刑法功能,而刑法功能既包括有效地惩罚犯罪,也包括保障人权。保障人权的功能实现,要求司法者只能对一部人所共知的刑法典进行法律解释和适用。“从刑法法理学的意义上说,法律不可能是永远正确的,立法缺陷是客观存在的,善意地解释法律的前提是要承认立法上的这种缺陷,更应该弥补这种缺陷,而不是掩饰这种缺陷”。[2] 换一个角度来说,刑法本来就不是一部对所有利益进行面面俱到保护的法律,刑法保护的残缺性、选择性和碎片性本来就是刑法区别于其他法律的重要特征。因此,在刑法典公布之后,司法者就必须接受刑法保护的不完整性和不全面性,对所谓的漏洞应该采取容忍的姿态,遏制住“造法”的冲动。

对解释者来说,如果承认刑法不仅是裁判规范也是行为规范,那么,面对各个构成要件之间的缝隙采取揭示和澄清的态度,就不是一种解释能力的困乏,而是一种“有所为有所不为”的自律。换言之,当刑法确实存在惩罚缝隙而一般民众对此缝隙也已经有模糊感受时,基于澄清行为规范以保障人权的立场,应该通过解释,更为清楚准确地将此缝隙呈现在公众前,让公众知晓,处于此缝隙

---

〔1〕 蔡圣伟:《刑法问题研究》(一),台北,元照出版公司 2008 年版,第 249～250 页。

〔2〕 陈兴良:《定罪之研究》,载《河南省政法管理干部学院学报》2000 年第 1 期。

中的行为，既不符合甲罪，也不符合乙罪，因此是自由和无罪的；至于接下来是否有必要弥补这一缝隙，则应该经由民主商讨的方式由立法者决定。在这种情况下，即使解释者再不情愿，也“只能向立法者呼吁”；[1]解释者不应该在公众已经感觉到此一惩罚漏洞时，反而试图通过事后的解释技巧弥补此漏洞，这会使罪刑法定主义所要求的明确性、公开性和不溯及既往性变得名存实亡，使公民对自己的行为后果缺乏预期，使构成要件的呼吁功能和一般预防作用形同虚设。司法者补缺性解释的技巧越高，普通公民对刑法的不可预期性就越高，刑法就变得越危险。当法律共同体（特别是司法者和学者）的解释能力和解释权力本来就高于一般民众的时候，再进行此种“事后补漏”的解释，就必然使得刑法在公众心中成为一部无所不能也无法预期的神法，成为一部“深不可测也威不可测”的专制法，成为一部秘密的裁判手册。此时，解释者已经僭越了立法者的权力，民主立法的至上性也在不应该让步的领域，让步给精英化和专业化的解释者；刑法的公正不再有明确的保证，而只能寄托于解释者的良心。

其次，司法实践中存在滥用想象竞合犯的需求和动力。这种做法既消解了罪刑法定原则对司法者定罪量刑的明确性要求，也缺乏正当性地降低了控方的证明困难，容易成为司法者掩饰定罪疑点的借口。

这种担忧并非危言耸听，而是由于从检察官的角度出发，想象竞合犯的解释方案在各种情形下都具有明显的吸引力。例如，虽然甲的行为本来就符合 A 罪的构成要件，但控方可能由于自身的能力和水平而难以确定其究竟符合 A 罪还是 B 罪，此时，若非要以某一罪名起诉甲，可能会因定性错误而造成公诉失败。又如，甲的

---

〔1〕［德］克劳斯·罗克辛：《德国刑法学总论》（第 1 卷），王世洲译，法律出版社 2005 年版，第 138 页。

行为本来就处于A罪与B罪的缝隙之间而无罪,但控方若真认定为无罪,又可能担心会被怀疑是“法律适用有偏差、解释能力低下”。相反,有了“与其区分界限,不如定为竞合”的理由,就可以把这些棘手的问题都说成是竞合问题,如此一来,就能够轻易避开界分A罪还是B罪的困难,也可以放弃澄清缝隙的任务,减轻控方的证明责任,大大降低了定罪错误或因判决无罪而被贬低的风险。其次,对被告定罪并从重处罚,是检察机关天然和潜在的追求。将行为定性为想象竞合,择一重罪论处,这也大大增加了公诉的成功效果。因此,从制度激励和人性趋利的角度来看,公诉者没有理由不去选择竞合论的方案,甚至在根本就不存在任何竞合关系的时候,也极易将想象竞合犯当做一种“万金油”似是而非地滥用。对于这里所讨论的强奸罪与嫖宿幼女罪的关系而言,主张想象竞合的观点颇有市场,也许就是自觉或不自觉地受到上述思想的影响。

当然,上述关于滥用想象竞合犯危险性的论述,主要是一种“可能性”的担忧。但任何可能性实现的风险,都会受到周遭条件的影响——如果具体的司法语境使得担忧现实化的可能性非常高,那么,对想象竞合犯适用范围不宜夸大而是严格限制,就不是毫无根据的杞人忧天,而是具有现实合理性的主张。

笔者认为,在学术层面上,想象竞合犯的挖掘和推广是一项重要的理论贡献,对于理论研究者中立、科学地思考构成要件之间的关系意义深远。但是,由于在打击犯罪与保障人权之间,想象竞合犯的适用效果天然地倒向弥补惩罚漏洞、从重打击犯罪的一边,因此,它特别适用于罪刑法定原则比较牢固、人权保障观念比较普及、法治水平(特别是定罪水平)和司法者素质都比较高的司法环境。只有在这种语境下,才既能最大限度地发挥想象竞合犯的功效,又能保证其受到有效的限制和约束而不至于被滥用。换言之,从对症下药的角度来看,它最能发挥功效之处,本来是针对德日等现代法治国家在罪刑法定原则上过于严格甚至僵化的做法,是为了修正过于强调保障被告人权的西方主流司法意识形态而提出的堵截惩罚漏洞的主张,即在司法天平整体上倒向保障人权一边时,在打击犯罪的另一边所加上的砝码。

然而,在中国目前的司法环境下,滥用想象竞合犯的风险非常高。一方面,保障人权的法治理念尚未在司法实践中稳固地扎根,从重从快打击犯罪的观念仍然是司法意识形态的主流,由此产生的诸如刑讯逼供等流弊始终存在。另一方面,在大多数起诉书和判决书中,说理部分的精确化程度很低,真正有定罪疑点、需要准确解释的地方往往都被绕了开去,或者用一些似是而非、"辩证统一"的玄虚之词徘徊在"法律规定"的表面,既深入不下去也经不住推敲;一些判决书的实质,甚至不是在用专业知识而是在用无人反驳的司法权力去定罪。这种司法领域的基本国情决定了,目前最重要的问题是培养司法者坚守罪刑法定原则的意识,尽快建立起保障人权的理念,防止打击犯罪的强势话语一边倒的局面,努力维持司法天平的平衡。具体而言,应该像德日等法治先进国家那样,在认定犯罪构成的第一步,就是审查"构成要件该当性"。这种审查工作,要求司法者提高对单个构成要件进行精确解释的能力,必须逐次审查每一个可能与案件事实相符的分则条文的构成要件,而不能一上来就含糊其词地在多个构成要件之间穿插缝合。

就我国目前的司法水平而言,若有了"充分运用想象竞合犯"这种不必区分此罪与彼罪之界限、不必非得为某一行为明确定性的"理论支持",可以想象,这会令某些本来就搞不清楚定罪理据的司法工作者欣赏若狂,就可以堂而皇之为司法者难以说清楚的定性难点找到根据——"两罪之间本来就没有明确界限,本来就是可以竞合的!";就可以最大限度地满足公诉方打击犯罪的冲动和愿望——"两罪竞合,从一重罪论处!"这种解释方法及其结论对控方和裁判者都有益处,再加上司法者的专业素质大众化,很难期待这种滥用会得到有效的制约和限制;借想象竞合犯之名掩盖"葫芦僧乱判葫芦案”之实的危险,现实化的可能性非常高。在这个意义上,“充分运用想象竞合犯”越能弥补惩罚漏洞,其在司法实践中引发的弊端就越大;二者有可能并行不悖。

乍看起来,国外有些学者与我国学者都主张充分运用想象竞合犯,〔1〕二者似乎是同步的,但实际上,一个是在罪刑法定精神已经被切实贯彻为主流意识形态,甚至被过分僵硬地强调的司法环境中所提出的纠偏性意见;另一个则是在罪刑法定精神还脚跟不稳甚至水土不服的局面下,继续在打击犯罪的一边增添理论武器。〔2〕这种情况,好比前几年盛行的各种反法治或解构法治的后现代理论,本来是针对西方的法治现代性问题而发,却在很大程度符合了中国“前现代”的人治特征,与主张法治理念的各种应然性观点相比,反而对中国的现实合理性具有更大的解释力,更符合当政者维护现实的需要。这种理论建构上的“时空错位”,在各个知识领域中普遍存在,实是不可不察。

四、两罪互斥论的立法支持与理论证立

笔者认为,从解释论的立场出发,需要追求的目标是:如何在既定的法律规定下,既能最大限度地达到保护幼女的刑事政策效果,又不会完全虚置和架空嫖宿幼女罪的现有立法?要想实现这一目标,比较妥当的选择是将两罪解释为互斥关系。〔3〕缺乏有效

〔1〕国外有些学者从20世纪70年代末开始主张充分运用想象竞合犯的法理来堵截惩罚漏洞。Vgl. Puppe, *Idealkonkurrenz und Einzelverbrechen*, 1979, S. 186 ff..

〔2〕例如,张明楷教授之所以主张嫖宿幼女罪与强奸罪成立竞合关系,正是因为“承认此罪与彼罪之间的包容关系,更利于认定犯罪”。参见张明楷:《嫖宿幼女罪与奸淫幼女型强奸罪的关系》,载《人民检察》2009年第17期。

〔3〕这也是国内学界的多数意见。例如,曲新久教授明确指出:“嫖宿幼女罪发生于卖淫嫖宿过程中,排斥强奸罪法条的适用。”参见曲新久:《刑法学》(第3版),中国政法大学出版社2012年版,第557页。但是究竟为什么排斥,大多数教科书语焉不详。

同意（包括不同意和虽有同意的表面形式但实质无效两种情形）是强奸罪的构成要件要素；相反，具备有效同意则是嫖宿幼女罪的构成要件要素。两罪的构成要素（犯罪成立的条件），并不是竞合的关系，恰恰相反，根本就是“A”与“非 A”的互斥关系。

没有争议的是，无论幼女身份为何（是否从事卖淫），在其不同意性交时，行为人当然构成强奸罪。存在疑问的是，在幼女作出同意表示时，凭什么认为强奸罪场合的同意是无效的，而嫖宿幼女罪场合的同意就是有效的？笔者认为，问题的关键在于两罪中的“幼女”涵义并不相同。嫖宿幼女罪的“幼女”专指自愿进行性交易的“卖淫幼女”，而强奸罪中的“幼女”则指其他情形下的幼女。将嫖宿幼女罪的对象限制为“卖淫幼女”，这是由《刑法》第 360 条第 2 款的中“嫖宿”的明确规定所决定的。按照《现代汉语词典》的解释，嫖宿就是“嫖妓”。因此，嫖客与妓女之间，嫖宿行为与卖淫行为之间，如行贿与受贿之间的对向犯关系一样，是相互对应、彼此依存、缺一不可的。要想认定行为人构成嫖宿幼女罪，就必须要认定其性交易对象是否为卖淫幼女；如果幼女不属于卖淫女，则行为人也不可能构成嫖宿幼女罪。

从生活习性和社会观念上去评价，长期专门从事卖淫活动的幼女已具备与他人进行性交易的同意能力，因而其同意表示是有效的；一般而言，其他情形下的幼女对性行为的性质、意义和后果往往并不具备完全理解的能力，应当认为其并不具备性同意能力，因而其同意表示是无效的。因此，在形式上都得到同意的场合，应当从犯罪对象的角度去区分强奸罪和嫖宿幼女罪，强奸罪的对象是无性同意能力的幼女，也只有具备性同意能力的幼女才有可能被认定为真正的“卖淫幼女”，成为嫖宿幼女罪的对象。当两罪因犯罪对象不同而呈现互斥关系时，就没有必要非在刑罚上比较两罪轻重,[1]所以这里也不存在像法条竞合论那样,必须比较两罪轻重但又难以比较的难题。

(一)刑法典的章节设置是两罪互斥论的立法支持

在解释论上,以性交对象是否为“卖淫幼女”来区分两罪,才能合理说明刑法典的体例结构和法益的指导功能。

第一,嫖宿幼女罪的保护法益不是单一法益,而是复数法益;其中,社会管理秩序是首要保护的优势法益。一方面,该罪既然被设置在妨害社会管理秩序罪的类罪名之下,根据法益的指导功能,该罪当然是侵犯了社会法益;另一方面,如果认为该罪仅仅侵犯了“禁止卖淫嫖宿”的社会管理秩序,就无法解释为什么嫖宿14周岁以上的妇女却不构成犯罪。因此,该罪也必然保护某种与幼女相关的法益。在一个构成要件保护复数法益的情况下,就存在一个确定“优势法益”的问题,即哪一种法益是占统治地位的、需要优先保护的法益。要确立这一点,不应该着眼于对两种法益本身的“法益质”的比较,[2]而应该着眼于各国立法者通过刑法典所表明的

---

〔1〕 这种情况下,两罪的刑罚轻重与两罪侵害法益的重要性之间,没有必然关系。例如,《刑法》第238条非法拘禁罪属于侵犯人身权利罪,《刑法》第295条传授犯罪方法罪属于妨害社会管理秩序罪,按照刑法理论和刑法典的排列顺序,前者的法益重要性高于后者,但是非法拘禁罪的法定刑设置是3年以下有期徒刑、拘役、管制或者剥夺政治权利,而传授犯罪方法罪的法定刑则是5年以下有期徒刑、拘役或者管制,若比较法定刑,则后者重于前者。其他如强制猥亵妇女罪(5年以下)与暴动越狱罪(10年以上)的比较也是如此。这充分说明,在没有法条竞合关系的两罪之间比较刑罚轻重,既不可能有规律性,也与法益质的位阶高低没有必然关系。

〔2〕 如果从单一法益的“法益质”的角度去考虑,会把问题的讨论引向混乱,将更加难以形成一致的意见。以诬告陷害罪为例,关于该罪“法益质”为何一直存在争议,有人认为是人身权利,有人认为是司法(审判)作用,可是,如果承认法益是一种被确认和被发现的“前实定法”的利益,那么这些观点就都难以说明,为什么诬告陷害行为在有的国家属于侵犯国家法益的犯罪,在有的国家则属于侵犯个人法益的犯罪?为什么同样的行为在不同的国家会被“确认”或者“发现”为侵害了不同的法益?这显然是单一法益论者难以解释的。

态度。由于各个国家的情况不同,所采取的刑事政策不同,其在立法上的保护重点当然有所不同。一个犯罪行为既侵犯了甲法益又侵犯了乙法益,但是有的国家侧重保护甲法益,有的国家可能侧重保护乙法益。侧重保护的形式主要体现在将这一罪名安排在刑法典的哪个章节中,放在哪个类法益之下。从嫖宿幼女罪的章节设置来看,立法者将其置于"妨害社会管理秩序罪"一章下,显然表明社会管理秩序是该罪所要保护的优势法益。

第二,接下来的问题是,嫖宿幼女罪中的次要法益即"某种与幼女相关的法益",其具体内涵究竟是什么?如果认为嫖宿幼女的行为与强奸罪的行为一样,侵犯的法益是"性的自我决定权",那么,从刑法典各章类法益的排列顺序来看,性的自决权(人身法益)向来要高于一般的社会管理秩序,嫖宿幼女罪的首选位置本应该处于"侵犯公民人身权利罪"一章中,为什么立法者反将社会管理秩序视为优势法益,将嫖宿幼女罪置于"妨害社会管理秩序罪"之下?这只能说明,立法者设置嫖宿幼女罪,虽然也保护与幼女相关的法益,但这种法益与"性的自我决定权"并无直接关系。对这种法益可能合理的描述,应该是一种"保护幼女"的社会观念。正是这种观念,与"禁止卖淫嫖娼"的社会管理秩序结合在一起,共同组成了嫖宿幼女罪的保护对象,才能在嫖宿幼女的行为与嫖宿其他卖淫妇女的行为之间划出罪与非罪的界限;也正是这种观念,由于其在"法益质"上并不属于人身法益,在法益位阶上也低于"性的自我决定权",因而才在与社会管理秩序的组合中成为次要法益,才使得嫖宿幼女罪被安置在"妨害社会管理秩序罪"一章中。

第三,若承认以上推理,就会进一步逼出这样的问题:既然同样都是自愿性交的幼女,为什么奸淫幼女的场合,侵犯的法益是性的自我决定权,而嫖宿幼女的场合,侵犯的法益却是保护幼女的社会观念?合理的解释是,立法者认为从事卖淫的幼女虽然不满14周岁,但是已经具备了性同意能力,从而不能再像其他场合下的幼女一样否定其同意的效力;既然同意有效,当然就没有侵犯性的自我决定权,当然也不宜以此为由,将嫖宿幼女罪放在“侵犯公民人身权利、民主权利罪”之下。对上述论证加以整理,就会得出立法者的思路:由于具备同意能力,因此卖淫幼女的性交同意是有效的,嫖宿幼女的行为并没有侵犯性的自我决定权(人身法益),而是在违反社会管理秩序(禁止卖淫嫖娼)的同时,又冒犯了保护幼女的父爱观念,从而突破了社会道德风俗对卖淫嫖宿现象的容忍底线。要想在司法实践中实现这一立法目的,就必须严格把握同意能力这一概念,以此来界定卖淫幼女的范围,只能那些具备同意能力的幼女才可能成为嫖宿幼女罪的犯罪对象,而不具备同意能力的幼女则只能成为强奸罪的犯罪对象。

(二)被害人同意能力是两罪互斥论的理论支持

只有具备性同意能力的幼女才可能成为嫖宿幼女罪的对象,才能被界定为该罪中的“卖淫幼女”,这并非道德性的随意论断,而是以同意能力的概念为出发点,逐步推导出来的。刑法上的同意能力,是被害人同意生效的要件之一。即使公民是在处分自己有权利支配的法益,既没有意思决定瑕疵,也没有违背善良风俗,但是如果不具备同意能力,也一样可能会导致同意无效。刑法上的同意能力既不等同于刑事责任能力,也不等同于民事责任能力。对被害人同意能力的要求,没有统一的标准,而应该在具体的案件类型中具体确定。

被害人同意的出罪根据,是对公民个人自我决定权的尊重。基于这个角度,一个有效的同意并不需要对同意能力做全面、固定和僵化的要求,只要足以自治就可以了。所谓足以自治,是指同意本身不需要在客观上非常合情合理,但是它却必须来自一个在主观上具有充分理性能力的头脑。[1] 同意者必须能够判断和理解同意的后果、影响和意义。对此，显然不存在一个一般性的标准和尺度。按照鲍曼（Baumann）的说法，“对同意能力进行一般化的归纳，固定在某个年龄上，这看起来并不可行……在某些案件中，可能7岁的孩子就已经具有了同意能力，而在另一些案件中，即使年过60，可能也没有同意能力”。[2] 谨慎和保险的做法是在特定时间、特定事情上评估同意者的同意能力。就未成年人的同意而言，只要这个未成年人在做出决定的时候，是站在他自己的立场上，根据他自己的认识和判断，充分地理解了侵害的意义、后果和影响，那么就应该认可他的同意能力，也就没有理由否定这种同意的效力。[3]

概言之，同意能力不是一种固定在某一具体年龄上的“硬条件”，而是必须结合具体语境才能得出的个别化判断。所谓具备性同意能力，是指必须清楚理解性行为和性交易的性质、意义及后果。基于这种理解，可以认为，虽然都是不满14周岁的幼女，但在成立强奸罪的场合，“幼女”是指没有同意能力的幼女；而若要成立嫖宿幼女罪，则该“幼女”必须是在该特定案情中具备同意能力的卖淫幼女。

一方面，奸淫幼女的司法解释的确在某种程度上排除了14周岁以下幼女的性同意能力。从立法上看，强奸罪被规定在“侵犯公民人身权利、民主权利罪”一章中，其规范目的是保护女性对性的自我决定权。直言之，若得到一个有效的性交同意，是绝对不可能构成强奸罪的。而司法解释却认为“不论幼女是否自愿”，都按强

---

〔1〕 Amelung/Eymann, Die Einwilligung des Verletzten im Strafrecht, *JuS* 2001.

〔2〕 Baumann/Weber/Mitsch/Eisele, *Strafrecht AT*, 12. Aufl., 2016, § 15, Rn. 132, S. 444 – 445.

〔3〕 这是目前德国刑法学界的通说。Vgl. Lackner/ Kühl, Strafgesetzbuch Kommentar, 28. Aufl., 2014, vor § 32, Rn. 10ff.; Roxin, *Strafrecht AT*, 4. Aufl., 2006, § 13, Rn. 83; Wessels/Beulke/Satzger, *Strafrecht AT*, 46. Aufl., 2016, Rn. 546.

奸罪论处，若认可司法解释只能“解释”刑法条文而不能“修改”刑法条文这一点，那么就会承认，这个司法解释中的“自愿”是指虽然具有同意形式，但实质上缺乏同意效力的“自愿”。对于幼女而言，只有从排除同意能力这一点出发，才能得出这个结论。而之所以要排除幼女的同意能力，是考虑到在一般情况下，不满14周岁的幼女身心发育尚不成熟，智能也处于增长时期，对性行为的后果和意义缺乏认识能力。应该承认，这种做法，就如智力程度或者健康指数一样，从制度上人为地设定最低限度的参数，有助于在具体的判断中以此作为原则性基准，避免出现大的失误，这是有其合理性的。

但是，另一方面，也不能在所有情形下都绝对地排除幼女的同意能力。如前所述，同意能力本来就没有僵化的、固定不变的标准，刑法也不应该基于强烈的家长主义立场，不考虑具体情事，通过划定统一年龄线的方式，以父爱之名强行地剥夺所有幼女的性同意能力。事实上，例外情形并不罕见。比如，当前社会中，大量存在未成年的少男少女恋爱、同居、发生性关系的现象，对这种情形如果不做具体判断，而是一律以奸淫幼女论处，不仅把未成年的少男认定为强奸犯，而且同时也必然把不满14周岁的幼女定性为强奸罪的被害人。这反而会带来不利于幼女成长的后果，走向了保护幼女的反面；与其说是保护幼女，毋宁说是维护某种专横霸道、自以为是的父爱信念了。因此，2000年最高人民法院《关于审理强奸案件有关问题的解释》指出，对于已满14周岁不满16周岁的人，与幼女发生性关系，情节轻微，尚未造成严重后果的，不认为是犯罪。[1] 这里的“不认为是犯罪”，按照该司法解释的起草者的

---

〔1〕《关于审理强奸案件有关问题的解释》已废止。2013年最高人民法院、公安部、司法部《关于依法惩治性侵害未成年人犯罪的意见》第27条规定，已满14周岁不满16周岁的人偶尔与幼女发生性关系，情节轻微，未造成严重后果的，不认为是犯罪。相近的例子是，我国台湾地区“刑法”第227条有所谓的“两小无猜”条款，即当发生性关系双方都是未成年人，考虑到可能是基于好奇或相爱而尝试禁果，因此“告诉乃论”。

说法，正是由于“考虑到实践中已满14周岁不满16周岁的人与幼女发生性关系的情形比较复杂，从保护未成年人的角度考虑”，作此规定。[1] 这种政策考量，在强奸罪的语境下只能解释为：上述情形中的幼女被视为具备性同意能力的个体，其同意是有效的；也只有根据这个理由，才能从法理上排除强奸罪的成立。[2]

有学者提出，幼女的性同意或承诺应该是普遍无效的，如果承认同意有效的话，那么“父母也无权禁止其不足14周岁的幼女同他人发生自愿的性交易行为，否则他们的干预就至少有可能侵犯了这样一位幼女的意思表示自由甚至是人身自由”。[3] 其实，这个担心是没有必要的。因为无论在民法上还是在刑法上，都承认家长的管教权甚至责打权是一种（超法规的）违法阻却事由，如果家长因为要禁止幼女与他人性交易而将其锁在屋内，即使达到构成非法拘禁罪甚至伤害罪的程度，也完全可依对子女所享有的管教权而使得其行为正当化。因此，不是一味否认幼女的性同意能力而是根据具体情形去判断的做法，并不是什么洪水猛兽，也不会出现假想中的麻烦。

嫖宿幼女罪的立法，正是表明立法者认为相当一部分幼女具备性同意能力。成立嫖宿幼女罪的关键，不在于是否存在给付财物等一些性交易的表面形式，而在于嫖宿对象是否具备性同意能力，是否属于“真正”的卖淫幼女。并非所有接受对方财物、具有性交易形式的行为，都意味着是在从事卖淫活动。例如，甲男和乙女（不满14周岁）在网络上认识，长期聊天后见面，甲男为博乙女欢

---

〔1〕 孙军工：《解读〈关于审理强奸案件有关问题的解释〉》，载张军主编：《解读最高人民法院司法解释之刑事卷》（上），人民法院出版社2011年版，第195页。

〔2〕 也可能会有这样的解释，之所以“不认为是犯罪”，是在社会对于幼女的特殊保护与作为未成年人的犯罪人的利益之间比较和衡量的结果。但是，这样的解释不是在强奸罪构成要件的范围之内展开，而是进入刑事政策的视野中，使得解释路径和结论都具有很大的任意性，因而并不可取。

〔3〕 苏力：《司法解释、公共政策和最高法院》，载《法学》2003年第8期。

心，提出要送乙一部新手机，甲乙发生关系后，甲男果然送给乙女一部手机。若仅仅根据存在送手机这一事实，就认为甲是嫖客，乙是卖淫女，显然是不妥的。在这个意义上，幼女是否属于“卖淫女”与幼女是否具备性同意能力，本质上是同一个判断，前者是后者在生活经验上的一个典型表现，后者为前者提供法理上的解释途径。

司法实践中可以参考的标准是，如果幼女的确不是出于一时性的好奇，也不是被欺骗、被胁迫或被诱惑，而是对以身体换取金钱的性交易本身有非常清楚的认识，也明白和理解性行为本身的性质、意义和后果，其在夜总会或洗浴中心等色情场所长期从事性交易，足以表明她是以卖淫为业，〔1〕或具有“卖淫习性”，〔2〕就可以认为其在性交易问题上已经具有了同意能力，可将其认定为“卖淫幼女”。这种情况下即使对其抱有同情、教育和挽救的心态，但事实上已经不能由其他人和制度（包括刑法）来强行否定该幼女对自己行为和生活方式的自我选择。行为人以嫖客身份与之进行性交易时，要综合案情全面考虑，如果行为人从幼女的言谈举止以及性交易的环境（如夜总会等色情场所）能够确认幼女是卖淫者，而卖淫幼女也做出自愿性交的表示，在这种情形下，应该视作同意有效，得到同意而与幼女性交者，应以嫖宿幼女罪论处。相反，如果幼女是出于被行为人欺骗、诱惑或胁迫等情况，在对性交易或者“卖淫”的性质并没有清楚的认识的状态下与行为人发生性关系，就不能视其为具备性同意能力的幼女，即使之后接受行为人的金钱或其他财物，也不能以“卖淫幼女”定性，不能成为嫖宿幼女罪的

---

〔1〕“卖淫”在这里指长期从事性交易，即“以卖淫为业”的意思，这符合人们的生活用语和评价习惯。例如，现实中大量存在因个人性生活开放而产生的“一夜情”，即使互相之间有财物往来，一般人也不会将之定性为“卖淫”。

〔2〕周光权：《刑法各论》（第2版），中国人民大学出版社2011年版，第393页。

对象，在这种情况下，行为人构成强奸罪而非嫖宿幼女罪。判断流程图如下（参照图2所示）：

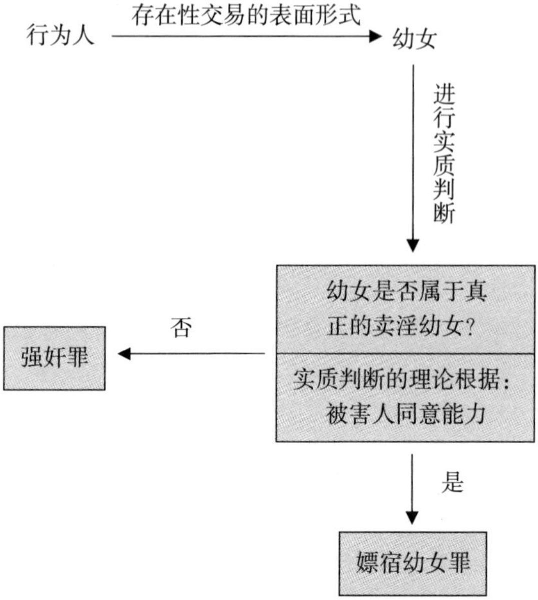

图2　嫖宿还是强奸的判断流程图

（三）小结

综上，在幼女同意的场合，强奸罪的对象是无同意能力（同意无效）的幼女，而嫖宿幼女罪的对象必须是具备同意能力（同意有效）的卖淫幼女。“在刑法根据不同对象区分不同犯罪的场合，当不能对同一对象作出双重评价或者对象非此即彼而不能亦此亦彼时，对象的区别才成立两罪之间的基本界限”。[1] 在特定的具体案件中，一个幼女的同意能力不可能既具备又缺乏，或者说，一个性交同意不能既有效又无效，行为人也不可能既符合强奸罪（同意

---

〔1〕 张明楷：《犯罪之间的界限与竞合》，载《中国法学》2008年第4期。

无效)又符合嫖宿幼女罪(同意有效)。因此,在两罪的犯罪对象完全不同的情况下,两罪的关系不可能是竞合,只能是互斥(在互斥的关系下,关键的问题就不再是比较两罪刑罚轻重,而是符合哪一个构成要件,即按哪一个罪名论处)。

五、两罪互斥论的政策优势与方法论

(一)两罪互斥论在刑事政策上的优越性

笔者主张将嫖宿幼女罪与强奸罪解释为互斥关系,通过同意能力的有无来区分不同幼女的解释方案,有利于在保护幼女与保障人权之间保持平衡,在刑事政策上具有其他方案难以替代的优越性。

第一,这种解释方案能有效地发挥刑法的社会评价功能。具言之,既能避免轻易地将幼女贴上"卖淫女"的标签,也能防止以嫖宿之名行奸淫之实者把嫖宿幼女罪作为逃避重罚的挡箭牌。

一方面,刑法不能以一种看起来保护幼女的形式,反而在实质上对幼女进行"二次伤害"。被轻易地定性为"卖淫女"从而成为嫖宿幼女罪的对象,与作为强奸罪的受害者相比,前者显然具有"污名化"的负面效果,对于女性特别是尚处在身心发育阶段的幼女而言,背负"卖淫女"的标签对其人生的伤害甚至可能更甚于第一次被害。按照笔者主张的方案,既然只有具备性同意能力的幼女才能成为嫖宿幼女罪的犯罪对象,那么,不具备同意能力的幼女,即使存在某种性交易的表象,也不能被评价为卖淫幼女。

现实生活中,一些幼女尚不谙世事,因一时的好奇、冲动、偏激等不成熟情绪的驱使,或受引诱、哄骗而与他人发生性关系,虽然意思表示上是自愿的,也得到了金钱回报,看起来具有了性交易的形式,但是由于对自己的行为性质、后果和意义并没有清楚理解,因此,实际上并不具备同意能力,所做的性交同意是无效的。此时,性交易行为不构成卖淫,幼女本人也不能被贴上"卖淫幼女"的标签，而应该被排除出“卖淫女”的行列。行为人的“嫖宿”行为实质上是强奸，而幼女实质上是强奸罪的被害人。司法实践中必须借助同意能力的概念，通过对幼女本人情况和所处环境的仔细审查，严格把握“卖淫幼女”的认定，避免将本属于强奸罪被害人的幼女定性为嫖宿幼女罪中的“卖淫幼女”。

另一方面，既然只有以卖淫为业的幼女才能成为嫖宿幼女罪的犯罪对象，那么行为人仅仅认识到对方是幼女是不够的，而必须认识到对方是“卖淫幼女”，此时，与之发生性交易才能构成嫖宿幼女罪；否则，若行为人明知对方不是“卖淫幼女”而与之性交易，对行为人应按照强奸罪论处。〔1〕这种解释能够有效地针对以下现象：一些行为人明知幼女并不是以卖淫为业（特别是一些人专门要找尚是处女的幼女发生性关系，即所谓“买处”），而只是受到了哄骗、胁迫或利诱，但故意不闻不问，事发后以存在金钱给付之由掩盖奸淫之实，对此，可以通过否定幼女同意能力的解释方法来界定犯罪对象，从而排除嫖宿幼女罪的适用，而直接按照强奸罪（与无同意能力的幼女性交）追究行为人的责任。〔2〕

按照强奸罪对行为人论处，主要是在以下两点上体现刑法从重评价的效果。其一，罪名本身就具有谴责性的评价机能，不同罪

〔1〕 最高人民检察院《关于构成嫖宿幼女罪主观上是否需要具备明知要件的解释》（2001年6月11日）认为，行为人知道被害人是或者可能是不满14周岁幼女而嫖宿的，以嫖宿幼女罪追究刑事责任。笔者认为，这一解释无法厘清嫖宿幼女与奸淫幼女的区分，合理的做法应该是，在“不满14周岁”和“幼女”之间，加进去“卖淫的”界定。

〔2〕 行为人可能会辩解说，自己对幼女不是卖淫女并不“明知”，或者说，自己以为对方就是卖淫女而与之性交。对此，能否视作有认识错误，即以“嫖宿”的故意犯了“强奸”之罪？笔者认为，这种场合下，要以一般人的认识程度为基准，结合幼女本身的个人情况（如言谈举止等）以及发生性交易的环境等做综合判断。在一般人眼中，具体个案中的幼女会被看做长期自愿从事卖淫的妓女，还是会被看做被骗或被胁迫从事性交易？若是前者，则可以采信行为人的辩解，按嫖宿幼女罪处理；若是后者，则行为人的辩解不足为信，仍应按强奸罪论处。

名的评价效果也有不同。在一般社会观念中,“强奸犯”的污名化效果显然要重于“嫖客”,在道德非难程度和赋予罪犯耻辱感的压力上,前者也要重于后者。其二,从具体量刑来看,在出现加重情节的场合,强奸罪惩罚强度要大于嫖宿幼女罪。强奸一名(一次)幼女,强奸罪的法定刑是在10年以下;嫖宿一名(一次)幼女,虽然法定刑最高是15年,但是司法实践一般也是控制在10年以下。强奸多名(或多次)幼女,最高刑可判处死刑;嫖宿多名(或多次)幼女,司法实践中一般在10年以上量刑,最高刑不超过15年。[1] 由此可见,对于多次嫖宿(或嫖宿多名)不具备性同意能力的幼女的行为人而言,对其按强奸罪量刑显然是罚当其罪。例如,2009年被曝光的福建安溪“校长参与嫖宿初中女生案”,职校校长许建新与多名初中女生发生关系,其中4名是不满14周岁的幼女,均被许建新“破处”。[2] 该案中虽然存在财物给付等性交易的表面形式,但掩盖不了受害幼女并不属于“卖淫女”的事实,因此对行为人应以强奸罪而非嫖宿幼女罪提起公诉。

第二,这种解释方案可以限制情绪化司法和重刑主义倾向,防止出现过度扩大打击面甚至侵犯人权的局面。

这是与法条竞合(重法优于轻法)和想象竞合犯的主张比较后得出的优点。一些学者采取重法优于轻法的法条竞合论和从一重罪论处的想象竞合犯的方案,其实是因为,若按特别法优于普通法处理的原则,难以实现重罚的效果(嫖宿幼女罪没有无期徒刑和死刑而强奸罪有)。相反,若按照重法优于轻法或者从一重罪论处的

---

〔1〕 从贵州习水嫖宿幼女案的判决结果可以清晰地看出这一点。李守明、黄永亮和冯勇分别嫖宿幼女一人一次,均以嫖宿幼女罪被判处有期徒刑7年;毋明忠嫖宿幼女两人两次,以嫖宿幼女罪被判处有期徒刑10年;冯支洋嫖宿幼女两人三次,以嫖宿幼女罪被判处有期徒刑14年。

〔2〕 具体案情,载 http://news. ifeng. com/society/1/200907/0706_343_1235205. shtml; http://www. chinanews. com. cn/sh/news/2009/07 - 08/1766900. shtml,最后访问日期:2017年6月30日。

观点，行为人在嫖宿多名幼女时，就无法逃脱强奸犯的定性和从重处罚的后果。

但是，不能因绝对保护幼女、严惩罪犯的正义冲动而无视社会现实和立法现实。卖淫嫖娼现象的普遍存在，是难以掩耳盗铃去回避的问题；刑法对这种现象的承认和容忍，也是不可否认的——刑法明确规定，只有组织、强迫、容留卖淫以及嫖宿幼女的行为才是犯罪，而一般的卖淫嫖娼仅以行政处罚规制。换言之，一般的嫖宿行为本来是无罪的，但是当嫖宿的对象是幼女时，则将面临5年以上的刑罚。从无罪到有罪，从行政处罚到自由刑，这已经在立法上鲜明地体现了保护幼女的政策。此外，“司法实践表明，在嫖宿幼女的场合，多是幼女自愿甚至是在幼女主动纠缠的情况下进行的。换言之，犯罪行为的实施，受害幼女本人也有一定的过错。相比而言，行为人的主观恶性也较小”。〔1〕因此，对与具备性同意能力的真正的卖淫幼女性交者按嫖宿幼女罪论处，并不是所谓的“司法歧视”，而是因为：

其一，毕竟刑法暂时还没有修改或废除嫖宿幼女罪，“法典中的每一个条文在废止之前均应推定有效，司法者均应积极适用而不能将其完全弃置”，〔2〕因此必须要留下适用嫖宿幼女罪的可能性空间。如果认为两罪竞合且从重论处，那么“所有的嫖宿幼女的行为都会被以强奸论处，从而事实上导致嫖宿幼女罪的立法过剩”。〔3〕如果在解释方法上完全将嫖宿幼女罪架空，这种解释已经是在“修法”了，无论名义上说得多么响亮，都是把解释者个人放在了法律之前，是对法律最大的嘲笑，并不是真的尊重法律。其

〔1〕陈兴良主编：《罪名指南》（上），中国人民大学出版社2008年版，第660页。

〔2〕叶良芳：《存与废：嫖宿幼女罪罪名设立之审视》，载《法学》2009年第6期。

〔3〕叶良芳：《存与废：嫖宿幼女罪罪名设立之审视》，载《法学》2009年第6期。

二,如果在已经确定构成嫖宿幼女罪的情况下,一定非要将嫖宿幼女的行为归入强奸罪中以从重处罚,只能说是反映了主张者将正义感和愤怒寄托于重刑的报复心态,而对于一般预防和特殊预防则毫无意义:如果定嫖宿幼女罪不能威吓潜在的嫖宿者,定强奸罪就能威吓住吗?如果最高刑15年不够改造罪犯,处以无期或者死刑就能够改造了吗?尽管大多数学者都认可限制甚至废除死刑的立场,但是一遇到具体问题,人们的重刑迷信和死刑迷信往往便抑制不住地表现出来,由于个体情感而倒向报复性司法,这是值得深思的。

更重要的是,根据罪刑法定原则,刑法典既然公示了对"嫖客"的惩罚条件和惩罚程度,司法者就不能再随意地将"嫖客"转变为"强奸犯"。否则,刑法公之于众的"罪刑价目表"就失去信用,就违背了刑法在行为规范的法定性上对公民的承诺。富勒早就指出,"解释者和法官必须考虑到这一点,即那些根据这部制定法来安排自己行为的人们是如何合乎理性地理解其含义的?因为法律不应当变成为那些不可能像法官一样充分了解立法理由的人们设置的陷阱"。〔1〕

正是在这一点上,两罪互斥的方案优越于两罪竞合:一方面,当幼女的确以卖淫为业,而行为人也确实清楚是在与一名真正的卖淫幼女发生关系时,对于这名"诚实的"嫖客以嫖宿幼女罪论处,已经足以惩罚这种双方合意且有效的性交易,这样的结果是这名嫖客面对刑法时能够预期到的。相反,如果对嫖客以强奸犯重处,刑法在这里就是以嫖宿幼女罪的幌子为行为人设下了一个强奸罪的陷阱,而一部旨在惩恶扬善的法律本不应该具有这种狡诈的品性。

另一方面,当幼女并非以卖淫为业,仅仅是被引诱、欺骗、胁迫

〔1〕[美]富勒:《法律的道德性》,郑戈译,商务印书馆2011年版,第98页。

与行为人发生性关系，而行为人在明知对方并非真正的卖淫女仍与之性交时，对这种“狡诈的”或者说“揣着明白装糊涂”的行为定性为“强奸”，正好显示出它与一般意义上的“嫖妓”的区别。否则，刑法就不仅会被这一类狡猾的行为人所愚弄，而且会丧失对前一类真正的“嫖客”的威慑效果，却起到了反面的鼓励作用——既然这种对象广泛（普通幼女的数量当然要远远大于实际存在的卖淫幼女数量）、行为便利（日常生活中接触普通幼女的机会很多，作案场所也无限制，而去卖淫场所寻找到幼女并非易事）的行为，也能被定性为“嫖宿”，那么，那些本来只打算以少数卖淫幼女为猎物的嫖客，可能索性会把目光投向数量庞大的普通幼女群体——这显然是没有人愿意看到的一种的坏的激励效果。

（二）两罪互斥的方法论基础

笔者对两罪关系的讨论，没有局限于对行为人的行为及其主观心理的分析，而是采用了一种“被害人视角”。通过“被害人同意能力”的概念，将那些被引诱、欺骗、胁迫或者出于好奇、贪便宜等心理与行为人发生性关系的幼女排除出嫖宿幼女罪的犯罪对象的范围；即使行为人以一种“性交易”的形式与这些幼女发生性关系，但是由于犯罪对象不适格，因此其行为性质并不是嫖宿，而是强奸。这样思考的出发点是，这些幼女并不符合社会公众心目中“卖淫女”的典型形象。只有那些在夜总会或洗浴中心等色情场所长期从事性交易，其作为职业的“性工作者”的身份被场所内部环境所公认，而且言谈举止足以表明其以卖淫为业或具有“卖淫习性”，足以表明其对“卖淫”有非常清楚的认识，也明白和理解性行为本身的性质、意义和后果的幼女，才比较符合一般民众对“卖淫女”的想象。

笔者对被害人形象进行类型化解释进而缩减其范围的思路，受到了从相反视角去解释行为人的方法的启发。在刑法理论史上,曾经有学者在解释论的立场上,用类型化的方法对构成要件中的“行为人”进行限缩性解释:即使行为人实施了可以被归入相关条文的行为,但是,除非这些行为足以证明行为人具有典型的“犯罪人”的人格形象,否则,仍然不能适用该条文。这个角度的代表性论著,是德国学者达姆(Dahm)在1940年发表的《刑法中的行为人类型》。达姆认为,如果一名医生是基于挽救一名妇女的生命而对其实施堕胎手术,即使他忽略了该妇女同意中的瑕疵甚至未得到其同意,也仍然不应按照堕胎罪对其惩罚。因为,这种情况下的医生,“并不符合公众心目中‘堕胎者’的形象”。[1] 类似的情况包括,责打他人不听话的孩子,并不符合故意伤害罪中的“伤害者”形象;在亲友范围内传播闲话,并不符合诽谤罪中的“诽谤者”形象等。

这种理论的核心是,解释者心目中先有一个为构成要件所包含的典型的行为人形象,只有实施了构成要件行为的行为人符合该典型形象,才能将其归入该构成要件;其他虽然实施了构成要件行为但是并不符合这一典型形象的行为人,则被排除出惩罚范围。这被称作“规范性的行为人类型理论”(Lehre vom normativen Taetertyp)。类型化解释的关键在于看“具体的行为能否符合解释者心中的那种典型的行为人的行为方式”,[2]因此它并不是脱逸出构成要件的范围对行为人所做的任意性判断。正如博克尔曼所认为的,这实际上仍处于行为刑法的框架内,是对构成要件进行解释的一种特别方法。[3]

同理,笔者对被害人进行类型化解释,关键在于看具体个案中的被害人能否符合解释者对相关构成要件中典型被害人形象的勾

---

〔1〕 Dahm, *Der Tätertyp im Strafrecht*, 1940, S. 43.

〔2〕 Vgl. Dahm, *Der Tätertyp im Strafrecht*, 1940, S. 27.

〔3〕 转引自[德]克劳斯·罗克辛:《德国刑法学总论》(第1卷),王世洲译,法律出版社2005年版,第110页。

勒和理解。这种勾勒和理解，并不是任意的想象，而是在嫖宿幼女罪的构成要件的框架之内，根据“嫖宿”这一法律明确规定的行为方式，建立起“嫖客—卖淫女”之间的对应关系，进而对嫖宿行为所指向的犯罪对象“卖淫幼女”进行严格解释的结果。这种严格解释，以保护幼女不轻易地被“标签化”和“污名化”为指导思想，以一般民众心目中典型的卖淫女形象为比照范本，通过限缩嫖宿幼女罪中的被害人范围，最终达到限缩嫖宿幼女罪定罪范围（同时扩张强奸罪范围）的效果。

与笔者所使用的这种被害人类型化的方法相似的，还有一些德国学者在诈骗罪中的研究成果。这些研究认为，如果人们去信任那些明显拙劣和虚假的骗术，那么刑法就没有保护这种信任的必要；只有那些复杂、不容易被发现的欺骗行为，才具有可罚性。〔1〕从被害人视角来说，对于那些连极其简单和拙劣的骗术也无法识破的被害人，应该排除在诈骗罪的保护范围之外。简言之，这些被害人就不是诈骗罪所要保护的典型化的被害人。当然，笔者对嫖宿幼女罪中的被害人进行类型化解释的终极目的，是更好、更有效地保护幼女，这一点与对诈骗罪中的被害人做限缩解释的目的正好相反，二者可谓是“同途殊归”。

六、结语

任何理论方案都不可能是完美的。大到犯罪论体系的建构，

---

〔1〕 例如，瑙克（Naucke）认为，以往的通说认为诈骗罪保护各种受骗的被害人，并没有把那些交易中的无助者、法律事务往来中的无经验者和容易被骗者排除在外，但是这样一来，刑法就要承担起全面性地培训法律行为交往能力的任务，而这对于刑法而言，是一项过于奢侈的工作。刑法不可能提供给愚笨者和缺乏生活经验者任何帮助，而是应该让他们有机会去自我训练自己的决断能力，刑法并不是用来训练智力和弥补安全感的工具。Vgl. Naucke, Der kausalzusammenhang zweischen Taeuschung und Irrtum beim Betrug, in Baumann/Tiedemann (Hrsg.): *Einheit und Vielfalt des Strafrechts, Festschrift für Karl Peters zum* 70. *Geburtstag*, 1974, S. 117f.

小到强奸罪与嫖宿幼女罪的关系解释，都是如此。每一个理论方案都有其最能发挥说服力和解释力的场域，也有其难以自圆其说的角落。一个刑法问题，常常管辖着各种类型的案件。人为设计的理论方案与真实的刑法案例群之间的关系，不可能像两个半球那样天衣无缝地合对在一起，面面俱到地覆盖所有的案件。尽管处于同一主题之下，但是这些案件的发生率、重要性、疑难性以及对社会的刺激程度都是不同的，在多种理论方案的竞争中，关键是哪一种理论方案能够最有效地解决那些发案率和社会关注度较高，较为疑难、相对而言也较为重要的"核心案例"。哪一种理论对核心案例群和主要矛盾的解释力越强，哪一种理论就越值得选择；至于在其他案例中的解释力较弱，并不足以成为这种理论的致命缺陷。

笔者在立法论立场上提出的两罪法条竞合但刑罚轻重失序的修法主张，以及在解释论立场上提出的两罪互斥论，并不能非常圆满地解释所有类型的案件。但理论设计的初衷，本来就是针对那些社会关注度最高、问题点最多的典型案例。特别是两罪互斥论，主要是针对那些看起来具备性交易形式但实质上并不属于"卖淫嫖娼"的案件，在这类案件中，既要保护一些涉世不深的幼女不被随意贴上"卖淫女"的标签，又要严惩那些试图以"性交易"的表象来掩盖奸淫幼女之实的行为人。

近年来，引起社会广泛关注的数起性侵犯幼女的案件（例如，浙江临海市人大代表王宗某、市气象局副局长池全某嫖幼案；浙江丽水市数十名中学女生遭村干部强奸案；福建省安溪县中学校长和工商所长嫖宿幼女案等），揭示了目前社会中存在的一种丑恶现象，也正是笔者的解释方案希望"对话的社会的伤病"〔1〕：一些人已经不能满足于普通的声色犬马，要寻找更进一步的"刺激"，就将

〔1〕［美］富勒：《法律的道德性》，郑戈译，商务印书馆2009年版，第98页。

目光投向了“良家幼女”,“对幼女实施性侵犯,在一些人群中已俨然成了一种罪恶的嗜好和风尚。”[1]无须回避或粉饰的事实是,在各种声色犬马的娱乐场所中,的确存在大量的“性工作者”,这些或被称作“卖淫女”的社会群体,生活作息上昼伏夜出,以卖淫为工作,以性交易所得为主要甚至唯一的生活收入。这个群体是客观存在的,从各种环境和外部特征上,也是较容易判断的。

但是从被曝光出来的几起案件来看,涉案的行为人都不是以“嫖客”身份在这些色情性娱乐场所与在那些被社会观念标签为“性工作者”的卖淫女进行典型意义上的性交易,而是通过各种隐蔽手段,经由中间人的哄骗、诱惑甚至不同程度的强迫,与一些还在上学的懵懂无知的幼女发生关系,最后甩出几张钞票,以一种性交易的表象来掩盖奸淫幼女的真相。这一类案件,其法益侵害的严重程度,要远大于那些与真正的卖淫女发生性交易的嫖宿案件,也是最令社会公众愤怒的焦点。无论是民间舆论还是学界意见,都难以忍受这些行为人借嫖宿幼女之名规避强奸之实,在最多承受15年有期徒刑的同时,又连累到无辜幼女承受“卖淫”的污名。此时,刑法理论必须提供足够有力的解释框架,以防止这类本属于强奸罪的案件被错误地归入嫖宿幼女罪之下。这就是笔者借助被害人同意能力的概念来建构两罪互斥论的基本用意,也是这种方案最能发挥解释效果的场域。

不过,从另一方面看,用“被害人同意能力”的法理来支撑两罪互斥论,可能会在其他一些类型案件中遭遇解释结论是否妥当的质疑。例如,不满14周岁的甲女长期从事卖淫活动,是典型的“卖淫幼女”,乙男与甲女发生性交易,按照笔者的观点,因甲已经具备性同意能力,性交同意有效,因此乙构成嫖宿幼女罪。问题是,当

---

〔1〕 叶匡政:《嫖宿幼女与社会病态人格》,载《中国青年报》2009年7月14日。

甲与已满18周岁的成年男友丙男发生性关系时,丙的行为又如何定性?由于甲和丙的男女朋友关系,丙首先肯定不构成嫖宿幼女罪。按照笔者观点,甲因为长期卖淫因此已具备性同意能力,丙也就不构成任何犯罪。不过,这一点有可能遭到非议,批评者会认为这种结果是在出罪化的道路上走得太远,因为按照强奸罪"无论幼女是否同意"的解释,丙应该构成强奸罪。但是如果认为甲具备性同意能力且已做出同意表示,那就意味着同意有效,此时仍然坚持丙构成强奸罪论处的话,就难以一以贯之地坚持强奸罪以缺乏有效同意作为构成要件要素的观点。在此面临两个选择:要么遵循被害人同意能力的解释框架,认为丙是无罪的;要么在理论上妥协,认为丙构成强奸罪。笔者坚持前一种结论,但是也承认,在是否追究丙的责任上,这里的确存在一个价值选择的困难,并不是理论本身的逻辑完全能够决定的。

在论文末尾指出笔者主张的解释力限度,不是为了表示泄气,恰恰是要说明,任何人都不能奢求建立一个没有漏洞、解释力无远弗届的方案。理论设计总有其局限性,号称能"圆满解释一切"的理论由于其不可证伪性、不可反驳性而丧失了科学的质素,最终必将沦为与神学和占星术同样的东西。[1] 因此,澄清理论效用的边界,阐明观点发挥解释力的区域及其限度,是法律解释工作必守的一条准则。笔者的努力也可看做对这一哲学理念在刑法解释学领域中的具体实践。

---

〔1〕 参见[英]波普尔:《科学知识进化论》,纪树立编译,生活·读书·新知三联书店1987年版,第28页、第62页、第63页。

第七章　财产犯罪中的“扒窃”

除了醉驾之外，扒窃入刑大概是2011年通过的《刑法修正案（八）》中最引人注目的一处修改。根据修改后的《刑法》第264条，“盗窃公私财物，数额较大的，或者多次盗窃、入户盗窃、携带凶器盗窃、扒窃的，处三年以下有期徒刑、拘役或者管制，并处或者单处罚金”。依此，行为人只要实施了扒窃行为，不计数额，一律按照第264条入罪处罚。

在《刑法修正案（八）》出台之前，关于扒窃应否入刑的问题，学界曾出现过一些批评意见。有的观点认为，扒窃行为总体上而言只是一种违反治安管理处罚法的行为，不宜认定为犯罪。否则，“就会不适当地扩大盗窃罪的定罪范围、刑法处罚的范围，也混淆了刑事处罚和行政处罚的边界”。[1] 甚至在《刑法修正案（八）》出台之后，仍然有声音批评这一立法。例如，有的学者认为，扒窃入刑是立法者掉进“浪漫主义的迷雾”；[2]有的学者指出，“扒窃型盗窃的入罪化是刑事立法功利化倾向进一步加剧的后果，是刑法万

---

〔1〕 参见《扒窃行为是否入罪存争议》，载《法制日报》2011年1月7日。

〔2〕 付立庆：《刑法修正案八中的浪漫主义思维——以醉酒驾驶入罪为切入的反思》，载《云南大学学报法学版》2011年第5期。

能理念的进一步体现。"[1]在立法论上,这些批评或许不无合理之处,但是,从解释论的角度出发,在扒窃已经入刑之后,目前刑法理论和司法实践所面临的最重要的问题,是如何适用"扒窃"规定。

扒窃问题考验着中国学者的理论创新力。表面上看起来,扒窃入刑意味着"扒窃"这个日常用语被规定为法言法语,但实际上,由于每一个法言法语都会被赋予法理上的解释,因此,立法者在这里出给学界的题目是,如何将一个在中文语境下司空见惯的、能够引起人们形象联想但含义模糊不清的日常用语,转化为一个在理论上有明确内涵和规范边界的法学概念。这个任务比较困难,因为"说起扒窃,可能很多人都心领神会言之何物,但往往无法精确解释其含义。"[2]而且,"扒窃"如同"嫖宿幼女"一样,是一个具有中国特色的立法,无法从国外的立法和理论中获得可资借鉴的资源,只能依赖于中国学者自己对生活和法律的理解与想象,以及在理论上的抽象和创造。

目前,学界关于扒窃概念的主流观点,是通过"公共场所"与"随身携带"来加以界定。此外,还有一些研究分别从盗窃数额、技术手段、扒窃次数等因素来界定或限定扒窃。这些讨论凸显出三个问题:第一,一些塑造扒窃概念的理论尝试,可能并没有提炼出扒窃有别于一般盗窃行为的本质特征,存在内涵不清、外延模糊、缺乏规范边界的缺陷。第二,在尚未明确扒窃概念的情况下,就讨论"扒窃是否一律处罚"的问题,可能存在将扒窃概念本身与扒窃犯罪的惩罚范围混为一谈的风险。第三,对于扒窃惩罚范围的限缩,缺乏具有理论根据的有效方案。

笔者拟首先对这些界定扒窃的学术努力进行梳理和评价,然

---

〔1〕 李翔:《新型盗窃罪的司法适用路径》,载《华东政法大学学报》2011 年第 5 期。

〔2〕 吴加明:《〈刑法修正案(八)〉中"扒窃"的司法实践认定》,载《中国检察官》2011 年第 14 期。

后提出观点。在此,笔者认为,应当从两个方面对扒窃入刑展开法教义学的理解和适用。一方面,在构成要件层面,“公共场所”与“随身携带”并不是界定扒窃概念的核心要素。通过借鉴社会学理论的研究成果,笔者认为,应当开辟被害人视角,以“贴身禁忌”作为扒窃概念的思想基础。扒窃是指侵入他人贴身范围,盗窃他人贴身携带的财物。随身携带的财物,如果不在贴身范围内,不能成为扒窃的对象;得到允许进入他人贴身范围后实施盗窃的,不构成扒窃。另一方面,在惩罚必要性的层面,要重视立法者的目的追求,重新激活在理论史上沉寂已久的行为人刑法思想,来限缩扒窃犯罪的打击范围。特别是偶犯与惯犯的区分,既要为其在法教义学上安排稳定的位置,也要为其寻找实定法上的支持。对此,笔者通过引入功能性责任概念并加以改造,完成了上述任务。

一、“公共场所”与“随身携带”的疑问

目前,关于扒窃概念比较流行的解释是,“扒窃指在公共交通工具上或在车站、码头、商场等公共场所窃取他人随身携带财物的行为”[1],简单地说,扒窃是指在公共场所窃取他人随身携带的财物的行为。[2] 显然,这里用以界定扒窃概念的核心要素是“公共场所”和“随身携带”。但是,笔者认为,这两个要素仅仅是对多发常见的扒窃现象在经验层面的总结,但是没有在经验现象的基础上出现理论的飞跃,没有在理论上确立扒窃概念的内涵和外延。依此定义下的扒窃行为,难以成为一个在学理上自足、在实践中有甄别力的概念。

---

〔1〕 黄太云:《刑法修正案解读全编——根据刑法修正案(八)全新阐释》,人民法院出版社2011年版,第111页。

〔2〕 张明楷:《刑法学》(第5版),法律出版社2016年版,第955页;周光权:《刑法各论》(第3版),中国人民大学出版社2016年版,第119页。

（一）对“公共场所”的质疑

多数观点认为，立法者之所以将“扒窃”作为盗窃罪的选择性入罪情形，无疑是看到了不同于普通盗窃的特殊性，而“扒窃”行为区别于普通盗窃之特征之一在于，扒窃发生在公共场所。这就是所谓扒窃行为的时空特定性。按照这种观点，如果不是发生在上述场合，则构成一般的盗窃罪。[1] 坚持这种观点的代表性理由是，“发生在多人同在的场合，严重影响群众的安全感，有比较大的社会危害性”。[2] 例如，有的学者这样论证：

“扒窃行为单独列出并予以严惩的原因是其发生在公共场所，除了侵害公民的财产权之外，更使得民众人人自危从而降低社会安全感，因此产生较严重的社会危害性。只有发生在公共场所，才能使不特定民众看到并感知，从而转化为对己财产安全的担忧，进而转变为整体社会安全感的降低。换言之，这种较一般盗窃更严重程度的危害性，只有发生在公共场所方能得以彰显。脱离了公共场所这样特定的条件，盗窃行为尚不足以造成上述危害。”[3]

这是一种较具有代表性的观点。的确，公共场所的表述既符合汉语字典对扒窃的定义，也符合公众和司法机关的惯常印象。

---

〔1〕 至于究竟什么算是“公共场所”，对于“公共场所”的界定，在刑法理论和实务界又存在较大争议。例如，有的观点认为，条例所列场所并不能全部涵盖全部公共场所，对扒窃行为中“公共场所”应当作全面地把握：公共场所具有空间开放性，即要求对全体社会公众开放，如私人住宅和特定人员才能进入的单位就不属于公共场所；公共场所可以为多数人聚集或者人员流动，具有人员上的多数性和不特定性特征；公共场所必须具有社会活动性，即场所的功能用于满足公众的社会生活需求，从而有别于仅供企事业内部人员使用的场所或区域。张迅寒：《扒窃案件“公共场所”的界定》，载《江苏法制报》2011年12月16日。

〔2〕 周光权：《刑法各论》（第3版），中国人民大学出版社2016年版，第120页。

〔3〕 吴加明：《〈刑法修正案（八）〉中“扒窃”的司法实践认定》，载《中国检察官》2011年第14期。

但是,将在公共场所作案视作扒窃行为的本质特征之一,从概念定义的角度来看,存在诸多疑问。第一,从司法实践的经验来看,绝大多数盗窃案件都表现为“秘密窃取”。在这个秘密窃取过程中,不仅被害人本人没有察觉,而且其他人往往也并不知道(行为人为了掩护自己,会设法避免为被害人发现,当然也会尽量避免被其他人发现)。在这种情况下,所谓旁观者人人自危进而降低社会安全感实在是无从谈起。

第二,即使扒窃行为当场被其他人发现,因而影响公众的安全感,也不能成为提升扒窃不法内涵的根据。(1)发生在公共场所而被公众目睹的杀人、伤害、诈骗等犯罪,包括其他非扒窃型的盗窃行为,显然都会比非公共场所的犯罪更容易让公众产生不安感,但是没有人会由此就认定公共场所是杀人罪、伤害罪、诈骗罪或其他盗窃犯罪的本质特征或界定要素。(2)其他没有发生在公共场所的非扒窃型盗窃案,同样也会带给公众不安感。入户盗窃显然是在非公共场所的盗窃案件,但是这种盗窃恐怕会让案发地周边的住宅居民产生更大的自危感。(3)有些时候,与公共场合下的扒窃相比,在非公共场所发生的扒窃同样甚至会更加产生不安感。例如,某写字楼里的 B 的单人办公室,显然不属于公共场所,如果某保洁工 A 在进入办公室后趁 B 不备,利用与 B 近距离接触的机会从其身上窃取财物,这同样也应当被认定是一种扒窃行为。这种案件经常发生后,整个写字楼甚至周边大厦里的办公人员,都会感到不安全。

或许有人认为,公共场所的扒窃会给公众带来的自危感,并非是指发生在当场,而是社会公众从事后来看或者预想未来可能被扒窃而产生的恐惧。但是,面对已经或可能发生的犯罪而自危,这是任何一种违法犯罪行为都会给社会公众带来的感觉,不是盗窃罪所独有的,更不是扒窃的特征。综上,一个能够在所有的盗窃案乃至所有的犯罪行为中都会出现的“不安感”或“自危感”,显然无法支撑公共场所成为扒窃概念的本质特征，更不能提供有别于其他盗窃行为的区别尺度。

第三，发生在公共场所的扒窃，与刑法其他规定中因案发于"公共场所"而入罪或加重刑罚的情况存在差异，因而不具备提升不法内涵的理由。例如，《刑法》第130条规定，不得非法携带枪支、弹药、管制刀具或者爆炸性、易燃性、放射性、毒害性、腐蚀性物品进入"公共场所"，这是由于所携带物品的高度危险性而在意外发生时必然会对公共场所中的不特定多数人产生重大危害后果。就这一点来说，无论扒窃行为是否发生在公共场所，或者是否被其他人发现，都不会产生这种危害后果。再如，按照《刑法》第237条规定，强制猥亵妇女或者侮辱妇女的行为，发生在"公共场所"时提升法定刑，这是由于该罪保护的法益本来就是妇女的人格权益，如果这种猥亵或侮辱行为发生在公共场所而被他人围观时，则必然会加重对妇女人格权益的侵害程度，因而才提升法定刑。但是，扒窃是否发生在公共场合或者是否被其他人发现，对被害人本人却毫无影响，更不存在加重侵害的问题。因此，通过比较刑法中其他"公共场所"的规定可知，认为扒窃必须是发生在公共场所才能提升不法内涵的观点，在体系解释上是缺乏根据的。

第四，从司法解释的规定来看，公共场所的扒窃也应当被认定为是扒窃的形式之一。1997年11月4日最高人民法院《关于审理盗窃案件具体应用法律若干问题的解释》第4条规定，"对于一年内入户盗窃或者在公共场所'扒窃'3次以上的，应当认定为'多次盗窃'，以盗窃罪定罪处罚"。从语法结构的基本逻辑来看，该司法解释在"扒窃"前冠以"在公共场所"作为定语，一方面说明，公共场所仅仅是外在于扒窃概念的修饰成分而非内在于扒窃概念本身；另一方面也说明，扒窃可以分为"公共场所"的扒窃和"非公共场所"的扒窃。由此可见，"公共场所"完全可以存在于所有盗窃行为之中，并不是扒窃行为独有的特征。

（二）对“随身携带”的质疑

在目前的主流观点中，窃取被害人随身携带的财物，被认为是界定扒窃概念的关键。但是，无论从“随身”的语义来看，还是目前流行的一些法律解释，用“随身”来界定扒窃都存在很大的疑问。

从汉语语义上来看，“随身”是指带在身边、跟在身旁。由此出发，有学者提出，扒窃所窃取的应是他人随身携带的财物，亦即他人带在身上或者置于身边附近的财物。例如，在公共汽车上窃取他人口袋内、提包内的财物，在火车、地铁上窃取他人置于货架上、床底下的财物的，均属于扒窃；[1] 有学者认为，不直接接触被害人身体，但乘被害人不备，将距离被害人很近、占有关系紧密的财物拿走的，也是扒窃。例如，犯罪人将被害人自行车前的置物筐中的财物拿走的，也是扒窃。[2] 还有的学者，虽然主张扒窃是指从他人身上偷窃财物，但是又认为扒窃也包括“从骑行中的自行车后座上窃取他人财物”。[3] 按照上述举例，置于身体附近的财物，即使与人身没有接触，也能成为扒窃的对象。但是这样一来，扒窃的这个概念的内涵和外延就都变得含混不清了。人们从这些论述当中，或许能够得到一些符合惯常印象的感觉，但同样会得出一些与惯常印象相悖的感觉，更重要的是，从中看不到扒窃这个概念的真正内涵和具有相对明确性的边界。按照这种对“随身携带”的解读，必然会产生三个难以解决的难题：

第一，这个概念在实践中无法为扒窃范围提供明确的标准。财物距离身体多远，才能被评价为“身体附近”？例如，既然盗窃行李架上的行李算作扒窃，那么盗窃放在旅客面前的桌子上的、与其

〔1〕 张明楷：《盗窃罪的新课题》，载《政治与法律》2011 年第 8 期。

〔2〕 周光权：《刑法各论》（第 3 版），中国人民大学出版社 2016 年版，第 120 页。

〔3〕 曲新久：《刑法学》（第 3 版），中国政法大学出版社 2012 年版，第 462 页。

身体没有接触的茶杯,是否算作扒窃?如果不算,那么前后的逻辑就没办法保持一致;如果这种行为算扒窃,那与人们的一般对扒窃的印象恐怕又出现矛盾。再如,如果说放在旅客头顶的货架上的行李属于在身体附近,那么与旅客间隔几个座位的货架上的行李是否属于在身体附近?放在与旅客间隔一个车厢的货架上的行李是否属于在身体附近?如果放在自行车前车筐或者后座上的财物能够成为扒窃的对象,那么,放在小汽车后备箱里的财物,或者载货大汽车后厢中的财物,能否成为扒窃的对象?显然,主流观点无法在逻辑上一以贯之地回答上面的问题,也无法提供一种可操作性的、有明确边界的标准。

第二,这个概念无法将那些不可能构成扒窃的行为排除在外。难道只要财物处在身体附近,就能够成为扒窃的对象吗?例如,A在公园的长椅上看书,把自行车停在长椅旁边,B在路边时趁A不备将自行车偷偷地骑走,这当然是在盗窃身体附近的财物,但能够被评价为扒窃吗?更进一步,如果B偷偷开走的是一辆停在A身体附近的汽车,能够被评价为扒窃吗?恐怕没有任何人会赞成"扒窃"一辆自行车或者"扒窃"一辆汽车的结论。但是,按照一些观点所主张的扒窃概念,既然上述行为都属于"窃取他人身体附近的财物",因而在逻辑上只能被认定为属于扒窃。由此可见,这个概念在面对边界案例时,无法提供有效的甄别功能。

第三,这个概念在理论上无法自洽。既然以一个概念的形式出现,人们必然要追问,作为扒窃概念的一部分,为什么扒窃的对象可以是"身体附近的财物"而不能是远离身体的财物?显然,无论是身体附近还是远离身体,财物都属于被害人占有,这是构成盗窃罪的基本前提。能够对这种观点中的所谓"身体附近的财物"做出学理上的解释的,恐怕只能是认为在这种情形下,与远离身体的财物相比,身体附近的财物与被害人之间存在一种相对紧密的占有关系。[1] 但是,为什么刑法对于紧密的财物占有关系(身体附近)要不计数额的保护,而相对松弛的占有关系(远离身体),却必须达到一定的财产数额才会保护?这个概念的后果,就是必然要求在财物的“紧密占有”与“松弛占有”之间划分出保护与否的界限,但是在刑法理论上,却根本无法提供如此划分的根据,这种划分是令人费解的。

二、被害人视角下的“贴身禁忌”

扒窃作为一种不计犯罪数额的行为类型被入罪,与普通盗窃相比,必然存在升高的、独特的不法内涵。这种不法内涵还必须要与入户盗窃中的入户、携带凶器盗窃中的携带凶器相当。如前所述,它既不可能是盗窃地点发生在公共场所,那不仅不够,而且没有什么实质意义;它也不可能是把随身携带的财物扩大到行李架上的行李这种与身体没有任何接触的财物,因为仅仅是说,这里存在一个紧密的占有关系,对于扒窃入刑也提供不了任何法理上的根据。那么,扒窃多出来的这块不法内涵,究竟是什么呢?在笔者看来,要想回答这个问题,有必要从被害人的角度展开思考。

以往对于扒窃的财物范围的争论,没有关心和注意到被害人的意义。尽管人们都明白扒窃是贴近被害人身体的一种盗窃,但是对这种“贴身”的关注,最终只是落在了财物与身体的距离远近这一点上。在这种思考方式中,扒窃中的被害人似乎也被当做一个冷冰冰的、毫无感情的客体,其作用仅仅在于衡量与财物之间的距离。当人们提到“身体附近的财物”时,身体与财物似乎被视作空间坐标系中的两个坐标而已。但是,盗窃罪所保护的财产,本质上是服务于个体人格发展的工具;甚至可以说,法律保护的所有对

---

〔1〕 例如,周光权教授认为,扒窃对象既包括随身携带的财物,也包括紧密占有的财物。周光权:《刑法各论》(第3版),中国人民大学出版社2016年版,第120页。

象，归根结底是为了处于这个社会中的人。所有的基础性思考，都应该围绕着这个主题展开。不了解和明白人在社会中的发展和意义，就不可能真正地理解刑法保护的法益，也必然会在打击犯罪的目的上出现认识偏差。

正是以“人”为中心的思考，促使笔者从被害人教义学的角度来界定扒窃。从字面上看，扒窃比普通盗窃多出一个“扒”字；从含义上看，扒窃比一般的盗窃行为多出的东西，就在于行为人盗窃的对象的是被害人贴身范围之内的财物，而行为人未经允许进入他人的贴身范围这一点，不仅符合了“扒”的外部特征，而且触犯了一种法理和社会观念上的“贴身禁忌”。这种“贴身禁忌”，是指未经允许或缺乏法律根据，不得侵入他人的贴身范围。这里强调的是人的身体的隐私和尊严。每个人的贴身范围都是一个禁忌空间。在法律秩序上，这也是人身权和人格权的一部分。恰恰在这一点上，表现出扒窃与其他普通盗窃区别之处，扒窃行为在打破他人占有取走财物这个所有盗窃行为共有的财产危害性之外，多出了一块侵入他人贴身空间，违反“贴身禁忌”的危害性，因此，不计数额，也可以定罪。从“贴身禁忌”的角度来理解扒窃，既是受到其他学科研究成果的启发，也是源自对刑法本身规定的解读。

在刑法学上提出“贴身禁忌”的规范性观念，并不是一时的异想天开，而是能够在生物社会学和身体社会学领域得到遥相呼应的思想支持。从生物社会学的角度来看，避免和禁止陌生人的身体接触是生物进化以及社会关系建立的一个基本准则。英国动物学家莫利斯教授在《亲密行为》中指出，“成人的身体接触含有性的联想。除了人工授精之外，性交是不可能不产生亲密基础的，所以在一定程度上，身体接触就成了性交的同义语。全情投入性交时，即使最不可接触的人也要抚摸对方，也喜欢被抚摸……于是，到1889年，亲热就成了性交的委婉语。”莫利斯教授的研究表明，触摸是基础的基础，是一切感觉之母。没有任何一种语言文字能胜过亲密的身体接触,身体接触才是人类最基本的交流方式。[1]

人不仅是生物的,而且是社会的。由于身体接触成了性行为的一个标志,因此,在日常生活交往中,人们逐渐开始控制身体的接触。对婴儿和恋人行为的研究结果表明,两个人身体亲密接触的程度取决于两人的信赖程度。现代生活拥挤的状况使每个人周围遍布陌生人;正是由于不信任陌生人,至少不完全信任陌生人,所以不遗余力地拉开和他们的距离。在繁忙的社区生活中,一定要禁止和陌生人的身体接触。快镜头放映街头小景或大楼里熙来攘往的行人能清楚说明,人们时刻遵守着异常复杂的、避免接触陌生人的策略。莫利斯教授敏锐地指出,与陌生人接触的限制,只有在极为拥挤的情况下才能解除,只有对特殊行业的人才会开禁(如理发师、裁缝和医生),因为他们的职业使他们“有权接触”顾客和病人的身体。与密友和亲属的身体接触所受的限制较少。他们的社会角色确定他们不是性伙伴,所以和他们的身体接触危险较少。尽管如此,招呼问候时的身体接触仍有固定的程式。握手礼有固定的程式,亲吻礼也有固定的程式,使之与性伙伴嘴对嘴的接吻区别开来。[2]

生物社会学上这些出色的精辟的分析,能够在思想资源上支持笔者对于扒窃概念的界定。那些放在贴身范围之内的财物,之所以不同于其他财物,就在于这些财物处于一个禁止他人侵入的空间,这个空间是作为一个生物体和社会体的个人,对自己身体进行保护、避免与他人接触的最低界限和最后防线。而行为人未经他人允许,侵入这个私人空间进行盗窃,正好违反了作为人际交往底线的“贴身禁忌”。只有这一点,才能为扒窃在普通的盗窃之外,奠定新的、升高的可罚性基础。

---

〔1〕[英]德斯蒙德·莫利斯:《亲密行为》,何道宽译,复旦大学出版社2010年版,第145页。

〔2〕[英]德斯蒙德·莫利斯:《裸猿》,何道宽译,复旦大学出版社2010年版,第86~87页。

此外，笔者赖以界定扒窃概念的贴身禁忌，也在一定程度上汲取了身体社会学的研究成果。时至今日，身体已经成为社会学中一项意义重大的思想主题。社会学的研究对象并非只是“非具身性”的心智，不受身体感受和习性影响，而是包括了会思考、有感情的身体，这种认识已经成为社会学想象力的核心要义。[1] 按照希林的分析，涂尔干、齐美尔和马克思在各自的著述中，关于身体的重要性存在会通之处，他们都把身体看做社会的源泉、社会结构性特征的“定位场所”和手段，个体据此可以在情感上和生理上定位于社会、定向于社会。[2] 人类对身体的认识，经历了一个曲折的历程。柏拉图和笛卡儿开启了身体与意识（灵魂）二元对立的传统，在这一传统中，身体由于是人与动物的共享体而被贬低和压制，相反，意识和思想成为中心，由此建立了主体哲学。而从尼采及福柯之后，身体成为个人的决定性基础，身体恢复了在哲学和社会史中的地位，各种与身体有关的理论日益流行，这被一些学者称为当代理论的“身体转向”[3]。

按照最新的身体社会学的理论发展，身体不仅是自然的产物，而且也是社会性的，它受到社会规范和社会经验的影响。或者说，身体不仅是生理态的，而且是沟通态的。本质上具有沟通性的身体，是一切社会乃至一切社会科学实践的道德基础。[4] 笔者以贴

---

〔1〕 ［英］克里斯·希林：《文化、技术与社会中的身体》，李康译，北京大学出版社 2011 年版，第 1 页。

〔2〕 ［英］克里斯·希林：《文化、技术与社会中的身体》，李康译，北京大学出版社 2011 年版，第 14 页、第 30 ~ 42 页。

〔3〕 汪民安、陈永国编：《后身体：文化、权力和生命政治学》（第 2 版），吉林人民出版社 2011 年版，第 1 页。

〔4〕 奥尼尔认为，自诞生伊始，我们的身体就将我们交付给成年人的伴护，而后者又有义务照看我们的生理健康和物质安乐。这种照看不是要从我们身上得到纯粹自私的快乐。人的照看引导我们进入某种照看传统，我们由此学会知恩图报。这是公民社会不可或缺的条件。［加］约翰·奥尼尔：《身体五态：重塑关系形貌》，李康译，北京大学出版社 2010 年版，第 8 页。

身禁忌作为思想基础来界定扒窃概念,所提到的贴身的“身”,正是以这样一种身体观为前提条件的。它不是一具简单的肉身,而是我们履行各种社会约定、承担各式社会任务的工具,也是我们在特定的场合、以特定的方式拒绝他人的工具。这不仅体现在“小孩子又哭又闹,东西弄得一团糟,自己脏成没人要”,[1]而且表现在人进入社会交往后,对于熟悉和喜欢的人,往往会向其开放自己的身体范围,允许不同距离和程度的身体靠近甚至接触,如亲友之间的并肩坐、搂肩搭背甚至牵手拥抱等;相反,对于陌生人或者厌恶的人,则往往是通过保持甚至扩大身体间的距离,从而表现出拒绝和排斥的心意。

由于身体的这种特殊功能,使得贴近身体肌肤表面的那一层物理空间,生发出规范层面的意义,即“贴身禁忌”:未经本人允许,他人不得侵入其贴身空间。不过,贴身禁忌作为对人性观察的普遍性结论,与它作为提升扒窃不法内涵的根据之间,并不是一步到位的关系,而是需要在法秩序的层面进行更加具体的理论建构。

三、扒窃构成要件的理论建构

一般而言,财产作为“身外之物”,不会与身体直接产生瓜葛。但是,按照笔者的界定,在扒窃的场合,除了财产法益受到侵害之外,行为人也违反了“贴身禁忌”。笔者主张的扒窃概念,是指盗窃他人贴身携带的财物。由于盗窃的财物是处于被害人贴身空间之内,因此,行为人是以一种违反“贴身禁忌”的方式盗窃他人的财产,从而比单纯的盗窃财产的行为具有更高的危害性,提升了行为的不法内涵。

“扒窃”是以一种“扒”的方式实施的盗窃,这里的“扒”就包含了侵入他人贴身范围之意。相对于通常所说的“随身”,笔者主张的“贴身”有一个严格限缩之后的理解,就是财物必须处于被害人

---

〔1〕[加]约翰·奥尼尔:《身体五态:重塑关系形貌》,李康译,北京大学出版社2010年版,第9页。

贴身范围之内。一方面，扒窃的对象必须是处在他人贴身范围之内的财物，脱离贴身范围的财物，即使处于身体附近（随身），也不能成为扒窃的对象。另一方面，行为人必须是未经允许进入他人贴身范围之内的盗窃，才是扒窃。如果行为人是得到允许进入他人贴身范围，然后又实施盗窃的，不属于扒窃。“贴身”携带的财物，与不贴身但“随身”携带的财物的区别，可用以下的例子加以说明。假设一个人携带着一条很细小的毒蛇上街，毒蛇跟随在他身边附近爬行时咬伤了他人，行为人要对此负责，因为他使得毒蛇这样的危险源出现在一个不属于他专有的、其他人也有权进出的公共空间里；相反，如果这个人将毒蛇放进自己的贴身范围如衣服的里衬里面，而他人未经允许将手伸进其中时被毒蛇咬伤，法律不会要求携带毒蛇者对此负责。为什么？因为这个人将毒蛇放置在一个对于自己而言绝对安全同时具有排他支配性的个体空间之中。笔者所强调的贴身范围，就是这样一个在规范上具有排他支配性的“组织领域”［套用雅科布斯（Günther jakobs）的术语］。以下是对笔者观点展开的进一步的说明和论证。

（一）笔者观点能够与宪法规范和整体的法秩序相协调

我国《宪法》第 38 条规定，“中华人民共和国公民的人格尊严不受侵犯”。从法理上看，“人格尊严”的用语及其保护条款，与德国基本法中的那种以“人格主义”为哲学基础的“人的尊严”的概念之间存在某种可互换的意义空间。这种人格主义视角下的“人的尊严”观念，乃是在将人作为人格的存在之前提下，强调“人格”的尊严，而这种“人格”则被认为是在社会关系中形成与发展的。[1] 当将扒窃的被害人作为普遍的人格主体，放置在社会关

〔1〕 林来梵：《人的尊严与人格尊严——兼论中国宪法第 38 条的解释方案》，载《浙江社会科学》2008 年第 3 期。

系的形成与发展之中时，就会凸显出对于维系人的尊严所不可或缺的“贴身禁忌”的意义：当人们进入公共空间参与社会生活的时候，彼此身体之间应保持适度的距离，至少在其贴身范围之内，应留下不容随意侵入的空间，由此保证社会交往中最起码的安全感和作为独立主体的人格尊严。在这一点上，提倡从“贴身禁忌”的角度来解读扒窃不法内涵提升的根据，显示出部门法的解释与作为基本法的宪法条款之间的融通性。此外，笔者观点也能够在整体的法秩序中得到回响。在权利类型上，民法上的隐私权是与笔者主张的“贴身禁忌”较为接近的法律范畴。[1] 例如，监督考场纪律的老师，即使发现了考试作弊的女生，也不能掀开裙子去证明写在她大腿上的答案；再如，商场里的窃贼，即使视频已经有证据证明他的盗窃行为，商场的保安也不能对其搜身。在这些场合，背后发挥作用的观念，都是那个旨在维护身体隐私和尊严的“贴身禁忌”。

（二）笔者观点能够在刑法范围内取得体系解释上的自洽性

首先，从“贴身禁忌”的角度来理解扒窃，能够与对非法搜查罪的理解取得体系解释上的呼应。《刑法》第245条规定，“非法搜查他人身体、住宅，或者非法侵入他人住宅的，处三年以下有期徒刑或者拘役”。该条中规定的“非法搜查”，是指未得到允许或缺乏法律根据的情况下，对他人的身体或住宅进行搜索和检查。除了住宅之外，第245条对搜查的对象明确限定为身体，因此，搜查他人

---

〔1〕 2010年起施行的《侵权责任法》第2条中规定了隐私权，这是我国第一次在重要的民事法律中规定隐私权。但之前民法理论就已经对隐私权展开了研究。相应地也提出了私人空间的概念，但主要是指个人的隐秘范围，如身体的隐秘部位、个人居所、旅客行李、学生的书包、日记、通信等。参见杨立新：《关于隐私权及其法律保护的几个问题》，载《人民检察》2000年第1期。但是整体而言，民法上对隐私权的研究只是作为人格权的一种类型，并未集中对隐私权与身体的关系进行深入的研究，也难以为刑法上的问题提供更多的启发和借鉴。因此，这里需要刑法面对现实问题自行提炼概念。

随身携带但与他人身体没有关联的财物，不属于非法搜查罪所禁止的范围。由此可知，针对身体的非法搜查罪的保护对象，是人的贴身安全以及建立在身体之上的隐私和尊严。[1] 这种贴身安全和隐私不受侵犯的尊严，也就是笔者所说的“贴身禁忌”。在这一点上，（针对身体的）非法搜查罪与扒窃一样，都违反了“贴身禁忌”：前者是一种违反“贴身禁忌”的搜查行为，后者是一种违反“贴身禁忌”的盗窃行为。

其次，《刑法》第245条将非法搜查与非法侵入他人住宅并列而且刑度相同，说明刑法对人的贴身尊严与住宅安宁视为同等重要之物并予以同等保护，与此呼应的是，立法者在第264条的盗窃罪中，同样将“入户盗窃”与“扒窃”并举：前者是非法侵入他人住宅后盗窃住宅内的财物，后者是非法侵入他人贴身范围后盗窃贴身财物。如此一来，第264条中“扒窃”与“入户盗窃”的并列，与《刑法》第245条“非法搜查身体”与“非法侵入住宅”的并列之间，取得了遥相呼应的完美效果，这是法律本身所藏智慧的开显。

再次，在刑法典内部，通过“贴身禁忌”来奠定扒窃概念，能够与入户盗窃的可罚性根据取得共通的法理基础，在法律解释上取得逻辑一致性。刑法为什么要处罚入户盗窃？那是因为行为人在盗窃之外，还未经允许侵入了被害人的一个隐私性的避风港，而这个避风港有利于社会中个人身心的自我保护和隐藏。每个人都需要有一个家，显然刑法不是在保护房屋的所有权，因为租的房子也是入户盗窃的保护对象；刑法也不会因为单纯的空间地点就提高惩罚，因为如果行为人得到允许进入他人住所之后再盗窃的，也不适用入户盗窃。所以，关键的问题并不在于行为人是在什么时空地点进行盗窃，而在于行为人是否“未经允许侵入”到这个空间后

---

〔1〕 身体安全和人身安全的范围很广，但是，当不涉及身体伤害可能性时，一般所说的身体安全或人身安全，就是人身私密和隐私的问题。

实施盗窃。恰恰在这一点上,侵入他人的“贴身范围”进行盗窃与侵入他人的“户”进行盗窃,在惩罚根据上取得了完美的法理一致性(这也再一次说明了仅仅强调“公共场所”这种单纯的地点状语对于扒窃概念的无意义)。

对此,司法解释也正确地指出,入户抢劫中的“户”必须具有住所生活的功能,这也说明刑法不是为了保护单纯的物理建筑空间,否则,进入商铺抢劫或盗窃也能构成入户抢劫或盗窃。由此可见,除了要保护盗窃所侵犯的财产权之外,刑法设立入户盗窃从而增加保护的那个“户”的意义和目的,与设立扒窃从而所要额外保护的对象是一样的,都是在保护公民的身体周遭的隐私性和安全性。身体！只有寄居在住所之中和衣冠之下的那个身体,才是刑法在这里要保护的对象(人的精神生活完全可能脱离住所和衣服,而存在于学者的论文和教科书中,以及每个人的日志或者微博里)。就此而言,贴身范围与家庭住所都具有同样的禁忌意义,侵入贴身范围与侵入住宅也具有类似的危害性,只有从这个角度理解,才算是把握住入户盗窃与扒窃并列的根本原因。

最后,刑法上处理盗窃未遂/既遂的问题时,也会遭遇“贴身禁忌”。例如,通说认为,行为人在商场里盗窃一些体积较小的财物如戒指或手表等,一旦放入贴身范围,就被认定为既遂而非未遂,即使其盗窃行为已经被店员发现的情况下也是如此。[1] 原因何在？这是因为盗窃罪的既遂,是指行为人已经转移了财物的占有,对财物建立起新的控制支配关系。而行为人一旦将这些财物放入贴身范围,其他人未经法定程序或本人允许就再也不能接触和取出。此时,就必须承认新的占有关系已经建立,盗窃行为已经既遂。在这个过程中起到决定作用的,就是财物进入了一个即使权

〔1〕 Vgl. Krey/Hellmann, *Strafrecht BT* 2, 17. Aufl., 2015, Rn. 51; Lackner/Kühl, *StGBKommentar*, 28. Aufl., 2014, § 242, Rn. 16.

利人也不能随意进入的、排他性的支配空间。而这个空间的守卫者就是“贴身禁忌”。

（三）笔者观点能够为司法实践关于扒窃的认定提供明确判断标准

只要财物处在被害人的贴身范围之内，无论财物的价值多少都不影响扒窃行为的成立；[1]如果财物脱离了贴身范围，即使处在身体的周边（如行李架上的行李，或者放在眼前的茶杯），对其盗窃也不能构成扒窃，而应当按照普通盗窃罪所设定的数额标准进行判断。

无论是行李还是茶杯，当它们脱离了被害人的身体范围的时候，它们所处的，都已经不再是一个只有占有人自己才能支配的独立空间，而是一个谁都可以自由进出的公共空间，占有人只有依靠规范上的所有权才能主张单独占有。这样一来，再也不会出现，那个行李或者茶杯究竟要与被害人隔得多远，对其盗窃才不是扒窃的问题了，既然它们脱离了贴身范围，对其盗窃就都不是扒窃。比如，行为人盗窃被害人挎在肩上或者腋下的皮包内财物的，是扒窃；行为人盗窃被害人拖拉的三轮车上的财物的，不是扒窃。尽管这两种情况下，财物都与被害人身体之间存在某种连接，但是关键性的差异在于，前者处在被害人的私人空间之内，而后者即使与被害人身体相连，但在整体上却处在一个公共空间里，对此盗窃并没有违反“贴身禁忌”。由此，笔者就提供了一个清晰的标准，它既能够与一般公众对扒窃印象相吻合，又能够为这种印象找到法理上的根据，从而可以明确限制扒窃的适用范围而不至于完全恣意地判断。

此外，在一些特殊的场合，行为人得到允许进入对方贴身范围

---

〔1〕 当行为人侵入他人贴身范围之内行窃时，掏出来的究竟是几百元还是几元，那仅仅是一个偶然的结果，国家的刑罚是否发动，不取决于这个偶然的结果。这个数额无论大小，都无损于扒窃的行为形象，都是在以一种违反“贴身禁忌”的方式盗窃他人财物。

后盗窃财物的，不构成扒窃。[1] 例如，A 与 B 是情侣关系，双方在亲热时，A 的手伸入 B 的衣服内，趁 B 不注意而取走其贴身携带的（内装 100 元钱）钱包。再如，C 向 D 提供正规的按摩服务（或者色情性的“按摩”服务）过程中，发现 D 裤袋中的手机外露，遂趁 D 不注意而将（价值 300 元钱）手机取走。又如，E 在马路上心脏病突发而跌倒，路过的 F 在得到 E 允许的情况下，伸手到 E 的上衣里兜内为其取救心丸，并顺手取走里兜内的 200 元钱。按照笔者所主张的扒窃概念，上述三种场合均不构成扒窃。行为人取走被害人财物当然是未经允许的，但是其进入被害人的贴身范围，却是得到被害人允许的，因此，尽管其行为性质已经属于盗窃，但是由于并没有“侵入”对方的贴身范围，因而不构成扒窃。简言之，行为人虽然盗窃了被害人放在贴身范围之内的财物，但由于是在得到允许后进入的，因此这种盗窃行为并没有违反“贴身禁忌”。没有违反“贴身禁忌”的盗窃行为，不属于扒窃；如果财物数额达到较大标准的，按普通盗窃罪处理；没有达到较大标准的，只能按照无罪处理。

（四）针对一些反对意见的回应

在公开或私下的学术讨论中，笔者的观点曾受到一些批评。笔者在表示诚恳感谢的同时，在此作出正式的回应。

---

〔1〕 从笔者所查到的资料来看，目前国内学界在扒窃对象是“贴身财物”这一点上较为接近笔者观点的，主要有曲新久教授和黎宏教授的阐述。但是，曲新久教授一方面承认“扒窃是指从他人身上偷窃财物”，另一方面又认为扒窃也包括“从骑行中的自行车后座上窃取他人财物”，这就使得他的观点缺乏一致性［曲新久：《刑法学》（第 3 版），中国政法大学出版社 2012 年版，第 462 页］。黎宏教授也认为扒窃是指窃取“未离被害人人身的财物”［黎宏：《刑法学各论》（第 2 版），法律出版社 2016 年版，第 319 页］，但是，一方面他并没有对此定义做出理由说明；另一方面仅仅是这样的定义，还无法回答那些得到他人允许贴身后又偷窃财物的行为如何定性的问题。

有人可能担忧，只有处于贴身范围之内的财物才能成为扒窃对象，这样是否会过于限缩打击范围。然而，犯罪圈的大小是一个无法证实或证伪的问题，基本上依赖于言说者自己的感觉。在《刑法修正案（八）》出台之前，刑法理论上并没有太多声音觉得盗窃罪的打击范围过小，而在扒窃入刑之后，由于不计数额就可以入罪，实质上已经大大扩张了盗窃罪的范围。因此，笔者提供的标准，其实是在立法扩张基础之上的一种司法性限缩。至于说那些处于身体附近的财物，如火车货架上的行李等，如果达到普通盗窃罪的数额标准，当然不会放纵这种盗窃行为；如果没有达到数额标准，那么即使在修法之前，这种行为也不会定罪。所以，认为笔者观点会不当缩小犯罪圈的担忧并无必要。

有的观点认为，把扒窃入罪解读为违反“贴身禁忌”规范，实际上已经改变了盗窃罪的法益性质，将盗窃罪从财产性犯罪改变为人身性犯罪。但是这种看法存在误解。很多刑法规定中都包含多个保护法益，只不过各个法益之间存在主次之分。抢劫罪属于财产犯罪，但显然不会有人认为，刑法规定入户抢劫，就是将抢劫罪由财产犯罪改变为侵犯住宅的犯罪；盗窃罪也是财产犯罪，但显然也不会有人认为，刑法规定携带凶器盗窃，就是将盗窃罪由财产犯罪改变为危害公共安全或侵犯社会管理秩序的犯罪。因此，这种批评意见存在误解。在盗窃罪的场合，无论是普通盗窃还是特殊类型的盗窃，其侵犯的主要法益或者说第一位的法益当然是财产法益，这是普通盗窃与特殊类型的盗窃共享之处；不同的是，特殊类型的盗窃在侵犯财产法益之外，又额外（相对轻微地）侵犯了其他的法益，例如入户盗窃中的住宅安宁，携带凶器盗窃中的公共安全、人身安全以及危险器具的管制，以及扒窃中的“贴身禁忌”和隐私安全等，因而才不计数额地入罪。

或许有人质疑，从今日中国社会的某些场景来看，是否还存在“贴身禁忌”？例如，在北京的地铁或公交车上，人流量极大，乘客拥挤不堪，相互之间难以保持距离，几乎都是贴身紧挨，在这种场合下，“贴身禁忌”似乎已经普遍地消失，那么，此时盗窃他人挎在肩上、拎在手里，背在身后、夹在腋下的皮包里的财物，是否属于“扒窃”？

对此，应当这样理解：一方面，“贴身禁忌”作为一种“禁忌”，首先表现为一种普遍性的观念上的存在，它与现实效果无关。在概念构造的方法论上，它与所有权概念相类似。在民法理论上，“近代所有权之支配权，是与现实支配无关的存在，因此可认为近代所有权为观念上的支配权”。〔1〕 而所有权人能够对财物占有、使用、收益和处分，这属于所有权产生的作用和效果，但并不等于所有权本身。〔2〕 简言之，所有权系观念的存在，而不以对所有物的现实支配为必要；所有权人在客观上或者说事实上不能实现占有、使用等效用，也并不影响所有权的成立。与上述所有权的法理内涵一样，“贴身禁忌”也是一个规范上的构造物，它与事实上是否难于实现无关。人们即使在社会生活中未能现实地拥有和保持与他人的距离，他仍然就其贴身范围享有“贴身禁忌”。

另一方面，作为一种观念存在，“贴身禁忌”不会消失，但是其现实效果的确会随情境不同而变化，因此不可能得出一个贴身距离 10 厘米或 5 厘米的一般标准。在特别拥挤的公共场合，禁忌意义上的贴身范围被现实地压缩成极其狭隘的物理空间，但是这个空间不会消失，只能说沿着人的身体外形的曲线被无限地压缩。而那个与被害人身体接触的、贴身携带的皮包，就正好处在这个空间之内。因此，即使在人潮拥挤的场合，盗窃他人贴身携带的皮包以及皮包内的财物，也一样违反了贴身禁忌，因而构成扒窃。

---

〔1〕 ［日］近江幸治：《民法讲义Ⅱ：物权法》，王茵译，北京大学出版社 2006 年版，第 160 页。

〔2〕 参见梁慧星、陈华彬：《物权法》（第 6 版），法律出版社 2016 年版，第 104 页；丁海俊：《所有权》，中国法制出版社 2007 年版，第 4 页。

四、行为人刑法与扒窃范围的限缩

扒窃入刑不仅给刑法理论，也给司法资源带来了严峻挑战。为了控制打击范围，很多学者和实务工作者从不同角度，针对“扒窃是否一律入刑”做出了各种回答。但是，目前的一些议论存在的问题是，常常把限制扒窃惩罚范围的外部因素，当作构成扒窃行为的内部因素。这种理解，将扒窃构成要件的界定与扒窃犯罪的惩罚范围的厘定这两个层面的问题混为一谈，造成了理论和实践中的双重困扰。笔者认为，无论是学术讨论还是司法实践，在处理具体问题时，应当坚持位阶性的思考顺序：构成要件的概念界定是第一步的工作，惩罚范围的扩缩是第二步的考量。“扒窃”是《刑法》第 264 条明文规定的构成要件要素，在上文已经对其加以界定之后，接下来的问题是，是否所有符合扒窃构成要件的行为，都要一律定罪处罚？

根据人大法工委负责人的解释，在立法阶段，扒窃入刑曾考虑到以下因素，“技术含量较高的犯罪；通常具有常习性；具有较高的犯罪技巧和犯罪技能，反侦查能力强；往往为多人共同犯罪，存在进一步伤害被害人人身的可能；对待扒窃行为也以数额论的话具有一定偶然性，而该类犯罪目前比较嚣张，危害性较大。”[1]这段说明传递出两个信息：第一，扒窃问题上不宜再从结果立场过多纠缠财物的数额因素，否则就难以与普通盗窃区分，也会使得立法目的落空。“如果司法解释再给扒窃设置最低数额限度，尽管可以适当减少盗窃犯罪数量……但有以司法解释架空刑事法律之嫌疑，立法者对于特殊类型的盗窃行为不计数额的立法努力也将化为泡影”。[2] 第二，立法当时主要考虑了一些盗窃已成习性、以盗窃为

〔1〕 郎胜：《〈刑法修正案（八）〉解读》，载《国家检察官学院学报》2011 年第 2 期。

〔2〕 李翔：《新型盗窃罪的司法适用路径》，载《华东政法大学学报》2011 年第 5 期。

业的扒手的人的因素，扒窃的立法目的之一是打击这一类人。这说明，行为人刑法的思想在立法阶段已经被装入法律。正如梁根林教授指出的，在扒窃问题上，“可以看出我国刑法有从行为刑法向行为人刑法转型的一个端倪”。[1]

笔者认为，为了将打击对象有效地控制在立法者所追求的目的之内，在扒窃犯罪的惩罚范围上考虑行为人刑法是有必要的，但要想合乎法治而不是任意的限缩，需要把这种考虑放置在行为刑法的整体框架之内，为行为人刑法的思想在以行为刑法为根基的教义学体系中确定一个稳定的位置，并尽可能地为之寻找实定法上的支持。从立法原意来看，在扒窃问题上关于行为人刑法的最主要的考虑，是要通过扒窃入刑来打击那些作为“扒手”的惯犯，因此有必要考虑对扒窃的初犯、偶犯从宽处理。以往我国学界对于行为人刑法的研究和关注较少，接下来，笔者先对行为人刑法的基本思想略加描述，然后对于两种涉及惯犯/偶犯的行为人刑法的方案加以分析和评价，最后再提出笔者观点。

（一）行为人刑法思想简描

从最初的思想源头看，行为刑法与行为人刑法的区分，主要表现在惩罚根据和惩罚对象的不同。行为刑法的概念，是一种法定的规则，根据这个规则，刑事可罚性是在与行为构成方面加以限定的单一行为相联系的，同时，惩罚仅仅表现为对单个行为的反应，而不是表现为对行为人整体生活导向的反应，更不是表现为对一种行为人所期待的未来危险的反应。行为人刑法则相反，刑罚是与行为人的人格相联系的，同时，刑罚是由行为人对社会的危害及

---

〔1〕 梁根林：《第八讲　但书、罪量与醉驾、扒窃》，载梁根林主编，车浩、江溯副主编：《当代刑法思潮论坛（第一卷）：刑法体系与犯罪构造》，北京大学出版社2016年版，第267页。

其程度所决定的。[1]

行为人刑法的思想首先来自特殊预防的刑罚目的观。所谓特殊预防，是指认为刑罚的目的在于通过影响个别的行为人而防止其再犯。作为与报应犯罪人、毁灭其肉体相反的态度，改造个人的特殊预防思想可追溯至古希腊，但在之后的几百年中，一直受到报应刑和一般预防论的压制，直到19世纪末期，在德国学者李斯特的《刑法中的目的论》[2]中得到重生。按照李斯特的观点，特殊预防应该按照行为人的不同人格类型有区别的进行：对无法遏制又无法矫正的惯犯进行无害化处理；对单纯的偶犯加以威慑；对可以矫正的罪犯进行矫正。由此可见，特殊预防的有效展开，依赖于刑种和刑度是否符合每个行为人的人格。因而，只有当具体的犯罪揭示了特定的罪犯人格，才能引起关注，由此形成的体系就是行为人刑法。[3] 依鲍克曼（Bockelmann）的总结，行为人不是因为实施了一个行为而有罪，而是因为他是“一个这样的人”而成为法律责难的对象。

以特殊预防为目的引领的行为人刑法，侧重的是刑法保卫社会、打击犯罪的一面。因此，在以保障被告人权为基本精髓的罪刑法定原则面前，行为人刑法的发展空间要远小于行为刑法。这可以轻易地做出对比：行为刑法着重构成要件行为的描述并依此确定刑罚，而行为人刑法需要发现和确证行为人人格中的不良因素，并以此作为刑罚的根据。在明确性、清晰度和无争议性上，前者的效果显然要优越于后者。正如德国学者罗克辛教授指出的，“建立在自由的法治国基本原则上的一种法律制度，总是倾向于行为刑

---

〔1〕［德］克劳斯·罗克辛：《德国刑法学总论》（第1卷），王世洲译，法律出版社2005年版，第105～106页。

〔2〕Liszt, *Strafrechtliche Aufsätze und Vorträge*, Bd. 1, 1905, S. 126ff.

〔3〕［德］冈特·施特拉腾韦特、［德］洛塔尔·库伦：《刑法总论Ⅰ——犯罪论》（第5版），杨萌译，法律出版社2006年版，第38页。

法的。"[1]或者按照周光权教授的说法,与行为刑法大致对应的刑法客观主义,迎合了一种刑事领域的法治立场。[2]

基于上述原因,无论在理论还是实践的历史中,行为人刑法几乎从未取代行为刑法的主角地位,而往往是伴随性地充当配角。追溯行为人刑法的首倡者李斯特的思想,也从未主张在刑事可罚性的决定条件上,用行为人的态度代替行为,他的真正想法,是要在行为刑法的框架之内尽可能地重视行为人因素。简言之,在犯罪论部分仍然由行为刑法主导,只是在刑罚论部分更多地发挥行为人刑法的影响。简言之,惩罚的条件仍在于行为,惩罚的内容(种类、强度和期限)则决定于行为人。因此,一部纯粹的行为人刑法典,并未在历史上真实地存在过。李斯特的行为人刑法思想,真正体现在刑罚论部分之"不定期刑"的主张,即刑罚执行的期限应当取决于是否实现特殊预防的目的。后来的很多学者,在继承李斯特的行为人刑法思想的基础上提出了一些理论和观点,正如罗克辛所评价的,这些理论和观点都"不是顺着激进的行为人刑法的道路发展的,而是要将其(行为人刑法)影响限制在犯罪行为的法律后果之上。"[3]由此可见,传统的、正宗的、原初的行为人刑法思想,是将行为人的人格因素限制在刑罚论的部分,而在犯罪论的部分,则始终坚持行为刑法。

(二)对两种行为人刑法方案的评析

关于如何处理惯犯和偶犯问题,目前刑法理论上主要有两种观点:第一种是由我国学者所提出,直接针对扒窃问题;第二种曾

---

〔1〕[德]克劳斯·罗克辛:《德国刑法学总论》(第1卷),王世洲译,法律出版社2005年版,第106页。

〔2〕周光权:《法治视野中的刑法客观主义》(第2版),法律出版社2013年版,第104页。

〔3〕[德]克劳斯·罗克辛:《德国刑法学总论》(第1卷),王世洲译,法律出版社2005年版,第107页。

经出现在德国刑法理论史上,试图为整个惯犯的惩罚根据提供普遍性的模式。但是,这两种观点在行为人刑法的道路上走得太远,属于过激的行为人刑法,不仅没有充分表现出行为人刑法的优势,反而放大了行为人刑法的弊端。笔者对此均不赞成。

1. 惯犯作为不法构成要件的内容?

第一种已经出现的行为人刑法的方案,是将惯犯作为不法构成要件的组成内容。目前一些学者的观点可以被概括成这种方案。例如,有的学者认为,"扒窃的犯罪构成,在主观和客观上有职业惯犯的特点"。[1] 还有的学者提出,"构成扒窃必须具备在公共场所实施多次盗窃的事实……不要求数额、只要求情节的扒窃应当具有多次性的特征"。[2] 按照这样的解释,惯犯或者多次性并非是在构成扒窃之后,再考虑是否处罚的外部因素,而是变成了扒窃概念内部的"构成特征"。梁根林教授对这种观点有较为深入的阐述,他认为将扒窃独立入罪,主要是考虑了扒手盗窃成性、以此为业等内在的决定人的人身危险性即人的不法。简言之,是扒手的人的不法升高了扒窃行为的不法程度。按照梁根林教授的观点,并非只要认定行为人实施扒窃行为,即可认定其行为该当盗窃罪之扒窃构成要件,而是必须能够认定行为人盗窃成性、以此为业,或者至少有相关前科记录与品格证据证明其意图以此为业,因而具有扒手这一人的不法属性,才能根据其扒窃行为,认定其该当扒窃型盗窃罪构成要件。[3]

然而,如果上述主张者并不打算以一个崭新的犯罪论体系作为言说背景,那么所谓"扒手的不法与扒窃的不法共同组成扒窃不

〔1〕 李慧:《扒窃并非一律定罪判刑》,载《检察日报》2011 年 8 月 22 日。

〔2〕 王强军、李莉:《新型盗窃行为研究》,载《河南省政法管理干部学院学报》2011 年第 5 期。

〔3〕 梁根林:《第八讲　但书、罪量与醉驾、扒窃》,载梁根林主编,车浩、江溯副主编:《当代刑法思潮论坛(第一卷):刑法体系与犯罪构造》,北京大学出版社 2016 年版,第 267 页。

法构成要件”的主张，可能会引起更大的理论纰漏。按照“不法（包括构成要件该当性与违法性）—责任”的犯罪论体系的通说，任何犯罪的不法构成要件的客观部分和主观部分，都不包括关于行为人是否以此类犯罪为业或具有犯罪习性等因素在内；客观不法的内容，主要围绕行为、结果以及因果关系展开；主观不法的内容，则是指向客观构成要件的故意以及犯罪目的等要素；“盗窃已成习性，或者以盗窃为业”这种带有人格特征的因素，从来都没有出现在通说对“不法”的理解中。由此可见，将扒手的不法与扒窃的不法共同认定为扒窃的不法构成要件，这种主张的说服力需要付出极大的代价，它会与一些传统的、已经得到公认的、最重要的基础观念发生决裂。这不仅仅需要论者以一个崭新的犯罪论体系作为语境，而且对这种新语境的建构和阐发，应当成为在扒窃问题上主张“扒手不法”的前提性框架而不是补余或前瞻，否则，为了强调一只蚂蚁的独特性而摧毁整个蚁穴，恐怕会有得不偿失的遗憾甚至受到只破不立的质疑。[1]

---

〔1〕 当然，如果研究者已经下定决心在一种与目前的通说完全不同的犯罪论体系中讨论扒窃问题，那又另当别论。在笔者看来，这种新的犯罪论体系可能是行为人刑法思想最极端的表现形式。理论史上有过表现，行为人刑法思想针对刑法理论最核心地带的一次冲击，是尝试以行为与行为人并重来构建一个二元的定罪体系。在犯罪论体系上，将犯罪的构成要素二分为行为和行为人并将二者并列的立场，被称为“二元的犯罪论”。一般认为，欧洲学者中的坎托罗维奇、拉德布鲁赫和米特迈尔等学者的主张都可以归入这一理论。其中，最纯正的二元犯罪论体系是米特迈尔的犯罪论体系，它包括符合构成要件的违法性举动、行为人的人格和责任三个要素。行为人人格第一次被作为一个独立的、与行为并列的要素被提出来。对上述几种犯罪论体系的详细介绍，可参见［日］大塚仁：《刑法概说》（总论）（第3版），冯军译，中国人民大学出版社2003年版，第106～107页；洪福增：《刑法理论之基础》，台北，刑事法杂志社1977年版，第22～24页。在笔者看来，将惯犯作为不法构成要件的内容，恐怕需要在一种以“犯罪行为—犯罪危险性人格”为基本结构的犯罪论体系中才能得到妥当理解。目前国内已经有学者提出这种新体系的雏形。参见张文、刘艳红、甘怡群：《人格刑法导论》，法律出版社2005年版，第228页。

2. 惯犯作为特殊的罪责形式？

第二种行为人刑法方案，是将惯犯视作一种特殊的罪责形式。与上述将犯罪人的人格因素放进不法的观点相反，刑法理论史上曾经出现过另一种试图通过罪责概念诠释行为人刑法思想的努力，这就是将惯犯作为一种罪责形式。根据德国1933年《惯犯法》的规定，对皮条客、流浪者、乞丐、酗酒者和懒汉的惩罚，是由于行为人在整体上符合这样一种犯罪学意义上的“行为人类型”而进行的。但是，这会引出在罪责统一性上的难题。一方面，多数行为刑法的条文都是以与单个犯罪行为相对应的罪责作为惩罚基础；另一方面，另一些行为人刑法的条文却是依赖于整体意义上的行为人类型，在惩罚根据上，二者如何协调？一些德国学者努力想把这种犯罪学意义上的“行为人”的存在本身就解释为一种“罪责”。其中，最有影响力的解释，是由梅茨格尔(Mezger)提出的“生活方式的罪责”：“行为人的刑法性罪责，并不仅仅是单个行为罪责，而且还是他自己允许其发生变异的整个生活方式的罪责。”[1]在这样一种罪责概念中，起决定性作用的是在行为人的人格支配下所形成的“不应如此”的生活状态。此后，鲍克曼将梅茨格尔的思想进一步改造为“生活选择的罪责”，“行为人罪责的本质，不在于其错误的生活方式本身，而在于对其生活的错误选择”。[2] 以这些罪责理论为基础的行为人刑法，在刑法学说史上被称作“犯罪学的行为人类型理论”。

笔者不赞成这种观点。现实生活中，人们的生活并不完全是由其人格所支配和选择的，很多人过着流浪、乞讨的生活，可能并不是由于人格的缺陷，而是由于难以归责于人格的无常命运或社

---

〔1〕［德］克劳斯·罗克辛：《德国刑法学总论》(第1卷)，王世洲译，法律出版社2005年版，第108页。

〔2〕 Bockelmann, *Studien zum Täterstrafrecht*, 1940, S. 153.

会变迁。[1] 无论是“生活方式的罪责”还是“生活选择的罪责”，都难以将可责难的人格与不可责难的命运准确地区分开来。现实社会并非真空实验室，在多元参数混杂的社会生活中，将一个人的罪责与他的全部生活相联系，相比于仅仅将罪责与单个的构成要件行为相联系，显然前者的罪责范围和内涵要模糊得多。更重要的是，这样一种对“不入流”的生活充满厌恶和敌视的“精英视角”，蕴涵着用国家权力清洗“低等人群”或“异类”的巨大危险。随着法治国和人权保障的观念在“二战”之后的德国重新复兴，这种国家不是惩罚一个人的行为，而是基于社会治理的理由从整体上去谴责一个人的生活的罪责理论，或者说，这种扩张性、激进的行为人刑法理论，已经失去了发展的土壤，逐渐地退出了讨论的中心。

（三）笔者观点：利用功能主义的责任概念来减免偶犯责任

笔者主张的观点，是在功能主义的责任概念中减免偶犯扒窃的需罚性。近年来，由德国学者罗克辛教授和雅科布斯教授为代表，在责任领域出现了从规范责任论向功能责任论发展的态势。两者所主张的责任论都被认为是功能主义的，尽管它们在具体结构上有所不同。笔者认为，这两种功能主义的责任概念，都能够为解决减免偶犯扒窃责任的问题提供资源。一方面，与传统的、正宗的行为人刑法思想相比，笔者的观点可能是激进的，因为行为人刑法的问题被从量刑阶段提前到责任阶段考虑；但另一方面，与上述两种过激的行为人刑法方案相比，笔者的观点又是缓和的。因为这里仍然恪守着在行为刑法的框架之内考虑传统行为人刑法的底线，即对行为人的归责始终是以一个确定的构成要件行为，而不是

---

〔1〕 例如，人们因失业下岗而乞讨或酗酒，但失业的原因可能并不是由于工作不够努力、懒惰而被裁，而是由于技术革新、劳动方式改变、分工趋细甚至政治变革等无法归责于个人的因素。参见［英］理查德·奥斯本、［英］博林·梵·隆：《视读社会学》，刘竞、李园园译，安徽文艺出版社2007年版，第8页。

某种模糊不清的行为人的生活方式作为前提，由此，法治国的罪刑法定原则得以坚守。

1. 以罗克辛的责任概念为基础的解决方案

罗克辛教授的独特性在于区分了责任与罪责。他用责任概念取代了罪责概念在传统犯罪论体系中的最后阶层的地位。按照他的观点，责任是与不法并列的阶层，是罪责的上位概念；作为两个下位概念，罪责和预防必要性一起组成责任。这样一来，缺乏罪责或者缺乏预防必要性时，都会排除责任。[1] 显然，与仅仅由单一的罪责元素构成的传统的责任概念，以及被认为是将责任概念理解为一般预防的纯粹工具的雅科布斯的责任概念相比，罗克辛是在罪责与预防之间做了一个调和。在罗克辛的责任概念中，罪责被赋予边裁的角色；在罪责所划定的范围之内，预防必要性发挥着功能性的调节作用。罪责概念是以"规范的可交谈性"作为基础的，在罪责的范围内，再从预防的视角考虑对行为人刑事制裁的必要性。如此一来，动用刑罚去惩罚一个人，不仅是因为他有罪责，而且因为有预防的必要。

在笔者看来，按照这种功能性的责任概念，可以考虑将扒窃的惯犯与偶犯之分在责任中的预防必要性部分处理。对于扒窃的惯犯，本来就是立法所要打击的对象，是规范目的所在，预防必要性已经被立法理由充分地说明；相反，对于扒窃的偶犯，并非立法者想要制裁的群体，预防必要性之低也是显而易见的：偶尔的灵魂出窍者或一时贪小便宜者，既没有用刑罚制裁来加以特殊预防的必要，也没有面向公众进行一般预防的必要性。那么，就可以因为偶犯缺乏预防必要性而排除其责任，进而得出扒窃行为虽然具有不法性质，但是偶犯的行为人不负责任的结论。当然，排除偶犯的责

---

〔1〕 参见[德]克劳斯·罗克辛：《德国刑法学总论》(第1卷)，法律出版社2005年版，第557~558页。

任，这是特殊情况下最极端的优惠；一般情况下，主要还是减轻责任。由此可见，如果采纳罗克辛的责任概念，可以在逻辑上得出这样的结论：一个实施扒窃行为的初犯、偶犯，在罪责上与一个惯犯是一样的；不同的是，初犯、偶犯的预防必要性要低于惯犯，因而他的责任在整体上也要低于惯犯。一个实施扒窃行为的初犯、偶犯，即使在有罪责的时候，也可能没有责任（免责而无罪）；或者至少是，与惯犯相比，因为预防必要性低而责任减弱（减责、有罪但轻罚甚至不罚）。

2. 以雅科布斯的责任概念为基础的解决方案

雅科布斯的功能责任论的核心主张是，行为人是否具有责任，要根据行为人对法规范的忠诚和社会解决冲突的可能性来决定。一方面，如果行为人没有基于对法律的忠诚而形成一个更强烈的动机去抑制犯罪的动机，那么就是行为人自己的问题，就可以对其进行归责。另一方面，责任被看做一种解决社会冲突的方式。在社会具有更好的自治能力，即使不追究行为人的责任，也能解决行为人引起的冲突并维护法规范和社会的稳定时，行为人就无责任。[1] 相反，"在一个正常社会的正常状态下发生的法益侵害，只要不可能被归属于其他人或者事件，就必须归属于行为人，如果行为人的行为具有导致法益侵害发生的危险的话"。[2]

按照雅科布斯的责任概念，也可以提供区分惯犯与偶犯的解说框架。一方面，虽然偶犯和惯犯的扒窃行为都表现出了对法规范的不忠诚，但是，相对于偶犯，惯犯由于其屡教不改的惯常性，对法规范的轻视甚至敌视显然更加强烈，犯罪动机更加难以抑制，因而在对法规范的不忠诚程度上要高于偶犯。另一方面，除非是病理性的惯犯，可以用医疗方式来解决社会冲突而无须行为人承担

〔1〕 Vgl. Jakobs, *Strafrecht AT*, 2. Aufl., 1993, S. 480ff.

〔2〕 冯军：《刑法问题的规范理解》，北京大学出版社2009年版，第2页。

刑事责任,否则,就偶犯与惯犯相比较而言,训诫、具结悔过、赔礼道歉等《刑法》第36条、第37条规定的教育性非刑处置方式,用在偶犯身上显然会比用在惯犯身上发挥更可期待的效果。当这种非刑罚处置方式能够发挥功能解决冲突时,要求行为人承担刑事责任并对之适用刑罚的必要性自然就相应地降低。由此,在对法规范的忠诚度和适用其他方式解决冲突的可能性两个方面,偶犯与惯犯的责任程度得以区分。

3. 关于笔者观点的进一步解释

上文提出的两种以功能性责任概念为基础,在"不法—责任"的责任层面,来区分偶犯责任与惯犯责任的思路,是笔者在法教义学上的一种尝试。一方面,这种尝试能够在我国刑法语境下得到融通。这一点是源于对我国《刑法》第5条的理解。我国《刑法》第5条规定,"刑罚的轻重,应当与犯罪分子所犯罪行和承担的刑事责任相适应。"显然,这里的"刑事责任"不能理解为刑罚意义上的法律后果,否则就会出现同义反复的困境。应当把这里的"刑事责任"理解为三阶层犯罪论体系中的第三阶层的"责任",或者说,是"不法—责任"意义上的责任。[1] 由此,责任程度的高低甚至有无,直接影响着惯犯扒窃或偶犯扒窃的刑罚轻重甚至有无。就此而言,利用域外传来的功能性的责任概念并没有脱离我国刑法的具体语境。

另一方面,笔者的构想是对功能性责任概念的发展。首先,这里涉及对需罚性的体系性地位的理解。"应罚性和需罚性的概念从20世纪50年代开始,被认为是确定犯罪和处罚的两大条件,在法理上具有社会危害性的行为,即具有应罚性而成立犯罪,但是否需要刑罚加以制裁,则必须考虑刑事政策上的刑罚的制裁能否达

〔1〕 冯军教授指出,责任有三种含义:一是指作为刑罚根据的责任;二是指犯罪成立要件的责任;三是指作为刑罚量定标准的责任。冯军:《刑法问题的规范理解》,北京大学出版社2009年版,第184页。

到目的,应罚性因而是犯罪成立与否的判断依据,而需罚性则是处罚与否的判断依据”。[1] 笔者所讨论的所有扒窃行为是否都“需要刑罚加以制裁”,恰好就是传统理论中“需罚性”的内容,也就是本应放在量刑阶段考虑的问题;而放在量刑阶段考虑,这也恰恰一直就是传统的行为人刑法思想的核心。在这个意义上,传统的行为人刑法思想,与需罚性与应罚性之间明确二分的框架,以及我国以往的司法实践之间,三者其实是暗合的:偶犯还是惯犯的问题,虽然是一个行为人刑法的问题,但是这个问题不影响定罪,而仅仅涉及量刑。与上述区分应罚性与需罚性的观念相左,罗克辛和雅科布斯的责任概念,本质上都是将传统理论中原本被放置在犯罪论体系之外、处于量刑阶段基于刑事政策而考虑的需罚性问题,前置到犯罪论体系之内,并安排在责任概念之下。

笔者也正是看中了功能性责任概念在这一点上的突破,因而提出将偶犯与惯犯的问题放在功能性责任中加以解决的方案,这样一来,偶犯与惯犯之分,就有了提前进入犯罪论体系的机会,进而会影响到是否定罪。或许有人会质疑说,笔者的主张,未必会得到功能性责任论的首创者的赞同。例如,在罗克辛教授的教科书中,他仅仅是用非常特殊的例子来阐明其责任概念中的预防必要性,例如,阻却责任的紧急避险、难以避免的违法性认识错误等;同时,他用专节阐述了“构成行为罪责与生活方式的罪责”之别,由此来特别撇清,他的责任概念与那种激进的行为人刑法思想无关。[2]

---

〔1〕 许玉秀:《当代刑法思潮》,中国民主法制出版社2005年版,第89页。

〔2〕 按照行为刑法的基本要求,刑法上的责任,是单个行为的责任,而不是行为人的性格责任或间接的生活方式的责任。这种性格或间接的生活方式的因素,虽然不在责任中定位,却会在量刑阶段考虑。根据《德国刑法典》第46条第2款规定,法院在量刑时要考虑行为人的动机、目的,行为所表现出的感情和行为时的意志,以及行为人以前的生活经历、基本人格和经济状况等因素。这被认为就是关于行为人的性格以及生活方式对量刑的影响。Schönke/Schröder/Stree, *StGB Kommentar*, 29. Aufl., 2014, §46, Rn. 30 – 33.

笔者在这里将惯犯与偶犯问题纳入责任范畴，会不会滑入功能性责任论者所担忧和避免的那种激进的行为人刑法之中？

这种顾虑是没有必要的。第一，正如上文所说，我国刑法关于扒窃的立法，主要目的本来就是打击那些以扒窃为业的惯犯。《刑法》第264条规定的“扒窃的，处三年以下有期徒刑、拘役或者管制，并处或者单处罚金”，这本来就不是与偶犯的责任而是与惯犯的责任相适应的法定刑。

第二，这里所说的扒窃的惯犯，完全不同于德国学者担忧的、在德国1933年《惯犯法》中所要惩罚的“惯犯”。因为扒窃的惯犯仍然是以实施了扒窃构成要件行为为前提条件的，因此始终是针对有明确构成要件行为的惩罚，这一点根本有异于《惯犯法》中针对流浪者、乞丐、酗酒者和懒汉那种所谓“生活方式的罪责”或者“生活选择的罪责”的惩罚，后者才是德国学者担忧、顾虑和抵制的对象。因为这种生活方式的罪责，缺乏明确的构成要件行为作为前提，“在法庭上是难以把握的，而且还会瓦解罪责原则正好处于构成行为关系中的、法治国所要求的界限作用。”〔1〕

第三，笔者借助于责任概念所要解释的，不是主张因为行为人是惯犯而从重处罚；相反，是为了在惯犯的基本责任框架之内，解脱或减轻偶犯的责任。这里所说的在犯罪论体系内部解决偶犯与惯犯的观点，是从与德国学者的顾虑相反的方向出发的。德国学者之所以对于在责任或者犯罪论体系之中讨论行为人刑法问题存在重重顾虑，归根结底是担心行为人刑法会冲击法治国的原则，超越罪责的边界，进而出现对人权的侵犯。但是，这样的担忧主要是基于行为人刑法在从重处罚方面的影响。相反，对于从轻处罚而言，这种担忧是不存在的。当行为人刑法在从轻处罚方面发挥影响的时候，由于“不存

〔1〕［德］克劳斯·罗克辛：《德国刑法学总论》（第1卷），王世洲译，法律出版社2005年版，第575页。

在禁止超越罪责的规定，所以，一种特殊预防和行为人刑法的思想就可以自由地展开了……在这里对行为人人格的判断，就一定会发挥决定性的作用。人们能够完全一般性地说，一种特殊预防的行为人刑法的思想，在量刑和惩罚形态都不超过罪责标准的领域内，仍然还具有一个广阔的发展前景，因为在这个范围内，这个思想是与一种现代的重新社会化刑法的所有发展趋势相一致的，同时，对于法治国来说也是完全没有问题的。”[1]由此可见，只要是朝着有利于行为人的责任轻缓的方向去展开解释，将行为人刑法的思想放置在功能性责任概念之中，不会带来任何问题。笔者主张对于那些偶犯，根据预防必要性的考虑，将其从扒窃的责任中减轻或者免除，这是与行为人刑法的现代发展趋势和潮流相吻合的。

（四）支撑笔者观点的实定法根据

根据笔者的观点，对于扒窃的偶犯，根据预防必要性的考虑，可以将其从扒窃的责任中减轻或者免除。由此可以得出的结论是，对于扒窃的偶犯，根据具体案情，分为三种责任程度以及法律后果，并可相应地由以下的刑法规定或者司法解释中得到实定法意义上的支持。

1.“不认为是犯罪”的偶犯

第一类扒窃的偶犯，完全没有预防必要性，因而排除责任，对其得出无罪的结论。对此，法律根据是我国《刑法》第13条“但书”的规定，“一切危害……的行为，依照法律应当受刑罚处罚的，都是犯罪，但是情节显著轻微危害不大的，不认为是犯罪”。第一种情形的扒窃偶犯，虽然实施了扒窃行为，“依照法律应当受刑罚处罚”，但是“情节显著轻微危害不大”，因此排除其责任，不认为是犯罪。

---

〔1〕［德］克劳斯·罗克辛：《德国刑法学总论》（第1卷），王世洲译，法律出版社2005年版，第113页。

2."免予刑事处罚"的偶犯

第二类扒窃的偶犯，基本上没有预防必要性，但还不能完全消失，因而尚不能完全排除责任，对其可以定罪但免予处罚。对此，法律根据是我国《刑法》第 37 条的规定，"对犯罪情节轻微不需要判处刑罚的，可以免予刑事处罚"。第二种情形的扒窃偶犯，虽然实施了扒窃行为，但是由于基本缺乏预防必要性，因而属于"犯罪情节轻微不需要判处刑罚"。对此，能够从相关司法解释中获得支持。2010 年最高人民法院《关于贯彻宽严相济刑事政策的若干意见》（以下简称《意见》）第 19 条规定，"对于较轻犯罪的初犯、偶犯，应当综合考虑其犯罪的动机、手段、情节、后果和犯罪时的主观状态，酌情予以从宽处罚。对于犯罪情节轻微的初犯、偶犯，可以免予刑事处罚"。显然，从法定刑设置来看，扒窃属于"较轻犯罪"，因而可以对某些犯罪情节轻微的初犯、偶犯根据《刑法》第 37 条免予刑事处罚。

3."尽量适用缓刑或者非监禁刑"的偶犯

某些扒窃的偶犯，预防必要性很低，责任程度相别作为基本犯的惯犯而言，较为轻缓，因而可以从轻或者减轻处罚。对此的法律根据是《意见》第 19 条规定，"对于较轻犯罪的初犯、偶犯……依法应当予以刑事处罚的，也应当尽量适用缓刑或者判处管制、单处罚金等非监禁刑"。对于这部分偶犯，责任程度（主要是预防必要性的部分）比惯犯低，但是比前两种偶犯又为高，因而既不能认定为无罪，也不宜免予刑事处罚，较为合适的方式，是"尽量适用缓刑或者判处管制、单处罚金等非监禁刑"。

最后，还有两个问题略加说明。第一，笔者主要以偶犯与惯犯为例，来展示如何在扒窃犯罪的惩罚范围的限缩上，实现立法者所追求的行为人刑法的立法旨意，但是，这种限缩显然并不限于偶犯与惯犯的问题，其他一些涉及行为人刑法的影响因素，都可以依循笔者主张的理论模式和法律依据。例如，《意见》第 15 条规定，"被告人的行为已经构成犯罪,但犯罪情节轻微,或者未成年人、在校学生实施的较轻犯罪,或者被告人具有犯罪预备、犯罪中止、从犯、胁从犯、防卫过当、避险过当等情节,依法不需要判处刑罚的,可以免予刑事处罚。对免予刑事处罚的,应当根据刑法第三十七条规定,做好善后、帮教工作或者交由有关部门进行处理,争取更好的社会效果”。显然,这里所规定的未成年人、在校学生以及其他情节,都可以按照笔者主张的观点,在功能性责任概念中权衡其预防必要性,进而得出是否减免责任以及法律后果的结论。第二,关于扒窃的惯犯/偶犯与“多次盗窃”的关系。《刑法修正案(八)》同时将扒窃与多次盗窃增设为不计数额的新型盗窃。如果在扒窃的问题上考虑惯犯与偶犯之分,会不会与“多次盗窃”的规定重叠或冲突?对此的回答是否定的。所谓“多次盗窃”,依照通说观点,是“一年之内盗窃三次以上”。据此,对于那些一年之内盗窃三次以下或者每年盗窃一到两次但多年行窃的行为人,就不能认定为“多次盗窃”。但是,只要行为人具备了这些盗窃(无论何种形式的盗窃)的前科劣迹,又实施了符合“扒窃”构成要件的行为,即可排除出“偶犯”“初犯”的范围,因而对其直接按照第264条定罪处罚即可。

五、结语

扒窃入刑是一个中国刑法独特的规定,因而在扒窃概念的塑造上也难以借鉴国外的成形理论,这对中国刑法学者而言,提出了自力更生的任务。由此也迫使我们反思,如何在刑法各论甚至总论层面逐渐发展具有本土特色的、由中国学者自己创造的法教义学理论和规范性概念?个人的几点省察和反思列示如下。

第一,近年来学界流行提倡归纳主义、经验主义和实证研究。然而,笔者关于公共场所的讨论试图说明,这里存在一个如何在理论上塑造概念而不被经验事实所迷惑的方法论问题。把习惯印象当成必然规律,把经验总结当成理论概念,这可能是用“公共场所”

来界定扒窃概念的观点在方法论上的偏差。

正如主张“公共场所”的论者所说的那样，发生在公共场所的扒窃，都是“生活经验上熟悉的扒窃类型”[1]。但是，这种经验层面的现象总结，并不足以成为一种事物的本质特征，也不能在理论上成为塑造一个概念的核心要素。扒窃之所以多发于公共场合，那是由于公共场合人流量密集，彼此之间距离接近，行为人便于利用人们相互之间身体接触、碰撞、挤压等的无意识或意识较弱的情形下实施盗窃。一方面行为人在人群中易于隐蔽自己的行踪，另一方面也便于接近被害人并通过人群掩护从其身上窃取财物。例如，在夜深人静的走廊里，只有 A 与 B 两个人相向而行，A 看到 B 迎面走来，可能会心生警惕而保持注意，这种情况下发生扒窃的概率是很低的；再如，C 到 D 的办公室里办事，两人相对而坐，在这种非公共场所没有任何人群掩护的情况下，C 想对 D 扒窃成功的概率很低。也正是这些缘由，一般公众提到扒窃时，脑海中往往都会浮现出小偷在公共场所拥挤的人群中偷东西的形象而很少会出现对办公室扒窃的联想；但是，上述场合下发生扒窃的可能性很低，却并不意味着 B 和 C 绝无可能实施扒窃。就如同看到一万只天鹅都是白的，也不能得出所有的天鹅都是白的或者说白色是天鹅的特征一样，即使 99% 的扒窃都发生在公共场合，也不能说只有公共场合才会发生扒窃或者认为公共场合是扒窃的本质属性。公共场所之于扒窃的意义，仅仅是经验层面由于多发性而产生的描述和总结，却难以成为理论层面进行概念定义时确定的事物本质特征。

因此，对于研究者特别是规范法学的研究者，想象力始终是决定观察是否获得意义的关键。过分依赖归纳法有时候反而会误入歧途。经典作家早已指出这一点，“事实上它（归纳法）是很不中用

---

〔1〕 阮齐林：《刑法学》（第 3 版），中国政法大学出版社 2011 年版，第 538 页。

的，甚至它的似乎是最可靠的结果，每天都被新的发现所推翻”。[1] 由归纳得出的“最简单的真理总是不完全的，因为经验总是未完成的”。[2] 因此，对学术研究来说，实证研究固然重要，但并不完整，最重要的是还是学者个人的创造精神和自由想象。对此，爱因斯坦的话值得回味，“从观察到理论之间，除了自由创造之外，没有别的通路”。[3]

第二，本文不是一篇追溯立法原意或者解读刑事政策背景的研究论文。在方法论上需要注意的是，不能完全或者过分依赖立法理由或刑事政策的解读来从事教义学概念的界定。例如，关于扒窃入刑，立法者有这样的考虑，“(1)技术含量较高的犯罪；(2)通常具有常习性；(3)具有较高的犯罪技巧和犯罪技能，反侦查能力强；(4)往往为多人共同犯罪，存在进一步伤害被害人人身的可能；(5)对待扒窃行为也以数额论的话具有一定偶然性，而该类犯罪目前比较嚣张，危害性较大”。[4] 但是，这些仅仅是在描述立法者考虑为什么要将扒窃这一类现象用刑法加以惩罚的多个角度的原因，它们并不是在学理上界定扒窃概念的工具。因为司法实践中完全可能存在大量的单个人实施扒窃的案件，这类案件当然不符合“多人共同犯罪”的说法，司法实践中也常常存在胆小怕事，只敢偷但绝不敢硬抢甚至不敢反抗的扒手，这也不存在“进一步伤害被害人人身的可能”，但是，相信没有人就会同意这些行为不属于扒窃，也没有人会赞成对单个活动的或者胆小不反抗的行为人，就不按照盗窃罪定罪处罚。

由此可见，上述立法者所介绍的理由，属于立法论上的说明，

---

〔1〕《马克思恩格斯全集》(第21卷)，人民出版社1965年版，第571页。

〔2〕《列宁全集》(第38卷)，人民出版社1956年版，第191页。

〔3〕[英]波普尔：《科学知识进化论》，纪树立编译，生活·读书·新知三联书店1987年版，第16页。

〔4〕郎胜：《〈刑法修正案(八)〉解读》，载《国家检察官学院学报》2011年第2期。

并不能够当然地成为解释论上的资源,更不能成为界定概念的根据。它们之间的距离,恰恰就是理论工作者展开工作的空间。

最后,本研究是一次被害人教义学与行为人刑法的合作。一方面,在扒窃的构成要件的界定上,这里所主张的“贴身禁忌”,不是从行为人的视角出发,而是从被害人的视角出发,进而为扒窃相对于普通盗窃的不法内涵的升高,提供了一个在法理和体系上自洽的根据,更重要的是,与其他各种扒窃的概念相比,这里能够为司法实践提供一个指导思考方向的也具有可操作性的标准。对此,可以认为是被害人教义学的一个理论成果。另一方面,在明确扒窃概念的基础之上,则需要从行为人刑法的角度出发,在责任阶段体现立法者的意图,进而为困扰司法实践的“扒窃是否一律入刑”的问题,提供一个理论上的解说模式,相应地,也提供了可供操作的实定法依据。对此,可以视作是行为人刑法的一个理论成果。于是,在扒窃的问题上,将什么是扒窃与是否所有扒窃行为都惩罚这两个问题,分别纳入不法和责任阶段中,又分别通过被害人教义学和行为人刑法加以回答。应当说,这是两种刑法理论资源的一次分工与合作,也是基于本土问题而发展刑法教义学的一次尝试。

第八章　贿赂犯罪中的“不正当利益”

《刑法》第 389 条第 1 款规定，“为谋取不正当利益，给予国家工作人员以财物的，是行贿罪”。从文字规定上来看，行贿罪的构成要件，包括“为谋取不正当利益”和“给予国家工作人员以财物”两个部分。其中，关于“谋取不正当利益”的认定，一直困扰着刑法理论与司法实践。从比较法的层面来看，国外刑法中的行贿罪大都没有类似“谋取不正当利益”的规定。从我国的司法实践来看，一系列司法解释和判例在不断地校正和改变“谋取不正当利益”的边界和含义。笔者结合域外刑法理论和本国司法实践提供的经验素材，反思理论通说和相关司法解释的逻辑困境，尝试以 2012 年司法解释的文本为基础，对其进行理论改造和教义学化，提出“违反规则—违背原则”的二元论的“新违背职务说”。

一、“谋取不正当利益”的解释纷争

1979 年《刑法》第 185 条规定，“向国家工作人员行贿或者介绍贿赂的，处三年以下有期徒刑或者拘役”。但是，行贿的具体构成要件是什么，则付之阙如。1985 年在“两高”发布的《关于当前办理经济犯罪案件中具体应用法律的若干问题的解答（试行）》中，“为谋取非法利益”作为行贿罪的构成要件首次出现。1988 年全国人大常委会《关于惩治贪污罪贿赂罪的补充规定》将“为谋取不正当利益”明确规定在行贿罪的构成要件之中。1997年《刑法》正式确立了“谋取不正当利益”的要件地位。此后若干年中,刑法理论和司法实务部门一直在努力澄清“谋取不正当利益”的含义,对“谋取不正当利益”做出尽可能明晰的解释。

在刑法理论上,对“谋取不正当利益”向来存在不同解读。概括起来,大致有下列几种观点。第一种观点是“非法利益说”。这种观点实际上直接来自1979年《刑法》的规定,将不正当利益等同于非法利益,即违反法律、法规和政策所取得的利益。〔1〕第二种观点是“不应得利益说”。该说在非法利益的基础上,进一步扩大到其他不应得的利益。〔2〕与非法利益说一样,该说都是着眼于利益的正当性,而不讨论获得利益的手段。第三种观点是“手段不正当说”。该说主要着眼于行为人获取目标利益的手段,认为谋取不正当利益是指行为人在获取请托的利益之时所采取的手段、方式方法不正当。〔3〕根据该观点,只要是采取行贿手段谋取利益,都可直接认定为谋取不正当利益,而不必再去考量利益本身的合法性。第四种观点是“不确定利益说”。该说认为,解释“不正当利益”的关键问题是“不确定利益”。这是一种介于“应得利益”与“禁止性

〔1〕参见黄太云、滕炜主编:《中华人民共和国刑法释义与适用指南》,红旗出版社1997年版,第231页;黄道诚、赵辉:《论行贿罪》,载《河北法学》1998年第3期;李希慧主编:《贪污贿赂罪研究》,知识产权出版社2004年版,第249页。内容增加但观点相似的,“不正当利益主要指非法利益,即法律禁止行贿人得到的利益;也包括在不具备取得某种利益的条件时行贿人用不正当的手段所取得的利益”。参见赵秉志:《新刑法全书》,中国人民公安大学出版社2011年版,第1265页。

〔2〕参见卢雪勇:《行贿罪“不正当利益”规定存在天然缺陷》,载《检察日报》2004年10月7日;高铭暄、马克昌主编:《刑法学》(第2版),中国法制出版社2007年版,第770页。

〔3〕参见赵秉志主编:《疑难刑事问题司法对策》,吉林人民出版社1999年版,第1848页;郭晋涛:《论行贿罪中的“为谋取不正当利益”》,载《中国刑事法杂志》2000年第6期。

利益”之间的“可得利益”。[1]

除了刑法理论,最高司法机关也一直在努力为“谋取不正当利益”提供标准。1999 年“两高”联合发布《关于在办理受贿犯罪大要案的同时要严肃查处严重行贿犯罪分子的通知》,首次对“谋取不正当利益”的含义进行界定。该通知第 2 条明确规定:“谋取不正当利益是指谋取违反法律、法规、国家政策和国务院各部门规章规定的利益,以及要求国家工作人员或者有关单位提供违反法律、法规、国家政策和国务院各部门规章规定的帮助或者方便条件。”2008 年“两高”出台了《关于办理商业贿赂刑事案件适用法律若干问题的意见》,对“谋取不正当利益”做出了新的解释。该意见第 9 条规定:“在行贿犯罪中,‘谋取不正当利益’是指行贿人谋取违反法律、法规、规章或者政策规定的利益,或者要求对方违反法律、法规、规章、政策、行业规范的规定提供帮助或者方便条件”。其第 2 款规定:“在招标投标、政府采购等商业活动中,违背公平原则,给予相关人员财物以谋取竞争优势的,属于‘谋取不正当利益’。”

2012 年“两高”《关于办理行贿刑事案件具体应用法律若干问题的解释》(以下简称《解释》),是迄今为止最高司法机关对此问题做出的最全面、最权威的规定。该《解释》第 12 条第 1 款规定,“行贿犯罪中的‘谋取不正当利益’,是指行贿人谋取的利益违反法律、法规、规章、政策规定,或者要求国家工作人员违反法律、法规、规章、政策、行业规范的规定,为自己提供帮助或者方便条件”。第 2 款规定,“违背公平、公正原则,在经济、组织人事管理等活动中,谋取竞争优势的,应当认定为‘谋取不正当利益’”。一方面,在《意见》的基础上,《解释》将办理商业贿赂刑事案件中的“不正当利

---

[1] 参见朱孝清:《论贪污贿赂罪的几个问题》,载《人民检察》1998 年第 3 期;邹志宏:《论行贿罪中不正当利益的界定》,载《人民检察》2002 年第 3 期;邹志宏:《以行贿手段谋取的“不确定利益”属于不正当利益——兼评关于不正当利益的司法解释》,载《国家检察官学院学报》2001 年第 3 期。

益”标准推广到了全部行贿犯罪中；另一方面，《解释》把“谋取竞争优势”的外延从“招标投标、政府采购等商业活动”扩充为“经济、组织人事管理等活动”。[1] 这一司法解释在学界得到广泛认同，被很多教科书作为解释“谋取不正当利益”的标准答案。[2]

尽管官方解释和主流观点一直在解释论上努力阐明“谋取不正当利益”的含义，但是，作为一种截然相反的趋势，取消“谋取不正当利益”这一要件的主张，在二十多年中始终存在。“取消论”的主要理由，一是认为行贿罪侵害的法益与行贿人所得利益是否正当无关。行贿罪的危害性不取决于行贿人有无谋取不正当利益。只要行为人给予国家工作人员以财物，就侵害了行贿罪保护的法益。行贿人所谋取的利益是否正当，不能作为定罪的一个条件，它只是反映行贿人的主观恶性，而不影响其行为的本质。[3] 二是认为，包括司法解释在内的各种关于“谋取不正当利益”的解释，始终没有提供一个明确的标准，阻碍了司法实践打击行贿犯罪，对判决说理造成困扰。[4] 因此，很多人认为应当通过修法废除“谋取不正当利益”的要件。

上述关于“谋取不正当利益”的各种纷争，让人感到困惑。自从“谋取不正当利益”在 1997 年被写入行贿罪中以来，已经近 20 年时间了。但是，主张取消这一要件的声音不是仅仅出现在立法

---

〔1〕 陈国庆、韩耀元、宋丹：《〈关于办理行贿刑事案件具体应用法律若干问题的解释〉的理解和适用》，载《人民检察》2013 年第 4 期。

〔2〕 参见高铭暄、马克昌主编：《刑法学》（第 8 版），北京大学出版社、高等教育出版社 2017 年版，第 641 页；黎宏：《刑法学各论》（第 2 版），法律出版社 2016 年版，第 540 页。

〔3〕 参见赵翀：《行贿罪中“谋取不正当利益”之要件》，载《华东政法学院学报》2005 年第 2 期；李希慧、徐光华：《贿赂犯罪立法完善的几个问题》，载《刑法评论》2009 年第 2 期。

〔4〕 何显兵：《行贿罪“谋取不正当利益”要件研究》，载《黑龙江省政法管理干部学院学报》2007 年第 1 期；徐胜平：《行贿罪惩治如何走出困境》，载《人民检察》2012 年第 16 期。

前后，而且在这20年中经久不息，直到晚近几年，仍然有很多学者呼吁废除。经过这么长久时间的实践，法律仍然没有获得充分认同，这是一个很不平常的现象。那些主张通过修法取消“谋取不正当利益”的观点之所以经久不衰，归根结底，还是由于现有的（学理解释或司法解释的）解释工作的不尽如人意。它们未能充分有效地回应取消论的各种质疑，未能提供既具有理论一般性又具有实践可操作性的标准。关于“谋取不正当利益”的各种司法解释和学理解释，可能走入了一个山穷水尽的困局。

二、贿赂与违背职务之间的对价关系

造成这一困局的症结究竟何在？目前坚持保留“谋取不正当利益”这一要件的几乎全部观点，都是站在行贿人的角度，着眼于其所谋取利益的性质去展开解释，试图为“不正当利益”提供标准。但是，在笔者看来，这种顺着行为人的方向以及“不正当利益”的字面意思去解释的思路，可能搞错了行贿罪认定的思考方向和问题的重点。笔者认为，要想突破这一困局，就要转换解释思路和方向，摆脱就行为人谋取不正当利益的字面意思进行孤立解释的惯性，而是应该将“谋取不正当利益”的含义，放在行贿罪的保护法益、构成要件结构以及刑事政策导向之中来理解和把握。在此基础上，笔者提出一种“新违背职务说”。

（一）贿赂犯罪的共性：贿赂与职务行为之间的对价关系

对行贿罪进行有效解释，首先要让行贿罪回归到贿赂犯罪的共性规律之中。这一点可从贿赂犯罪的法益入手。对此，向来众说纷纭。国内外刑法理论上，存在保护信赖说、廉洁性说、职务行为不可收买性说以及职务行为公正性(纯洁性说)等诸多观点。[1] “但无论哪一种学说,都认为贿赂罪的基本成立要件是设定了‘职务行为与贿赂之间的对价关系’。在这一点上不存在差别”。[2] 贿赂与职务行为之间的对价关系,是贿赂犯罪的核心要件。关于贿赂罪法益的各种理论,都是对这一核心要件的实现所损害的客体进行描述和说明。至于说,行为人是否取得了利益,与贿赂犯罪的保护法益并无关系,它仅仅是国家工作人员职务行为的一个盖然性结果而已。行为人最终是否通过国家工作人员的职务行为获得了利益,既不影响贿赂犯罪的成立,也不影响贿赂犯罪的既遂。概言之,贿赂犯罪的设立,不是为了禁止行贿人谋取利益,而是为了禁止双方设立贿赂与职务行为之间的对价关系。

从这一前提认识出发,再来分析我国《刑法》第389条第1款的规定,就会发现立法上的病灶。

在“为谋取不正当利益,给予国家工作人员以财物”的法条表述中,立法者仅仅规定了贿赂与职务行为之间对价关系的一端,即“给予国家工作人员以财物”,但是并没有规定另一端的职务行为,最重要的核心肌肉少了一块。相反,却规定了与行贿罪保护法益无关的“谋取不正当利益”,似乎又多出了一块多余无用的“赘肉”。不过,传统理论和司法解释似乎并没有意识到立

---

〔1〕 参见高铭暄、马克昌主编:《刑法学》(第8版),北京大学出版社、高等教育出版社2017年版,第623页;陈兴良主编,周光权、车浩副主编:《刑法各论精释》(下),人民法院出版社2015年版,第1151~1152页;张明楷:《刑法学》(第5版)(下),法律出版社2016年版,第1201页;周光权:《刑法各论》(第3版),中国人民大学出版社2016年版,第486页;黎宏:《刑法学各论》(第2版),法律出版社2016年版,第523页。[日]山口厚:《刑法各论》(第2版),王昭武译,中国人民大学出版社2011年版,第717页。Lackner/Kühl, *StGB Kommentar*, 28. Aufl., 2014, §331, Rn. 1.

〔2〕 [日]山口厚:《刑法各论》(第2版),王昭武译,中国人民大学出版社2011年版,第719页。

法的病灶所在，对于这一对价关系的文字表述的缺损视而不见，没有去积极补救立法形式的不完备，而仍然是汲汲于对无关紧要的利益本身进行解释。以2012年司法解释第12条第1款的规定为例，“谋取不正当利益”的首要表现形式，“是指行贿人谋取的利益违反法律、法规、规章、政策规定”。这个得到学界普遍认同的规定，实际上是在多余的赘肉上继续增加脂肪的分量。

例如，A得知公安局举办打击毒品犯罪成果展，遂给予受邀前去参观的政府工作人员B 10万元，让B在公安局内部接待室休息时，趁管理人员不备，偷出一些备展的海洛因给A。在这个案例中，根据上述司法解释的规定，行为人A所谋取的毒品，就其实体性质而言，明显是“违反法律、法规、规章、政策规定”，因此属于“不正当利益”。在这种情况下，该案符合了“谋取不正当利益”的要件，也符合了“给予国家工作人员以财物”的要件，但是，B并非公安局内部人员，仅仅是利用进入公安局的机会盗窃，A送钱给B，是对这种盗窃行为的报酬，对此显然不能成立行贿罪。在这里，对实体利益违法的论证越充分，离行贿罪成立的结论越远。

由此可见，立法论上的病灶，并没有在以往的解释论中得到诊断和治愈，相反，司法解释与传统观点却进一步加剧了病情：要么是没有把对“谋取不正当利益”放在整个构成要件结构之中来解释，要么是把对价关系错误地理解为贿赂与行为人获得的利益之间形成对价。于是，解释方向仅着眼于行贿人一端，顺着“不正当利益”的表面字义，将其孤立地解释为“非法利益”“不应得利益”或者“不确定利益”等含义。然而，当依托这些解释含义的“谋取不正当利益”与“给予国家工作人员以财物”组合在一起时，就如同上述案例显示的那样，在形式上，构成要件要素看起来都齐备了，但却不能得出构成犯罪的结论。原因只有一个，那就是对构成要件的解释出现了疏漏，构成要件结构尚未填充完整，其核心要件——贿赂与职务行为之间的对价关系——并没有得到满足，最后，只能是陷入南辕北辙的困境。

笔者认为，解释论上的正确方向是：在立法既没有明文规定核心要件又没有切除“赘肉”的情况下，应当通过解释将这块“赘肉”改造成核心要件运作所必需的“肌肉”。作为贿赂罪核心要件的对价关系，不是在贿赂与行为人获得的利益之间形成对价，而是在贿赂与国家工作人员的职务行为之间形成对价。这是贿赂罪的危害性所在，也是理解贿赂罪构成要件的逻辑主线。既然立法文字上只规定了贿赂（给予国家工作人员以财物）这一端，而没有规定职务行为这一端，那么，为了构建起两者的对价关系，就应当对“谋取不正当利益”进行功能性的解释，使其承担起表征国家工作人员职务行为的功能。这样一来，“谋取不正当利益”就不再是一块遭受“与贿赂犯罪危害性无关”等批评的无用“赘肉”，而是作为贿赂犯罪核心要件的一端，成为一块推动贿赂犯罪法益保护目的实现必不可少的肌肉。明乎此，再回来看行贿罪中“谋取不正当利益”的规定，就会有新的理解。

综上，解释论上的第一步工作，就是让行贿罪回归到贿赂犯罪的共性之中。将行贿罪中的“谋取不正当利益”，与国家工作人员的职务行为相勾连。从职务行为的角度来解释“谋取不正当利益”，由此构建起贿赂与职务行为之间的对价关系，保证行贿罪构成要件结构的完整性。

（二）行贿罪的个性：贿赂与违背职务之间的对价关系

指出贿赂犯罪的核心要件是贿赂与职务行为的对价关系，这仅仅是规整行贿罪解释工作的第一步。接下来的问题是，所有满足这种对价关系的情形，都构成行贿罪吗？我国刑法规定的行贿罪，是否有进一步的特色？职权行使包括遵循职务要求与违背职务要求两种情形，对于国家工作人员虽然接受财物但没有违背职务的情形，是否也按照犯罪论处？

要回答这个问题，首先要注意到我国立法在受贿罪与行贿罪之不对称上的特殊性。我国刑法的受贿罪和行贿罪都有关于谋取利益的规定，但是存在明显差异。一方面，根据《刑法》第 385 条的规定，受贿罪的成立，需要国家工作人员"为他人谋取利益"，这里的利益，并没有正当与不正当之分。另一方面，根据《刑法》第 389 条的规定，行贿罪的成立，需要行为人"为谋取不正当利益"。在此，立法明确区分了正当利益与不正当利益。由此可见，在犯罪认定的范围上，受贿罪与行贿罪并不是完全对合的，在行为人为谋取正当利益而给予国家工作人员财物的场合，国家工作人员构成受贿罪，但行为人不构成行贿罪。

一些学者对这种立法上的不对称性提出了质疑，认为行贿罪中正当利益与不正当利益的立法区分并无必要。不正当利益实际上可以表现为"任何性质、任何形式"。〔1〕"行为人为了谋取正当利益，给予国家工作人员以财物的行为，也属于一种钱权交易。国外刑法以及旧中国刑法均未要求行贿罪出于为谋取不正当利益的目的"。〔2〕这种观点相当于在解释层面将"谋取不正当利益"改造成"谋取利益"，从而消除了"正当利益"与"不正当利益"之别，将所有为了谋取利益而给予财物的行为都等同视之，一律按行贿罪认定。在实际效果上，这种解释论已经与废除"谋取不正当利益"的立法论相去不远了。

笔者不赞成这种观点。一方面，从比较法的视角来看，虽然国外立法没有像我国刑法这样规定"不正当利益"，但仍然对给予财物的行为规定了不同类型，在定罪与量刑上区别开来。例如，根据德国刑法规定，在公务员正常行使职权与违背职务的情

---

〔1〕 张明楷：《刑法学》（第 5 版）（下），法律出版社 2016 年版，第 1229 页。

〔2〕 张明楷：《刑法学》（第 5 版）（下），法律出版社 2016 年版，第 1229 页。

况下,行为人给予对方财物,按不同罪名分别论处。前者适用第333条属于给予利益罪,刑罚相对较轻;后者适用第334条构成行贿罪,刑罚相对较重。由此可见,对于行为人给予国家工作人员财物的问题,国内外刑法都按照不同情形区别对待,而非一概按行贿罪论处,就此而言,国内外立法并无实质性差异。

另一方面,从刑事政策的角度来看,立法者之所以采取了"谋取不正当利益"的立法,将谋取正当利益者排除出犯罪圈,是"充分考虑到实际情况"。鉴于现阶段中国社会存在制度尚不健全、国民办事难等普遍现象,这种立法"有利于缩小打击面,也有利于分化瓦解贿赂犯罪分子,重点惩治受贿犯罪活动"。〔1〕由此可见,我国刑法没有追求行贿罪与受贿罪的完全对称性,也没有像国外立法那样,将给予财物的行为区分为重罪与轻罪,而是区分为罪与非罪,这不是立法技术的疏漏,而是由立法者根据刑事政策的考量有意为之。总之,既然立法者在利益之前明确规定了"不正当"的限定语,就不能将行贿罪中的"谋取不正当利益",违反罪刑法定原则地等同于受贿罪中的"谋取利益"。

正确的解释工作,是应当进一步从"谋取利益"的范围中,有效地划出"谋取不正当利益"的部分。为此,必须要和贿赂犯罪的核心要件即"贿赂与职务行为之间的对价关系"联系起来。如上文所述,对于谋取利益的含义,要从这种对价关系的一端即国家工作人员的职务行为来展开功能性的理解。就受贿罪而言,立法者没有对谋取利益做出正当与否的限定,因此,解释论上指向的职务行为,就没有必要区分违背职务或不违背职务。相反,对行贿罪来说,立法者对谋取利益作出了不正当的限定,因此,解释论上指向的职务行为,就应仅限于违背职务的情形。

---

〔1〕 王爱立主编:《中华人民共和国刑法解读》(第4版),中国法制出版社2015年版,第920页。

综上，解释论上第二步工作的结论是：无论国家工作人员是否违背职务，都符合受贿罪“谋取利益”的要求；但是，只有当国家工作人员违背职务时，才符合行贿罪“谋取不正当利益”的要求。这一解释，既满足了贿赂犯罪的共同规律，也体现了我国行贿罪立法的特殊之处。更重要的是，那个作为核心要件但在立法上却没有规定的“违背职务与给予财物之间的对价关系”，就在解释论上被构建起来，补充到行贿罪的构成要件结构里面。这样一来，就凸显出行贿罪的法益保护目的，其构成要件结构变得完整，功能上也健全起来。与之相应，各种废除“谋取不正当利益”的批评声音，自然地得到整体性地消解。

三、“新违背职务说”的理论展开

（一）“新违背职务说”的提出

上文表明，为了突破“谋取不正当利益”的解释困局，需要在方法论上摆脱以往顺着“不正当利益”的字面意思的解释惯性，从行贿人的一端转换到国家工作人员一端，把国家工作人员违背职务这一特征，解释进“谋取不正当利益”的“不正当”之中。其实，在学说史上，从违背职务的角度去理解“不正当利益”，很早就出现在我国学界和实务界的视野中。在《贿赂犯罪研究》以及《刑法疏议》中，论者都主张“谋取不正当利益”应以受贿人为行贿人谋取利益是否违背职务的要求加以限定。[1] 根据这种观点，谋取的利益是否正当，应以受贿人是否违背其职务的要求为标准，违背的为不正当利益，不违背的为正当利益。

遗憾的是，这种观点并未得到足够的重视和广泛的赞同，在此后的20年中，不仅处于少数说和边缘说的地位，而且基本上销

〔1〕 陈兴良：《刑法疏议》，中国人民公安大学出版社1997年版，第640页；肖扬主编：《贿赂犯罪研究》，法律出版社1994年版，第273页。

声匿迹。考察这段理论兴衰史，一个主要原因在于，在这些年来最高司法机关出台的关于贿赂犯罪的多个司法解释中，针对“谋取不正当利益”的解释，基本上都是如上文所说，站在行贿人的角度，顺着“不正当利益”的表面含义去展开，没有重视国家工作人员违背职务的因素。司法解释的巨大影响力，引导了学界和实务界也顺着这一方向去纵马驰奔，几乎没有人再去深入思考“违背职务说”的合理性。当然，传统的“违背职务说”的式微，也有其自身原因。这种观点虽然提出时间较早，但是，后续没有深入的研究进展，基本上滞留在了提出之初的、比较浅显的论证层次上，更重要的是，未能对之后的多个新司法解释的具体规定作出回应，给人造成与时代发展脱节、与新的司法解释格格不入的印象。理论的逐渐衰落自然在所难免。

笔者赞成“违背职务说”的基本立场，即行为人谋取的利益是否“正当”，取决于收受财物的国家工作人员是否违背职务。同时，必须结合贿赂犯罪中出现的各种新的犯罪形式，与时俱进地丰富和更新“违背职务说”的内涵。

2012 年“两高”《关于办理行贿刑事案件具体应用法律若干问题的解释》第 12 条第 1 款规定，“行贿犯罪中的‘谋取不正当利益’，是指行贿人谋取的利益违反法律、法规、规章、政策规定，或者要求国家工作人员违反法律、法规、规章、政策、行业规范的规定，为自己提供帮助或者方便条件”。第 2 款规定，“违背公平、公正原则，在经济、组织人事管理等活动中，谋取竞争优势的，应当认定为‘谋取不正当利益’”。这是迄今为止关于行贿罪之“谋取不正当利益”最全面也最权威的官方解释。刑法学者必须正视和重视这一司法解释，但是又不能像司法人员一样单纯地追随和适用，而是要透过司法解释的文字规定，理解和把握最高司法机关想要应对和解决的问题，进而以一种理论特有的教义学研究方法，对司法解释进行改造和重组，提炼概念，归纳要义，使得该司法解释的法理内涵呈现出来,以更明晰的面貌为司法实践提供导引。

基于此,与2012年《解释》的规定相对应,笔者尝试构建一种二元形式的"新违背职务说"。国家工作人员违背职务,包括违反规则与违背原则两种形式,这分别是对第1款规定和第2款规定的理论化。第1款属于违反规则,第2款属于违背原则。

国家工作人员如何履职,应当遵守规范的义务要求。通常情况下,这种规范要求,往往具有明文规定的规则体系。但是,仅仅是明确具体的规则,还不能涵盖现实中的职务行为的所有特征。由于职务行为的复杂性和多样性,在规则体系之外还存在留给国家工作人员酌情决定的空间。正如哈特所说,这是不能避免的情况,因为"人类立法者根本不可能有关于未来可能产生的各种情况的所有结合方式的知识"。[1] 当然,这种自由裁量权是有限度的,必须受到公平、公正等原则的限制。因此,国家工作人员的履职规范,既包括规则也包括原则。

一般来说,法律规则与法律原则之间的区分,主要体现在以下几个方面。第一,区分标准在于确定性/模糊性。法律规则是具有确定性的规范,一旦规则中规定的条件得到满足,法律规则就会指向一个确定的结果;而法律原则相反,并不能确定地决定出一个法律答案,它可能指向多个均具有合理性的答案。第二,出现差异的原因,有的观点认为是法律规则规定得比较具体明确,而法律原则大多用语抽象,当这些抽象的原则运用到个案时,只能排除一部分答案,但是剩下的答案依靠法律原则是无法区分的。也有的观点认为在于是否具有价值维度。规则相对比较中立客观,而原则往往具有价值维度,因而充满争议。例如,什么是

[1] [英]哈特:《法律的概念》,张文显等译,中国大百科全书出版社1996年版,第128页。

“公正”“公平”，可能会存在很多的答案，这是原则适用时具有不确定性的根源。第三，从适用方式来看，法律规则的适用相对而言更加直截了当，由于其具有确定性，适用与否，很容易判断；而法律原则的适用则没有那么直接，由于其结果的不确定性，需要在多个答案间进行“衡量”或者“权衡”，最终决定出一个相对合理的答案。第四，从适用空间来看，法律规则一般对适用者有着更严格的约束，而法律原则更多地与自由裁量权联系在一起。〔1〕

在第1款中，针对行为人的请托事项，国家工作人员如何履职，均有明确规则。这些规则的表现形式包括“法律、法规、规章、政策、行业规范”。在国家工作人员的职责范围之内，（行为人请托所涉及的）相关事务如何处理，存在法律、法规、规章、政策、行业规范的具体指引和约束。对于国家工作人员应当如何履职，这些规则具有比较明确的规定，国家工作人员只要依照规定办理即可，不需要个人再进行价值方面的权衡。相反，在第2款中，国家工作人员如何履职，没有具体明确的规则，但是要求其按照公平、公正的原则酌情处理。在一些涉及经济活动和人事管理活动的领域中，（行为人请托所涉及的）相关事务如何处理，没有具体而明确的规定，而是留给了国家工作人员自由裁量、酌情决定。此时，国家工作人员违背职务的形式，不是违反了法律、法规、规章、政策、行业规范的具体规定，而是在酌情处理时违背了公平、公正原则。综上，《解释》第12条第1款与第2款的差别，在于违反规则与违背原则之别。行为人请托的事项，落在了不同层次的规范领域，因而国家工作人员违背职务的表现形式不同。

---

〔1〕 关于上述总结的进一步展开分析，可参见舒国滢：《法律原则适用的困境——方法论视角的四个追问》，载《苏州大学学报》2005年第1期；陈景辉：《原则、自由裁量与依法裁判》，载《法学研究》2006年第5期；陈林林：《基于法律原则的裁判》，载《法学研究》2006年第3期；刘叶深：《法律规则与法律原则：质的差别？》，载《法学家》2009年第5期。

进一步而言，在解释和适用第1款和第2款时，还有以下诸多问题需要注意。

（二）违背职务之一：（法定履职）违反具体规则

国家工作人员违背职务的第一种形式，是在应当履行明确的法定职责的场合，违反关于职责的具体规定。这是对《解释》第12条第1款规定的类型化和理论提炼。

该款规定，"行贿犯罪中的'谋取不正当利益'，是指行贿人谋取的利益违反法律、法规、规章、政策规定，或者要求国家工作人员违反法律、法规、规章、政策、行业规范的规定，为自己提供帮助或者方便条件"。这款规定的精华，在"或者"之后。行为人给予国家工作人员财物的对价，就是国家工作人员违反"或者"之后的具体规则。至于行为人所要谋取的不正当利益，不过是违反规则的一个大概率结果。因此，适用第1款时，认定行贿罪的关键，就在于检验国家工作人员在履职过程中，是否违反了法律、法规、规章、政策或行业规范的规定。除此之外，违背职务性还包括违反一般的工作细则或者程序规定。[1]

第1款中"或者"之前的规定，是没有意义的。以往学界多数观点，往往是将第1款中"或者"前后的规定，分别归纳为实体违法利益和程序违法利益。实体违法利益，是指行贿人最终要实现的目的本身违反法律、法规、政策等规定，即利益本身具有非法性。实体违法利益包含三种情况：一是对任何人在任何情况都是非法的利益，如贩毒。二是行为人不具备条件却获得的利益，如不具备经营条件却获得经营资格。三是减免行为人依法应当承受的负

---

〔1〕 在行为方式上，一个应当实施的行为的不作为，与一个违反义务的实施行为并无差异。在德国法院的判例中，执法人员在未得到批准的情况下，为囚犯输送信件，违反保守秘密的义务，这与没有采取本应当采取的监督措施是一样的。Kindhäuser/Neumann/Paeffgen/Kuhlen, *StGB Kommentar*, 5. Aufl., 2017, § 332, Rn. 8.

担,如纳税人获得不合法的减免税款的待遇。程序违法利益,是指行贿人在实现最终所要实现的利益本身不违法,但是要求国家工作人员违反法律等规定,为行贿人提供帮助或者方便条件,通过违法途径实现合法利益。[1]

但是,实体违法与程序违法的区分并无实益。从法秩序的规范层面来看,如果行为人通过国家工作人员履职的帮助,获得的利益本身是违法的,那么,该国家工作人员的职务行为,也必然违反法律、法规、规章、政策、行业规范的规定对国家工作人员提出的义务要求。在一个法治国家里,不可能想象存在国家工作人员通过合乎规范的履职,却为他人谋取到实体上非法利益的情形。反过来说,如果国家工作人员帮助他人谋取到了实体上非法的利益,那必然是其履职行为本身即违反了关于职责义务的具体规范。国家工作人员通过合法合规的职务行为,却为他人谋取到了毒品、枪支,或者让不具备生产经营资格的商户取得了资格,让不应先手减免税款待遇的纳税人减免税款,这样的现象是难以接受的,也不应当在法秩序中存在。退一步讲,万一出现了这种情形,必然是规定国家工作人员职责的法律规范本身丧失了"合法性"。那么,在对国家工作人员和行贿人追究责任之前,先要解决的是"恶法"的问题。

进一步而言,所谓实体违法的利益,其实是没有必要的概念。第1款"或者"前规定的"谋取不正当利益,是指行贿人谋取的利益违反法律、法规、规章、政策规定",这种与国家工作人员职务无关的表述,属于在行贿罪的构成要件语境之外,纯粹就"不正当利益"进行孤立解释,缺乏实际意义。一方面,对行贿罪的认定而言,这种实体违法利益的解释,远远不够。例如,A给予国家工作人员B

---

[1] 实体性违法利益与程序性违法利益的区分早已有之,几乎是学界的通说。参见吕天奇:《贿赂罪的理论与实践》,光明日报出版社2007年版,第215页;肖中华:《贪污贿赂罪疑难解析》,上海人民出版社2006年版,第169页。

报酬,要求 B 帮忙自己入户盗窃,A 谋取的利益属于“违反法律、法规、规章、政策规定”的、在实体上违法的利益。但是,这种情形显然不能构成行贿罪。按照这种理解来认定“谋取不正当利益”,脱离了国家工作人员是否违背职务的关注,对满足行贿罪的构成要件来说,是不够充分的。

另一方面,对行贿罪的认定而言,这种实体违法利益的解释,又完全多余。例如,A 给予看管实验室的国家工作人员 B 报酬,要求 B 违反监管要求让自己入内,进而趁机盗窃实验室财物。在这个案例中,A 谋取的利益属于“违反法律、法规、规章、政策规定”的、在实体上违法的利益,但是,要想取得这个实体违法的利益,前提是 B 在程序上违反规定才可能办到。对此,只要认定 B 工作程序违法就足够了,至于说 A 所谋取的利益在实体上是否违法,对于认定 A 的行贿罪而言,是多余的。

综上,《解释》第 1 款“或者”之前关于实体违法利益的规定,是多余的也没有实益的说明。在行贿罪的语境中,没有必要区分实体违法与程序违法。对行贿罪而言,所有的实体违法都是程序违法,都是以国家工作人员违反职责要求的具体规定为前提,否则,对认定行贿罪毫无助益。因此,《解释》第 12 条第 1 款前段规定,是一个功能上的冗余物,完全可以忽略。只有后段规定,“要求国家工作人员违反法律、法规、规章、政策、行业规范的规定,为自己提供帮助或者方便条件”,才有助于认定“谋取不正当利益”这一要件。这就是从违背职务的角度去解释“谋取不正当利益”的第一种形式,即在国家工作人员履行法定职责的场合,违反了关于职务行使的具体规则。

(三)违背职务之二:(酌定履职)违背公平、公正原则

国家工作人员违背职务的第二种形式,是在酌定履职的场合,违背公平、公正原则。这是对《解释》第 12 条第 2 款规定的类型化

和理论提炼。

如前所述,《解释》第12条第1款针对的是那些有明确具体规则的因而不存在可替代性和辩解性的职务行为,比较容易认定也没什么争议。但是,第2款规定针对的,则是一些没有具体规则而是涉及公平、公正原则的职务行为。相对于第1款,第2款因抽象和模糊而更不易把握,是本研究讨论的重点。接下来,笔者从规范对象、酌情决定与违背原则三个角度,对第2款的适用展开详细探讨。

1. 规范对象的错位与回归

2012年"两高"《解释》第2款规定,"违背公平、公正原则,在经济、组织人事管理等活动中,谋取竞争优势的,应当认定为'谋取不正当利益'"。这一规定的问题,正如上文所批评的,仍然是从行贿人的视角出发去解释"不正当利益"。

通常而言,"谋取竞争优势"是一个中性用语,任何人参与到竞争性活动中,都要谋取竞争优势。因此,这一用语本身并不能给"谋取不正当利益"之"不正当"提供有效的解释。这样一来,解释的关键就落在了"违背公平、公正原则"上面。按照司法解释的用语和逻辑,违背公平、公正原则的问责对象,是行贿人。很多论者也是从这一角度展开的讨论。例如,"由于行为人在竞争活动过程中没有违反公平、公正原则……"[1]大多数判决也是遵循这样的逻辑。例如,"吴某某的行贿行为违背了市场公平、公正原则,其目的是为了在招投标活动中谋取竞争优势,应认定为谋取不正当利益"。[2]"被告人谢某违背公平、公正原则,在襄阳广播电视台与襄阳市人力资源和社会保障局面向社会公开招聘电视台工作人员

---

〔1〕 王萧:《行贿罪构成要件中"谋取竞争优势"的理解》,载《人民法院报》2013年12月25日。

〔2〕 吴某某行贿、受贿案,南昌铁路运输中级法院刑事裁定书,(2015)南铁中刑终字第8号。

时，为其女儿赵某甲谋取竞争优势。”[1]

但是，司法解释和判决的逻辑存在疑问。在经济、组织人事管理等活动中，规范上要求不得违背公平、公正原则的问责对象，应当是国家工作人员，而非普通公民。司法解释中问责对象的错位，会导致规范呼吁的低效性，以及解释上的自我循环。一方面，普通公民参与到经济、组织人事管理等竞争性活动中来，虽然也有公平、公正参与竞争的要求，但是，如果其没有明确地违反针对参与者的具体规范，这种要求参与者不得“违背公平、公正原则”的说法，只能是停留在道德呼吁的层面。法律规范中的这种规定容易与情理相悖，也缺乏实际效力。

例如，在罗泽某行贿案[（2015）宜刑终字第95号]中，法院认为，“其（指上诉人罗泽某）在承建工程时没有经过招、投标、竞争性谈判等公平竞争程序，在取得工程时违背了公平、公正的原则，其行贿的目的系谋取竞争优势，应当认定为谋取不正当利益。”[2]显然，裁定书的表述逻辑，是将行贿人罗泽某作为违背公平、公正原则的主体，但是，认定一个想要取得工程的承建商“在承建工程时没有经过招、投标、竞争性谈判等公平竞争程序”，因而指控其违背了公平、公正原则，这个说法是不妥当的。是否设置招投标的竞争程序，决定权不在于想要取得工程的承建商手中，而在于负责相关工程建设的国家工作人员手中。如果不设置招投标的竞争程序的决定本身不存在问题，那么，承建商未经投标而直接取得工程的行为，并没有任何可指摘之处。所以，需要去判断是否违背公平、公正原则的，是国家工作人员不设置招投标的竞争程序的决定，而不是承建商没有经过招投标程序就取得工程。正是由于僵硬地套用

---

〔1〕 谢某行贿案，湖北省谷城县人民法院刑事判决书，（2015）鄂谷城刑初字第00135号。

〔2〕 罗泽某行贿案，四川省宜宾市中级人民法院刑事裁定书，（2015）宜刑终字第95号。

了司法解释的规定，导致裁定书中出现了这种判断对象的错位和逻辑的颠倒。

另一方面，如果按照司法解释的逻辑，进一步追问：如何认定行为人“违背公平、公正原则”？那么，答案只能是，行为人采用了行贿手段。但是这样一来，就陷入了一个解释上的死循环——问：什么是行贿？答曰：行为人为谋取不正当利益而给予国家工作人员财物。问：什么是谋取不正当利益？答曰：行为人违背公平、公正原则，谋求竞争优势。问：怎样做是违背公平、公正原则？答曰：行贿。——从这个问答中，并不能对“谋取不正当利益”展开更进一步的、更加具体和深入的分析，而只能是停留在同一层面的循环论证中。

综上，《解释》第 12 条第 2 款指向的现象和问题是客观存在的，但是，司法解释用来描述这一问题的文字表达存在疑问。词与物没有正确对应，规范对象出现了错位。对此，应当从刑法理论上加以整合，使规范对象正确回归。按照这里主张的新违背职务说，对第 2 款改造过的表达是：（行为人）要求国家工作人员违背公平、公正原则，在经济、组织人事管理等活动中，为自己谋取竞争优势。这样一来，第 2 款就能够与第 1 款规定的“（行为人）要求国家工作人员违反法律、法规、规章、政策、行业规范的规定，为自己提供帮助或者方便条件”，既在结构上区分出层次，又在语词和逻辑上前后对应，由此形成“违反规则—违背原则”之双层次的新违背职务说。

2. 酌情决定与任意处置

从第 2 款的规定来看，在经济活动和组织人事管理活动等领域，国家工作人员违背职务的形式，主要表现为违背公平公正原则。但是，一方面，“经济、组织人事管理等活动”的规定过宽，其意义包罗万象，几乎包括了所有的国家工作人员的职务行为，以至于难以区分第 1 款与第 2 款的适用范围；另一方面，“违背公平、公正原则”的规定过于模糊，法理内涵不清，也为司法实践的理解和适用带来了不少问题。

例如，在孙某甲行贿案[(2015)苏中刑二终字第00009号]中，针对上诉人及其辩护人认为孙某甲在经营太湖围网的过程中未谋取不正当利益的上诉理由和辩护意见，法院认为，“孙某甲在经营太湖围网过程中，长期超面积无证经营，并通过将自己水面挂靠在原吴江市水产局的方式，少缴数年的渔业资源赔偿费。同时，在与原吴江市水产局联营850亩水面的过程中，孙某甲亦将依照协议约定本应分给水产局的经营收益占为己有，以上利益的取得均违背了太湖渔业养殖的相关规定，是其与庞某、董某二人通过权钱交易手段排斥竞争对手，使自己获得的非法竞争优势”[1]，最后驳回上诉，维持原判。从孙某甲获得的利益来看，表现为长期超面积无证经营、少缴数年的渔业资源赔偿费以及本应分给水产局的经营收益占为己有等。这些利益都是国家工作人员违反具体、明确的规定而帮助行为人获得的，是典型的违反规则的行为。对此，应当适用《解释》第12条第1款，属于国家工作人员违反具体规定。但是，裁定书一方面认定“违背了太湖渔业养殖的相关规定”，另一方面又认定“获得非法竞争优势”，这就把案件事实指向了适用第1款还是第2款的适用混乱之中。究其原因，还是对于第2款的含义和所应当适用的场合缺乏正确把握。

又如，在范海某行贿案[(2015)浙杭刑终字第30号]中，法院认定，“被告人范海某送涉案相关人员财物的目的，一是感谢他们将业务交给其做，二是顺利结算工程款。范海某的上述行为，违背公平、公正原则，在经济活动中谋取了竞争优势，应认定为刑法规定的‘谋取不正当利益’。”[2]对于这种“为了顺利结算工程款”而

[1] 孙某甲行贿案，江苏省苏州市中级人民法院刑事裁定书，(2015)苏中刑二终字第00009号。

[2] 范海某行贿、单位行贿案，浙江省杭州市中级人民法院刑事裁定书，(2015)浙杭刑终字第30号。

给予财物的所谓"加速费"的问题,到底是否应当归入贿赂,由于理论上缺乏明晰的说法,实践中认定起来也常常存在混乱。

接下来,笔者借鉴域外理论,[1]尝试在中国刑法语境下构建"酌情决定"的教义学概念,在法理上对第2款进行修整和澄清,从而提供一个理论模型,为司法实践准确理解和把握第2款提供指引。

(1)酌情决定意味着允许国家工作人员做出实质不同的决策选择

与第1款指向的有具体规则约束的职务行为不同,第2款涉及的职务行为,实际上并无外部的明文标准,而是由国家工作人员自己的内心来决定其"违背职务性"。[2] 这种在缺乏明确的规范指导下直接做出来的职务行为,就涉及笔者所说的酌情决定。

只要官员处在一种具体的待决定状态,其中至少展现出两种以上的合法的决策选择,这就是刑法上的酌情履职。换言之,酌情决定的前提条件是,国家工作人员"至少有两个可选择的行为"[3]。这个概念所要解决的问题是:在一种难以用明确的法律概念去区分各种不同具体情形的场合,容忍国家工作人员在个案中去具体考虑和审查决定。[4] 因此,刑法上的酌情,不能作为行政法上的术语,进行技术性的理解。毋宁说,它指向一种"允许国家

〔1〕《德国刑法典》第332条和第334条中规定了"Ausübung des Ermessen"的情形,德国学者对于这一规定展开了大量的学理分析。

〔2〕 Schönke/Schröder/Heine/Eisele,29. Aufl. ,2014, §332Rn. 15. 在德国刑法典中,人们在讨论第332条第1款与第3款的区分时,也会提到这一点,即第1款中的职务行为是较为明确的,而第3款的行为不合适具体化,因而认为第3款是有独立的构建性、创设性的作用,而不是第1款的简单推演或包含。Kindhäuser/Neumann/Paeffgen/Kuhlen, *StGB Kommentar*,5. Aufl. ,2017, §332,Rn. 15.

〔3〕 *LK - StGB*/Sowada,12. Aufl. ,2009, §332,Rn. 13.

〔4〕 Kindhäuser/Neumann/Paeffgen/Kuhlen, *StGB Kommentar*,5. Aufl. ,2017, §332,Rn. 9.

工作人员做出不同决定的情境”。[1] 由此可见，只有当国家工作人员对于个案在法律上有一个具体化的空间范围时，才能说，他具有了刑法意义上的酌情履职的权力。

一个没有独立的价值判断空间，仅仅是为其他人的酌情决定纯粹提供资料的人，不具有刑法意义上的酌情决定的权力。[2] 但是，在某些场合，一个国家工作人员虽然没有独立的管辖权和决定资格，不是独立的决策者，但是根据他的职权范围，在决策的过程中，他也必须被包括和参与进来，此时，至少在实际的影响可能性层面，他对这个酌情决定发挥了作用。换言之，该国家工作人员作为一个协助者，对于他人的酌情决定，能够发挥“事实上的影响力”。这种所谓事实上的影响，不是说仅仅给他人的决策编排一些缺乏行为人个人价值活动范围的资料，而是说，他能够给之后的决策者提供专业上或法律上的建议。在这个范围之内，该国家工作人员具有一个实施合法的行为可能性的回旋空间。处在这个空间内，怎么做都不算违法。这种情况，也属于具有酌情处理的权力。[3]

从司法判例的情况来看，刑法意义上的酌情决定的事项包括但不限于：城市规划评估；施工安排或者建筑计划；在招投标过程中，在评估标准的基础上评价投标书，决定哪个公司能够中标；决定在何种条件下，不经由公开招标而将合同订单给予某个公司；决定在政府采购上的范围、对象和费用；预选投资对象，为产品定位；国有资产的出租和承包；人事方面的招聘、晋级、提拔、调整等。[4]

---

〔1〕 Rengier *BTII*, 18. Aufl., 2017, § 60, Rn. 33.

〔2〕 Schönke/Schröder/Heine/Eisele, *StGB Kommentar*, 29. Aufl., 2014, § 332, Rn. 19.

〔3〕 *Münchener Kommentar zum StGB* – Korte, 3. Aufl., 2017, § 332; *LK – StGB*/Sowada, 12. Aufl., 2009, § 332, Rn. 13; Fischer, *StGB*, 63. Aufl., 2017, § 332, Rn. 9.

〔4〕 类似情形在国外判例中也常常出现。BGHSt 47, 260(262f.); BGHSt 48, 44(46, 50); BGHSt 54, 39.

(2)加速履职不包含实质的决策选择,属于任意处置而非酌情决定的范围

以下情形不属于酌情决定的范围:如果这个国家工作人员手里的权力空间,仅仅是可以做出一个时间上加快与否的替代性选择,例如抓紧时间尽快办理还是正常操作,也就是通常所说的“加速(费)”。[1] 但是,在司法实践中,对这一点的认识往往存在模糊。例如,在王某某行贿案[(2015)巴刑初字第4号]中,法院认定的基本事实如下:

经审理查明:2008年5月至2014年10月,被告人王某某作为新疆九州通药业有限公司及江苏康生药业有限公司的销售员在向新疆生产建设兵团第十师一八一团医院销售药品的过程中,为了多销售药品并及时收回药款,被告人王某某先后向时任一八一团医院院长的谢光某(另案处理)、内科主任谭某某(另案处理)行贿,贿赂款共计256000元。

该案辩护人提出,被告人王某某给谢光某送的钱中有4次合计69000元,目的是尽快收回药款,系正当利益,不应计入行贿数额。对此,法院在判决理由中指出:

王某某想尽快收回药款,获取的利益本身是合法的,但是其通过不正当手段即行贿手段要求国家工作人员为获取该利益所提供“帮助或者方便条件”是违反法律法规的,也应当认定“谋取不正当利益”。故辩护意见不成立,本院不予采纳。

对该案例,上文已经分析,判决书的逻辑是适用《解释》第12条第1款的“提供帮助或者方便条件”,但是,根据行为人采取行贿

---

[1] 我国也有很多学者主张这种观点。参见赵秉志:《商业行贿犯罪中“谋取不正当利益”的认定与修改》,载《人民检察》2006年第13期。这也是国外刑法学界在讨论贿赂犯罪时的理论共识。Fischer, *StGB*, 63. Aufl., 2017, §332, Rn. 9; *Münchener Kommentar zum StGB* – Korte, 3. Aufl., 2017, §332, Rn. 33; *LK – StGB*/Sowada, 12. Aufl., 2009, §332, Rn. 13. Kindhäuser/Neumann/Paeffgen/Kuhlen, *StGB Kommentar*, 5. Aufl., 2017, §332, Rn. 10.

手段要求国家工作人员提供帮助这一点，来认定行为人谋取不正当利益，属于没有说理的循环论证。与该案类似，由于尽快结款而给予国家工作人员“加速费”（或“润滑费”）的案件，实践中所在多有。在何某甲行贿案中，一审法院认定：

被告人何某甲挂靠四川煤矿基本建设工程公司承揽到神华宁夏煤业集团有限责任公司灵新煤矿六采区2013年度矿建工程。为了矿建工程的顺利进行及能及时结算工程款，被告人何某甲于2013年中秋节前及2014年春节前先后两次，到时任灵新煤矿矿长的荀某某（另案处理）的办公室，送给荀某某人民币共计30万元。

与王某某行贿案相似，法院承认被告人何某甲行贿的目的是“为了矿建工程的顺利进行及能及时结算工程款”，并将此认定为谋取不正当利益。宣判后，何某甲不服提出上诉，认为“一审法院认定上诉人谋取不正当利益，属于错误认定”，主张其向国家工作人员荀某某请托的事项，不属于不正当利益。从判决书认定的事实来看，这些请托事项主要包括两类：第一类，是请求荀某某对施工现场各承包人、基础施工条件（包括道路、运输、供电、供水等）、各作业层面、作业环节进行协调。对此，何某甲的辩解是：

在涉案施工合同中，明确约定发包人有责任向上诉人提供施工场地，统一协调管理各施工单位，协调交叉作业，合理安排施工顺序，上诉人有权要求作为发包人的宁夏煤业集团有限责任公司完成各项协调工作，证人荀某某作为灵新煤矿矿建工程某某管理人员，有义务履行管理职责，完成施工合同义务。

第二类，是请求荀某某按时支付工程进度款项。对此，何某甲提出：

宁夏煤业集团有限责任公司未按约定向上诉人支付工程进度款，导致上诉人无奈只能对外进行大量借款，用于支付人工工资及各类机械、设备费用，从而导致上诉人工程建设施工成本大幅提高，对外形成大量债务，上诉人要求宁夏煤业集团有限责任公司依约支付工程款的请求完全合法，截至目前宁夏煤业集团有限责任公司仍欠上诉人大量应付工程进度款，上诉人请求作为直接管理者的荀某某按时、足额拨付工程款项并未违法也未违反工程合同约定。[1]

就法院认定的第一类事项而言，何某甲请求荀某某对施工现场各承包人、基础施工条件、各作业层面、作业环节进行协调，符合法律规定、合同约定，也符合矿建工程施工实际，国家荀某某提供的帮助，应当说，这些要求并未超出荀某某的职责范围，也没有违反法律、法规、规章、政策规定。就第二类事项而言，何某甲要求荀某某按时支付工程进度款项，这就涉及工程建设中常见的拖欠应付款项的问题。相对于款项拖欠而言，要求对方按时支付工程款，也属于一种变相的"加速办理"的请托了。

何某甲的上诉理由可谓详尽。但是，二审法院一方面并未否认何某甲所说的基本事实，另一方面又未对法律适用问题出明确的回应，仅仅是说"上诉人何某甲在施工过程中向身为国营企业矿长的荀某某行贿人民币30万元，是为了谋求时任灵新煤矿矿长的荀某某，在其已中标的灵新煤矿矿建工程中给予帮助，意欲谋取竞争优势，上诉人何某甲的行贿行为应认定为谋取不正当利益"。显然，既然是"已中标的工程"，那么就不涉及招投标过程中的行贿。至于说，在中标之后的工程建设给予帮助，以及谋取竞争优势等，这些上诉人自己也承认，但是，并不能由给予帮助和谋求竞争优势，就推导出不正当利益的结论。问题的关键在于这些帮助是否违背职务。对于国家工作人员荀某某提供的协调以及加速等方面帮助，是否违反规则或违背原则，法院本应当做出明确的说明和评述，但是法院却未置可否，甚至未置一词。显然，这又是一起涉及

---

〔1〕 何某甲行贿案，宁夏回族自治区中卫市中级人民法院刑事判决书，(2015)卫刑终字第28号。

"加速费"正当与否的糊涂案。上述案例说明,彻底澄清"加速费"的法律意义和后果,对于司法实践正确处理相关案件具有重要意义。

所谓的加速费,它通常是指行为人为了方便和加快日常的公务行为的流程而给予国家工作人员财物。如为尽快取得许可证、营业执照或其他批文,为应付与履行合同有关的例行检查、款项结算等而给予的费用。[1] 那么,这种"加速费"的情形能否适用第2款进而认定为行贿罪?有观点认为,"支付目的仅在于加速官员例行职权行使的加速费时,行贿人能否获得加速是不确定的,受贿人对是否加速也有自由裁量权,但如果一概以行贿罪追究刑事责任显然畸重,也有违社会公众的一般认识"。[2] 有学者提出,行贿行为的本质是"不但侵犯了职务行为的不可收买性,而且会造成权力被滥用或者市场秩序等社会秩序被破坏的后果",从这一点出发,认为"加速费"是合法的。[3]

笔者赞成"加速费"不属于"不正当利益"。但是,以往观点在说理上并不透彻,有进一步澄清的必要。按照笔者对第2款的解读,之所以将"加速费"排除在不正当利益之外,教义学上的关键点在于,国家工作人员在自己的职务行为上是否加速,不属于酌情决定的范围。如上文所述,所谓酌情决定,要求国家工作人员有两种以上的合法的决策选择,且选择过程中包含了价值裁量。但是,国家工作人员在履行行政职责的时候,是按照正常速度进行,还是加快办事流程,这并不存在决策选择的问题。因为国家工作人员加速与否的决定,对于该职务要求而言,并不会产生两个有不同价值

---

〔1〕 鲁建武、覃俊:《行贿罪之"不正当利益"认定中的疑难问题》,载《中国检察官》2014年第19期。

〔2〕 夏伟、王周瑜:《对行贿罪中不正当谋取利益的理解》,载《人民司法》2015年第13期。

〔3〕 赵秉志:《商业行贿犯罪中"谋取不正当利益"的认定与修改》,载《人民检察》2006年第13期。

内涵和法律意义的决策结果，也不会对决策结果发挥事实上的影响力。当然，一件行政事务能否加速办理，可能对于行政相对人而言有着至关重要的意义，甚至是决定其后续事务发展的关键一环。但是，对于国家工作人员的职务要求而言，既没有违反具体规定，也不属于酌情决定，因而也就不构成对于行为人的不正当利益。这个地方恰恰再一次说明了，在解释"不正当利益"时，应当从国家工作人员而非行为人出发，前者有无违背职务，决定了后者有无不正当利益。综上，涉及"加速费"的场合，不属于国家工作人员可以做出不同决策的酌情决定的范围，而是国家工作人员在既定的规则和决策的框架之内展开的日常性事务。〔1〕

除了"加速费"之外，还有一些情形，也不属于酌情决定，而是完全留给国家工作人员个人任意处置。例如，国家工作人员 A 出差时，要通过一定渠道订票并选择乘坐航班。有些地方将机票纳入政府采购，在这种情况下，A 通过什么渠道订票，选乘什么公司的航班，就属于酌情决定的事项。相反，在未纳入政府采购之前或其他未纳入政府采购的地方，这就属于 A 完全自由决定的事项。由于行贿罪明确规定"谋取不正当利益"为要件，仅限于国家工作人员违背职务的情形，因此，当国家工作人员在属于完全自由决定

---

〔1〕 比较法的视角也能支持笔者观点。例如，美国国会 1988 年通过的《综合贸易与竞争法》(Omnibus Trade and Competitiveness Act，OTCA)，对《反海外贿赂法》(Foreign Corrupt Practices Act，FCPA)进行了修订。在这次修订中，将美国公司向国外政府官员的支付分成两类：一种称为腐败性支付(Corrupt Payment)，其目的在于诱导该官员滥用或偏离其职责，从而获得或者保留某些合同、特权等；另一种称为加速费(Facilitating or Expediting Payment)，其目的仅在于完成或加快政府日常行为的进度。在修订案中，前者被认为是非法的，而后者被认为是合法的。法条中列举的日常政府行为包括：取得许可、执照或其他官方证件；处理政府文件，如签证和工作通知单；提供警察保护；邮件接送；与履行合同有关的列表检查、电信服务；水电服务；装卸货物；保鲜；越境运输等。关于 FCPA 的更详细资料，可参见 https://en.wikipedia.org/wiki/Foreign_Corrupt_Practices_Act，最后访问日期：2017 年 6 月 30 日。

的职务行使的过程中，即使受到了他人给予财物的影响，也不能认定该国家工作人员违背了职务；相应地，对财物给予人也不能按照谋取不正当利益的行贿罪论处。[1]

(3)通过“酌情决定”来限定“经济、组织人事管理活动”的范围

在司法实践中，酌情决定的范围，经历了一个逐渐扩展的过程。“两高”在2008年出台《意见》时，仅仅将“谋取竞争优势”局限于招标投标、政府采购等商业活动领域。招标投标是在货物、工程和服务的采购行为中，运用竞争机制的作用，有组织开展的一种择优成交的方式。因此，在该领域中，国家工作人员酌情履职的特征最为典型和明显。例如，《招标投标法》第17条规定，招标人采用邀请招标方式的，应当向3个以上具备承担招标项目的能力、资信良好的特定的法人或者其他组织发出投标邀请书。这就意味着，邀请哪些人以及多少人参与投标，招标人有酌情决定的空间。《招标投标法》第18条规定，招标人不得以不合理的条件限制或者排斥潜在投标人，不得对潜在投标人实行歧视待遇。这就意味着，招标人可以设置合理的条件限制或者排斥潜在投标人。而哪些条件合理或不合理，往往是留给招标人酌情决定的。《招标投标法》第37条规定，评标由招标人依法组建的评标委员会负责。依法必须进行招标的项目，其评标委员会由招标人的代表和有关技术、经

---

〔1〕 从比较法的层面来看，在德国刑法中，这种被认为是自由处置而非酌情决定的职务行为，不被认为是第332条或第334条的违背职务，而是属于第331条或第333条所规定的正当履职的范围之内。Schönke/Schröder/Heine/Eisele, *StGB Kommentar*, 29. Aufl., 2014, §332, Rn. 12; *SK* – Stein/Rudolphi, 8. Aufl., 2011, §332, Rn. 8; *Münchener Kommentar zum StGB* – Korte, 3. Aufl., 2017, §332, Rn. 33. 在法律后果上，按照《德国刑法典》第331条的收受利益罪论处，对给予利益的人，则按照第333条的给予利益罪（而非行贿罪）论处。BGHSt 3, 143f.; Kindhäuser/Neumann/Paeffgen/Kuhlen, *StGB Kommentar*, 5. Aufl., 2017, §334, Rn. 10; Schönke/Schröder/Heine/Eisele, *StGB Kommentar*, 29. Aufl., 2014, §332, Rn. 12.

济等方面的专家组成。显然,在选择哪些(可能有利于行贿人或不利于其他竞标者的)专家进入评标委员会这个问题上,相关的国家工作人员有着合法的选择空间。[1] 正是由于招投标领域中存在的巨大的酌情履职的空间,在履职过程中违背原则的决定,较之一般的直接违反规定的违背职务更难以发现和察觉,因而成为贿赂犯罪的重灾区。[2]

值得注意的是,招投标场合的酌情决定,不仅仅包括在招投标过程中的决定,而且从一开始决定是否招投标,有时候也是由国家工作人员酌情决定的。例如,在罗泽某行贿案[(2015)宜刑终字第95号]中,法院认为,"在承建工程时没有经过招、投标、竞争性谈判等公平竞争程序,在取得工程时违背了公平、公正的原则,其行贿的目的系为了谋取竞争优势,应当认定为谋取不正当利益。"[3] 显然,国家工作人员在这里违反的,不是必须经过招投标程序的具体规定(《解释》第12条第1款),而是在酌情决定是否招投标的问题上,违背了公平、公正原则(《解释》第12条第2款)。

除了招标投标,2008年"两高"《意见》同时规定了政府采购。同招标投标活动一样,国家工作人员在使用财政性资金采购制定的集中采购目录以内的或者采购限额标准以上的货物、工程和服务时,往往有着巨大的酌定履职的空间。因此,在司法实践中,政府采购领域也往往是贿赂犯罪的高发区。政府部门向哪些个人或

---

〔1〕 国外也是如此。德国学者认为,在招投标的问题上,聘请哪个专家或者是否聘请专家,属于决策者可以自由裁量的范围。*Münchener Kommentar zum StGB – Korte*, 3. Aufl. ,2017, § 332, Rn. 33.

〔2〕 2015年最高人民检察院和国家发展改革委专门下发了《关于在招标投标活动中全面开展行贿犯罪档案查询的通知》,强调行贿犯罪记录应当作为招标的资质审查、招标代理机构资质认定、评标专家入库审查、招标代理机构选定、中标人推荐和确定、招标师注册等活动的重要依据。

〔3〕 罗泽某行贿案,四川省宜宾市中级人民法院刑事裁定书,(2015)宜刑终字第95号。

单位采购商品，属于相关部门的国家工作人员酌情决定的事项。符合资质条件的商户可能很多，国家工作人员在众多符合条件者中间进行选择，是根据自己对供应商的竞争条件的具体情况的判断来酌情决定的。在这种情况下，如果行为人本来没有竞争优势，通过给予国家工作人员财物，以取得国家工作人员的关照，从而获取了优于别人的竞争条件，谋取竞争优势的目的性比较明显，客观上认定起来比较容易。[1]

在2012年印发的《解释》中，“两高”将2008年《意见》的“招标投标、政府采购等商业活动”，进一步扩展到“经济、组织人事管理等活动”。如果说经济活动是在之前的“商业活动”的基础上的适当延展，那么，组织人事管理活动则是一个新框定下来的酌情决定的领域。一般来说，组织人事管理活动与培养、考察、选拔干部即干部的录用、任免、调配、奖惩、升降、培养等有关。[2] 在这些领域中，掌握人事权力的国家工作人员，对于他人的职位、职务、职称的取得、变动、提拔和晋升等，往往有着酌情裁量决定的权力。通常所说的“买官卖官”，就是一种比较典型的在组织人事管理活动

〔1〕 例如，在林某行贿案中，法院认为，“被告人林某为了其经营管材的业务，先后五次送给时任平阳县水利局饮水办主任张某（已判刑）现金总计人民币7万元，并通过张某在平阳县饮用水工程项目上的管理职权，向多个乡村推荐使用其管材，最终以不正当竞争优势获取平阳县多个乡村的农村饮用水管道采购及安装工程项目。2011年，被告人林某在承接平阳县顺溪镇下顺溪村饮用水管道采购及安装工程过程中，找到时任中共平阳县顺溪镇下顺溪村党支部书记陈某（已判刑）请求帮助，后在陈某利用职务便利排除其他竞争优势的帮助下，其提供的饮用水管道优先获得采购。事后，被告人林某以‘业务提成’名义送给陈某人民币1万元”［林某行贿案，浙江省平阳县人民法院，（2014）温平刑初字第1499号］。

〔2〕 国家机关公务员招录、公务员职务调整、职务晋升等，各级人大代表、政协委员选举和提名推荐，都具有一定的竞争性，属于典型的“组织人事管理活动”。国有单位的职称评聘、中科院的院士、国务院特殊津贴者的遴选等，不但具有较强的竞争性，而且也与相关人员的工资待遇等直接挂钩，也应属于“组织人事管理”的一个组成部分。参见孙国祥：《行贿谋取竞争优势的本质和认定》，载《中国刑事法杂志》2013年第7期。

中谋取职务的提拔和调整的贿赂犯罪。[1] 2016年“两高”出台了《关于办理贪污贿赂刑事案件适用法律若干问题的解释》(以下简称2016年《贪污贿赂司法解释》),进一步明确和强化了对组织人事管理领域中的贿赂犯罪的打击力度。该司法解释第7条明确规定,在行贿数额在1万元以上不满3万元的情况下,“通过行贿谋取职务提拔、调整的”,按照行贿罪论处。由此可见,谋取职务的提拔和调整,属于各种不正当利益中较为严重的情节,具有补强行贿数额的功能。

有的学者提出,“‘组织人事管理活动’也是一个需要界定的场域。诸如单位的年度考核、评优评先等日常性的人事管理活动,是否属于‘组织人事管理活动’,值得进一步研究。”[2] 单纯从文义上来看,组织人事管理活动的范围极广,但是否属于2012年《解释》第12条第2款规定的“组织人事管理活动”,关键是要有一个教义学上的理论标准,即相关活动是否具有笔者所说的“酌情决定”的特征。在此前提上,还应当从以下两个方面进一步考虑。一方面,可以看相关的年度考核、评优评先等活动的结果,是否会进入当事人的人事档案,成为后续组织人事管理活动的一个参考因素和决策指标。有些单位组织的年度考核、评优评先活动,会将结果进入

[1] 例如,在崔文某行贿案中,法院认定,“在潍坊市科学技术局科室负责人竞争上岗期间,被告人崔文某为牟取晋升单位部门正职、正科级实职的目的,向时任潍坊市科学技术局局长的李某己(另案处理)行贿人民币40000元”。针对上诉人崔文某及其辩护人提出的“行贿犯罪其没有谋取不正当利益,不构成行贿罪”的上诉理由和辩护意见,二审法院认为本案属于违背公平、公正原则,在经济、组织人事管理等活动中,谋取竞争优势,应认定为“谋取不正当利益”[崔文某行贿案,山东省潍坊市中级人民法院刑事裁定书,(2015)潍刑二终字第177号]。对于“买官卖官跑官”的现象的打击,不仅仅限于一般舆论关注的较高级别的领导干部,也不能说基于反腐对刑事政策的临时性影响,即使是涉及一些基层单位的较低级别的职位职称等人事组织管理活动,启动刑法规制也有明确的法律依据。

[2] 孙国祥:《行贿谋取竞争优势的本质和认定》,载《中国刑事法杂志》2013年第7期。

人事档案，对于当事人的职务提拔、调整有重要影响，此时，就可以将其评价为第 2 款意义上的“组织人事管理活动”。当事人为此而给予财物的，可以按照行贿罪论处。另一方面，可以看相关的年度考核、评优评先等活动的结果，是否与经济利益直接挂钩。有些单位组织的评优评先活动，虽然其结果不进入人事档案，但是会给当事人直接带来物质奖励。在这种激励下，不排除有些当事人为了获取较大的经济利益，而将较小的利益给予有酌情决定权的国家工作人员，这种情况也可以认定为第 2 款意义上的“组织人事管理活动”，涉嫌构成行贿罪。

3. 违背原则与竞争优势

《解释》第 12 条第 2 款中规定了“违背公平、公正原则”与“谋取竞争优势”。较直接的理解是，在经济、组织人事管理活动中，具有酌情决定权的国家工作人员，应当根据参与竞争者在客观上的优势和劣势情况进行实事求是的评比和判定，让客观上确实有竞争优势的人胜出，让缺乏竞争优势的人失败。这种理解，的确能够应对很多案件。在这一类案件中，与其他竞争者相比，客观上不具有优势的行为人，因为给予国家工作人员财物而得到偏向，反而胜过了那些具有竞争优势的人。这种情形明显违背了公平、公正原则，适用第 2 款既无疑问也无难点。

但是，在某些场合，与其他现实或潜在的竞争者相比，行为人在客观上具有竞争优势，只是为了保证或者维持住既有优势，而给予国家工作人员财物。国家工作人员根据客观优势的状况去行使职务，酌情做出有利于行为人的决定。这种情形是否属于谋取竞争优势，违背公平、公正原则，是一个值得研究的问题。

例如，在刘某某行贿案［（2015）卫刑终字第 58 号］中，一审法院认定，“2013 年中秋节前后，被告人刘某某为给其儿子在神华宁夏煤业集团有限公司找工作等事项，送给孔某某现金 10 万元。期间，孔某某承诺为被告人刘某某儿子安排工作等事项提供支持帮助。”法院据此认定刘某某构成行贿罪。上诉人提出,“神华宁煤集团与其儿子签认就业协议的原因是其儿子向该集团人力资源部投递了个人简历,所学专业符合报名条件,并参加了面试,而非孔某某利用职务之便为其儿子就业谋取了竞争优势”。〔1〕 实践中类似的案例很多。在人事招聘过程中,应聘人的学历、履历以及工作能力等方面足以胜任拟聘岗位的工作,客观上有竞争优势。只是为了确保获得该职位,而送给负责招聘的国家工作人员财物。或者在工程招投标过程中,投标人的资质和实力具有竞争优势,但为了保险起见,送给负责的国家工作人员或评委财物。在这些场合,行为人本来在客观上已经具有竞争优势,胜出的概率很高,只是为了降低或消除风险而向国家工作人员送礼,这种情况是否符合第2款规定,构成行贿罪?

又如,在王海某行贿案[(2015)晋刑二核字第1号]中,一审法院在判决书中,表现出了对于这种维持既有的竞争优势如何认定的犹豫和矛盾的心态。一方面,法院认定被告人的行为性质属于行贿,“被告人王海某在取得由国有公司潞安集团控股的一缘煤业公司煤(混)矸石处理业务后,根据从煤矸石中分拣出炭块的数量按一定比例通过其个人的银行帐户分八次给具有国家工作人员身份的一缘煤业公司总经理苗田个人汇款3025985元,其行为性质已构成了行贿犯罪”。但是,另一方面,法院又认为,被告人在资源整合前后,向两任老总都缴纳了相关费用,属于维持原来的经营模式,难以认定为不正当利益:〔2〕

本案中王海某在资源整合前即已经开始经营煤矸石分选业务,王称其根据出炭量的多少在资源整合前向原来的老总陈来某

〔1〕 刘某某行贿案,宁夏回族自治区中卫市中级人民法院刑事裁定书,(2015)卫刑终字第58号。

〔2〕 王海某行贿案,山西省高级人民法院刑事裁定书,(2015)晋刑二核字第1号。

缴纳有相关费用,和在资源整合后仍沿用原来的模式向一缘煤业公司缴纳相关费用。陈来某在给控方提供的证言中未提及有整合前王海某向其缴纳费用,但在陈给辩护人提供的证词中证明有王向其缴纳了500万~600万元之内容。向陈来某缴纳费用虽无相关书证、证言等证据材料予以佐证,但就缴纳相应费用的事实综合王海某的供述和陈来某的证言亦没有办法予以有效排除,同时王海某亦依照协议约定履行了其应承担的义务。王海某沿用原有模式经营期间的行贿行为是否属于法律规定的谋取了不正当利益,现有证据材料实难以证明,不能机械的套用最高人民法院、最高人民检察院《关于办理行贿刑事案件具体应用法律若干问题的解释》的规定行贿数额超过100万元就属于"情节特别严重",依法仍应在5年以下予以惩处。

一审宣判后,检察院提起抗诉,认为原审判决认定王海某不属于为谋取不正当利益向国家工作人员行贿有误,且量刑畸轻。应当承认,一审法院的认定确实存在自相矛盾之处。既然不能证明"是否属于法律规定的谋取了不正当利益",那么就不应当得出构成行贿罪的结论。但是法院在认定行贿罪的同时,又用难以认定不正当利益为由轻判,这显然是和稀泥的做法,被发回重审也是在所难免。从一审法院的判决逻辑中,可以看出法院之所以作出这个判决,主要是由于,王海某在资源整合前,就一直根据出炭量的多少向原来的老总陈来某交纳有相关费用,在资源整合之后,王海某仍沿用原来的模式向一缘煤业公司缴纳相关费用。对于这种看起来仅仅是在维持原有模式的做法,一审法院认为不属于谋取竞争优势。但是检察院抗诉认为,这种为了"保证持续长久承揽业务而向国家工作人员行贿,损害了他人可能承担该业务的竞争利益",也应当认为是谋取了竞争优势。[1] 由此可见,检法两家争议

---

〔1〕 该案的最终结果是,二审法院支持了检察院的抗诉,撤销原判,发回重审。

的焦点在于,针对潜在的竞争者,为了维持既有竞争优势而给予财物的行为能否构成行贿。

对于上述问题,理论和实践中存在很大争议。有的观点持否定态度,“招投标法与政府采购法属于反不正当竞争法律规范体系,其法益在于保护公开竞标的合理竞争秩序。故投标单位采用给付贿赂手段具有违背公认的商业道德与公平原则、扰乱竞争秩序、损害竞争参与者合法权益的法益侵害性,推定符合‘谋取不正当利益’要件。但是,投标单位证明其符合投标条件,尽管其向招标单位负责人、评标小组成员等送去了财物,但如果职务人员并没有泄露投标秘密,或者没有暗中提供帮助,或者没有实施倾向性的投票行为,行贿单位在竞标中符合最优中标条件,投标单位就不能属于《意见》第九条第二款中所指的‘给予相关人员财物以谋取竞争优势’,因为在竞争优势是客观存在的。如果行贿行为与中标结果没有因果关系,行贿目的并非在于投标单位意图妨碍竞争,而是因社会不良风气的客观存在而求得心理安稳,则中标结果不能认定为不正当商业利益”。[1]

对此,也有学者反驳,“虽然贿赂客观上没有取得实际的效果,但只要行为人在行贿过程中表达出顺利获得不确定竞争利益的愿望,就反映行为人主观上有谋取竞争优势的故意……竞争优势本身是动态的,所谓行为人在竞争过程中的本有竞争优势,实际上也可能是不可靠与不确定的”。[2] 这个批评意见是有道理的。所谓“求得心理安稳”,本身就已经表明行为人认识到竞争优势的不确定性,即使存在明显优势,仍然不等于确定的结果,因而要进一步

---

〔1〕 薛进展、谢杰:《商业贿赂犯罪刑法适用疑难问题研究》,载中华人民共和国最高人民法院刑事审判第一、二、三、四、五庭主办:《刑事审判参考》(总第66集),法律出版社2009年版,第186~187页。

〔2〕 孙国祥:《行贿谋取竞争优势的本质和认定》,载《中国刑事法杂志》2013年第7期。

谋求稳定住优势。从这个角度来看，只要竞争状态存在，那么，维持既有优势与谋求初始优势，即使仅仅在文义解释的层面上去论证，也可以认为，两者都属于谋求竞争优势，本质上是一样的。

不过，这样仍然流于表面解释。更进一步的论证，需要观念改变和思路转换。上述否定或肯定的观点，在逻辑上都是从行为人出发，评价行为人的客观优势。按照笔者主张的“新违背职务说”，行贿罪认定的关键在于国家工作人员违背职务。处理上述问题，仍然要从贿赂犯罪的侵害法益—职务行为的公正性—出发进行思考。“即使职务行为本身是合法的，但就此职务行为收受贿赂，仍成立贿赂犯罪，其理由就在于，由此会产生‘将职务行为置于贿赂的影响之下的危险’，进而出现‘在执行职务的过程中不当行使裁量权的危险’。这样一来，就应该在也包括执行职务过程中切实行使裁量权在内的意义上，来理解‘职务的公正性’”。[1] 由此可见，即使看起来是合法的职务行为，即使履行职务的结论与客观上的竞争优势状况相符合，但是仍然存在由于收受了贿赂而“将职务行为置于贿赂的影响之下的危险”，这就构成了对国家工作人员的职务公正性的损害。

那么，具体来说，“将职务行为置于贿赂的影响之下的危险”是怎样体现出来的呢？

在酌情决定的场合，如果一个国家工作人员不是完全地、唯一地从客观的角度出发，而是在决定过程中，考虑到了他人给予或承诺给予的财物，那么，就可以说，这份财物，在其内心决策过程中起到了重要的影响和作用。此时，尽管该国家工作人员做出的有利于财物馈赠人的决定，处在由他酌定裁量的范围之内，而且，从客观上来看也具有合理性（例如，行贿单位在竞标中符合最优中标条

---

〔1〕［日］山口厚：《刑法各论》（第2版），王昭武译，中国人民大学出版社2011年版，第718～719页。

件），但是这种决定仍然“有悖于一个国家工作人员职务行为的要求”〔1〕，就可以认为是“违背公平、公正原则”。

之所以这样说，是因为当那个有酌情决定权的国家工作人员，在收受了（或约定收受）他人财物的情况下，就产生了一种处在负担下的承载状态（或者可以称为“负重状态”?），而这种内心负担，在这个国家工作人员做酌情决定时，往往带有一种指引和导航的效果。〔2〕由此产生的效果是，他很难无偏私地、没有先入之见地、完全从客观中立的观点出发，而是会在负重状态下被挤压出空间，考虑自己收受的财物，并且在酌定天平的托盘一端上加入了这种考量，带着内心的负担和欠债感去做一个决定。此时，就可以说，他已经不可能做到像没有承受这种负担的状态一样，在没有任何外部因素干扰下，纯粹客观中立地去酌情决定了。这两种状态之间的差异，就是对公平、公正原则的背离。此时，已经不需要再去考虑，是否这个决定在结果上是有道理或属于合理选项之一，以及是否其他的国家工作人员可能也会做出同样的决定了。

综上，认定第2款中的违背原则与竞争优势，不需要考虑行为人自身在客观上是否具有竞争优势，问题的关键在于，行为人从国家工作人员那里得到了承诺：国家工作人员在酌情决定时，会放任自己受到贿赂的影响而在一种心理负重的状态下做出。

四、“新违背职务说”的具体适用

对于行贿罪的成立而言，并不需要国家工作人员实际上违背了职务。换言之，客观上确实违背了职务，并不是行贿罪成立的必要条件。关键的问题是，行为人与国家工作人员之间，就违背职务

〔1〕 Kindhäuser/Neumann/Paeffgen/Kuhlen, *StGB Kommentar*, 5. Aufl., 2017, § 332, Rn. 11.

〔2〕 *Münchener Kommentar zum StGB* – Korte, 3. Aufl., 2017, § 332, Rn. 36; *LK – StGB*/Sowada, 12. Aufl., 2009, § 332, Rn. 17.

形成了事先约定或事后确认。[1] 这里的"事",不是指行为人得到的具体利益,而是指国家工作人员违反规则或违背原则的职务行为。一般情况下,只要存在事先约定即可,至于这个"事"实际上有没有实施,并不重要。在运用"新违背职务说"去认定行贿罪的过程中,以下几点问题值得注意。

第一,关于贿赂与违背职务之间的对价关系,行为人与国家工作人员要对此形成一个事先约定或事后确认。[2] 这一点必须是外部可识别的。[3]

一方面,就行为人而言,他向国家工作人员提出一个通过违背职务才能达成的具体请托事项,行为人会为该"不正当利益"付出贿赂的对价。对此,行为人要有一个对外的沟通表达。表达的实质内容,是寻求国家工作人员就贿赂与职务行为之间的对价关系进行确认。[4] 至于诱唆对方达成共识的手段,是明确表达的方式,还是隐性的含蓄的方式,甚至是假性的故意切断财物与违背职务对价关系的方式,并不重要。[5] 行为人沟通表达之后是否被拒绝,

---

〔1〕 按照2016年《贪污贿赂司法解释》第13条的规定,"履职时未被请托,但事后基于该履职事由收受他人财物的",也属于受贿罪中的"为他人谋取利益"。该规定明确了事后受贿的成立,相应地,这种情形下也存在事后行贿的空间。

〔2〕 按照2016年《贪污贿赂司法解释》的规定,事后受财也能构成受贿罪,相应地,也就存在事后行贿。

〔3〕 Schönke/Schröder/Heine/Eisele, *StGB Kommentar*, 29. Aufl., 2014, § 334, Rn. 6. 特别是在适用2012年《解释》第12条第2款"违背原则"的场合,由于未涉及具体明确的规则,因此,双方对于未来的"事"也只能是"大致勾勒"。双方要形成约定的是,国家工作人员会在酌情决定的场合,允许利益考量发挥影响。换言之,贿赂对于酌情决定的影响,必须是明显地可推知或识别的。

〔4〕 多数德国学者认为,《德国刑法典》第334条中的"zu bestimmen versucht"和第30条中的"zu bestimmen versucht"没有区别,都是诱使教唆对方确认某事的意思。Schönke/Schröder/Heine/Eisele, *StGB Kommentar*, 29. Aufl., 2014, § 334, Rn. 7. Rengier *BT II*, 18. Aufl., 2017, Rn. 34.

〔5〕 例如,A向B请托事项,同时送给B 3万元人民币,并一再说明该钱款与办事无关,只是作为长辈给B的小孩的压岁钱。对此,不能简单地根据A的说法就否定对价关系,而是要将该3万元人民币放在A与B的整个交往过程中去判断。

或者给予的财物是否被退回，属于是否认定行贿未遂的问题。

另一方面，就国家工作人员而言，当他针对行为人的出价表示了某些意思，类似于自己至少会“留意”或“关注”等，对于会把采购合同给予一个确定的竞争者，或者在人事竞聘中会支持行为人而言，这种表示就足够了。或者说，面对行为人关于招投标或竞聘应聘等事项的请托表示，诸如是请国家工作人员“留意”或“关注”等，国家工作人员在认识到或应当认识到这一请托要求的情况下，仍然收受了行为人给予的财物，即使他没有积极地回应，也可以认为，该国家工作人员已经以默许的方式，表明了自己会受到贿赂影响而违背原则的态度，与行为人之间形成了约定或确认。

至于说，国家工作人员实际上是否真有能力去违背职务，以及国家工作人员的内心保留条件，即未来是否会真的违背职务，任由自己受到所收财物的影响，都是不重要的。完全可能出现的情况是，国家工作人员假意应允行为人，但实际上并没有去实施职务行为（如没有去参加评标会投票），或者行为实际上没有违背职务（如投票时仍然投给了更有优势者），在这种情况下，行为人仍然构成行贿罪。〔1〕 总之，对未来的职务行为给予财物作为行贿处罚，与以下情形无关：国家工作人员后来是否确实违背了职务，还是仅仅是有违背职务的意愿。

第二，行为人“谋取不正当利益”，就是谋求国家工作人员违背

---

〔1〕 当然，如果采取纯粹的结果无价值的立场，可能就会得出无罪的结论。不过，国外刑法理论上的多数意见，还是认为此时不妨碍定罪。Schönke/Schröder/Heine/Eisele, *StGB Kommentar*, 29. Aufl., 2014, §332, Rn. 16; *LK - StGB*/Sowada, 12. Aufl., 2009, §332, Rn. 9, 16; Lackner/Kühl, *StGB Kommentar*, 28. Aufl., 2014, §331, Rn. 3, 5; Fischer, *StGB*, 2017, Aufl. 63, §332, Rn. 8, 12. 此外，这可能同时涉及国家工作人员是否构成诈骗罪的问题。最后，根据我国刑法规定，行贿罪的成立必须是有实际给予财物的行为。但是，在有的国家却不是必要条件。例如，《德国刑法典》第334条规定，行为人承诺给予国家工作人员财物，也可以构成行贿罪。在这种情况下，行贿人是否心里真的打算兑现他所承诺给予的利益，也不重要。

职务为其谋利。但是，国家工作人员的行为本身是否违背职务，这一点则需要从客观上加以判断。[1]

(1)行为人谋求的国家工作人员的职务行为，在客观上并不违反规则或违背原则，但行为人错误地以为其违背职务，对此，不能以行贿罪论处。例如，A 给了税务局的 B 一笔钱，希望 B 能给自己加快速度办理相关手续。A 误以为加速是一种违背职务。但实际上，B 的加速办理，客观上既不违反规则，也不属于酌情决定的范围，不属于违背原则，因此，A 不构成行贿罪。(2)行为人谋求的国家工作人员的职务行为，在客观上是违反规则或违背原则的，行为人对此也有认识。但是，国家工作人员在随后的办理过程中，实际上并没有实施那个违背职务的行为，而是依照规范处理，此时，行为人仍构成行贿罪。例如，A 为了能提前办理手续，因此给了国家工作人员 B 一笔钱，希望 B 通过材料造假的方式来提高速度。材料造假在客观上的确是违规的。但是，B 由于业务娴熟，加快了办理速度，在没有特殊照顾 A 给其造假或减少审查的情况下，第二天上午就给 A 办理了手续。A 仍然构成行贿罪。(3)行为人误以为国家工作人员的行为没有违背职务，但实际上是违背的，在我国刑法语境下，属于为了谋取正当利益而给予财物，应当按无罪论处，但是，这种违法性认识错误在司法实践中往往不被接受。[2]

第三，在认定"感情投资"的入罪时，要以是否形成国家工作人

---

〔1〕 *LK - StGB*/Sowada, 12. Aufl., 2009, § 332, Rn. 8, 10; Kindhäuser/Neumann/Paeffgen/Kuhlen, *StGB Kommentar*, 5. Aufl., 2017, § 334, Rn. 5f; *SK - Stein*/Rudolphi, 2011, 8 Aufl., § 332, Rn. 5f; *Münchener Kommentar zum StGB* - Korte, 3. Aufl., 2017, § 332, Rn. 19, 20; Schönke/Schröder/Heine/Eisele, *StGB Kommentar*, 29. Aufl., 2014, § 332, Rn. 10. 也有少数德国学者认为，在给予未来的职务行为以利益的场合，具有决定性的因素是，是否利益给予者认为这个职务行为是违反义务的。Schönke/Schröder/Heine/Eisele, *StGB Kommentar*, 29. Aufl., 2014, § 332, Rn. 10.

〔2〕 这种情形在德国刑法中，则按照第 333 条给予利益罪论处。Vgl. Kindhäuser/Neumann/Paeffgen/Kuhlen, *StGB Kommentar*, 5. Aufl., 2017, § 334, Rn. 5.

员违背职务的具体危险为判断基准。

2016年《贪污贿赂司法解释》第13条第2款规定，“国家工作人员索取、收受具有上下级关系的下属或者具有行政管理关系的被管理人员的财物价值三万元以上，可能影响职权行使的，视为承诺为他人谋取利益。”这一规定备受争议，被认为是取消了“为他人谋取利益”的要件，从而把以往认为无罪的感情投资入罪化。作为对批评的回应，司法解释的起草者做出了进一步的说明，“纯粹的感情投资不能以受贿犯罪处理。同时，对于日常意义上的‘感情投资’，又有必要在法律上作进一步区分：一种是与行为人（国家工作人言）的职务无关的感情投资；另一种是与行为人职务行为有着具体关联的所谓的‘感情投资’。”〔1〕

按此，并非所有的感情投资都被入罪化，只有接受那些与国家工作人员的职务行为有着具体关联的感情投资，才会被认为构成受贿罪；相应地，进行这种感情投资的投资人，构成行贿罪。在司法解释起草者看来，“与职务行为有着具体关联”是对“可能影响职权行使”的进一步解释。值得注意的是，对于贿赂犯罪的成立而言，贿赂与职务行为之间的对价关系，显然是一种非常明确的关联。但是，当证据上不能够确实、充分地证明这种对价关系，只能证明有一定的“具体关联”时，就会得出“可能影响职权行使”的结论。就此而言，这一司法解释可谓是对《刑事诉讼法》第53条证明标准的突破。

视角移开诉讼法，从实体法理论上分析，也可以认为：“可能影响职权行使”，意味着对贿赂犯罪所要保护的职权行为不受影响的一种威胁，虽然还未出现职权行使受到影响的实害，但出现了影响职权行使的具体危险。在这个意义上，该司法解释意味着贿赂犯

〔1〕 裴显鼎、苗有水、刘为波、王珅：《〈关于办理贪污贿赂刑事案件适用法律若干问题的解释〉的理解与适用》，载《人民司法》2016年第19期。

罪的成立范围，不以实害犯为限，而是可扩至具体危险犯，但是还没有到抽象危险犯。就行贿罪而言，虽然行为人的"感情投资"没有明确地获得国家工作人员违背职务的对价，但是，只要形成了可能违背职务的具体危险，就可以构成行贿罪。相反，那些不能证明有具体危险的"感情投资"（抽象危险犯），不能认定为行贿罪。[1]

五、结语

关于行贿罪中的"谋取不正当利益"，现有通说和司法解释始终未能提供明晰有效的标准。症结在于，一味站在行贿人的角度，顺着"不正当利益"的字面意思去解释，搞错了行贿罪的法益保护方向和构成要件结构的重心。笔者认为，对"谋取不正当利益"的解释，应当围绕着行为人给予财物与国家工作人员违背职务这一特定的对价关系来展开，而不能脱离违背职务去孤立地评价行为人谋取的利益是否正当；否则，就会陷入南辕北辙或者无所依归的窘境。

在解释思路上，应当对"谋取不正当利益"进行功能性的解释，使其承担起表征国家工作人员违背职务的功能。摆脱顺着行为人的角度去思考的解释惯性，将思路转换到国家工作人员一端，把国家工作人员违背职务这一行贿罪的根本特征，解释进"谋取不正当利益"之中。这样一来，那个在立法上应当规定但却没有规定的"违背职务与给予财物之间的对价关系"，就在解释论上被构建起来，补充到行贿罪的构成要件结构中。只有如此，行贿罪的法益保护目的才能凸显，构成要件结构才是完整的，定罪功能才是健全

---

〔1〕 作为司法解释起草者之一的苗有水法官，在对2016年《贪污贿赂司法解释》第13条第2条的解读时认为，"实践中不太可能发生不影响职权行使的情形"，因此"可能影响职权行使"是一个可有可无的表述。这种观点存在疑问。如果去掉该表述，则意味着所有的感情投资，作为一种抽象危险犯，都可能构成贿赂犯罪。这就大大扩大了贿赂犯罪的范围。因此，"可能影响职权行使"的有无，是划分具体危险犯与抽象危险犯的文字根据和法理基础，并不是可有可无的。

的。同时,围绕"不正当利益"的各种争议和困扰,也自然地得到整体性地克服。

在具体的解释方法上,结合2012年司法解释的相关规定,笔者尝试构建一种二元形式的新的"违背职务说"。国家工作人员违背职务,包括违反规则与违背原则两种形式,分别是对2012年司法解释第12条第1款规定和第2款规定的理论化。在适用第1款时,可以搁置前段中关于所谓实体利益违法的无益规定。在适用第2款时,应当注意规范对象由行贿人回归到国家工作人员,注意酌情决定与加速费等任意处置的职务行为的区分,注意违背公平、公正原则与竞争优势的关系。

第四编

经典案例的教义学解读

第九章　李昌奎案："邻里纠纷"与"手段残忍"的涵义

2009年5月16日，云南巧家县村民李昌奎奸杀19岁少女王家飞后又摔死3岁儿童王家红，2010年7月15日云南省昭通市中级人民法院以强奸罪、故意杀人罪，数罪并罚判处李昌奎死刑，剥夺政治权利终身。2011年3月4日云南省高级人民法院以强奸罪、故意杀人罪，数罪并罚改判李昌奎死刑缓期二年执行。这一"由死转生"的判决，引发了社会舆论的巨大关注。网络上的民意调查显示，主张对李昌奎判处死刑立即执行的观点占据了绝对多数，而云南省高级人民法院（以下简称"云南高院"）则坚称二审的改判是依据国家法律和"少杀、慎杀"死刑政策的结果。云南高院相关负责人进一步提出，"我们不会因为大家都喊杀，而轻易草率地剥夺一个人的生命……社会需要更理智一些，绝不能以一种公众狂欢式的方法来判处一个人死刑，这是对法律的玷污"。〔1〕云南高院的强硬姿态更加激起了网民的愤怒，针对此案的各种争议愈演愈烈，有些甚至已超出了案件范围和理性尺度，由此引发一场轰动全国的舆论风暴。

---

〔1〕《云南高院：不能以公众狂欢方式判李昌奎死刑》，载 http://news.163.com/11/0713/10/78R7VGIH0001124J.html，最后访问日期：2017年6月30日。

这样一个万众瞩目的死刑案件，对于刑法学者而言实是一个最佳的研究样本，学者回应社会的责任也不容回避，因此笔者曾在公开场合委婉地、概括地表达过自己的观点。〔1〕作为一个法律人，笔者无保留地支持云南高院依法独立行使审判权；但是在法律适用上，笔者并不赞同云南高院对于李昌奎案件的改判。笔者无意去抽象地探讨司法独立与民意审判之间的关系，也不想简单地说“死刑政策适用于这样一个备受关注的案件是否合适”，〔2〕而是希望把围绕李昌奎案的各种抽象的“大词”和非理性的争议，尽可能地还原成刑事实体法和刑法教义学上的问题，从而在专业范围内客观、理性地加以探讨。

在笔者看来，李昌奎一案中可以从宏观层面落地为具体问题的主要有两点。一是云南高院主张的“邻里纠纷引发的杀人案件慎用死刑”的问题。二是民意舆论所聚焦的“杀人手段特别残忍”的问题。笔者认为，这两个问题不能被简化甚至妖魔化为“枉法裁判”和“公众狂欢”，也不能满足于停留在刑事政策或司法理念的层面泛泛而论，而是应该放置在刑法教义学的框架内加以分析，从而呈现其法理内涵。因此，笔者的目的不在于评判李昌奎案判决的

---

〔1〕【新闻1+1】李昌奎案：情与法罪与罚（20110713），载 http://news.cntv.cn/society/20110713/109021.shtml，最后访问日期：2017年6月30日。笔者于7月13日在中央电视台《新闻1+1》节目中的这个评论，被一些网民解读为“支持云南高院”，其实明眼人看得出来，笔者支持的是法院的独立审判，但从专业角度，笔者并不完全赞同云南高院的改判，只是基于对司法独立的尊重，不想通过央视这样的平台对法官造成压力，也不想在电视上哗众取宠，所以采取了一种有节制的、委婉的表达方式而已。

〔2〕因为将死刑政策适用于一个不受舆论关注的案件，当然也不会遭到任何的舆论压力，在这一类波澜不惊的案件中积攒了再多的“免死”经验，由于没有人关注，也不可能改变民众整体上的死刑观念，当遇到药家鑫案、李昌奎案这一类案件时，还是一样要面对舆论的压力。何况，很多案件中大规模的舆论关注往往发生在判决之后，法官在审理很多案件作出死刑立即执行或死缓判决时，常常很难预料到其判决产生的社会效应。

对错，而是希望从该案中提炼出的理论命题，未来可供在更多的具体个案中参考。

一、“邻里纠纷”的法理构造

按照云南高院相关负责人的说法，改判死缓，显然不是仅仅在宏观上抽象地坚持“少杀、慎杀”的死刑政策，而是依据对于“邻里纠纷引发的杀人案一般不判处死刑立即执行”这样一个具体的刑事司法政策的理解而做出的从轻选择。[1] 这个涉及“邻里纠纷”的死刑政策，来自1999年《全国法院维护农村稳定刑事审判工作座谈会纪要》（以下简称《纪要》）。《纪要》明确指出，“对于因婚姻家庭、邻里纠纷等民间矛盾激化引发的故意杀人犯罪，适用死刑一定要十分慎重，应当与发生在社会上的严重危害社会治安的其他故意杀人犯罪案件有所区别。对于被害人一方有明显过错或对矛盾激化负有直接责任，或者被告人有法定从轻处罚情节的，一般不应判处死刑立即执行”。按照法院判决书的认定，李昌奎与被害人王家飞属于邻里纠纷而且之前存在感情纠纷，又有自首情节，于是二审根据《纪要》的规定精神对李昌奎判处死缓。那么，究竟应该如何理解《纪要》中所规定的“邻里纠纷”？云南高院在李昌奎案件中适用该规定是否合适？

（一）“熟人社会”背景下的“邻里纠纷”：一般预防作用有限

首先应肯定的是，这一规定并非如某些媒体所报道的那样，与公众舆论的情理之间存在尖锐的对立；相反，这恰恰是一项基于中国社会现实的、具有充分情理基础和法理内涵的政策。必须注意到这项刑事司法政策出台的背景和目的是“维护农村稳定”，因此，

---

〔1〕 对于这一点，云南高院相关负责人接受媒体采访时做出了明确的说明。载 http://news. cntv. cn/society/20110713/109021. shtml，最后访问日期：2017年6月30日。

理解“邻里纠纷”的出发点就是，这种纠纷主要是在农村中发生的邻里纠纷。《纪要》对此作了明确说明，“农民间因生产生活、邻里纠纷、婚姻家庭等内部矛盾激化为刑事犯罪的情况比较突出……农村中农民犯罪问题已成为影响我国社会治安稳定的重要因素，并在很大程度上决定着我国治安形势的走向”。因此，《纪要》出台的大背景是中国社会现阶段存在而且将长期存在的城乡二元结构。那么，农村发生的邻里纠纷引发的杀人到底有何不同于其他杀人案件的特点？为什么对于发生在农村的由邻里纠纷激化引发的杀人犯罪，一般不判处死刑立即执行，有利于“维护农村稳定”？

这首先涉及对“农村”的理解，在笔者看来，这不仅是一个地域性和空间性的概念，其中还包含政治、经济、治理传统和文化观念等多方面的要素。费孝通先生在《乡土中国》中运用理想类型的方法将农村界定为“熟人社会”，由此与作为“陌生人社会”的城市相区分。[1] 在“熟人社会”中，人们之间存在一种特殊的熟悉关系。由于生产力水平的限制以及其他种种原因，这种社会中的绝大多数人的具体生活世界都很小。在这样的生活世界中，人们的关系，总是非常密切的，且是多维度的。[2] 例如，李昌奎案件中，李昌奎的母亲陈礼村与被害人王家飞的母亲陈礼金就是堂姊妹，两家是亲戚关系[3]。人们每天面对的都是左邻右舍、乡里乡亲，“每个孩子都是在人家眼中看着长大的，在孩子眼里周围的人也是从小就看惯的”。[4]

处在这种环境中的人，不可能对这个熟人网络滋生出整体性的仇恨，这种环境中出现的杀人事件，一定是在特定的个体或家庭之间基于某些特殊的原因发生，而不可能威胁到这个社区网络里

---

〔1〕 费孝通：《乡土中国》，北京大学出版社2004年版，第6～9页。

〔2〕 苏力：《道路通向城市——转型中国的法治》，法律出版社2004年版，第7页。

〔3〕 据陈礼村说，“农忙的时候，我们两家还会互相帮助”。载http://news.163.com/11/0713/10/78R7VGIH0001124J.html，最后访问日期：2017年6月30日。

〔4〕 费孝通：《乡土中国》，北京大学出版社2004年版，第6页。

的其他特定的熟人。因此,在农村可能会发生大量的杀人事件,但是极少会发生能被定性为"危害公共安全罪"的杀人事件。人们会被发生在熟人之间的杀人行为震惊,也会感到难以理解,[1]但由于无论是行为人还是被害人,以及引起杀人事件的缘由,在这个熟人社区中,都是特定和反常的,因而不会对整个社区治安的状况产生多大动摇,也不会给其他人带来恐慌和不安的心理。在这种情形下,人们主要关心的,仅仅是法律怎么惩罚这个人(特殊预防或报应),但并不太关心这种惩罚是否会对社区里的其他人产生规训效果(积极的一般预防)或威慑效应(消极的一般预防)。

只有从刑罚目的的角度澄清这一点,才能理解《纪要》将婚姻家庭、邻里纠纷(熟人社会)引发的杀人案件与其他发生在社会上(陌生人社会)的杀人案件相区分的意义。一方面,只有跳出地域和物理空间的狭隘角度去理解"邻里",才能将那些虽然在地理位置上属于"邻里"但是纠纷双方实际上属于陌生人关系的纠纷,排除出"邻里纠纷"的范围。例如,在很多大城市的小区中,人们虽然比邻而居,但却互不认识,从不往来。这种情况下双方偶遇后发生口角,一方将另一方杀害,就不适用"邻里纠纷"。另一方面,只有从"熟人社会"的角度来把握《纪要》的精神,才能进一步理解为何近年来法院对于"婚姻家庭、邻里纠纷"的适用范围,开始逐渐从农村扩展到城市,从婚姻、家庭、邻里进一步扩展到恋人、同事和朋友之间。[2] 因

[1] 李昌奎案件中,李昌奎的母亲虽然是邻里纠纷的当事人,但是同样表示对于儿子的杀人行为感到不可理解。载 http://news.163.com/11/0713/10/78R7VGIH0001124J.html,最后访问日期:2017年6月30日。

[2] 例如,在最高人民法院公布的第474号指导性案例(吴江故意杀人案)和第511号指导性案例(张俊杰故意杀人案)中,尽管被告人与被害人都是城市居民,但北京市高级人民法院和最高人民法院分别在复核意见中明确指出,由于恋爱矛盾或同事间纠纷引发的杀人案件应慎用死刑。参见中华人民共和国最高人民法院刑事审判第一、二、三、四、五庭编:《中国刑事审判指导案例》(侵犯公民人身权利、民主权利罪),法律出版社2012年版,第153~156页、第167~169页。

为在本质上，这一类关系都是属于特定范围内的“熟人”关系，发生在这种小范围的熟人社会中的杀人案件，与那些发生在陌生人社会中的针对不特定的陌生人实施的杀人行为相比，后者显然会给一般的社会公众带来远为剧烈的不安全感和恐慌感，严重威胁和损害社会治安与稳定，因此，对其在死刑政策上从重处罚，显然是由于后者比前者更有一般预防的必要性和意义。

总之，惩罚在熟人社会中因“婚姻家庭、邻里纠纷等民间矛盾激化”而杀人者的刑罚目的，主要是特殊预防而非一般预防。而所谓农村的“社会稳定”，主要是看刑罚的一般预防效果；个别犯罪人的生或死，只要对于一般预防没有太大影响，对于社会稳定没有太大的威胁，那么，就只剩下从特殊预防的角度来衡量对其行为的惩罚必要性和程度了。

（二）以特殊预防为目的的“邻里纠纷”及其与报应理念的冲突

当主要从特殊预防的角度来考虑问题时，死刑立即执行无疑是最差、最不得已甚至是最该废除的选项。因为按照特殊预防理论，刑罚的任务仅仅在于阻止行为人将来的犯罪行为，而不是对于他之前的行为施以报应。早在19世纪末期，李斯特就在他的“马堡方案”中勾勒出了特殊预防的三种形式：对无法控制和矫正的惯犯进行无害化处理，对单纯的偶犯加以威慑，对可以矫正者实施矫正。[1] 因此，除非犯罪人是一个嗜杀成性、心理变态且不可改造的杀人恶魔，没有半点教育和矫正的可能，未来只要出狱就仍然还会继续杀人，否则，判处死刑立即执行在特殊预防的视角中就是一个最差的选择。一些调研报告也指出，由于恩仇文化的存在，以及世代同居在一处，邻里纠纷诱发的犯罪，很容易形成冤冤相报的恶性

---

〔1〕 Liszt, Der Zweckgedanke im Strafrecht, *ZStW* 3(1883), S. 36.

循环局面。[1] 而判处死刑立即执行往往容易进一步催生这种冤冤相报的困局。

由此,人们就可以理解《纪要》所规定的,发生在农村这种熟人社会中的由于婚姻家庭、邻里纠纷等民间矛盾激化引发的杀人案件,对于被害人有过错或者被告人有法定从轻处罚情节的,"一般不应判处死刑立即执行"。一方面,发生在熟人社会且事出有因,说明严惩行为人对于一般预防(维护稳定)的意义不大;另一方面,被害人过错或行为人自首,说明行为人并非不可改造不可矫正者,这就属于特殊预防可以完成的任务。由此可见,《纪要》的政策精神所传达出的在刑罚目的上的追求,主要是基于预防目的,全面考虑了一般预防和特殊预防的因素。这就是《纪要》关于"邻里纠纷"的规定中所蕴含的主要的法理背景。

但是,必须注意到,刑罚目的除了预防主义之外,还有报应主义的存在。尽管有学者根据各种理由主张报应思想不适合作为一种刑罚目的而只能作为一种限制和边界存在,[2]但是,以报应为主的综合性刑罚理论,即使在学界也仍然是大有市场,何况在一般的中国民众心中,"杀人偿命"的观念根深蒂固,这其中所蕴含的报应刑的理念,在当下社会中始终是一种非常强大的力量。无视这种

---

〔1〕《河南省豫东监狱做好因农村邻里矛盾导致犯罪问题的调研》,载 http://www.hapa.gov.cn/Article/pajszt/sfxz/jygl/200911/114201.html,最后访问日期:2017 年 6 月 30 日。

〔2〕 这些理由包括:(1)报应刑主张的通过对犯罪人施加痛苦来弥补和消除先前痛苦的思想,只能在宗教信仰中才可以理解,但是权力来自人民而非上帝的国家,不能要求任何人负有忠于宗教信仰的义务。(2)意志自由的不可证明性,使基于报应的罪责无法成为国家干涉的唯一根据。(3)报应刑无法成为与犯罪作斗争的有效手段。(4)报应刑追求的那种"赎罪"效果,即使发生,也是基于人格的心灵自主产生的,而不是由于报复性的惩罚产生。Vgl. Roxin, *Strafrecht AT*, 4. Aufl., 2006, § 3, Rn. 8f.

力量,有可能在另一个层面刺激“社会稳定”的问题。[1] 因此,从《纪要》所追求的根本目的即“维护稳定”出发来考虑,司法实践也不可能罔顾报应观念而单纯坚持预防主义,而是需要在预防与报应之间寻求某种妥协和平衡,因此,就必须对《纪要》中关于“邻里纠纷”的规定做出进一步的限制性解释。

(三)直接关联性:限缩解释“邻里纠纷”的方向及其理由

如何限制?方向仍然是,“邻里纠纷”不是一个纯粹物理性、空间性的地域概念。[2] 即使是在一个熟人社会中,也不能仅仅因为行为人与被害人在地理空间上处于同一个村子,就直接对其杀人行为引用“邻里纠纷”的相关规定。只有那些直接发生在行为人与被害人之间的纠纷激化而引发的杀人案件,才可以适用“邻里纠纷”。具言之,邻里纠纷中的“邻里”,应该是制造纠纷的直接当事人;邻里纠纷中的“纠纷”,应该是这些直接当事人所制造的特定纠纷。能够适用邻里纠纷的政策规定的行为人和被害人,都必须是特定纠纷的直接当事人;杀害与该纠纷没有直接关联的其他人,即使属于纠纷当事人的直系亲属,即使与行为人属于同一个熟人社会,也不应适用邻里纠纷的政策规定。例如,同属一村的两个村民甲和乙由于农田琐事而产生口角,甲在杀死乙后,又上门杀死乙家数口。在这类案件中,最多只能对甲杀死乙的行为认定为“因邻里纠纷矛盾激化引发的杀人”,但是,甲杀死与该纠纷无关的乙的家人的行为,不能适用《纪要》中的关于邻里纠纷的规定。理论上做出这种限缩,除了上面提到的为了与民众的报应观妥协和平衡之外,还有以下几点考虑:

第一,此处所提出的“邻里纠纷必须具有直接关联性”的观点,

---

〔1〕 在这个意义上提升的话,云南高院与公众舆论在李昌奎案件中的冲突,也可以看做特殊预防主义与报应主义的对峙。

〔2〕 这部分的观点,在与苏力教授交流过程中受益良多,特此致谢。

可以在废除连坐制度、行为人罪责自负这些在现代社会已经没有任何争议的原则中获得同样基础的理由支撑。既然国家针对行为人实施的“杀人”行为(死刑),无论其父母亲属有多少不教之过,也仅仅施加于行为人本人,那么,行为人针对他人实施的杀人行为,要想获得《纪要》给予的政策优惠,也只能是施加于直接与之产生纠纷的当事人,而不能殃及其他无辜的当事人亲属。

第二,按照现代刑法学中的客观归责理论,并非所有在自然意义上存在的因果流程,都能归责于行为人,而只有实施了那些制造法所不允许的风险,同时该风险又直接地在结果中实现的行为,才能要求行为人负责。这些对于行为人归责时所施加的种种蕴含价值评判的“直接关联性”的限制,同样也应该适用于对行为人免责或者减责之时。“因邻里纠纷引发的杀人案件”中的“因”,同样不能是自然因果关系意义上的“因”。例如,张三因为与邻居李四产生纠纷,于是一怒之下杀死与该纠纷无关的甚至不在场的李四的亲属,尽管杀人动机与该纠纷之间存在前因后果的关系,但是这种自然意义上的因果关系,由于不具备直接关联性,因此不能被评价为“因邻里纠纷引发的杀人”。

第三,限缩解释“邻里纠纷”,反过来也有助于在刑事政策上激发出一般预防的效果。笔者在前面已经指出,《纪要》之所以规定“邻里纠纷”,主要是由于对这一类案件从轻处理不会对一般预防产生削弱影响,从重处理也不会加强一般预防的效果。但是在某些可能影响一般预防进而影响农村稳定的情形下,就应该对“邻里纠纷”进行限缩解释。

例如,在农村一些地区,存在很多游手好闲、不务正业甚至好勇斗狠者,作为熟人社会网络中的一员,他们当然也和社区中的其他成员有着千丝万缕的亲缘关系。常常有这样的案例:一开始只是两个普通农民发生口角纠纷，其中一人找来亲友中的“能人”[1]出面来为自己撑腰出气，于是该亲友赶到现场压制对方，最终争吵升级到斗殴，在厮打过程中该亲友将对方杀死。如果不对“邻里纠纷”做出限制，从地域性和自然意义上的因果流程来看，行为人的杀人行为，无疑属于“因邻里纠纷矛盾激化引发的杀人”。但是，如果对这一类行为也按照“邻里纠纷”规定给予政策优惠，不仅与一般民众的法感情抵触，更重要的是，放纵这些好勇斗狠者参与民间纠纷，必然会对农村的社会治安产生威胁，与《纪要》所追求的“维护农村稳定”的目的背道而驰。[2] 因此，通过对“邻里纠纷引发的杀人”做出直接关联性的限缩解释，能够发挥一般预防的作用，威慑那些与纠纷本无直接关联但是到现场煽风点火、加重事态甚至直接动手参与的“助拳”者，进而遏制和避免这些好勇斗狠者在各种邻里纠纷中逐渐升级成“村霸”“乡霸”，影响农村的社会稳定。

此外，对于《纪要》中所规定的“婚姻家庭、邻里纠纷引发的杀人”，司法实践中也往往是适用于特定的主体之间。例如，作为最高人民法院发布的指导性案例，刊登于《刑事审判参考》【第474号】的“吴江故意杀人案”，就是在特定的恋爱主体之间参照适用了《纪要》的政策规定。被告人吴江与其女友吴俊因经济等问题导致感情上产生隔阂。两人在汽车内聊天时发生争吵，吴江遂猛掐吴俊颈部，致吴俊机械性窒息死亡。北京市第二中级人民法院以故意杀人罪判处吴江死缓。法官在裁判理由中认为，《纪要》中所说的民间矛盾，具有矛盾主体相对固定、矛盾引发原因复杂琐碎、矛

---

〔1〕 这种“能人”在东北方言中称作“棍棒”，意指那些称霸一方的好勇斗狠者，其中有些在南方也被称为“混混”。这方面的最新研究，参见陈柏峰：《乡村江湖：两湖平原“混混”研究》，中国政法大学出版社2011年版。

〔2〕 《纪要》中明确规定，一些地方出现的“村霸”“乡霸”应作为重点打击对象；群体性械斗中的组织者和策划者应承担全部责任。

盾产生到激化有较长时间的积累演变过程等特点。根据这一理解，该案法官认为，恋爱矛盾在矛盾双方主体固定、存在感情基础等方面类似于婚姻家庭矛盾，因而可以参照《纪要》的政策规定予以处理。[1] 由此可见，只有在矛盾双方的固定主体之间，适用《纪要》中规定的“婚姻家庭、邻里纠纷引发的杀人”才是合适的。如果上述案例中，被告人将矛头指向了对方的亲友，例如杀死吴俊的父母等，就不再适合参照《纪要》处理。

二、李昌奎案不适用“邻里纠纷”

按照笔者在这里主张的观点，由于李昌奎杀害了与纠纷没有直接关联的其他“邻里”，而且其本人也很难算是该纠纷的直接当事人，所以难以享受《纪要》中“一般不判处死刑立即执行”的优惠。在该案中，在自然意义上引发血案的纠纷，是在被害人王家飞的母亲与李昌奎的哥哥之间发生的“收费纠纷”，而王家飞、王家红与李昌奎本都不属于该纠纷的直接当事人。即使承认李昌奎与王家飞之间另外存在直接的“感情纠纷”，但是无论如何，李昌奎与3岁幼儿王家红之间，不存在任何直接的纠纷，其杀死王家红的行为，不能被评价为《纪要》中规定的因“邻里纠纷”矛盾激化引发的杀人案件，因此即使其存在自首情节，也不宜适用“邻里纠纷引发的杀人一般不判处死刑立即执行”的规定。云南高院的二审改判将李昌奎案放在《纪要》的背景下理解，方向是对的，不能说是没有根据的判决，但是具体到“邻里纠纷”的引用上，则是仅依据字面做了过于宽泛的、教条化的理解。

---

〔1〕 中华人民共和国最高人民法院刑事审判第一、二、三、四、五庭主办：《中国刑事审判指导案例》（侵犯公民人身权利、民主权利罪），法律出版社2012年版，第154~156页。

三、"手段残忍"的教义学诠释

杀人案件每天都发生很多起，为什么李昌奎案件会引起媒体舆论这么大的关注？透过各种非理性的谩骂，客观来看，网络民意之所以一边倒地呼吁对李昌奎判处死刑立即执行，焦点在于，李昌奎对被害人王家飞先奸后杀、对无辜的3岁幼儿王家红倒提摔死这样一种手段非常残忍的、令人发指的杀人行为令人难以容忍，公众认为不从重地处以极刑是不公正的，也无法平息愤怒。对于这一点，不能简单地评价为"公众狂欢"，而应该注意和觉察到其中的理性成分，将其与非理性的宣泄相区别，从而冷静地将民意中能够被转化为法律问题的部分，从各种谩骂的包裹中剥离出来，避免将孩子和脏水一起倒掉，这才是面对理性与非理性的混杂物时应持有的理性态度。

将"杀人手段特别残忍"，视作汹涌民意中的理性成分，这与李昌奎案中一审判决死刑立即执行的基本理由和逻辑是合拍的。云南省昭通市中级人民法院的一审判决书中认定，"被告人李昌奎所犯故意杀人罪，犯罪手段特别残忍、情节特别恶劣、后果特别严重，其罪行极其严重，社会危害极大，应依法严惩，虽李昌奎有自首情节，但依法不足以对其从轻处罚……决定执行死刑，剥夺政治权利终身"。这段判决书文字对于李昌奎的杀人行为，一连用了5个"特别"或"极其"加以形容，但是，仔细分析会发现，实体上的评价重心主要落在第一个"特别"也就是"手段特别残忍"之上。因为手段残忍是"情节恶劣"的表现形式之一；没有"手段残忍"，就无法把李昌奎案与其他杀死两人的案件在"后果严重"方面区分开来；至于"罪行极其严重""社会危害极大"等，都是进一步加强语气，表达对这种使用残忍手段杀人行为的谴责。因此，在这并列的5个"特别"或"极其"中，存在评价的对象与对象的评价之分：只有手段残忍才是真正的评价对象，才具有实体意义上作为从重处罚根据的功能;其他4个,则是在修辞上对该评价对象的进一步加强评价而已。而云南高院的二审判决书与一审判决书最明显的区别之一,就是去掉了关于"特别残忍的手段"这一至关重要的认定,最终做出对李昌奎改判死缓的决定。由此可见,是否认定"手段特别残忍",可能是决定李昌奎生死的一个重要因素。那么,手段特别残忍究竟应否在死刑案件中发挥这样的作用?判断手段是否特别残忍的基准又是什么?

(一)在杀人案件中考虑"手段残忍"具有法理根据

从刑法规定上看,我国《刑法》第232条故意杀人罪的条款中,并没有关于"手段残忍"的明文规定;目前也没有司法解释明确规定,以特别残忍的手段杀人的,就可以处以死刑立即执行。但是,没有直接的法律规定,并不等于缺乏法理根据。从体系解释的角度并探询立法者的意图,将第232条故意杀人罪的条文规定与其他刑法条文结合思考,可以得出以特别残忍的手段杀人者应予从重处罚的结论。

第一,《刑法》第234条故意伤害罪规定,"故意伤害他人身体……致人重伤的,处3年以上10年以下有期徒刑;致人死亡或者以特别残忍手段致人重伤造成严重残疾的,处10年以上有期徒刑、无期徒刑或者死刑"。该条款明确规定,同样是致人重伤(造成严重残疾)的后果,是判处10年以下有期徒刑还是10年以上有期徒刑、无期徒刑甚至死刑,完全取决于该行为是否"以特别残忍的手段"实施。杀人与伤害是侵犯人身的犯罪中性质最为贴近的两类行为,甚至可以将杀人视作伤害的升级版,既然手段残忍在故意伤害罪的场合具有升格法定刑的功能,那么,在故意杀人罪的量刑时,将之作为一种从重处罚的情节加以考虑,就是合乎逻辑和法理的一贯性。

第二,根据《刑法修正案(八)》,《刑法》第49条增设了第2款,

"审判的时候已满七十五周岁的人,不适用死刑,但以特别残忍手段致人死亡的除外"。这一款在给予老年人犯罪免死的优惠待遇的同时,也明确做出了以残忍手段杀人者不免死的例外规定。既然对于在刑法上倾斜照顾、给予免死优惠的75周岁以上的老年人,当其以特别残忍手段杀人时,量刑幅度也会因此从一律免死升级为适用死刑,那么,对于75周岁以下的、一般的成年人,当其以特别残忍手段杀人时,在量刑区间内从重处罚,是基于条文之间的自洽性和逻辑一致性而得出的合理结论。

第三,《刑法》第232条故意杀人罪的条文规定,故意杀人的,处死刑、无期徒刑或者10年以上有期徒刑;情节较轻的,处10年以下3年以上有期徒刑。按照立法说明和刑法理论的通说,"情节较轻",主要是指防卫过当致使他人死亡、出于义愤杀人等情况;而手段残忍的杀人,无疑不属于"情节较轻"之列。考虑到故意杀人罪是一种非常严重的侵犯公民人身权利的犯罪,必须予以严厉打击,因此立法上对第232条的刑罚规定比较特殊,是按照从重刑到轻刑的顺序列举,立法者此举正是为了提醒,"在司法实践中,对于犯故意杀人罪的罪犯,在量刑时应当首先考虑重刑"。[1] 综上,既然在不具备"情节较轻"的情况下,杀人行为的量刑应该首先从死刑开始考虑,而手段残忍又能被合理地视作一种从重处罚的情节,那么,对于以特别残忍手段杀人者处以死刑并选择立即执行,就没有违反法律规定而是有着较为充分的法理根据。

(二)"手段残忍"影响死刑判决已形成司法实践传统

在故意杀人的案件中,当其他因素不发挥影响或影响很小的

---

〔1〕 全国人大常委会法制工作委员会刑法室编:《中华人民共和国刑法条文说明、立法理由及相关规定》,北京大学出版社2009年版,第477页。其他国家也有类似的立法例,例如,日本《刑法典》第199条规定:杀人的,处死刑、无期或者3年以上惩役。

时候，对于以特别残忍手段杀人者一般处以死刑立即执行，而对于不是以残忍手段杀人者一般处以死缓、无期徒刑甚至有期徒刑，这也是司法实践中长期以来形成的一种不成文的裁判惯例。

从1999年到2010年间，最高人民法院在《刑事审判参考》(1～77集)上共刊载了63个关于故意杀人罪的指导性案例。根据笔者的筛查统计，除去那些包含诸如被害人过错、婚姻家庭邻里纠纷、限制责任能力、自首以及中止或未遂等影响死刑判决的特殊因素的案例之外，余下的不包含上述法定或酌定情节的、一般性的杀人既遂案例共有16个。〔1〕 其中，有13个案例虽然没有其他法定或酌定的从重情节，但被告人的杀人行为在判决书中被认定为"手段特别(极其)残忍"，判决结果均是判处死刑立即执行。其余3个案例，判决书中均未认定杀人手段残忍，也均未判处死刑立即执行：一例是被告人驾车故意挤占车道致使追赶车辆车毁人亡，法院以故意杀人罪判处被告人无期徒刑；二例是被告人交通肇事后将被害人隐匿致使其得不到救助而死亡，法院以故意杀人罪判处被告人有期徒刑15年；三例是被告人追赶被害人迫使其跳水而不救助致使其死亡，法院以故意杀人罪判处被告人3年9个月。〔2〕 虽然这16个案例作为统计样本在数量上仍嫌不够，但是作为最高人民法院发布的指导性案例，其代表性和典型性毋庸置疑。从这个经验研究的结果来看，虽然还不能因此就得出"杀人手段残忍的就判

---

〔1〕 所引案例分别来自中华人民共和国最高人民法院刑事审判第一、二、三、四、五庭主办:《中国刑事审判指导案例》(侵犯公民人身权利、民主权利罪)，法律出版社2009年版；中华人民共和国最高人民法院刑事审判第一、二、三、四、五庭主办:《刑事审判参考》(总第69集)，法律出版社2009年版；中华人民共和国最高人民法院刑事审判第一、二、三、四、五庭主办:《刑事审判参考》(总第75集)，法律出版社2010年版；中华人民共和国最高人民法院刑事审判第一、二、三、四、五庭主办:《刑事审判参考》(总第76集)，法律出版社2010年版。

〔2〕 中华人民共和国最高人民法院刑事审判第一、二、三、四、五庭主办:《中国刑事审判指导案例》(侵犯公民人身权利、民主权利罪)，法律出版社2009年版，第32页、第146页、第164页。

死刑、不残忍的就不判死刑”这样的结论,但至少已经足以表明,手段残忍与法院的从重判罚之间存在很大的相关性。

值得注意的是,不仅是各地法院在审理杀人案件中,形成了以特别残忍手段杀人者从重处罚的惯例,而且最高人民法院在上述各起判处死刑案件的复核中,都肯定了对下级法院这一判决尺度的支持。例如,在肖明明故意杀人案【指导性案例第490号】中,最高人民法院的复核意见指出,“肖明明归案后虽能如实供述自己的罪行,认罪态度较好,且系初犯,但其杀人手段特别残忍,情节特别恶劣,后果特别严重,不足以对其从轻处罚……”这充分说明,当不存在其他法定从轻情节时,即使被告人如实供述[1],认罪态度好,也不足以抵销以残忍手段杀人带来的从重效果。由此可见,以特别残忍的手段杀人,虽然尚未在刑法典和司法解释中被规定为一种法定从重处罚情节,但是已经在司法实践中成为一种比较稳定的酌定从重处罚的情节,更明确地说,在没有其他情节影响的情况下,当法官决定是否对被告人判决死刑立即执行时,杀人手段是否残忍往往具有重要甚至决定性的意义。

(三)“手段残忍”的法理内涵:对善良风俗和人类恻隐心的挑战

同样的死亡后果,为何在杀人手段残忍时考虑从重处罚?这涉及“手段残忍”的法理内涵。笔者认为,以特别残忍手段杀人,与以一般的、非残忍手段(如下毒、开枪)杀人相比,在同样侵害了被害人的生命权之外,又多出了对于善良风俗和底线伦理的严重侵犯,以及对于作为“仁之端”[2]的人类恻隐心的极端挑战。

作为一个形容词,“残忍”不是用来形容侵害的后果和程度,而

---

〔1〕 自《刑法修正案(八)》通过之后,《刑法》第67条增设了如实供述可以从轻处罚的规定,将坦白从宽法定化,也成为一种法定从轻情节。

〔2〕《孟子·公孙丑上》。

是形容侵害的方式，表达的是这种侵害方式对于人类恻隐之心的刺激。手段残忍侧重的不是对法益侵害程度和后果的判断（法益侵害说），而是着眼于对一种善良风尚和伦理观念的违反（规范违反说）；手段残忍并不必然造成更大的危害后果（结果无价值），但是却足以反映出与一般的杀人手段相比，该手段本身的反伦理、反道德性更加严重（行为无价值）。[1] 这就是立法者在故意伤害罪中对于以特别残忍手段致人重伤者提升法定刑，同时对于以特别残忍手段致人死亡的老年人亦不免死的原因。由此可见，以特别残忍的手段所实施的杀人，不仅仅（像一般手段杀人那样）侵犯了被害人的生命权，而且也严重侵犯到善良风俗和人所共有的恻隐之心，因而有从重处罚的必要性和意义。

（四）"手段残忍"的判断基准：社会一般观念

如何判断手段是否特别残忍？既然手段的残忍性是对善良风俗的侵害，而善良风俗又来自社会的一般道德观念，[2] 那么手段是否"残忍"，就必须基于社会的一般道德观念，站在社会一般人的立场加以判断。

这就涉及"手段残忍"的规范性特征。在构成要件要素种类上，有记述的构成要件要素与规范的构成要件要素之分。前者主要由记述或者描述性概念所表达，案件事实是否符合这些要素的判断，只需要一般的认识活动与基本的对比判断就可以得出结论；后者则是由价值关系的概念或评价概念所表达，法官对此必须"以

---

〔1〕 车浩：《论被害人同意在故意伤害罪中的界限——以我国刑法第234条第2款中段为中心》，载《中外法学》2008年第5期。

〔2〕 "善良风俗"本来就是指法律外的社会伦理道德秩序，是维持人类社会生活所不可或缺的、最低限度的伦理道德标准。对此参见［德］卡尔·拉伦茨：《德国民法通论》（下册），王晓晔等译，法律出版社2013年版，第596页以下；郑玉波：《民法总则》，中国政法大学出版社2003年版，第467页；陈自强：《民法讲义：契约之成立与生效》，法律出版社2002年版，第151页。

特定的违法性为导向,以某种规范为前提理解构成要件要素和评价案件事实。"[1]《刑法》第234条故意伤害罪重伤条款和第49条老年人免死条款中的"特别残忍手段",就是这样一种规范要素。它与第237条中的"猥亵"、第363条中的"淫秽物品"一样,必须"由法官通过补充价值的判断途径才可以予以确定"。[2]

这里所谓的"补充价值的判断途径",不是由法官根据自己个人的价值观进行补充,而是要根据社会的一般观念进行判断。正如日本学者内田文昭指出的,"规范的构成要件要素的确定,虽然在终局上由裁判官判断,但不可忽视的是,裁判官应当将证人、鉴定人等的判断作为资料,代表一般市民对之进行'确认',绝不是通过裁判官自己的恣意判断来'创设'它。"[3]由此可见,尽管这种规范性判断需要一个主观的评价,因而给予法官较大的自由空间,但是,立法者不允许法官进行完全个性化的评价,而只能从法官所处社会的一般社会伦理观念出发来评价。[4] 因此,在具体的个案中考虑杀人手段是否属于特别残忍时,法官不是根据自己的个人观念进行判断,而应该根据社会的一般观念进行判断。

进一步追问的话,法官应该如何将自己设想成为社会一般人,进而把握到所谓"社会一般观念"? 这就要求法官应该善于观察社会,"通过考察案件事实的社会影响,了解一般人的观念。"[5]案件

---

〔1〕 张明楷:《犯罪构成体系与构成要件要素》,北京大学出版社2010年版,第193页。

〔2〕 [德]约翰内斯·韦塞尔斯:《德国刑法总论》,李昌珂译,法律出版社2008年版,第77页。

〔3〕 [日]内田文昭:《刑法概要》(上卷),东京青林书院1995年版,第162页。转引自张明楷:《犯罪构成体系与构成要件要素》,北京大学出版社2010年版,第209页。

〔4〕 [德]汉斯·海因里希·耶赛克、[德]托马斯·魏根特:《德国刑法教科书》(上),徐久生译,中国法制出版社2017年版,第215页。

〔5〕 张明楷:《犯罪构成体系与构成要件要素》,北京大学出版社2010年版,第209页。

产生的社会影响不是虚无缥缈的想象，而是有经验基础的事实。法官要能够从媒体舆论、民意呼声以及社会各界的反应当中，认定案件事实的社会影响，从中了解到社会一般人是否对某种杀人手段感觉到特别残忍。

恻隐之心，人皆有之。一般而言，法官也是社会中的一员，他个人的道德感不可能自外于社会一般观念。因此大多数情况下两者是合拍的。但是，法官也需要警惕的是，由于整天浸泡在专业范围之内，被各类数量庞大的恶性案件包围，以至于见怪不怪，就像每日在手术台旁的外科医生对身体器官的切割和伴随而来的鲜血习以为常一样，法官也极容易对于各种杀人手段之“残忍性”的免疫力升级，容忍度提高，恻隐心淡漠，变得不那么敏感甚至麻木起来。于是在某些个案中，法官的个人观念可能会与社会一般观念脱节，在社会一般人心中感到难以忍受的“特别残忍的手段”，可能在法官眼中由于司空见惯而认为尚属正常。此时，就极容易出现法官的判断与民众舆情之间的错位甚至对立。

要想解决这种对立，正确的方式不是抽象地强调司法独立或舆情监督等“大词”，而是必须回到“手段残忍”这个概念本身。只有时刻牢记这是一个规范性、评价性的概念而非事实性、描述性的概念，而从法教义学和司法技术上讲，法官对于对规范性概念的判断，本来就要依赖于社会一般观念，那么，法官就能够心平气和地从民意汹涌的社会影响中透视到其中所包含的社会一般观念，进而实现个人观念与社会一般观念的并轨，最终作出判断。倾听舆情是一种合理的妥协。“在社会生活中处于不同地位、具有不同经历的人，会从不同的角度理解规范的要素。所以，法官需要倾听各种不同的声音，斟酌各种不同的观点，吸收各种观点的长处，避免各种观点的缺陷，实现合理的妥协。只有合理的妥协，才能最大限度地做到根据社会的一般观念判断规范的要素。”[1]由此可见，这种合理的妥协，与其说是司法向民意的低头，毋宁说是解决一个法教义学上的规范性问题时所必备的司法技术。

四、李昌奎案应认定“手段残忍”

李昌奎一案的二审改判引发了巨大的社会回响，这种社会影响是客观的，从对这种客观事实的解读中，可以了解到社会一般观念对于这种杀人手段是否特别残忍的评价。

根据某知名网站的网络民调投票显示，97.61%的网民要求判处李昌奎死刑。尽管97.61%的网民意见不能代表全部的民意，但是这的确是一种值得注意和重视的声音。从支持对李昌奎判处死刑立即执行的这些声音所持理由来看，基本上都集中在李昌奎的杀人手段特别残忍。这种残忍性表现在两个方面：一方面，李昌奎将被害人王家飞掐晕后实施强奸，再用锄头猛击其头部，性质上属于先奸后杀；另一方面，李昌奎又对三岁的无辜幼儿王家红实施暴力，依据法院判决书的描述，“提起王家红的手脚将其头猛撞房间门框”。李昌奎杀死两个被害人特别是杀死三岁幼儿王家红的行为，在被媒体曝光后，激起了公众难以遏制的愤怒，这种愤怒感的来源，是矜老恤幼、保护儿童的善良风俗和道德观念遭到严重侵犯。

针对妇女儿童特别是对儿童的重点保护，不仅表现在刑法上的强制猥亵妇女儿童罪以及“奸淫幼女按强奸罪从重处罚”等专门性规定中，而且向来在国人的道德观念中享有不可撼动的地位。“见孺子入井自然知恻隐，此便是良知，不假外求。”[2]三岁幼儿无

---

[1] 张明楷：《犯罪构成体系与构成要件要素》，北京大学出版社2010年版，第210页。

[2] 这是王阳明对于所谓“良知”的解释，对此的进一步阐发，参见钱穆：《宋明理学概述》，九州出版社2010年版，第213页。

辜被杀已经令人愤慨,而且还死于“倒提手脚摔死”这样一种比“推孺子入井”更加刺激人们恻隐之心的虐杀手段,实在是超出了国人道德感容忍的底线,直接地挑战公众作为“初一念”[1]的良知。这种集体性的道德反感,已经通过媒体舆论以及网络上对于二审改判铺天盖地的骂声表现出来,形成一种客观存在的社会事实。在刑法上,这种严重侵犯善良风俗、极端挑战人类恻隐心、超出社会一般人容忍底线的、在文学修辞上被称为“令人发指”的杀人行为,应该被评价为“手段特别残忍”。

云南省昭通市中级人民法院一审判决书中认定李昌奎“犯罪手段特别残忍”是一个基于社会一般观念的正确评价,而且正是根据这一点,一审法院认为“虽李昌奎有自首情节,但依法不足以对其从轻处罚”。相比之下,云南高院二审判决书中完全抹去了对其杀人手段的评价,但是又没有交代任何理由,并且正是遮蔽了“手段特别残忍”的认定之后,提出“被告人具有自首情节、认罪态度好、积极赔偿”等理由,从而得出改判死缓的结论。这样一来,二审法院就回避了李昌奎案真正的难题:当被告人的杀人手段特别残忍但又具有自首情节时,在这种酌定从重与法定从轻之间到底应该如何选择和平衡?

目前“两高”对这个问题并没有给出一律性、原则性的回答,司法实践中往往是在个案中具体权衡。例如,在2006年发生的河南赵春昌故意杀人案(指导性案例第476号)中,被告人与被害人发生口角后连砍被害人头部数刀致其死亡,两审法院认定被告人赵春昌杀人手段残忍,虽有自首情节但不予从轻处罚。但是,最高人民法院在复核时认为,“被告人犯罪手段凶狠,情节恶劣,后果严重……但鉴于有自首情节,对其判处死刑,可不立即执行”,最终撤销二审裁

[1] 顾颉刚将王阳明所说的良知解释为“初一念”,即与生俱来的、天然的、不学而有的良知。参见顾颉刚:《中国史学入门》,北京出版社2009年版,第195页。

定,发回重审。[1] 再如,在2011年发生的西安药家鑫杀人案中,法官在判处被告人死刑的理由中指出,"被告人药家鑫作案后虽有自首情节并当庭认罪,但纵观本案……犯罪手段特别残忍,情节特别恶劣,罪行极其严重……依法仍应严惩,从轻处罚的辩护意见不予采纳。"[2] 该案的死刑判决最终被最高人民法院核准。

由此可见,在手段残忍和自首情节并存时,偏重前者而从重还是偏重后者而从轻,并没有固定的答案,法官必须在个案中具体考察手段残忍程度等各种情节,在判决书中明确地做出选择并说明理由。这本来是一个考验和展现司法者专业智慧的最好试题,可惜的是,云南高院在李昌奎案中连答错的勇气都没有,而是采用一种鸵鸟式的方法,完全回避手段是否残忍的认定,只在判决书上留下单一的从轻情节,这不仅在专业表现上令人遗憾,而且是一个可能引起再审的"法律适用错误"。

五、结语

李昌奎案所引发的轰动全国的舆论风暴,将云南高院推到了风口浪尖。作为法律人,笔者始终反对媒体审判,坚定地支持云南高院依法独立行使审判权。但关键的问题是,无论是来自民间的一些非理性的谩骂,还是法院方激烈的回应,通过一些大词将对方妖魔化,终归不是有效解决问题的良方。死刑存废与限制与否往往关乎价值立场,而价值立场层面的讨论,又总是具有难以争辩、不易说服的非逻辑性的特点。与其在宏观的价值理念上彼此对峙并试图高高在上地引导民众,莫如倾听和发现汹涌民意中的理性

〔1〕 中华人民共和国最高人民法院刑事审判第一、二、三、四、五庭编:《中国刑事审判指导案例》(侵犯公民人身权利、民主权利罪),法律出版社2009年版,第168页。

〔2〕 药家鑫故意杀人案:陕西省西安市中级人民法院刑事附带民事判决书,(2011)西刑一初字第68号。

成分,将其转化为可以在逻辑和经验层面探讨的技术问题。这就是法教义学让人心平气和、理性沟通的功能和意义。这也是法院的判决书中应该重点展开说理的地方。

近年来发生的一些重大刑事案件广受关注,给司法机关相当大的压力,这反映出在这样一个变革的时代,司法不能够再以一种半神秘或者简单交代审理结论就打发公众的方式进行了。法官不是行政官员,判决书也不是一份言简意赅、以此表明官方权威的“红头文件”。司法是公开说理的职业,如果一份判决书缺乏充分说理和论证,将损害法官在民众心目中的职业公信力。在面对舆论质疑时,法官无法拿出一份言之成理、闪烁专业智慧的判决书来表明其观点,反而要通过事后的个别采访或新闻发布会来谈裁判理由,这种在法庭之外说理的现象,混淆了法官与行政官员的定位,是一种专业能力与职业舞台的迷失和错位。目前我国法院判决书主要是概括式的风格,法官缺少充分说理论证的发挥空间。李昌奎案件已经充分地暴露了这种概括式的、不说理的判决书的弊端:云南高院的判决书既没有对如何理解和适用《纪要》中的“邻里纠纷”政策给予说明,又不交代任何理由地去除了一审判决认定的“手段特别残忍”,从而规避了手段残忍与自首情节并存时的抉择问题,而对于争议较多的赔偿问题也是一笔带过,完全没有展现出法官在审理案件过程中需要面对的各种因素以及如何平衡和选择的理由,最后径直给出一个改判死缓的结论。这种执业方式在李昌奎一案中所引发的民意汹涌的后果,应该引以为戒。

“正义不仅应该得到实现,而且应该以一种看得见的方式得到实现。”在赋予法治以“理由之治”的含义的地方,[1] 这句法谚中所说的“看得见的方式”,可以被理解为是一种公开说理的方式。而

---

〔1〕 [美]玛蒂尔德·柯恩:《作为理由之治的法治》,杨贝译,载《中外法学》2010 年第 3 期。无论强调“规则之治”的一面,还是强调“纠纷解决”的一面,法治归根结底都得以理而不仅仅是以权威服人。

如何使法官提高说理水平,则需要法教义学上的概念及技术的精细发展,需要理论界提供更多的可供说理的模型产品;这里以李昌奎案为平台,以《纪要》和刑法相关规定及案例为资料,尝试在本土语境下提炼和塑造“邻里纠纷”与“手段残忍”的教义学内涵,就是这样一种努力。

第十章　赵春华案:非法持有枪支罪的构成要件解释

根据《刑法》第 128 条的规定,非法持有枪支罪是指违反枪支管理规定,非法持有枪支的行为。该罪罪状简单,以往并未得到刑法理论的充分重视。但是,2016 年的赵春华非法持枪案,则将该罪推送到公众舆论关注的风口浪尖。生活在天津的 51 岁的赵春华(女),用 2000 元钱从他人手中盘下了一套射击打气球的装备在街头摆摊。经公安局鉴定,赵春华摆射击游戏摊使用的 9 支枪形物中有 6 支为“枪支”。一审法院以非法持有枪支罪,判处赵春华有期徒刑 3 年 6 个月。赵春华不服提起上诉,二审法院维持一审罪名,改判为有期徒刑 3 年,缓刑 3 年。

赵春华非法持枪案意义深远。它不仅折射出舆论对底层谋生者和司法合理性的关注,也反映出司法实务对法律的理解与适用存在诸多值得反思之处,同时,也对刑法学者深入研究非法持有枪支罪提出了任务。笔者拟以赵春华案为切入点,围绕“非法”“持有”“枪支”以及故意等要素展开探讨,以期对非法持有枪支罪的构成要件做出完整的解释,为司法实践提供理论支持。

一、非法持有枪支罪之“持有”

赵春华案引出的第一个问题,是如何理解非法持有枪支罪中的“持有”。

“持有”是立法者明确规定的非法持有枪支罪的构成要件要素,是在进行构成要件符合性的检验时,面对的第一道关卡。一方面,作为射击摊的摊主,对于射击用枪的控制和支配是显而易见之事,而“持有”通常都被理解为是对特定物的控制和支配。如此一来,将其行为涵摄进“持有”不应有何疑问。但是,另一方面,这种持有状态,似乎又与人们通常对非法持枪者的印象,或者对刑法上的其他持有型犯罪的行为形象,相去甚远。因而,这里首先有必要在理论上澄清“持有”的含义。

“持有”既是一个刑法理论上的概念,也是刑法典上明文规定的术语。在刑法理论上,英美国家较为重视对持有概念的研究。国内学者中,储槐植教授最早对此做出过专门阐述。〔1〕让人印象深刻的,是储槐植教授首先在形式逻辑上,厘清了“作为”与“不作为”的关系,试图为持有跻身于作为与不作为之列扫平逻辑障碍。

“非白在逻辑上是对白的全称否定判断,二者之间不可能有第三种情形,这是形式逻辑上的排中律。排中律的前提是同一律,非白与白这两个判断中有一个共同的因素即‘白’这个概念的内涵是同一的,否则前者不可能构成对后者的全称否定。然而刑法上的‘不作为’与‘作为’的关系并非如是。刑法上的‘作为’是指刑法禁止实施的行为。‘不作为’是指能实施而未实施法律要求实施的行为。而‘不作为’这一判断的组成因素‘作为’的涵义不是法律禁止,恰好相反,是法律要求。作为与不作为,在文字上虽有共同一词即作为;但这共同一词在两处的涵义完全不同。”〔2〕

---

〔1〕 储槐植:《美国刑法》,北京大学出版社1987年版,第68~69页;储槐植:《论刑法学若干重大问题》,载《北京大学学报》1993年第3期;储槐植:《三论第三犯罪行为形式“持有”》,载《中外法学》1994年第5期。

〔2〕 储槐植:《三论第三犯罪行为形式“持有”》,载《中外法学》1994年第5期。

上述论证可谓用心良苦,但这可能是我国刑法用语面临的特殊论题。作为与不作为之称,在英语中分别对应着“action”与“omission”;在德语中,分别是“Begehungsdelikt”与“Unterlassungsdelikt”。由此可见,至少在形式逻辑上,国外刑法理论可能不会提出类似A与非A的疑问。但是,在法理内涵上,通常认为作为违反的是禁止规范,不作为违反的是命令规范。在禁止规范与命令规范之外,是否还存在第三种可能专门被持有违反因而需要刑法保护的规范,进而为持有奠定规范基础,这一点的确存在疑问。因此,尽管持有的概念很早就在刑法理论中得到重视,但是,它能否被作为或不作为的含义所容纳,是否有必要确立为作为与不作为之外的第三种行为形式,至今仍然存在争议。[1] 或者说,“目前还很难说哪一种观点是通说”。[2]

不过,持有的行为类型的归属,不是这里打算展开论述的重点。笔者是希望由此引出一个对刑事立法和司法实践而言,更关键的问题,即非法持有型犯罪的立法理由,由此支撑和指引司法实践对法律的正确理解和适用。对此,储槐植教授在1994年的文章中,为了证明持有的独立性而明确指出了相关立法的意义:

“罪名是证明的核心,‘持有’是现存事实状态,现状是容易证明的。由作为或不作为形式构成的种种罪名,公诉机关要证明的则是现存事实的来源或去向,当然比证明现存事实要困难得多……法律上所以制定持有型罪名,就是为了在公诉机关难以证

---

〔1〕 主张持有是作为的观点认为,法律规定持有型犯罪,旨在禁止行为人取得特定物品,故持有行为违反的禁止性规范,属于作为。参见熊选国:《刑法中行为论》,人民法院出版社1992年版,第125页。主张持有是不作为的观点认为,法律规定持有型犯罪,旨在命令持有人将特定物品上缴给有权管理该物品的部门,以消灭这种持有状态;如果违反该义务而不上缴该特定物品,就构成刑法禁止的不作为。参见张智辉:《刑事责任通论》,警官教育出版社1995年版,第124页。

〔2〕 高铭暄、马克昌主编:《刑法学》(第8版),北京大学出版社2017年版,第72页。

明现状的来源或去向的情况下以便不使狡猾的犯罪人逃脱法网，提高刑法威慑力……根据有些国外立法，设立持有型罪名的意义还在于以惩罚早期预备行为来防止严重犯罪的发生，例如持有凶器罪、持有犯罪工具罪以及酒后驾车罪……可以预料，今后我国立法中将可能出现一些新的持有型罪名。”〔1〕

今天看来，储槐植教授在1994年的预判可谓准矣。持有型犯罪近年来在我国刑事立法中呈现出不断扩张的趋势。〔2〕当然，其中有些罪名是否属于严格意义上的持有型罪名尚有争议。〔3〕但没有争议的是，第128条第1款非法持有、私藏枪支、弹药罪，以及第348条非法持有毒品罪属于最常被论及的、典型的非法持有型犯罪。这两个罪名，是检验设立持有型犯罪的刑事政策理由的最好例证。依照储槐植教授在上述文章中的表述，立法者设立持有型

---

〔1〕储槐植：《三论第三犯罪行为形式“持有”》，载《中外法学》1994年第5期。

〔2〕一般认为，刑法典中规定的“非法持有型”罪名包括：第128条第1款非法持有、私藏枪支、弹药罪；第130条非法携带枪支、弹药、管制刀具、危险物品危及公共安全罪；第172条持有假币罪；第177条之一第1款妨害信用卡管理罪（包含了持有伪造的信用卡、持有伪造的空白信用卡等持有行为）；第210条之一持有伪造的发票罪；第282条第2款非法持有国家绝密、机密文件、资料、物品罪；第297条非法携带武器、管制刀具、爆炸物参加集会、游行、示威罪；第348条非法持有毒品罪；第352条非法持有毒品原植物种子、幼苗罪；第395条第1款巨额财产来源不明罪。2015年通过的《刑法修正案（九）》又增设了第120条之六非法持有宣扬恐怖主义、极端主义物品罪。

〔3〕例如，关于《刑法》第130条规定的非法携带枪支、弹药、管制刀具、危险物品危及公共安全罪以及第297条规定的非法携带武器、管制刀具、爆炸物参加集会、游行、示威罪是否属于持有型犯罪，理论上就存在争议。肯定的观点可参见陈兴良主编：《刑法总论精释》（第3版）（上），人民法院出版社2016年版，第182页。反对者认为，这两个罪名并非仅根据对特定物品的持有就认定成立犯罪，还必须与进站上车，参加集会、游行、示威等行为相结合才成立犯罪，“进入”和“参加”才属于实行行为。参见梁根林：《责任主义刑法视野中的持有型犯罪》，载《法学评论》2003年第4期；李本灿：《巨额财产来源不明罪实行行为的重新界定：非法获取》，载《政治与法律》2014年第7期；陈洪兵：《持有型犯罪的立法扩张与司法限缩》，载《北方法学》2017年第2期。

罪名的意义，一方面是减轻公诉机关的证明责任，另一方面是惩罚早期预备行为以防止更严重犯罪发生。按此双管齐下的灼见，可以得出这样的结论：持有特定物的状态，既可能是已然之罪的结果，也可能是未然之罪的预备。于是，为了降低对已然的上游犯罪的证明负担，同时又为了遏制对下游犯罪的预备，防患于未然，遂有持有型犯罪的立法必要。只有明白了这个前提性法理，才能在司法实践中正确地理解和适用法律。

接下来，笔者就以非法持有毒品罪与非法持枪罪进行比较，在厘清非法持有毒品罪的立法逻辑的基础上，然后再对照出其与非法持枪罪的差异所在。立法者曾经对设置第 348 条非法持有毒品罪的立法理由作出过明确说明。

“由于毒品犯罪的复杂性和隐蔽性，实践中查获的一些非法持有毒品者，虽然具有走私、贩卖、运输、制造毒品的可能性，同时还存在为他人（指走私、贩卖、运输、制造毒品的犯罪分子）窝藏毒品等其他的可能性，但司法机关并未掌握这种证据或者是在有些情况下难以查明相关证据，为了不使涉毒犯罪分子逃避法律的惩处，也考虑到罪刑相适应的要求，因而本条对非法持有毒品的犯罪作了单独规定。”〔1〕

按此说明，《刑法》第 348 条的立法原意，并非是要惩罚所有的持有毒品的行为，而是为了堵截性地惩罚那些在证据上难以查清持有毒品目的和用途的持有行为。毒品犯罪的社会危害性在于造成毒品在社会生活中的流通，这集中体现在立法者通过《刑法》第 347 条所规定的走私、贩卖、运输、制造毒品罪，又通过《刑法》第 349 条规定了包庇、窝藏上述毒品犯罪的行为。但是，自己吸食毒品的行为没有被规定为犯罪，仅仅是予以行政处罚，这说明立法者

〔1〕 全国人大常委会法制工作委员会刑法室编：《中华人民共和国刑法条文说明、立法理由及相关规定》，北京大学出版社 2009 年版，第 712 页。

认为将毒品用于自吸的行为在危害性上尚未达到需要犯罪化的程度。在这个意义上,非法持有毒品罪,实质上就是一种持有毒品来源和用途不明罪。刑法不是要惩罚所有持有毒品的行为,只有那些难以在证据上证明实施了走私、贩卖、运输、制造、窝藏毒品犯罪,而又无法证实确实是仅持有毒品是用于自己或他人吸食的行为,才应纳入非法持有毒品罪的堵截性惩罚的范围。相反,如果有确实、充分的证据证明,持有毒品完全是为了自己吸食或他人吸食,而与走私、贩卖、运输、制造、窝藏毒品的犯罪无关,那么这种持有行为原则上就应该被排除于非法持有毒品罪的惩罚范围。

由此可见,不能仅仅从文义解释出发,将所有事实上控制和支配着毒品的行为,都归入非法持有毒品的"持有"。在刑法解释中,文义解释仅仅是前提和起点,必须要在文义解释所界定的范围之内,进一步展开历史解释和目的解释,考虑立法原意和规范的保护目的,才能避免惩罚圈的无限扩大。不过,值得注意的是,2008 年最高人民法院在《全国部分法院审理毒品犯罪案件工作座谈会纪要》中规定:

"对于吸毒者实施的毒品犯罪,在认定犯罪事实和确定罪名时要慎重。吸毒者在购买、运输、存储毒品过程中被查获的,如没有证据证明其是为了实施贩卖等其他毒品犯罪行为,毒品数量未超过刑法第三百四十八条规定的最低数量标准的,一般不定罪处罚;查获毒品数量达到较大以上的,应以其实际实施的毒品犯罪行为定罪处罚。"

按照该条规定,吸毒者持有毒品的数量,在达到"数量较大"的标准时,也可以按照非法持有毒品罪处罚。有学者对此提出疑问,"在能够查明来源或去向时,为何理论与实务还是以持有型犯罪定罪处罚"?[1]要回答这个问题,就要回到前文所说的,设置持有型

---

〔1〕 陈洪兵:《持有型犯罪的正当性根据及其适用》,载《东方法学》2016 年第 3 期。

犯罪的政策原因。立法者推定,持有特定物的状态,既可能是已然之罪的结果,也可能是未然之罪的预备。正是基于这两种持有理由而以持有罪处罚行为人。不过,在这两种可能性之外,有时候还存在仅仅用于供自己使用的第三种情形。如果能够证明存在第三种情形,往往就可以排除前两种情形,也就排除了持有型犯罪的适用。

在购买、运输、存储毒品过程中被抓获的行为人,如果一方面没有证据证明是为了贩卖而购买、运输、存储的;另一方面行为人自身又是吸毒者,且购买、运输、存储的毒品数量不大,可以合乎情理地主张,小剂量毒品的用途是自己吸食。简言之,持有毒品的用途系自吸的可能性极大。此时,就消除了对毒品来源和去向不明者进行堵截的惩罚动力。根据立法原意和司法解释,就不宜再按照非法持有毒品罪论处。

但是,当毒品数量较大,超出了通常经验上较为合理的、一般吸毒者自吸的数量时,行为人将毒品(或者将超出自吸范围之外的毒品)用于其他毒品犯罪的可能性就大大提升。此时,司法机关在判断持有毒品的用途时,确信就会从自吸这一边倒向用于贩卖等其他毒品犯罪那一边。由此就可以回答上面提到的学者的疑问,这并非是"在能够查明来源或去向时,理论与实务还是以持有型犯罪定罪处罚",而恰恰是因为,在行为人持有毒品达到数量较大时,用于自吸的可能性降低,用于毒品犯罪的风险和可能性提升,因而导致了难以查明毒品的去向。此时,根据立法原意,对于毒品来源和去向不明的持有,正是应当按照非法持有毒品罪论处。

有了上面的逻辑基础,再来讨论非法持有枪支罪以及赵春华案,就会在对比中引出一个有意思的问题。

首先,枪支和毒品都是非法持有型犯罪的对象;其次,两者都属于特定违禁品;最后,围绕着枪支和毒品,刑法典都规定了制造、买卖、运输等一系列涉枪犯罪或涉毒犯罪。那么,在逻辑上就很自然地会提出:在理解非法持有枪支罪中的“持有”时,能否像上文解释非法持有毒品罪那样,用历史解释和体系解释去加以限制呢?如果回答是肯定的,同样的逻辑,把非法持有枪支罪也理解为涉枪犯罪的堵截性条款,就会得出下面的结论:该罪的“持有”范围,应当限于那些在证据上难以查清持枪目的而有涉枪犯罪嫌疑的持有行为。相反,如果能够确定无疑地证明,持枪用途与违法犯罪无关,例如,在赵春华案中,赵春华就是专门为了摆设摊位供射击气球的游戏而持有枪支,那么,这种持有,就不属于第 128 条意义上的“持有”。

但是,这样的推理,可能会遭遇下面的质疑。一个持有 AK-47 的人,难道仅仅因为能证明其持枪目的确实是自娱收藏,就可以排除非法持有枪支罪?的确,这样的结论在刑事政策上让人感到不安。但是,为什么在非法持有毒品罪的场合被认可的逻辑,在非法持有枪支罪的场合,就感觉不妥当了呢?同是持有型犯罪的,持有对象都是违禁品,这其中差异的原因何在?

要回答这一令人困扰的问题,需要仔细揣摩持有型犯罪的立法原意。如前所述,立法者规定持有型犯罪,一是为了降低证明已然之罪的负担,二是为了预防实施未然之罪的预备。因此,持有型犯罪的“持有”承担着双重检验功能。由此出发反观两罪,就会发现,恰恰是由于毒品和枪支之间的差异,影响到持有毒品与持有枪支这两种持有状态的差异。即使同样能够证明都是持有者自用,却不能同样地实现上述立法目的。特别是在消除预备实施未然之罪的可能性这一点上,自吸毒品者的持有与自用枪支者的持有不能等量齐观。

毒品是一次性的消耗品。在能够证明行为人持有毒品系用于自己吸食的情况下,被消耗的毒品就不可能再用于实施毒品犯罪,进而也就排除了预备实施未然之罪的可能性。在这种情况下,自吸毒品者的持有,既不是上游犯罪的结果,也无法再用于下游犯罪的预备,它也就承受住了非法持有毒品罪的“持有”承担的双重功能的检验,应当被排除出构成要件之外。

相反,枪支与毒品不同。枪支不是一次性的消耗品。即使能够证明行为人持有枪支不是实施上游犯罪的结果,而是纯粹用于自娱或收藏,但是,行为人在使用枪支自娱的同时,也完全可能将枪支用于违法犯罪活动。这种自娱或收藏,本身并不能排除将枪支用于实施未然之罪的可能性。枪支不是消耗品,不会因为曾经用于游戏自娱,就无法再用于持枪抢劫。用枪自娱与用枪犯罪之间不存在互斥关系,不同的用途可以并存。不能因为证明了前者,就否定了后者。在这种情况下,即使能够证明持枪是基于娱乐、收藏、射击摆摊等自己使用的目的,但是,它却不能像毒品自吸者的持有那样,由此就排除预备实施未然之罪的可能性。因此,无论是作为射击游戏摊摊主的赵春华的谋生式持有,还是一个枪支爱好者的收藏性持有,在认定非法持有枪支罪的构成要件时,都无法摆脱“持有”的认定。

综上,在赵春华非法持枪案中,赵春华作为射击游戏摊的摊主,在事实上控制和支配着涉案的6支气枪。在对赵春华的持枪行为进行构成要件该当性的检验时,“持有”这一要素是符合的。

二、非法持有枪支罪之“枪支”

赵春华案引出的第二个问题,是如何理解非法持有枪支罪中的“枪支”。

与“持有”一样,“枪支”同样是立法者明确规定的非法持有枪支罪的构成要件要素,必须经过构成要件符合性的检验。“枪支”的认定标准,成为赵春华案最受舆论关注的焦点。《枪支管理法》第46条规定,“本法所称枪支,是指以火药或者压缩气体等为动力,利用管状器具发射金属弹丸或者其他物质,足以致人伤亡或者丧失知觉的各种枪支”。公安部2008年发布实施的《枪支致伤力的法庭科学鉴定判据》(以下简称《判据》)规定,“未造成人员伤亡的非制式枪支致伤力判据为枪口比动能 1.8J/cm^2”。2010 年《公安机关涉案枪支弹药性能鉴定工作规定》(以下简称《规定》)进一步认定,“对不能发射制式弹药的非制式枪支,按照《枪支致伤力的法庭科学鉴定判据》(GA/T718-2007)的规定,当所发射弹丸的枪口比动能大于等于 1.8 焦耳/平方厘米时,一律认定为枪支”。一审法院就是参照上述标准认定赵春华所持“枪形物”为枪支。[1]

辩护意见对上述认定提出质疑认为,公安部制定的是内部文件,“不能作为裁判的法律依据,目前没有法律法规规章对枪支做出定义或解释,只能根据《枪支管理法》的规定,以‘足以致人伤亡或者丧失知觉’作为认定标准。”二审法院对辩护意见的回应是,“枪支管理法的规定未包含可供执行的、具体的量化标准,需要由有权机关做出进一步规定。《枪支管理法》第 4 条明确规定‘国务院公安部门主管全国的枪支管理工作’,据此,公安部作为枪支管理主管部门有权制定相关规定,本案鉴定所依据的《公安机关涉案枪支弹药性能鉴定工作规定》《枪支致伤力的法庭科学鉴定判据》均合法有效,应当适用。”

辩审之争,涉及多个层面的问题。第一个问题,法院能否依据公安部的规定直接认定“枪支”。《刑法》第 128 条规定的是“违反枪支管理规定”,由此链接到《枪支管理法》第 46 条规定,枪支应当符合“足以致人伤亡或者丧失知觉”的条件。除此之外,《枪支管理法》并未规定更明确的认定标准。那么,法院在审理涉枪案件时,是独立地对涉案枪支是否“足以致人伤亡或者丧失知觉”进行实质性判断,还是参照适用公安部制定的统一标准予以形式上的认定?

从法律位阶来看,《判据》和《规定》均系公安部内部文件,位阶

---

〔1〕 参见赵春华非法持有枪支案,天津市河北区人民法院刑事判决书,(2016)津 0105 刑初 442 号。

较低,对法院没有必须适用的强制约束力。但是,法院在个案中参照适用上述规定的做法,也并无不当。一方面,有参照适用的合法性。在《枪支管理法》仅作出原则性规定而把具体管理工作授权给公安部门时,公安部作为枪支管理主管部门,有权制定非制式枪支的具体标准。而法院在个案中在对枪支鉴定时参照该具体标准,实际上就是依据《枪支管理法》进行枪支鉴定的一种方式。另一方面,有参照适用的必要性。如果各地法院搁置公安部的枪支标准,在涉枪案件中个别化地鉴定每一支枪是否"足以致人伤亡或者丧失知觉",既难以在技术上准确实现,同时也会严重影响到枪支管理的法制统一性。因此,法院在枪支鉴定时参照适用《判据》和《规定》,至少在法律适用的形式层面并无错误。

第二个也是值得进一步探讨的问题是,这种适用是否具备实质合理性?

一种批评的观点认为,公安部制定的 $1.8J/cm^2$ 的标准,达不到《枪支管理法》第 46 条规定的"足以致人伤亡或者丧失知觉"的程度。据悉,这一标准主要是以眼睛作为人体要害部位,来检验和制定致伤标准。在 10 ~20 厘米距离内,当枪形物所发射弹丸的枪口比动能大于等于 $1.8J/cm^2$ 时,就足以造成眼睛的伤残,因而将 $1.8J/cm^2$ 作为认定枪支的标准。对此,有些反对意见提出,在这样的距离内,使用弹弓、石头甚至手机、钢笔攻击,都可能超过 $1.8J/cm^2$ 的标准,都足以造成眼睛这么脆弱的人体部位的伤害,若要把这些器物都认定为枪支或者都禁止使用,实属荒谬。因此,$1.8J/cm^2$ 的标准的制定理由是不科学不合理的。但是,在笔者看来,这种反驳逻辑并不适当。无论是将枪支认定标准恢复到 2001 年的 $16J/cm^2$,还是将攻击对象由眼睛更换为其他人体部位,抑或将测试距离由 10 ~20 厘米扩大到更远的距离,上述归谬逻辑都同样适用。可以说,在任何一种枪支认定标准之下,人们总是可以找到其他不会被指称为"枪"的替代物,或者某种不会被认定为"射击"的攻击方式,来达到枪支所能达到的伤害程度。因此，通过与其他物体比较攻击能力和伤害程度，并不能令人信服地导出枪支认定标准合理与否的结论。

另一种观点认为，刑法应当采取不同于行政法的枪支认定标准。涉枪犯罪属于刑法典第二章危害公共安全罪。对刑法上的“枪支”，应当限缩解释为具有致人重伤或死亡的可能性的枪支，这样才能与立法体例和保护法益相协调。[1] 按照这种观点，行政法意义上的枪不同于刑法上的枪。后者的标准应当要比前者为高，要具有致人伤亡的致伤力。而“1.8J/cm^2”达不到这个标准。这种致伤力低微的枪，不属于《刑法》第128条意义上的“枪支”。但是，这种观点与前一种观点一样，包含了类似的逻辑瑕疵：即使是以达到致人重伤或死亡的程度为标准，也一样能够找到同等攻击能力的工具；但是，立法者和普通人都不会将其称为“枪”。这就引出一个更深层次的思考，为什么要禁止非法持枪？仅仅是因为枪支在客观上的致伤力吗？

从枪支的客观致伤力去解释涉枪犯罪，是国内学界较为流行的观点。例如，在认定“持枪抢劫”的场合，一些学者认为这里的“枪”限于“能发射子弹的真枪”，[2] 而将仿真枪排除在外，因为“仿真枪毕竟不是真枪，不具有杀伤力，不会造成被害人的伤亡……而在持真枪的场合，因真枪具有强于刀具、棍棒等器械的杀伤力，故易造成被害人的伤亡”。[3] 这些观点，与“只有达到致人重伤或死

---

〔1〕 阮齐林、劳东燕：《“玩具当枪”判与常识冲突　司法如何审视公安标准》，载 https://mp.weixin.qq.com/s?__biz=MjM5MTY2MjgyMQ==&mid=2651074008&idx=1&sn=8d41eb790a90c777e8fb43422d913858&chksm=bd429a528a3513441ed68273158abc5b237f4f4f585167319bb4c4ffcb56a22a7c23ab552556&mpshare=1&scene=23&srcid=0110TsR0szahhQAODL0vvddV#rd，最后访问日期：2017年6月30日。

〔2〕 张明楷：《刑法学》（第5版）（下），法律出版社2017年版，第994页。

〔3〕 陈兴良、周光权：《刑法学的现代展开Ⅰ》（第2版），中国人民大学出版社2015年版，第495页。

亡的程度的枪,才是刑法上的枪支”的观点,在立论的基本逻辑上是一致的。

但是,此类观点值得商榷。笔者一直坚持认为,不应以客观致伤力的强大作为认定枪支的必要条件。反对的理由如下。第一,当持枪者没有开枪伤人的意图时,枪支的致伤力强大还是低微并不重要。持枪意思不等于开枪意思。枪支的危险性不是一种泛泛而论的危险,而是由特定的持枪者所支配的“具体危险”。抛开具体场合,孤立地在机械学和致伤力的层面谈论一把枪的危险,就会得出赶去现场、持枪救援的警察也因带枪而充满“客观危险”的谬论。只有在持枪者开枪时,致人伤亡的危险才会出现(击中时是风险实现)。因此,枪支的客观危险,不可能脱离持枪者的开枪意思。反过来说,持枪者没有开枪意思时,枪支的致伤力再大也无法实现。第二,开枪的风险不是不可测的,而是受到持枪者的控制和支配。枪支不是脱缰的野马,不是自动运行的日月星辰,而是被人掌控的机械工具。在子弹射出以前,要经过打开枪栓保险、子弹上膛和扣动扳机等一系列环节,这些都必须在持枪者具有明确的开枪意识的支配下才能完成。在持枪者只有持枪意思,但没有对他人开枪的意思时,子弹不可能自动出膛,所谓枪的“致伤力”就永远不能实现。第三,在持枪意思与开枪意思之间,充满着如枪中无子弹或因其他故障无法射击等各种客观变数,也充满着行为人根本不愿或不敢开枪等各种主观变数,这些变数,都完全可能使持枪与开枪成为“参商二星”,永不相见。因此,不能仅根据枪支射击后的致伤力大而认定枪支,以此来追究持枪者的责任。第四,在开枪射击的场合,完全可以根据开枪的后果作出相应的合理评价。使用致伤力较大的枪支,开枪射击致人伤亡的,刑法上分别有故意杀人罪、故意伤害罪、过失致人死亡罪、过失致人重伤罪等罪名予以评价。相反,使用致伤力低微的枪支,开枪射击的,在不出现伤亡后果的情况下,通常不予处罚,也有可能涉及寻衅滋事等轻罪。[1]

综上可见,如果把客观致伤力的强大作为枪支认定的核心因素,实际上是把持枪状态等同于开枪状态。但是,持枪有持枪的危害性,开枪有开枪的危害性。这两种状态的危害性是不同的,刑法上设置了不同的法条,正是体现了这种相互独立的评价。把开枪致人伤亡的危害性,作为认定枪支的标准和论证禁止持枪的立法理由,存在逻辑层次上的错位。因此,在对枪形物进行枪支鉴定时,客观上具有强大的致伤力,仅仅是认定为枪支的一种充分条件,但不是必要条件。在立法论上,枪支标准当然可以修改,但是,在解释论上,想以 $1.8J/cm^2$ 是否会造成重大伤亡这一理由,来限缩《刑法》第 128 条中"枪支"的范围,是行不通的。

与强调客观致伤力的观点相反,笔者认为,非法持有枪支罪是危害公共安全罪下的涉枪犯罪之一,国家施行禁枪政策、设置非法持枪罪的立法理据,在于枪支的危险形象给公众带来的威胁、恐慌和不安。只要符合枪支管理法的规定,外形上足以让一般人认为是"枪",能够引发他人的畏惧感,即使客观致伤力低微,也可以认定为枪支。按此,有发射弹丸能力的仿真枪以及攻击性较低的气枪,都属于刑法上的枪支之列。

上述主张,主要基于以下几点理由。

第一,非法持有枪支罪的保护法益是公共安全,它在非法持有枪支罪中的具体表现形式,是公众免于恐惧的安全感。在持枪但并未开枪的场合,枪支的危险形象给公众的畏惧感,并不会因为该枪支实际上的致伤力大小而有差异。就客观上的致伤力而言,枪支与其他攻击工具不可同日而语;枪支发射子弹的速度,以及子弹致人伤亡的概率和严重后果,都不是其他攻击工具能够比拟。但持枪问题的关键,恰恰不在于这种"客观危险",而在于只要是对此

---

〔1〕 车浩:《被害人视角下的"持枪抢劫"》,载《政治与法律》2010 年第 6 期。

“客观危险”稍有了解的正常人,都会在面对枪支时产生巨大的畏惧感。特别是在中国目前对枪支实行严格管理的现实下,枪支远离普通人的生活,除了遭遇罪犯,否则普通人完全可能一辈子没见过真枪,枪支的神秘形象进一步放大了其威慑力,也基本上排除了普通人对枪支致伤力甚至真假的鉴别能力。因此,一个出现在公共场所的持枪者,无论所持之枪的实际上致伤力是大还是小,只要足以使公众认为到这是一把可以射击的真枪,那么就会造成公众的恐慌和不安,进而对公共安全形成威胁。简言之,禁止非法持枪的重点,在于枪支的高危形象会引发公众的畏惧感,这是从被害人的立场出发考虑公众感受而得出的结论。

第二,区分枪的实际致伤力大小,对被害人的法益保护并无意义。如上所述,既然枪支的危险、暴力的外部形象带给公众的畏惧感才是问题的关键,那么只要当公众看到持枪者手持一把“枪”时,则惊恐和被威胁的状态,以及对此的保护需求,不会因枪的火力大小而有所不同。公众的压迫感和恐惧,是在看见枪支时就已经产生,而不可能是在等到枪口射出子弹之后才产生。也不可能有人在仔细端详、反复研究持枪者所持枪支的火力大小之后,再决定自己是否害怕。因此,事后鉴定出枪支的枪口比动能是 $1.8J/cm^2$ 还是 $18J/cm^2$,对于当时陷入畏惧中的公众来说,并无区别,对于非法持枪罪的所要保护的公共安全而言,也没有区别。

第三,从外部暴力形象而非实际致伤力的角度去认定枪支,可以解释持枪犯罪中的一系列难题。例如,持客观致伤力标准的学者认为,持枪抢劫的枪“仅限于能发子弹的真枪,不包括仿真枪与其他假枪,但不要求枪中装有子弹。”〔1〕这就与客观致伤力的标准之间出现了矛盾。一把没有子弹可以发射的 AK47,与一把装满子弹的气枪相比,恐怕还是后者的客观致伤力更大一些。但是如果

〔1〕 张明楷:《刑法学》(第5版)(下),法律出版社2017年版,第994页。

从枪支的外部形象出发，就可以合理化解这一矛盾。因为在非法持枪的场合，被害人对持枪者所持之“枪”有无子弹既不可能事先知道，也不可能去大胆预测，只要对方所持之“枪”在其眼中符合了枪支的暴力形象，对枪的畏惧而导致的惊恐感受就没有差别，至于枪中是否有子弹甚至枪支是否有故障等，就都不是重要的问题。[1]

关于枪支的认定标准，笔者的观点概括如下：应当在《枪支管理法》第46条明确规定的基础上，也就是在“以火药或者压缩气体等为动力，利用管状器具发射金属弹丸或者其他物质，足以致人伤亡或者丧失知觉”的法定框架之内予以具体化。在此框架之内，只要符合足以让人产生畏惧感的枪形物外观，即使“致人伤亡或者丧失知觉”的能力或概率不大，也应当认定为枪支。的确，当孤立地把一支枪口比动能只有1.8J/cm^{2}左右（据称只能把皮肤打出个甚至不会破皮的红点）的气枪，与一支AK-47放在一起作比较时，普通人的正义直觉都会认为，两者是不同的。但是，对一个法律工作者来说，只有把两支枪置于具体案件指向的特定法条之下，在事实与规范之间往返回顾的语境中，考虑立法者要保护的法益是否会同样地遭受侵害，这种比较才是有意义的。

最后，还有一点需要说明。

上述关于枪支认定标准的讨论，并不意味着笔者完全赞成现行的1.8J/cm^{2}的标准。这是两个层次的问题。从其他国家和地区的枪支鉴定标准来看，香港地区是7.077J/cm^2，台湾地区是20J/cm^2，俄罗斯是19J/cm^2，美国是21J/cm^2。与境外的标准相比，中国内地现行的枪支认定标准的确是过低了。当然，公安部门有权根据其对社会治安形势的理解和判断，调整禁枪的刑事政策，制定其认为必要的标准。但是，在目前因枪支标准过低而入罪的案件大量出

〔1〕参见车浩：《被害人视角下的“持枪抢劫”》，载《政治与法律》2010年第6期。

现的情况下,特别是当赵春华案这样的情形并非孤例时,公安部有必要就枪支管理政策和枪支标准,向公众做出合理的说明。尤其是,在2008年以前,非制式枪支鉴定标准是16J/cm^2,后调整为现在的1.8J/cm^2,不到原来标准的1/9。对此,公安部门更加需要正式说明和解释:在2008年前后,中国社会的治安状况和涉枪犯罪究竟出现了哪些重大变化,以至于有必要如此大幅度地修改枪支认定标准?作为枪支管理部门,当然可以修改具体标准,世界上也不存在一个唯一正确的普遍性标准。但是,由于枪支认定标准关涉无数公民的行动自由,甚至涉及承担刑事责任,因此,如果没有必须修改的重大原因,那就不宜忽高忽低,差距过大,而应当给予公众一个稳定的预期。否则,对枪支标准大幅度调整而又缺乏明确合理的说明,会让公民动辄得咎,无所适从,也会让人感到公权力的任性和傲慢。

三、非法持有枪支罪之"非法"

《刑法》第128条规定,"违反枪支管理规定,非法持有、私藏枪支、弹药……"该条文中对于持枪行为同时规定了"违反枪支管理规定"与"非法"条件。如何理解两者的关系?对此,关注的人似乎不多。但在笔者看来,这或许是正确理解非法持有枪支罪,进而适用于赵春华案的一个重要线索。

根据《枪支管理法》以及公安部制定的《判据》和《规定》等,在本案中,赵春华以摆设射击游戏摊为表现形式的持枪行为,不符合法律法规规定的持枪条件,其所持枪形物又符合了目前的枪支认定标准,因此,对于是否"违反了枪支管理规定"这一问题,回答应该是肯定的。问题是,即使违反枪支管理法规,是否就一定符合《刑法》第128条规定的"非法"持枪呢?或许会有人认为,"非法"不过就是"违反枪支管理规定"的重复表述,是对于持枪的禁止性强调而已。但是,既然立法者在"违反枪支管理规定"之后,又另外规定了“非法”的字眼，就不宜简单地把它评价为是多余的赘述。笔者认为，“非法”出现在非法持有枪支罪的构成要件中，有独立的意义和功能。它不是“违反枪支管理规定”的同义反复或提示性的注意规定，而是在认定完“违反枪支管理规定”的基础上，进一步把持枪行为放置在整个法秩序中加以考察，来最终判断行为的违法性。

简言之，“非法”持枪罪之“法”，不是指某一项具体的法律法规，而应当理解为整个法秩序。之所以这样解释，与非法持枪罪的行为类型密切相关。在社会生活中，很多行为本身并不具有天然的、绝对的侵害性质和危险性，难以轻易地被语言归纳和类型化；与之相应，也很难在立法技术上通过法条禁止某一种具体的行为模式，来达到一劳永逸的规制目标。对此，合理的构成要件，往往会在规定一个违反具体法律的封闭性条款之后，再辅以一个开放性的、能够容纳各种成文或不成文的“非法”要素，来进行整体的、消极的违法性筛除的判断。而非法持枪罪中的持有枪支，恰恰就是这样一种需要在整个法秩序中综合判断非法性的行为类型。

在赵春华案中，持有枪支的具体表现形式是摆射击摊位。什么是射击？它既有可能是军人在战场上的杀敌手段，也有可能指犯罪分子作案时的行凶方式，还有可能是作为老百姓娱乐文体活动的一种游戏。事实上，作为一项广受喜爱的民间体育活动，射击游戏的风俗自古有之。15 世纪，瑞士就曾经举办过火绳枪射击比赛。500 多年前，斯堪的纳维亚半岛兴起了跑鹿射击的游戏活动。19 世纪初期，欧洲一些国家还举行过对活鸽子射击的游戏，这些都是现代射击比赛的雏形。至于中国，就更不用说了。君王向来有围猎射击的乐趣。周时将“射”作为“六艺”教育之一，《礼记·内则》说“年十五学射御”。射是周礼的一个组成部分，“桑弧蓬矢六，射天地四方”，凡男子必须完成射的教育，“不能射是失礼和缺少才能的表现”。唐宋时期，射箭运动在民间广为开展。庙会、社火等集会时多有射箭比赛和表演，有步射也有骑射，有固定箭靶也有流动箭靶，甚至在马上以各种不同的动作完成射箭并准确中靶。[1]

这种旧时娱戏，一直延续到今天的社会生活中。射击工具也从弓箭扩大到气枪。从北京城到全国各地的小县城，在街道、公园、广场上，一些人流聚集、承载文娱生活功能的公共场所中，摆射击摊打气球或者其他各种形式的射击打靶游戏，随处可见。尤其到了过年、庙会等节日时，射击摊旁，人头攒动，枪法好或手气好的，连破几个气球，围观者啧啧称叹，甚至欢呼喝彩，百姓之乐，直在其中矣。作为一项民间和官方都广泛欢迎的体育活动，射击游戏在世界范围内喜闻乐见。从1896年第1届雅典奥运会开始，射击就是正式的比赛项目。1984年第23届奥运会上，射击运动员许海峰获得冠军，取得了中国奥运史上的第一枚金牌。在今天的世界范围内，中国已经成为在奥运会射击项目上领先的国家。受到上述历史传统和奥运比赛的影响，国人对射击游戏颇为喜爱。从各种供高端人士出没的射击俱乐部，到供草头百姓娱乐的街头巷尾的气球射击摊，人们端起枪来，瞄准击中目标的游戏乐趣，在扣动扳机的那一刻得到极大满足。

赵春华的持枪行为，就是在天津市河北区李公祠大街亲水平台附近摆设了一个射击游戏的摊位。它面向的对象，是那些可能消费不起高端的射击俱乐部，但是又喜欢玩射击游戏，愿意花几块钱来过过手瘾的普通百姓，为他们匆匆而过的庸常日子，提供一点物美价廉的娱乐活动。那么，这种摆射击摊的“持枪”行为，是否违反了整体性的法秩序，从而应当被认定为第128条的“非法”呢？对此的回答，应当是否定的。

刑法上的“非法”概念，所要维护的法秩序，不仅仅是各种成文

---

〔1〕 参见《旧时娱戏：辕门射戟　百步穿杨——中国古代的射箭运动》，载《光明日报》2011年8月11日。

法律规范的累积,而且还包括历史形成的、社会共同体成员生活在其中并共享的传统习惯和善良风俗,它们与国家的成文法一起,共同起着规范、协调、整合人们日常生活的功能。就此而言,“非法”不是指与某一项具体法律规定相抵触,而是指与包括成文要素和不成文要素的整个法秩序不相容。正是由于街头摊位上的射击游戏,已经成为国民文化生活传统和健康积极的娱乐体育运动的一部分,进入了普通人的日娱生活,逐渐内化为形成法秩序的土壤基础,因此,为了摆设游戏摊而必要的枪支持有,也被法秩序所接纳。这种持枪形式,即使违反了实定法意义上的枪支管理规定,但是在一个以维护和增进全体国民福祉为导向的整体性的法秩序评价中,仍然可以得到正当化。它并不是“非法”的。

这里的观点,通过一些经典的刑法理论,也能够得到支撑性论证。例如,规范性的行为人类型理论。在20世纪40年代,德国学者达姆曾经用类型化的方法,对构成要件中的“行为人”进行限缩性解释。达姆认为,基于挽救妇女的生命而对其实施堕胎手术的医生,不应按照堕胎罪对其惩罚。因为,这种情况下的医生,并不符合公众心目中“堕胎者”的形象。类似的情况包括,责打不听话的孩子,并不符合故意伤害罪中的“伤害者”形象;在亲友范围内传播闲话,并不符合诽谤罪中的“诽谤者”形象,等等。[1] 这种类型化解释的关键,在于看具体行为是否符合公众心中那种典型的行为人的行为方式,其他虽然实施了构成要件行为但是并不符合这一典型形象的行为人,则被排除出惩罚范围。按照这种解释方法,一个在街头摆设射击游戏摊来维持生计的妇女,显然不符合人们心目中“非法持枪者”的形象。

同样在20世纪40年代前后,德国学者韦尔策尔提出了社会相当性理论。在历史中形成的、属于社会生活共同体的道德体系内

---

〔1〕 Dahm, *Der Tätertyp im Strafrecht*, 1940, S. 43.

部的各种行为,具有社会相当性。例如,给作为国家工作人员的邮递员一些小礼物,这在人们的社会道德观念中都是被容忍和接受的。因此,这种行为从一开始就不符合构成要件,即使从法条规定的文字来看,能够将此类行为纳入。〔1〕按照这种理论,街头的射击游戏摊,在中国人的日常生活中,就属于一种历史形成的、有广泛接受基础的群众娱乐活动。它处在一般人的社会道德观念的允许范围之内,具有社会相当性。因此,即使从形式上符合文字规定,也应当将其排除在构成要件之外。

以上种种,都是刑法上一些经典的出罪理论。虽然古老,也未过时。当然,最重要的,还是要落实到我国《刑法》第128条的具体解释上。赵春华案促使我们思考,应当充分挖掘法条中明确规定的"非法"二字的法理内涵,把诸多理论的说服力融贯进"非法"的要素之中,从而通过一种以法条为中心的解释技术,来回应和实现公众心目中朴素的正义感。

最后还有一点说明。如果不同意对"非法"做出上述理解,那么在逻辑上,就会导出下面的结论:所有在街头射击游戏摊位上打过气枪的人,都涉嫌构成非法持枪罪。因为,每个游戏者在端起枪支射击时,都是在事实上支配和控制着那支枪,难以排除《刑法》第128条"持有"这个要素的。同时,这种枪支又符合了公安部制定的枪支标准,因而也无法排除"枪支"的要素。最后,这种在大街小巷、人流湍急的公共场所中无证持枪,也不可能得到"枪支管理法规"的认可。这样一来,就会出现全民皆兵的场景:所有玩过街头射击游戏的人,都符合"违反枪支管理规定"和"持有枪支"的刑法规定,都应当认定为非法持有枪支罪。但是,这显然是一个在刑事政策上不可接受的荒谬结论。没有人会在挑战一个自己也生活在其中的整体法秩序时,仍然感觉到妥当。对此,唯一合理的出罪解

---

〔1〕 Welzel, Studiem zum System des Strafrechts, *ZStW*58(1939).

释就是:在摊位上玩射击游戏的人们,与那些摆射击游戏摊谋生的赵春华们一样,他们的持枪,并不是"非法"的。

四、非法持有枪支罪之"错误"

在探讨了非法持枪罪的客观要件之后,接下来,结合赵春华案,再谈一下非法持枪罪的主观错误问题。

所谓错误,就是主体对于客体的一种虚假的认识,或者说是一个人对客体所形成的印象与事实之间出现偏差。简言之,错误就是主观认识与客观情况的不一致。〔1〕 在赵春华案中,赵春华的上诉理由和律师意见中提出,"赵春华始终认为自己持有的是玩具枪而非真枪,其对行为对象存在认识错误,不具备非法持有枪支罪的主观故意"。〔2〕 但是,二审法院并没有采纳该上诉理由和辩护意见,"涉案枪支外形与制式枪支高度相似,以压缩气体为动力,能正常发射,具有一定致伤力和危险性,且不能通过正常途径购买获得,上诉人赵春华对此明知,其在此情况下擅自持有,即具备犯罪故意。至于枪形物致伤力的具体程度,不影响主观故意的成立"。从媒体舆论关注的情况来看,赵春华案中的主观认识错误也是该案的一个焦点问题。需要说明的是,通常情况下,主观错误都是在客观方面诸要件符合之后,才有必要进行检验或者提出抗辩。因此,以下的讨论,是在承认赵春华的行为确实符合了非法持枪罪的客观要件的前提假设下展开的,尽管如上文所述,笔者并不这么认为。

一般而言,刑法上的错误,被分为构成要件事实认识错误与违法性认识错误两大类,它们对应着不同的认定规则与出罪效

---

〔1〕 Schönke/Schröder/Cramer/Perron, *StGB Kommentar*, 29. Aufl. 2014, §263, Rn. 33.

〔2〕 参见赵春华非法持有枪支案,天津市河北区人民法院刑事判决书,(2016)津0105刑初442号。

果。前者直接排除犯罪故意,得出无罪的结论。后者则需要考察错误的可避免性,起到减免责任的效果。《刑法》第128条规定的"枪支",实际上具有行政附属性,它不能由刑法法条本身直接解释而出,而是要依赖于《枪支管理法》及公安部的相关规定,因此,它不是一个纯粹事实性的要素,而是一个规范的构成要件要素。更准确地说,是一个法律评价要素。赵春华声称不知道自己摆摊的气枪,属于非法持有枪支罪中的"枪支"。如果这一错误为真,则属于对构成要件中的法律评价要素存在错误理解,误认为自己的行为不会满足这个要素,这在学理上被称为涵摄错误(Subsumtionsirrtum)。作为一种具体的错误类型,涵摄错误既有可能是构成要件错误,也有可能是违法性认识错误,还可能是一种不重要的刑事可罚性错误。[1]

关键取决于,行为人是否认识到了自己行为的社会意义。如果行为人虽然没有认识到标记行为的法律概念,但是已经理解了行为的社会意义,那么,这就仅仅是一个法律认识上的偏差,它不会影响到故意的认定。相反,当这种法律认识的偏误,已经影响和遮蔽了他对自己行为的社会意义的理解时,这就是一个事实认识错误,应当直接排除故意。在本案中,赵春华不知道自己摆摊用的气枪违反了枪支管理法规,没有认识到它们属于《刑法》第128条的"枪支",的确,这首先是一个法律方面的认识错误。但是,这个法律认识上的错误,可能已经影响到和遮蔽了赵春华对于自己行为的社会意义的认知。

这里涉及"外行人领域的平行评价"理论。[2] 简言之,认定行为人的犯罪故意,不要求其准确理解法律概念的规范含义,而是理

〔1〕 参见[德]克劳斯·罗克辛:《德国刑法学总论》(第1卷),王世洲译,法律出版社2005年版,第617页。

〔2〕 参见[德]克劳斯·罗克辛:《德国刑法学总论》(第1卷),王世洲译,法律出版社2005年版,第317页。

解了这些概念所要体现的社会意义内容即可。否则,就作为一个构成要件错误排除犯罪故意。根据生活经验可以合理推知,作为长期经营街头射击游戏摊的赵春华,不会认为她的摆摊行为会让那些来玩游戏和围观的群众产生巨大的恐慌和畏惧,会降低公众的安全感进而损害到公共安全。她甚至可能会感到困惑:刑法禁止非法持枪,打击的应该是那种掏出枪来,就会吓得周边人惊慌失色一哄而散的情形;而像街头摆射击摊这种老少咸宜喜闻乐见的游戏,它对于社会并无邪恶意义。当然,上述情形仅仅是笔者对赵春华心理认识的猜想。笔者不是法官,无法在法庭上结合各种证据对赵春华的内心想法作出判断。但是,仅就一个摆设街头射击游戏摊的摊贩对自己摆摊行为的社会意义的认知这一点而言,笔者相信,并没有背离一般的生活经验和常情常理,想来也应该会得到裁判者的认同。如果赵春华确实误解了摆射击摊的社会意义,那么,这种错误,已经不仅仅是一个不知道枪支管理规定方面的错误,而是一个对《刑法》第 14 条规定的"社会危害性"缺乏认识,这就是一个足以排除故意的事实认识错误了。

针对赵春华的主观错误的辩解,二审法官认为,"涉案枪支外形与制式枪支高度相似,以压缩气体为动力,能正常发射,具有一定致伤力和危险性,且不能通过正常途径购买获得,上诉人赵春华对此明知,其在此情况下擅自持有,即具备犯罪故意"。从这段话来看,法官仅仅是在强调,赵春华认识到自己持有的是客观上具有发射功能和致伤力的枪形物,但却忽略了,赵春华对于"持枪"所承载的社会意义内容(持枪的社会危害性)的认识。而恰恰是后者,决定了行为人是否具有非法持枪的犯罪故意。

上文讨论的,是赵春华案涉及的第一个错误问题,即没有认识到自己所持的枪形物是刑法禁止持有的"枪支"。其实,从媒体报道和舆论关注的焦点来看,很多人不是关注"枪支"问题,而是认为,因摆射击摊而持枪的行为根本算不上什么违法犯罪。如果我们假设这种行为在客观上确实是违法的,那么,这就引出一个违法性认识错误的问题了。

成立犯罪是否需要具备违法性认识,对此存在两种截然相反的观点。自20世纪80年代以来,通说否认成立犯罪需要具备违法性认识。[1] 这种观点的逻辑贯彻到底,在法律后果上就是不知法者不免责。持论理由首先是推定人们都应当认识法律;其次,是在实践层面担忧违法性认识错误会成为罪犯任意辩护的保护伞,导致"给司法机关带来麻烦,不利于同犯罪作斗争"。[2] "违法性认识不要说"强调从刑事政策的角度考虑刑法规制的效果,特别是基于一般预防的思想的考虑,就完全压制了违法性认识的生存空间。相反,自2000年以来,越来越多的学者开始强调违法性认识对于犯罪成立的必要性。不考虑违法性认识被批评"是一种国家权威主义的立场"。[3] "违法性认识必要说"的逻辑是,知法推定的神话已经瓦解,从责任主义的角度来看,对于不知法者发动刑罚缺乏正当性。[4]

违法性认识的必要性之争,应当放在中国社会在过去的半个多世纪中经历了从无法可依到法定犯剧增的历史变迁背景中去理解。1997年《刑法》修订之后,随着中国社会各个领域改革进程的深入,大量超出核心刑法领域的、仅凭日常普通人的生活常识难以轻易而知的法定犯规定不断涌现,修法频率日益加快,价值观逐渐

---

〔1〕 杨春洗、杨敦先主编:《中国刑法论》,北京大学出版社1994年版,第94页;高铭暄主编:《刑法学原理》(第2卷),中国人民大学出版社1993年版,第132页。

〔2〕 赵秉志主编:《刑法争议问题研究》,河南人民出版社1996年版,第303页。

〔3〕 周光权:《违法性认识不是故意的要素》,载《中国法学》2006年第1期。

〔4〕 "公民对法律的不知乃至于误解均是国家不教之过。在这种情况下,就不应当将其不利后果转嫁给公民个人。"陈兴良:《违法性认识研究》,载《中国法学》2005年第4期。

多元,法律秩序边界的不稳定程度也渐次提升,未能认识或难以及时认识法律的“法盲”数量剧增。此时再坚持“违法性认识不要说”的观念,就必然会与现代法治要求的责任主义原则发生冲突。当这一冲突大面积存在时,甚至会严重危及整个法律秩序的正当性基础。

近年来,中国社会出现了多起影响力巨大的刑事案件。除了赵春华摆射击摊被判非法持枪案之外,还有诸如“郑州大学生暑假掏鸟窝被判十年半”的案件(2015 年)、内蒙古农民王力军无证收购玉米被判非法经营案(2016 年)、河南秦某采摘兰草被判非法采伐国家重点保护植物案(2017 年)、深圳王鹏养售鹦鹉被判非法出售珍贵濒危野生动物案(2017 年)等。与赵春华案类似,这些轰动性案件的共性是,被告人辩称“没想到或不认为自己的行为是犯罪”的说法得到舆论广泛同情。公众普遍感觉到自己与案件的被告人一样,对于涉案的违法性问题存在错误甚至无知。而法院罔顾被告人“不知违法”的辩解而直接得出有罪结论,与普通民众的正义直觉产生了激烈对立。舆情显示,很多人对被告人的行为构成犯罪感到错愕,由此对司法判决的定罪结论产生强烈质疑和抵触。

这一堪忧的状况值得司法者深思。如果刑法适用不考虑普通人的正义直觉,就会降低它的道德信誉,也会降低普通人守法约束的水平。[1] 然而,在当前的司法实践中,由于司法者缺乏对违法性认识的重视以及解决问题的技术渠道,这种冲突往往又被进一步简化和渲染成舆情审判与司法独立的紧张,最终导致司法权威的逐渐削弱,以及犯罪控制能力的整体性下降。事实上,国内学界近年来已经对违法性认识错误减免责任的理论技术展开了深入

---

〔1〕 关于大众正义直觉与公民守法约束水平的关系,参见 Tom R. Tyler, *Why People Obey the Law*, Princeton University Press, 1990, p. 65。

的研究,[1]但是,由于缺乏立法上的明确支持,因而也并没有得到实务工作者的足够重视,以至于面对大量聚焦于法律认识错误的影响性案件,司法机关要么僵化处理,要么感到束手无策,出罪无门。在赵春华非法持枪案中,即使一审法院坚持认为赵春华的行为符合非法持枪罪的构成要件,但是,如果法官能够考虑"赵春华没想到自己的行为是违法犯罪"这一显而易见且能够被普遍接受的违法性认识错误,积极运用相关理论作出减免其责任的判决,那么,该案就不会引起后续的公众关注和民意反弹,司法机关也不会承受巨大压力,陷入被舆论批评的被动境地。

中国社会的刑事治理已经进入法定犯时代,违法性认识错误的案件必将越来越多。在违法性认识错误的研究成果已渐成积累的情况下,期待焦点案件形成倒逼压力,促使学界与实务界共同努力,推动理论与实践脱钩的局面发生改变。

五、结语

《刑法》第128条规定的非法持有枪支罪,是一个在以往很少得到理论重视的罪名。赵春华案在很大程度上激活了对这一罪名的深入研究。公众对赵春华案的关注,反映出一种朴素而伟大的正义感。如何回应这种正义感的诉求,是法学理论界与实务界的共同任务。法谚有云,"法律是关于公正与善良的艺术"。对公正与善良的追求,是法律人与普通人共享的东西。朴素的正义直觉,每一个人都有,那不是法律人有别于普通人之处。而通过解释与适用法律的技艺,回应和实现公众的正义感,这才是法律人存在的价值,也是赵春华案带给每一个法律理论工作者和实务工作者的激励。以上对非法持枪罪的构成要件的研究,即为这种激励之下的一种努力。

---

〔1〕 参见车浩:《法定犯时代的违法性认识错误》,载《清华法学》2015年第4期;孙国祥:《违法性认识错误的不可避免性及其认定》,载《中外法学》2016年第3期。

第十一章　周正龙案：诈骗罪中的被害人错误

华南虎照事件发展至今，真可以说是闹剧与真理齐飞，高潮共疑团一色。挺虎派与打虎派半斤八两地对抗了半年之久，各方摄影高手和科技能人纷纷上场，但最终也没有一个压倒性的说法呈现给社会。[1] 当人们从科学辩论的角度对“周老虎”逐渐无能为力时，法律登场了。2008 年 6 月 29 日，陕西省政府召开新闻发布会，宣布周正龙拍摄的“华南虎”照片是一个用老虎画拍摄的假虎照，周正龙已经被公安机关以涉嫌诈骗罪报请检察机关批准逮捕。[2] 对这一多方瞩目的案件，笔者拟从诈骗罪中的被害人角度对各种可能出现的情况进行分析。

诈骗罪是最典型的犯罪人——被害人互动型的犯罪，它既不同于直接对被害人身体或精神实施强制的财产犯罪（如抢劫），也不同于正面回避和躲闪被害人的财产犯罪（如盗窃），诈骗的成功，是行为人与被害人“面对面”甚至是“光明正大”地进行沟通和交易，在被害人的“积极配合”下，以一种非暴力的方式和平完成的。

---

〔1〕 关于华南虎照片事件的整个过程和各方新闻及评论，载 http://news.sina.com.cn/z/hnhzhpyy/index.shtml，最后访问日期：2017 年 6 月 30 日。

〔2〕《陕西通报华南虎事件调查处理结果》，载 http://news.sina.com.cn/c/2008-06-29/113215837540.shtml，最后访问日期：2017 年 6 月 30 日。

没有被害人“自愿”交付财物，行为人诈术再高超，犯罪也不可能既遂。绝大部分犯罪类型都存在被害人，但是只有诈骗罪中的被害人具有如此戏剧性的“合作伙伴”的特征；没有被害人的“合作”，行为人永远无法成功；对诈骗罪的既遂起着决定性作用的往往不是行为人的诈术，而是被害人陷入错误之后的自愿交付。正是因为这一点，诈骗罪是刑法分则中一类极其特殊的犯罪，有学者甚至将其称为行为人与被害人之间的“斗智”。[1]

但是，诈骗罪具有“双方合作性”，这一鲜明特征以往并没有得到我国刑法学界的充分重视；理论上的注意力主要集中在行为人的“诈骗”行为，而对于被害人在诈骗罪中如何“被骗”则基本上是一带而过。不过，随着近年来司法实践中各种新型诈骗案件层出不穷，以往的理论常常不能提供圆满的解释，诈骗罪中的被害人因素开始越来越得到学界的重视。以华南虎照片一案为例，周正龙以合成照片假冒实拍照骗取奖金 2 万元，所使用诈术方法没有争议（没有不作为欺诈等争点），所骗取财物也没有争议（没有经济价值上的争点），所欺骗的事实也没有争议（没有将来事实或价值判断等争点），因此，如果仅仅把目光聚焦在周正龙身上，华南虎照案似乎是一桩简单明了的诈骗案。但实际情况可能并没有看起来这么简单，这桩案件的疑点不在行为人身上，而是在受骗者和被害人身上。笔者拟采用国内外刑法理论上关于诈骗罪的一些基本共识和最新观点，来从法理上探讨华南虎照事件中作为被害人和受骗者一方的林业厅及其官员对周正龙定罪量刑的影响。

一、被害人与受骗者的区分

我国《刑法》第 266 条对诈骗罪构成要件的描述极其简略，只

---

〔1〕 林钰雄：《刑法与刑诉之交错适用》，中国人民大学出版社 2009 年版，第 284 页。

有“诈骗公私财物,数额较大”几个字,但是各国的刑法理论和实践都普遍认为,诈骗罪在客观上表现为一个特定的行为发展过程:行为人实施诈术—对方陷入或维持错误—对方基于错误处分财物—行为人取得或者使第三人取得财物—被害人遭受财产损失。[1] 诈骗罪的这个基本结构,已成为国外刑法学界的基本共识,也逐渐得到国内学者的接受、传播和进一步的研究。

绝大多数情况下,诈骗罪中的受骗者就是被害人。换言之,诈术直接欺骗的对象和财物损失者是同一人。但是,从诈骗罪的基本构造来看,受骗者和被害人也可以是不同的人。“因为诈骗罪的本质是基于他人的意思瑕疵而非法取得财物,所以,只要具有基于处分权人的意思取得财物的事实即为已足,是否基于财物所有人或占有人的意思取得财物,在所不问。”[2] 刑法理论上将这种受骗者与被害人不同一的情形称为“三角诈骗”。[3] 例如,欺骗某银行的支行长而获得融资,则受骗者和处分财物人均为该行长,而被害人则是银行。[4] 在华南虎事件中,周正龙被警方认为涉嫌诈骗罪,用年画合成的照片来冒充实拍的真老虎照片。如果这一指控最终成立,那么周的行为所直接欺骗的对象是陕西省林业厅的官员,这些官员就属于诈骗罪基本结构中的“对方”,也就是“受骗者”。但是,这些官员却并不是诈骗罪的被害人,因为诈骗的财物是林业厅的奖金2万元,这2万元从性质上讲属于陕西省林业厅所有,并不属于任何一个官员个人所有,受骗的官员最多只是受到行政处分

---

〔1〕 参见张明楷:《诈骗罪与金融诈骗罪研究》,清华大学出版社2006年版,第8页。

〔2〕 陈兴良、周光权:《刑法学的现代展开Ⅰ》(第2版),中国人民大学出版社2015年版,第516页。

〔3〕 关于“三角诈骗”的具体阐述可参见张明楷:《论三角诈骗》,载《法学研究》2004年第2期。

〔4〕 [日]西田典之:《日本刑法各论》(第6版),刘明祥、王昭武译,法律出版社2013年版,第208页。

（当然也可能构成犯罪），但是并不会遭受任何的个人财产损失。因此，这里的被害人是作为官方单位的陕西省林业厅，而受骗者则是涉案的具体官员。

至于为什么不宜将林业厅直接看做“受骗者”，道理与机器不能成为诈骗罪中的受骗者是一样的，[1]林业厅作为一个单位，与机器一样，缺乏在交易互动过程中所需要的认知能力，也无所谓思考、辨别或怀疑，因此不会“陷入错误”。[2] 此外，还需要注意的是，理论上一般认为，在被害人和受骗者不同一的情况下，二者之间必须存在某种关联；如果二者之间毫无关系，那么不成立诈骗罪，而是成立盗窃罪的间接正犯。[3] 被害人和受骗者之间究竟需要何种关系，刑法理论上主要存在事实贴近说、规范贴近说、权限说三种意见，[4]但是就周正龙的案件而言，无论以哪一种意见作为衡量标准，林业厅的官员都具有处分 2 万元奖金的地位和权限，也就是说，尽管本案中受骗者和被害人不同一，但二者之间的关系足以满足诈骗罪的要求，这一点是毋庸置疑的。

二、非基于错误的处分财产

在诈骗罪的基本结构中，受骗者陷入错误并因此处分财物是一个中心环节。“对方基于认识错误处分财产，虽然在一些国家的刑法典中没有规定，但理论界大都认为这是构成诈骗罪的必备要

---

〔1〕 对机器能否成为诈骗罪的对象，理论上存在争议，肯定的观点参见刘宪权主编：《中国刑法理论前沿问题研究》，人民出版社 2005 年版，第 620 页以下。

〔2〕 单位可以成为犯罪主体，但是这并不意味着就可以直接反推出单位也可以成为诈骗罪中的受骗者，原因是诈骗罪中的受骗者角色非常活跃，其对诈术的相信或怀疑程度可以影响到该罪的成立或既遂，因此其思维过程非常重要，要想对此深入分析，必须将其具体化到个人身上，单位作为一个抽象的符号不具有这种人格化特征和分析的可能。

〔3〕 林东茂：《刑法综览》，台北，一品文化出版社 2007 年版，第 169 页。

〔4〕 Vgl. Hillenkamp, 40 *Probleme aus dem Strafrecht Besonderer Teil*, 2013, 12. Aufl., S. 160ff.

件”,“也是诈骗罪与其他侵犯财产罪区别的关键。”[1]值得研究的问题是,实施欺诈行为,但是对方并未陷入错误,而是基于其他原因交付财物的,如何处理?例如,A 欺骗邻居 B 说自己身有重病,但是经济困难,无钱医治,因此愿意将祖传的宋代紫砂壶低价出卖,B 看出紫砂壶是赝品,但是觉得 A 年逾七十,还出来行骗,也很可怜,加之又是邻居,于是也没有说破,出 2000 元买下假壶,对 A 的行为如何认定?我国学者认为,“实施欺诈行为,但尚未使对方陷入错误,对方只是基于怜悯、不堪烦扰等原因交付财物的,欺诈行为和财物转移之间的因果关系欠缺,构成诈骗罪的未遂”。[2]

笔者认为,因对方未陷入错误而导致诈骗未遂,这个判断的依据是因为出现了“反常的、偏离的因果历程”,该判断是在客观归责领域的“风险实现”阶段进行的。

从犯罪认定的逻辑过程来看,一般是先考察客观构成要件部分,然后是主观构成要件部分,要言之,需要遵循“客观—主观”的顺序。而客观构成要件的重要一环就是因果关系和客观归责。“必须先澄清行为与结果的关系,才能进一步检验,此因果关系是行为人故意引发或过失造成。行为与结果若缺乏因果关联,则不成立过失犯,但在故意犯的范畴里仍有讨论余地,因为可能成立未遂。”[3]按照德国刑法学界的通说,因果关系与客观归责是一个整体的两个层次。在因果关系层次,考虑行为是否是造成结果的“原因或条件”的问题,以条件理论作为判断基准;在归责层次,考虑结果是否可以作为行为人的“作品”而对其归责,判断基准是客观归责理论。[4] 在客观归责阶段,又有三个基本规则依序检查:是否制

---

〔1〕 刘宪权主编:《中国刑法理论前沿问题研究》,人民出版社 2005 年版,第 617~618 页。

〔2〕 陈兴良、周光权:《刑法学的现代展开 Ⅰ》(第 2 版),中国人民大学出版社 2015 年版,第 516 页。

〔3〕 林东茂:《刑法综览》,台北,一品文化出版社 2007 年版,第 87 页。

〔4〕 Vgl. Wessels/Beulke/Satzger, *Strafrecht AT*, 46. Aufl., 2016, Rn. 217ff.

造法所不容许的风险、该风险是否实现、因果历程是否落在构成要件的效力范畴内。其中,“风险实现”的判断要求,结果必须是被法所不容许的风险引起的,才可以将结果归责于风险行为;结果虽然发生,但并非是基于该风险所导致者,则不能对其归责。具体而言,结果与行为之间必须具有“常态的关联”,始可认定风险业已实现;如果结果与行为之间发生了重大的关系偏离,结果是基于反常的因果历程而发生的,那么结果的发生就不是先前行为人所制造的风险的实现,而这种反常的因果历程可以排除客观归责。〔1〕

依照上述理论检验诈骗行为中对方未陷入错误的情形。首先,在因果关系层次,若没有行为人实施诈术,最后无论如何也不会出现对方交付财物的后果,因此依条件理论,实施诈术和交付财物之间,是存在因果关系的,这一点并不以对方是否“基于错误”才交付财物而转移。其次,在客观归责层次,行为人实施欺诈行为,试图使对方陷入错误,这的确是制造了一个法所不容许的风险。不过,当对方并不是由于诈术而陷入错误(而是基于其他原因),进而交付财物时,这个风险与交付财物的结果之间的关联就是一种重大的偏离,是一种反常的因果历程,因而不能将交付财物的结果归责于实施诈术的行为人。既然客观归责不能成立,就意味着诈骗罪的客观构成要件没有齐备。而犯罪行为尚未既遂,也就是成文的或不成文的犯罪构成要件尚未完全实现的情形。因此,诈骗罪的既遂,不仅要求对方处分了财物,而且必须是基于(行为人的诈术所引起或维持的)错误而处分的,否则无法对其进行客观归责,客观构成要件部分不齐备,只能成立诈骗未遂。

现在再回过头来看华南虎照的案件。判断周的欺诈行为是否

〔1〕 Wessels/Beulke/Satzger, *Strafrecht AT*, 46. Aufl., 2016, Rn. 196ff. 我国学者对客观归责理论的详细阐述,参见陈兴良:《从归因到归责:客观归责理论研究》,载《法学研究》2006年第2期;批评意见,参见周光权:《刑法总论》,中国人民大学出版社2007年版,第156页以下。

构成既遂,除了其是否取得奖金外,关键还要看能否将林业厅官员交付奖金的结果归责于周正龙的欺诈行为。按照一般的“想当然尔”的思维,林业厅官员之所以交付财物,是因为受到周正龙诈术的误导而陷入错误,误假虎照为真虎照,以为周正龙真的拍到了华南虎,因而支付了2万元的奖金。如果这样的话,那么受骗者基于错误而处分财物,因果关系和客观归责都是成立的,周取得财物当然构成既遂。不过,这只是一种“想当然”,华南虎照案件并没有这么简单,法官在判断的时候必须充分考虑到该案复杂的社会背景,不能想当然地只考虑周的行为本身,必须同样充分地观察扮演受骗者角色的林业厅官员的心理活动。

消失21年、全球不到20只、已经濒临灭绝的华南虎再次现身,究竟意味着什么?一方面,正如很多媒体已经披露的那样,是否真的发现了华南虎,牵扯到陕西省林业系统和各级政府的多方利益。对于镇坪县林业局来说,“林业系统资金缺乏,很多工作难以开展,比如巡查的设备、补贴难以到位导致这项工作难以执行,保护工作大打折扣。这让林业官员们很无奈,而一旦镇坪县重新发现华南虎,镇坪申请华南虎保护区成功,从前的问题都迎刃而解”。对镇坪县政府来说,发现华南虎就意味着作为全国贫困县的镇坪县从此有了最优质的旅游资源,自从周正龙声称拍到华南虎照片后,镇坪县县长在7月18日的《安康日报》上发表文章《虎啸镇坪》,写道,“在镇坪尽快建立野生华南虎自然保护区,是我们的迫切期待”。而迫切期待建立国家级自然保护区,不仅是镇坪县林业局、镇坪县政府的心愿,更是陕西省林业厅的心愿。[1] 总之,华南虎照片的背后,是一系列的利益链条。“对周正龙来说,是一夜成为百万富翁的致富梦想;对镇坪县来说,是最好的名片,‘闻华南虎啸’已经上了巨幅广告牌;对陕西省来说,是生态保护成就的最重要体

〔1〕《华南虎照背后的保护区利益冲动》,载《京华时报》2008年7月4日。

现；而对国家来说，标志着这种仅产于中国的动物还未灭绝。"[1]另一方面，大部分媒体和网友质疑的是，为什么一张可以轻易识破的假照片会把这么多陕西省官员欺骗？“为什么周正龙可以如此轻易地凭假照蒙混过关，并获得奖状和奖金呢？"[2]华南虎照在网上流传后，经过各方技术鉴定和辩论，虎照为假的声音已经成为压倒性的意见，尤其在2007年11月16日，有网友在天涯上公布了老虎年画之后，打虎派更是欢呼打虎成功，但是即使到那时候，陕西省林业厅官员仍然坚持虎照为真。

这一切，很自然让人们有理由怀疑：陕西省各级官员是否真的被假照片所欺骗？有没有可能是在利益的驱动下，明知照片为假也不说破，而是“难得糊涂”，假装陷入错误，暗暗希望假虎照能一路蒙混过关，最终为镇坪县和陕西省赢得国家自然保护区的巨大资源？与这些巨大资源相比，假装受骗发给周正龙的2万元奖金当然只是小儿科了。

笔者承认，这种一种推测可能会有“诛心之论”的嫌疑；但它并不是空穴来风、毫无道理的。当然，一切推测最终都必须用证据说话，此处只是意在提醒，法官应该全面地考虑各种可能，如果连这种明显可能的推测也不予考虑，那么只能说明还未在进入证据检验阶段之前，法官已经是在选择性司法了。既然身为农民的周正龙有可能为了2万元奖金造假，那么身为国家工作人员的各级官员也完全可能为了更大的利益容忍造假。法律面前人人平等，法官在审理案件时，必须同样地对待每一个有可能影响定罪量刑的细节，无论它是周正龙的诈术方法，还是存在于各级官员的心理活动。

在华南虎照案中，周正龙通过老虎年画造假的行为，意味着周已经着手实施欺诈行为；但是，周正龙得到2万元奖金，并不能就充分地说明诈骗罪已经既遂。那种“周主观上有诈骗的故意，客观

---

〔1〕《疯狂的老虎——华南虎照片衍生利益链条》，载《南方周末》2007年10月27日。

〔2〕《周正龙是地方经济利益牺牲品》，载香港《大公报》2008年7月7日。

上也获取了想要诈骗的财物,因而成立诈骗罪既遂”的说法,过于表面化和粗糙了,是经不起推敲的。如果要想认定周正龙最终成立诈骗既遂,那么法官就必须考察,陕西省相关官员是否真的“陷入了错误”?周正龙获得的2万元与其所实施的诈术之间是否有反常、偏离的因果历程?林业厅的财产损失是否是由周正龙所制造的风险导致的?如果出现上文所推测的情形,明知为假却不说破,而是为了更大利益,假装被骗而颁发奖金时,就意味着相关官员并没有“陷入错误”,也就不能将财产损失的结果归责于周正龙。在这种情况下,周的行为只能成立诈骗未遂。

三、错误程度对定罪量刑的影响

当陕西省官员完全没有陷入错误,而是明知为假仍然发放奖金时,周正龙的行为只成立诈骗未遂;但更有可能出现的情况是,虎照是真是假,陕西省官员内心其实是存在疑惑的,或者说,是在半信半疑的情况下,承认虎照为真,并颁发了2万元奖金。在这种情况下,受骗者的心理状态是否属于“陷入错误”?

这是近年来刑法理论上一个争议非常大的问题。按照传统的观点,受骗者对行为人的欺骗行为存在怀疑时,原则上并不妨碍陷入认识错误的认定。德国文献上的多数见解都认为,在构成要件层面考量被害人是否有共同过错的问题是没有必要的。不仅在受骗者完全相信行为人所陈述的事实时,存在诈骗罪所要求的错误;甚至在受骗者已经有些许怀疑,但是仍处分财产时,也是如此。因为重要的不是受骗者有没有足够的注意,而是事实上就发生了这样的侵害事实。就算受骗者非常极端地容易相信他人甚至有过失时,欺骗行为与陷入错误之间的因果脉络也不会中断。[1] 至于受

---

〔1〕 Vgl. Schönke/Schröder/Cramer, *StGB Kommentar*, 29. Aufl., 2014, § 263, Rn. 40.

骗者对行为人陈述事项半信半疑或其本身具有轻信的性格，这些情况只能透过个案，在刑罚裁量时妥善考虑行为人犯罪的能量或通过停止刑事程序的可能性来解决。[1] 德国法院实务见解也认为，这些情况只是在刑罚裁量的部分具有重要性，“如果由于他人的漫不经心、疏忽的行为，而使得被告的行为变得比较容易成功的话，就可以推断出被告对于犯罪行为所必要投入的及事实上所投入的犯罪能量较低，因此需要考虑减轻刑罚。”[2]

但是，近年来反对通说的声音越来越强大。很多学者不满足于在刑罚裁量阶段考虑被害人因素，而是在刑法教义学上，以“被害人共同负责”的想法来限缩诈骗罪的构成要件。所谓“被害人教义学”的思路来自犯罪学中对被害人学的研究成果：在互动式的犯罪类型中，被害人的行为对行为人影响非常大。受此启发，一些学者认为，可以用所谓的“被害人教义学”来解释构成要件，在具体个案中判断刑法保护是否有必要。因为刑法对于利益侵害，仅仅具有最后发动的补充性功能，当使用刑法之外的手段或者较轻微的手段无法同样地保护法益时，该法益才具有刑法的应保护性。因此，刑法是否提供保护，应该取决于法益持有者的应保护性与需保护性。从刑法的最后手段原则来看，如果被害人能够自己保护自己，刑法就不适合再提供保护。[3]

由此可见，“被害人教义学”是将犯罪学上对被害人行为的研

---

〔1〕 Maurach/Schröder/Maiwald, *Strafrecht BT* Ⅰ, 10. Aufl., 2009, § 41 Ⅱ, Rn. 68.

〔2〕 BGH, StV1983, 326.

〔3〕 Vgl. Amelung, Irrtum und Zweifel des Getäuschten beim Betrug, *GA*1977; R. Hassemer, *Schutzbedürftigkeit des Opfers und Strafrechtsdogmatik*, *zugleich ein Beitrag zur Auslegung des Irrtumsmerkmals in § 263 StGB*, 1981, 1981. 批评意见，可参见[德]克劳斯·罗克辛：《德国刑法学总论》（第1卷），王世洲译，法律出版社2005年版，第393～395页；张明楷：《诈骗罪与金融诈骗罪研究》，清华大学出版社2006年版，第116页以下。

究成果用来限缩解释构成要件,其中主要应用于对诈骗罪的解释。随着这种理论思潮的深入和多元,在诈骗罪的问题上,主要发展出两个方向:一是被害人的怀疑是否属于“陷入错误”;二是要排除简单、拙劣的欺骗行为。

就第一个方向,阿梅隆认为,在诈骗的场合,如果客观上存在足以令人怀疑的事实,被害人主观上也确实产生了怀疑,却仍然交付财物,便可以认为被害人在足以保护其法益的情况下不予保护,在评价上属于涉及风险的投机行为,缺乏刑法保护的必要性,故不符合陷入错误的要件。[1] 诈骗罪中的“错误”概念的目的,是要实现刑法法益保护的补充性原则。被害人处分财产前,具有比使用刑法更轻微的方式保护财产的可能性,如询问查明、要求担保甚至放弃交易。因此,阿梅隆认为,对于那些有“具体根据”的怀疑,应该被排除在错误概念之外。所谓的“具体根据”,包括事实陈述前后矛盾或行为人的特殊人格特质如爱说谎等。[2] 在这些场合下,被害人并不是行为人的工具,而是可以被期待去谨慎交易并采取自我保护的措施,有能力使自己免于受害,此时再用刑法对被害人进行保护就是没有必要的。

布莱(Blei)原则上同意阿梅隆的看法,认为欺骗行为如果无法使相对人产生确信,而只让他产生怀疑的话,就不应被诈骗罪惩罚。但是,布莱不同意由对“错误”进行解释的角度来引申出这样的结论,而是从否定怀疑与财产处分之间的因果关系的角度来论

---

〔1〕 林钰雄、王梅英:《从被害者学谈刑法欺诈罪》,载林钰雄:《刑事法理论与实践》,台北,元照出版公司2001年版,第159页以下。

〔2〕 Amelung, Irrtum und Zweifel des Getaeuschten beim Betrug, *GA*1977, S. 3, 6,7. 同样支持被害人教义学的哈塞默(Hassemer)不同意“具体根据”的说法,他认为,重要的是法益持有者如何看待所欺骗事项的真实性,至于他为什么会这样看待并不重要,因此判断的基准不是怀疑的根据在客观上是否具体,而是被害人认识的结果。Vgl. R. Hassemer, *Schutzbedürftigkeit des Opfers und Strafrechtsdogmatik, zugleich ein Beitrag zur Auslegung des Irrtumsmerkmals in* §263 *StGB*, 1981, S. 153.

述。如果对行为人陈述事项的怀疑让财产处分者有机会保护自己免于损害的话,就欠缺构成要件的因果关系。[1]

被害人教义学的第二个思路方向,是认为对于简单、拙劣、容易识破的欺诈行为,应该排除在诈骗罪的构成要件范围之外。例如,瑙克(Naucke)认为,以往的通说之所以不区分不同欺骗行为的程度,是为了要保护交易中的无助者、法律事务往来中的无经验者和容易被骗者,但这样一来,刑法就要承担起全面性地培训法律行为交往能力的任务,而这对于刑法而言,是一项过于奢侈的工作。因此,刑法不可能提供给愚笨者和缺乏生活经验者任何帮助,而是应该让他们有机会去自我训练自己的决断能力,刑法并不是用来训练智力和弥补安全感的工具。[2] 这种观点的实质就是,如果人们去信任那些明显拙劣和虚假的骗术,那么刑法就没有保护这种信任的必要;只有那些复杂、不容易被发现的欺骗行为,才具有可罚性。

按照诈骗罪中的被害人教义学,再来观察华南虎照案,会有一些新的启发。

从假虎照的欺骗程度来看,不能认为这是一种"简单、拙劣"的骗术,亦不能由此得出林业厅官员被骗活该所以不应保护的结论。尽管网上有很多网友认为,周正龙的照片为假是显而易见的,是非常容易识破的,但是中立、客观地看,在整个事件发展过程中,"打虎派"和"挺虎派"展开了针锋相对的辩论,辩论过程中双方都显示了各自有利的证据。美国《科学》杂志发表虎照真假之争的报道,采取了一种谨慎地客观报道的方式,对虎照究竟是真是假没有发表意见;挺虎派阵营里有多位专家坚持虎照为真;即使在立场上倾

---

〔1〕 Vgl. Blei, *Strafrecht BT* Ⅱ, 12. Aufl., 1983, S. 227.

〔2〕 Vgl. *Naucke*, Der kausalzusammenhang zwischen Täuschung und Irrtum beim Betrug, inBaumann/Tiedemann(Hrsg.): *Einheit und Vielfalt des Strafrechts*, *Festschrift für Karl Peters zum* 70. *Geburtstag*, 1974, S. 117f.

向虎照为假的一些专家,也认为照片造假技术非常高超,很难识破。另外,即使周正龙提供的虎照为假,但是时间长达近一年的激烈争论,仍有这么多官员坚持虎照为真,也从一个侧面说明所谓“简单、拙劣、非常容易识破”之说只是打虎派在修辞上的一种情绪化表达。

但是,诈术欺骗性程度高低是一回事,是否对此进行过认真鉴别则是另一回事。对虎照真假进行如此细致的对质,这主要是发生在公布虎照并奖励周正龙之后的事情。事实上,从周正龙声称拍到虎照的时间(10 月 3 日)到陕西省林业厅召开新闻发布会宣布发现华南虎并奖励周的时间,不过间隔 9 天,在这短短的 9 天里,“镇坪县林业局没有去现场勘验核实,虚拟了勘验报告;省林业厅信息宣传中心主任仅仅凭借个人摄影经验,简单查看虎照,就草率认定虎照真实;省林业厅副厅长朱巨龙在听取汇报后,就直接认定虎照为真,并同意召开发布会和奖励周正龙 2 万元”。〔1〕 在 2008 年 6 月 29 日陕西省政府召开的新闻发布会上,新闻发言人徐春华批评说,“省林业厅在没有派员进行实地调查、也没有进行严格科学鉴定的情况下,宣布镇坪县发现野生华南虎,公布了周正龙提供的两张华南虎照片,引起了公众和媒体的广泛质疑和批评”。〔2〕 由此可见,陕西省林业厅在向周正龙颁发 2 万元之前,并没有尽到应尽的严格审查义务。

更重要的是,现在还不得而知,陕西省林业厅在向周颁发 2 万元奖金之前,对虎照真假是否有过怀疑。一名陕西省政府官员表示,“如果真有野生华南虎这肯定是一件好事,一些干部主观倾向

〔1〕《图表:“周老虎”事件官员失职经过》,载 http://news.sina.com.cn/z/hnhzhpyy/index.shtml,最后访问日期:2017 年 6 月 30 日。

〔2〕《陕西通报华南虎事件调查处理结果》,载 http://news.sina.com.cn/c/2008-06-29/113215837540.shtml,最后访问日期:2017 年 6 月 30 日。

于虎照是真的。”[1]如果有证据表明(如会议记录),在面对虎照时,林业厅官员原本表现出怀疑的甚至是半信半疑的态度,只是因为“是件好事”而主观上宁愿相信其为真,那么就意味着林业厅官员在心理上并没有完全陷入错误。如果林业厅官员具有半信半疑的矛盾或犹豫的心理,而客观上又完全具备仔细、严格核查的时间和条件(至少没有规定要求必须在9天之内公布),但是在尽快获得国家自然保护区资源的巨大利益的驱使下邀功心切,[2]从而主动放弃了进一步审查的可能,那么,这种受骗就因其本可避免而不具有刑法保护的必要性。因为在刑法介入之前,作为财产损失人的陕西省林业厅本来有机会和能力去自我保护,只要不是那么急于宣布虎照为真的结论,而是先将虎照送去进行严格的科学鉴定,或者放在网上公之于众收集各种鉴别意见,也许就不会那么轻易地被骗,也当然没有2万元的经济损失。被害人舍弃本可以充分使用的自我保护手段,而基于投机心理贸然投身风险,从而遭受财产损失的,国家就没有必要再大费周折再对其保护了。因此,笔者认为,这种情况下的诈骗行为,因缺乏“陷入错误”的要件而使得对行为人客观归责的流程中断,只能成立诈骗未遂。

四、从受骗者到犯罪人?

自从陕西省公布虎照为假之后,很多人质疑,周正龙是否具有这么高明的PS技术,仅仅凭借周一人是否能制造出如此高明的假照片,是否存在周与其他官员合谋造假的可能?这种情形意味着相关官员从一开始就不是受骗者,而是共犯,但是这已经超出了这里讨论受骗者和被害人的范围。这里关注的是双方没有共同犯罪

---

〔1〕《陕西省政府回应官员参与华南虎照合谋质疑》,载《广州日报》2008年7月2日。

〔2〕事实上,虎照公布之后,各种质疑及证据立刻被广泛提出,但是陕西省林业厅置诸多质疑不顾,立刻派员赴北京申请国家自然保护区。

故意时的情形，例如，基于更大的利益考虑，明知为假但不说破，在客观上维持骗局，以及半信半疑但宁愿信真这两种情况下，作为国家工作人员的相关官员在具备诈骗罪中受骗者身份的同时，是否也有可能构成其他犯罪？

笔者认为，若有证据表明相关官员明知虎照为假但不说破时，有可能构成滥用职权罪。

根据我国《刑法》第397条的规定，国家机关工作人员滥用职权，致使公私财产、国家和人民利益遭受重大损失的，构成滥用职权罪。根据理论和司法实践，滥用职权主要表现为以下几种情形：一是超越职权，擅自决定或处理无权决定、处理的事项；二是玩弄职权，违反程序规定，随心所欲地对事项作出决定或处理；三是以权谋私，假公济私，不正确地履行职责；四是放弃职责，故意不履行职务。[1] 如果身为国家工作人员明知虎照为假，但基于一种更大的利益考虑而不说破，反过来承认其为真并发放奖金，这就是以一种不作为的方式故意放弃履行职责。当然，从金额上看，2万元不能构成滥用职权罪所要求的“重大损失”，但是如果按照陕西省政府新闻发言人的说法，“这种违反规定发布虚假消息的错误行为，误导了公众和舆论，损害了陕西形象，造成了十分不良的后果。”[2]那么，这种十分不良的后果就属于相关司法解释中的“严重损害国家声誉，或者造成恶劣社会影响”的范围[3]，就可以成立滥用职权罪。

此外，笔者还认为，如果国家工作人员明知虎照为假但不说破，则有充分的理由可以对其认定为贪污罪。

---

〔1〕 陈兴良、周光权：《刑法学的现代展开Ⅰ》（第2版），中国人民大学出版社2015年版，第569~570页。

〔2〕 《陕西通报华南虎事件调查处理结果》，载 http://news.sina.com.cn/c/2008-06-29/113215837540.shtml，最后访问日期：2017年6月30日。

〔3〕 参见最高人民检察院《关于人民检察院直接受理立案侦查案件立案标准的规定》（1999年8月6日）。

首先,按照刑法理论上的通说,“骗取”本来就是贪污行为的一种手段。[1] 相关官员对上报照片的真假具有审核和如实报告的义务,在明知为假的情况下却不说破,属于以一种不作为的方式维持骗局,最终导致国家财产被周正龙骗领。尽管学界对于不作为诈骗仍有争议,但是多数意见基本上已经承认,在行为人被期待应该据实告知真相但却隐而不宣时,同样成立诈骗罪。[2] 而在虎照案中,很多官员甚至早已超出不作为的范围,而是在以一种积极的方式去宣扬虎照为真,因此对“骗取”行为的认定没有问题。

其次,在周正龙并不知假照已被识破而自以为骗术成功获得2万元的情况下,相关官员实际上是在暗地里提供帮助,如果承认“片面共犯”的理论,对周可以认定为诈骗罪,而具有国家工作人员身份者实施的诈骗行为就可以直接认定为贪污罪。如果不承认“片面共犯”的理论,一样可以从间接正犯的角度解决问题。有学者指出,“所谓的片面共犯行为,实质上是利用没有共同犯罪故意的他人的犯罪行为作为工具而实现自己的犯罪目的的行为,完全符合间接正犯的成立条件,直接以其所触犯的罪名定罪没有任何理论障碍。”[3] 周正龙实施诈骗行为,而相关官员则是在利用这一工具达到“骗取”的目的。对有身份者来说,是利用他人的故意犯罪行为实施其具有特定身份才能构成之犯罪,应以间接正犯论处。总之,无论从何种角度理解,作为国家工作人员的涉案官员在客观层面都具备贪污罪的行为要件。

可能会存在的疑问是,贪污罪的主观层面,一般认为必须具备

---

〔1〕 王作富主编:《刑法分则实务研究》(第5版)(下),中国方正出版社2013年版,第1550页。

〔2〕 参见张明楷:《诈骗罪与金融诈骗罪研究》,清华大学出版社2006年版,第71页以下;林东茂:《刑法综览》,台北,一品文化出版社2007年版,第153页以下。

〔3〕 参见赵秉志:《片面共犯不能构成共同犯罪》,载《检察日报》2004年7月8日。

"非法占有公共财物"的目的,那么知情不报的官员最后并没有将2万元占为己有,而是将其作为奖金发给周正龙,是否不符合贪污罪的主观要件?笔者认为,这是基于对"非法占有"的惯性理解而出现的认识偏差。非法占有的目的,既包括使行为人自己非法占有为目的,也包括使第三人非法占有为目的。因为以使第三者非法占有为目的实施的盗窃、诈骗等行为,同样侵犯了他人的财产。[1]同理,国家工作人员以使第三者非法占有为目的实施的欺骗行为,同样侵犯了公共财产,构成贪污罪并无障碍。至于为什么要让周正龙非法占有到2万元,则是一个动机问题(也许是希望周获利后继续维持骗局从而能够进一步利用假虎照申请自然保护区),但无论为何,动机并不重要,并不影响这里的定罪。也许,以贪污罪定罪处罚乍听起来有些突兀而难以理解,但是,这是一个按照法律逻辑推导的必然结果,并不能以是否符合一般的法感觉为转移;在贪污罪的主客观要件都齐备的情况下,没有理由不对其依律定罪。

最后,在相关官员对虎照仅仅是存有疑惑或者由于不认真审核而造成公布虚假信息时,主观层面上至多存在过失。这种情况下有可能构成玩忽职守罪,其中关于"重大损失"的认定,与上述滥用职权罪的认定标准相同,鉴于对此不会存在太多难点和争议,这里就不再赘述了。

五、结语

此处的目的不是讨论事实,比如周正龙在提供虎照时是否知道可以获得奖金,林业厅官员是否知道虎照为假等,而是讨论各种事实一旦出现时,在法律上的解决方案。概言之,这里关注的是法律上的定罪技术而不是证据上的事实认定。因此,这是一篇针对各种可能性提供对策的文章。至于华南虎的真相究竟为何,并不

---

〔1〕 张明楷:《刑法学》(第5版),法律出版社2016年版,第959页。

是论文所能解决的问题。甚至直到现在，笔者也认为，对于虎照在客观上的真假暂持中立立场是比较妥当的。[1] 追求真相是值得尊敬的，但真相能否被最终发现，往往并不取决于民意，也不取决于人类究根问底的决心。飞碟、金字塔和茫茫宇宙从来不会因为某国人民的万众一心就把谜底洞穿。人类的理性是有限的，因此，凡事皆有可能。承认这一点，即使掌握了绝对优势的证据，只要仍有万分之一的疑点，也不能说自己就与真理同在了；不承认这一点，社会就会陷入一种狂热的真理潮中，而自以为拥有了真理者，往往在真理前聚众结义，歃血为盟，就再也无法忍受那些“满嘴跑火车”的与真理为敌者，尤其当后者大言不惭、诡辩抵赖时。无数历史已经证明，这种对理性的“致命的自负”和对真相必将水落石出的绝对信念，曾经制造了无数的冤假错案，也往往最终把一个社会送向专制、不宽容和多数暴政的奴役之路。

也许是笔者多虑了，可是，看到舆论面对警方公布的一些证据，就已经开始欢呼俨然已经取得胜利时，笔者还是想提一点不和谐的声音。华南虎事件由科学讨论转入法律解决，意味着在追求客观的绝对真实非常困难的情况下，转而追求法律上的相对真实，可要通过法律渠道解决，就要遵循法治的规则。既然是以“诈骗罪”提起刑诉，那么警方以及作为警方上司的陕西省政府就没什么资格来公布“真相”了。警方仅仅是以法律手段调查真相的启动者，但绝不是宣布真相的终局者。能够认定法律上的真相者，不是科学家和民意，也不是警察、政府和评论家，而是法官。周正龙是否作假，警方出示的证据是否真实可靠，查获手段是否合法，这一

〔1〕 在陕西省宣布虎照为假，并公布了诸多造假工具和拍摄地点之后，《广州日报》数名资深摄影记者到该地点，按照警方公布的数据进行复拍，但是最后承认，无论如何也拍不出与“周老虎”一样逼真效果的照片。参见《记者到周正龙拍虎现场无法还原虎照》，载《广州日报》2008年7月8日。既然是造假的虎照，为什么又无法复拍呢？这些疑问还远远没有揭开。

切都要等法官最后作出裁决;也只有最终经过法庭审理,我们才能说,周老虎是真是假。在案子还未审理,证据的真假还未认定,有无刑讯逼供还未调查之前,就欢呼“周老虎现形”“真相大白”,不仅为时过早,而且让人感觉有某种报复性的小家子气。“无罪推定”的基本理念也同样应该适用于作为一个公民的周正龙。难道仅仅因为周正龙死不认账的可恨,就让舆论放弃了一直坚守呼吁的尊重司法、保障人权的理念,忘记了从无数佘祥林案件里得来的血泪教训,以及一点一滴推动起来的社会进步吗?

最后必须说明的是,笔者之所以选取被害人为切入点来讨论华南虎照案件,还有一个原因是源于对某种危险的担忧。华南虎照片被沸沸扬扬地讨论大半年,影响极大,客观上已经将陕西省政府带入一个非常尴尬和被动的局面,全社会对于陕西省林业厅相关官员形成“一面倒”的质疑和批评,在公众的印象中,陕西省官方俨然已经和周正龙捆绑在一起,放纵甚至合谋造假欺骗公众。在这种局面下,此时的周正龙,早已丧失对官方有利的价值,官方目前最着急的就是摆脱与周同流合污的印象。此时,以诈骗罪起诉周正龙,将政府塑造成一个“被害人”的形象,正是博取公众同情或至少是降低恶感的、最有效的化解公关危机的方式。如此一来,被华南虎照弄得灰头土脸的陕西省政府就与周正龙划清了界限,又重新地站到了人民群众和打虎的网络民意一边。当然,这仍然是一种猜测,但是验证这种猜测是否属实的最好方法,不需要也不能依赖于义愤填膺的评论和声讨,而是必须纳入法律理性的专业检验中。周正龙究竟是否是一只替罪羊,陕西省相关官员在此案中究竟扮演了什么角色,只要正确地理解和适用法律,公正客观地审理,把定罪量刑的目光认定不仅仅聚焦和局限在行骗人身上,而是同时考虑作为被骗的一方,那么相信答案自然分晓。

参考文献

一、著作

(一)中文著作

1.《邓小平文选》(第3卷),人民出版社1993年版。
2.《马克思恩格斯全集》(第21卷),人民出版社2003年版。
3.《马克思恩格斯选集》(第3卷),人民出版社1960年版。
4.《牛津法律大辞典》,法律出版社2003年版。
5. 北京大学哲学系编:《人道主义和异化问题研究》,北京大学出版社1985年版。
6. 蔡墩铭:《刑事诉讼法论》,台北,五南图书出版公司1982年版。
7. 蔡圣伟:《刑法问题研究》(一),台北,元照出版公司2008年版。
8. 蔡枢衡:《刑法学》,独立出版社1947年版。
9. 蔡枢衡:《中国刑法史》,中国法制出版社2005年版。
10. 曹卫东:《交往理性与诗学话语》,天津社会科学院出版社2001年版。
11. 陈柏峰:《乡村江湖:两湖平原"混混"研究》,中国政法大学出版社2011年版。
12. 陈顾远:《中国法制史》,商务印书馆1934年版。
13. 陈新民:《公法学札记》,法律出版社2010年版。
14. 陈新民:《中国行政法学原理》,中国政法大学出版社2002年版。
15. 陈兴良:《本体刑法学》(第2版),中国人民大学出版社2011年版。
16. 陈兴良:《当代中国刑法新境域》(第2版),中国人民大学出版社2007年版。

17. 陈兴良:《共同犯罪论》(第2版),中国人民大学出版社2006年版。
18. 陈兴良:《规范刑法学》(第3版),中国人民大学出版社2015年版。
19. 陈兴良:《判例刑法学》,中国人民大学出版社2009年版。
20. 陈兴良:《刑法的启蒙》,法律出版社2007年版。
21. 陈兴良:《刑法的人性基础》(第3版),中国人民大学出版社2006年版。
22. 陈兴良:《刑法疏议》,中国人民公安大学出版社1997年版。
23. 陈兴良:《刑法哲学》(第5版),中国人民大学出版社2015年版。
24. 陈兴良、周光权:《刑法学的现代展开Ⅰ》(第2版),中国人民大学出版社2015年版。
25. 陈兴良主编:《宽严相济刑事政策研究》,中国人民大学出版社2007年版。
26. 陈兴良主编:《罪名指南》,中国人民大学出版社2008年版。
27. 陈兴良主编,周光权、车浩副主编:《刑法各论精释》,人民法院出版社2015年版。
28. 陈兴良主编,周光权、车浩副主编:《刑法总论精释》(第3版),人民法院出版社2016年版。
29. 陈寅恪:《隋唐制度渊源略论稿》,河北教育出版社2002年版。
30. 陈志龙:《法益与刑事立法》,著者自版1992年版。
31. 陈自强:《民法讲义:契约之成立与生效》,法律出版社2002年版。
32. 储槐植:《美国刑法》,北京大学出版社1987年版。
33. 邓正来:《法律与立法的二元观》,三联书店2000年版。
34. 邓正来:《自由与秩序》,江西教育出版社1998年版。
35. 邓正来、[英]杰弗里・亚历山大主编:《国家与市民社会:一种社会理论的研究路径》,上海人民出版社2006年版。
36. 丁海俊:《所有权》,中国法制出版社2007年版。
37. 杜小真编:《利科北大讲演录》,北京大学出版社2000年版。
38. 段若非等编:《关于人道主义和异化问题论文集》,人民出版社1984年版。
39. 费孝通:《乡土中国》,北京大学出版社2004年版。

40. 冯军:《刑法问题的规范理解》,北京大学出版社 2009 年版。
41. 冯亚东:《理性主义与刑法模式》,中国政法大学出版社 1999 年版。
42. 傅静坤:《二十世纪契约法》,法律出版社 1997 年版。
43. 甘雨沛、何鹏:《外国刑法学》,北京大学出版社 1985 年版。
44. 高铭暄、马克昌主编:《刑法学》(第 2 版),中国法制出版社 2007 年版。
45. 高铭暄、马克昌主编:《刑法学》(第 8 版),北京大学出版社 2017 年版。
46. 高铭暄、赵秉志主编:《新中国刑法立法文献资料总览》(第 2 版),中国人民公安大学出版社 2015 年版。
47. 高铭暄主编:《刑法学原理》(第 2 卷),中国人民大学出版社 1993 年版。
48. 顾颉刚:《中国史学入门》,北京出版社 2009 年版。
49. 顾肃:《自由主义基本理念》,译林出版社 2013 年版。
50. 顾肃:《自由主义哲学的基本理念》,中央编译出版社 2005 年版。
51. 郭道晖:《民主、法制、法律意识》,人民出版社 1988 年版。
52. 郝铁川:《中华法系研究》,复旦大学出版社 1997 年版。
53. 洪福增:《刑法理论之基础》,台北,刑事法杂志社 1977 年版。
54. 黄丁全:《医事法》,中国政法大学出版社 2003 年版。
55. 黄风:《贝卡里亚及其刑法思想》,中国政法大学出版社 1987 年版。
56. 黄瑞琪:《批判社会学——批判理论与现代社会学》,台北,三民书局 1996 年版。
57. 黄太云:《刑法修正案解读全编——根据刑法修正案(八)全新阐释》,人民法院出版社 2011 年版。
58. 黄太云、滕炜主编:《中华人民共和国刑法释义与适用指南》,红旗出版社 1997 年版。
59. 金鉴主编:《监狱学总论》,法律出版社 1997 年版。
60. 黎宏:《日本刑法精义》(第 2 版),法律出版社 2008 年版。
61. 黎宏:《刑法学各论》(第 2 版),法律出版社 2016 年版。
62. 李步云、徐炳:《权利与义务》,人民出版社 1986 年版。
63. 李海东:《刑法原理入门》,法律出版社 1998 年版。
64. 李强:《自由主义》(第 3 版),东方出版社 2015 年版。

65. 李希慧主编:《贪污贿赂罪研究》,知识产权出版社 2004 年版。
66. 梁根林:《刑事法网:扩张与限缩》,法律出版社 2005 年版。
67. 梁根林主编,车浩、江溯副主编:《当代刑法思潮论坛(第一卷):刑法体系与犯罪构造》,北京大学出版社 2016 年版。
68. 梁慧星:《民法学说判例与立法研究》,法律出版社 2003 年版。
69. 梁慧星:《民法总论》(第 4 版),法律出版社 2011 年版。
70. 梁慧星、陈华彬:《物权法》(第 6 版),法律出版社 2016 年版。
71. 林达:《历史深处的忧虑》,生活·读书·新知三联书店 2013 年版。
72. 林东茂:《刑法综览》,台北,一品文化出版社 2007 年版。
73. 林纪东:《监狱学》,台北,三民书局 1977 年版。
74. 林钰雄:《刑法与刑诉之交错适用》,中国人民大学出版社 2009 年版。
75. 刘得宽:《法学入门》,中国政法大学出版社 2006 年版。
76. 刘广安:《中华法系的再认识》,法律出版社 2002 年版。
77. 刘军宁:《保守主义》(第 3 版),东方出版社 2014 年版。
78. 刘维新:《医事刑事法初论》,中国人民公安大学出版社 2009 年版。
79. 刘卫政、司徒颖怡:《疏漏的天网——美国刑事司法制度》,中国社会科学出版社 2000 年版。
80. 刘宪权主编:《中国刑法理论前沿问题研究》,人民出版社 2005 年版。
81. 刘小枫:《沉重的肉身——现代性伦理的叙事纬语》,华夏出版社 2004 年版。
82. 刘小枫:《现代性社会理论绪论》,上海三联书店 1998 年版。
83. 吕天奇:《贿赂罪的理论与实践》,光明日报出版社 2007 年版。
84. 马克昌主编;《犯罪通论》(第 3 版),武汉大学出版社 1999 年版。
85. 彭真:《论新时期的社会主义民主与法制建设》,中央文献出版社 1989 年版。
86. 钱穆:《宋明理学概述》,九州出版社 2010 年版。
87. 瞿同祖:《中国法律与中国社会》,商务印书馆 2010 年版。
88. 曲新久:《刑法学》(第 3 版),中国政法大学出版社 2012 年版。
89. 全国人大常委会法制工作委员会刑法室编:《中华人民共和国刑法条文说明、立法理由及相关规定》,北京大学出版社 2009 年版。

90. 全国人大法工委编:《中华人民共和国刑法释义》,法律出版社 2011 年版。
91. 人民出版社编辑部编:《人是马克思主义的出发点》,人民出版社 1981 年版。
92. 阮齐林:《刑法学》(第 3 版),中国政法大学出版社 2011 年版。
93. 上海社会科学院法学研究所编译:《法学流派与法学家》,知识出版社 1981 年版。
94. 申柳华:《德国刑法学界被害人信条学研究》,中国人民公安大学出版社 2011 年版。
95. 沈家本:《历代刑法考》,商务印书馆 2011 年版。
96. 沈宗灵:《法理学》,北京大学出版社 1999 年版。
97. 沈宗灵主编:《中国社会主义法律基本理论》,法律出版社 1987 年版。
98. 石元康:《当代西方自由主义理论》,上海三联书店 2000 年版。
99. 史尚宽:《民法总论》(第 4 版),法律出版社 2011 年版。
100. 苏力:《道路通向城市——转型中国的法治》,法律出版社 2004 年版。
101. 苏力:《法治及其本土资源》,北京大学出版社 2015 年版。
102. 苏力:《送法下乡——中国基层司法制度研究》(修订版),北京大学出版社 2011 年版。
103. 苏力:《制度是如何形成的》,北京大学出版社 2007 年版。
104. 苏亦工:《明清律典与条例》,中国政法大学出版社 2000 年版。
105. 万俊人:《现代性的伦理话语》,黑龙江人民出版社 2002 年版。
106. 汪民安、陈永国编:《后身体:文化、权力和生命政治学》(第 2 版),吉林人民出版社 2011 年版。
107. 汪全胜:《制度设计与立法公正》,山东人民出版社 2005 年版。
108. 汪行福:《走出时代的困境》,上海社会科学院出版社 2000 年版。
109. 王爱立主编:《中华人民共和国刑法解读》(第 4 版),中国法制出版社 2015 年版。
110. 王世洲:《德国经济犯罪与经济刑法研究》,北京大学出版社 1999 年版。
111. 王泽鉴:《民法总则》,北京大学出版社 2009 年版。

112. 王作富主编:《刑法分则实务研究》(第 5 版),中国方正出版社 2013 年版。
113. 夏勇:《人权概念起源——权利的历史哲学》(修订版),中国政法大学出版社 2001 年版。
114. 夏勇主编:《公法》(第 2 卷),法律出版社 2000 年版。
115. 肖扬主编:《贿赂犯罪研究》,法律出版社 1994 年版。
116. 肖中华:《贪污贿赂罪疑难解析》,上海人民出版社 2006 年版。
117. 刑法改革国际编:《〈联合国囚犯待遇最低限度标准规则〉详解》,于南译,法律出版社 1998 年版。
118. 熊选国:《刑法中行为论》,人民法院出版社 1992 年版。
119. 许玉秀:《当代刑法思潮》,中国民主法制出版社 2005 年版。
120. 杨春洗、杨敦先主编:《中国刑法论》,北京大学出版社 1994 年版。
121. 杨丹:《医疗刑法研究》,中国人民大学出版社 2010 年版。
122. 殷海光:《中国文化的展望》,中华书局 2016 年版。
123. 尹田:《法国现代合同法——契约自由与社会公正的冲突与平衡》(第 2 版),法律出版社 2009 年版。
124. 应奇、刘训练编:《第三种自由》,东方出版社 2006 年版。
125. 由嵘:《外国法制史》,北京大学出版社 1995 年版。
126. 张宏生:《西方法律思想史》,法律出版社 1996 年版。
127. 张明楷:《犯罪构成体系与构成要件要素》,北京大学出版社 2010 年版。
128. 张明楷:《外国刑法纲要》(第 2 版),清华大学出版社 2007 年版。
129. 张明楷:《刑法分则的解释原理》(第 2 版),中国人民大学出版社 2011 年版。
130. 张明楷:《刑法学》(第 3 版),法律出版社 2007 年版。
131. 张明楷:《刑法学》(第 4 版),法律出版社 2011 年版。
132. 张明楷:《刑法学》(第 5 版),法律出版社 2016 年版。
133. 张明楷:《诈骗罪与金融诈骗罪研究》,清华大学出版社 2006 年版。
134. 张明楷编著:《刑法学》,法律出版社 1999 年版。
135. 张善恭:《中国立法史论》,上海三联书店 1994 年版。

136. 张文、刘艳红、甘怡群:《人格刑法导论》,法律出版社 2005 年版。
137. 张智辉:《刑事责任通论》,警官教育出版社 1995 年版。
138. 赵秉志:《犯罪未遂形态研究》(第 2 版),中国人民大学出版社 2008 年版。
139. 赵秉志:《新刑法全书》,中国人民公安大学出版社 2011 年版。
140. 赵秉志主编:《刑法争议问题研究》,河南人民出版社 1996 年版。
141. 赵秉志主编:《疑难刑事问题司法对策》,吉林人民出版社 1999 年版。
142. 郑玉波:《民法总则》,中国政法大学出版社 2004 年版。
143. 中华人民共和国最高人民法院刑事审判第一、二、三、四、五庭编:《中国刑事审判指导案例》(侵犯公民人身权利、民主权利罪),法律出版社 2012 年版。
144. 中华人民共和国最高人民法院刑事审判第一、二、三、四、五庭主办:《刑事审判参考》(总第 66 集),法律出版社 2009 年版。
145. 中华人民共和国最高人民法院刑事审判第一、二、三、四、五庭主办:《刑事审判参考》(总第 69 集),法律出版社 2009 年版。
146. 中华人民共和国最高人民法院刑事审判第一、二、三、四、五庭主办:《刑事审判参考》(总第 75 集),法律出版社 2010 年版。
147. 中华人民共和国最高人民法院刑事审判第一、二、三、四、五庭主办:《刑事审判参考》(总第 76 集),法律出版社 2010 年版。
148. 中华人民共和国最高人民法院刑事审判第一庭、第二庭编:《刑事审判参考》(总第 16 辑),法律出版社 2001 年版。
149. 周道鸾、张军主编:《刑法罪名精释》(第 4 版)(上),人民法院出版社 2013 年版。
150. 周光权:《法治视野中的刑法客观主义》(第 2 版),法律出版社 2013 年版。
151. 周光权:《刑法各论》(第 2 版),中国人民大学出版社 2011 年版。
152. 周光权:《刑法各论》(第 3 版),中国人民大学出版社 2016 年版。
153. 周光权:《刑法诸问题的新表述》,中国法制出版社 1999 年版。
154. 周国平等编:《关于人的学说的哲学探讨》,人民出版社 1982 年版。
155. 朱华荣:《各国刑法比较研究》,武汉出版社 1995 年版。

156. 朱苏力:《道路通向城市》,法律出版社 2004 年版。
157. 朱武献:《公法专题研究》(一),台北,三民书局 1991 年版。
158.《老子》。
159.《论语·阳货》。
160.《孟子·公孙丑上》。
161.《隋书·孝义传》。
162.《易经》。

(二)译著

1. [英]A. J. M. 米尔恩:《人的权利与人的多样性——人权哲学》,夏勇、张志铭译,中国大百科全书出版社 1995 年版。
2. [美]E. 博登海默:《法理学——法律哲学与法律方法》,邓正来译,中国政法大学出版社 2004 年版。
3. [英]H. L. A. 哈特:《法律、自由与道德》,支振锋译,法律出版社 2006 年版。
4. [英]J. C. 史密斯、[英]B. 霍根:《英国刑法》,李贵方等译,法律出版社 2000 年版。
5. [德]阿图尔·考夫曼:《法律哲学》(第 2 版),刘幸义等译,法律出版社 2011 年版。
6. [法]安德烈·伯萨尔德:《国际犯罪》,黄晓珍译,商务印书馆 1997 年版。
7. [英]彼得·斯坦、[英]约翰·香德:《西方社会的法律价值》,王献平译,中国法制出版社 2004 年版。
8. [英]波普尔:《科学知识进化论》,纪树立编译,生活·读书·新知三联书店 1987 年版。
9. [德]茨威格特、[德]克茨:《比较法总论》,潘汉典等译,中国法制出版社 2017 年版。
10. [美]大卫·E. 杜菲:《美国矫正政策与实践》,吴宗宪等译,中国人民公安大学出版社 1992 年版。
11. [日]大塚仁:《刑法概说》(总论)(第 3 版),冯军译,中国人民大学出版社 2003 年版。

12. [英]德斯蒙德·莫利斯:《亲密行为》,何道宽译,复旦大学出版社 2010 年版。
13. [英]丁尼生:《丁尼生诗选》,黄杲炘译,上海译文出版社 1995 年版。
14. [意]杜里奥·帕多瓦尼:《意大利刑法学原理》(注评版),陈忠林译评,中国人民大学出版社 2004 年版。
15. [俄]俄罗斯联邦总检察院编:《俄罗斯联邦刑法典释义》,黄道秀译,中国政法大学出版社 2000 年版。
16. [意]菲利:《犯罪社会学》,郭建安译,中国人民公安大学出版社 1990 年版。
17. [英]弗里德里希·奥古斯特·哈耶克:《致命的自负》,冯克利译,中国社会科学出版社 2000 年版。
18. [英]弗里德利希·冯·哈耶克:《法律、立法与自由》(第 1 卷),邓正来译,中国大百科全书出版社 2000 年版。
19. [英]弗里德利希·冯·哈耶克:《个人主义与经济秩序》,贾湛等译,北京经济学院出版社 1989 年版。
20. [英]弗里德利希·冯·哈耶克:《自由秩序原理》,邓正来译,生活·读书·新知三联书店 1998 年版。
21. [日]福田平、[日]大塚仁:《日本刑法总论讲义》,李乔等译,辽宁人民出版社 1986 年版。
22. [美]富勒:《法律的道德性》,郑戈译,商务印书馆 2011 年版。
23. [德]冈特·施特拉腾韦特、[德]洛塔尔·库伦:《刑法总论 I——犯罪论》(第 5 版),杨萌译,法律出版社 2006 年版。
24. [德]哈贝马斯:《现代性的地平线:哈贝马斯访谈录》,李安东、段怀清译,上海人民出版社 1997 年版。
25. [英]哈特:《法律的概念》,张文显等译,中国大百科全书出版社 1996 年版。
26. [美]汉密尔顿、[美]杰伊、[美]麦迪逊:《联邦党人文集》,程逢如、在汉、舒逊译,商务印书馆 2015 年版。
27. [德]汉斯·海因里希·耶赛克、[德]托马斯·魏根特:《德国刑法教科书》,徐久生译,中国法制出版社 2017 年版。

28. [美]赫伯特·马尔库塞:《单向度的人》,刘继译,上海译文出版社1989年版。
29. [德]黑格尔:《法哲学原理》,范扬、张企泰译,商务印书馆1996年版。
30. [德]黑格尔:《黑格尔通信百封》,苗力田译,上海人民出版社1981年版。
31. [德]黑格尔:《小逻辑》,贺麟译,商务印书馆1980年版。
32. [英]亨利·萨姆奈·梅因:《古代法》,高敏、瞿慧虹译,中国社会科学出版社2009年版。
33. [英]吉登斯:《现代性——吉登斯访谈录》,尹宏毅译,新华出版社2001年版。
34. [美]加里·贝克尔:《口味的经济学分析》,李杰、王晓刚译,首都经济贸易大学出版社2000年版。
35. [美]加里·贝克尔:《人类行为的经济分析》,王业宇译,格致出版社、上海人民出版社2016年版。
36. [意]加罗法洛:《犯罪学》,王新译,中国大百科全书出版社1996年版。
37. [日]近江幸治:《民法讲义Ⅱ:物权法》,王茵译,北京大学出版社2006年版。
38. [英]卡尔·波普尔:《开放社会及其敌人》,陆衡等译,中国社会科学出版社1999年版。
39. [德]卡尔·拉伦茨:《德国民法通论》,王晓晔等译,法律出版社2013年版。
40. [法]卡斯东·斯特法尼:《法国刑法总论精义》,罗结珍译,中国政法大学出版社1998年版。
41. [奥]凯尔森:《法与国家的一般理论》,沈宗灵译,商务印书馆2013年版。
42. [德]康德:《道德形而上学原理》,苗力田译,上海人民出版社1986年版。
43. [德]康德:《法的形而上学原理》,沈叔平译,商务印书馆1991年版。
44. [美]克莱门斯·巴特勒斯:《矫正导论》,吴培栋等译,中国人民公安大学出版社1991年版。

45. [德]克劳斯·罗克辛:《德国刑法学总论》(第 1 卷),王世洲译,法律出版社 2005 年版。
46. [德]克劳斯·罗克辛:《刑事政策与刑法体系》,蔡桂生译,中国人民大学出版社 2011 年版。
47. [英]克里斯·希林:《文化、技术与社会中的身体》,李康译,北京大学出版社 2011 年版。
48. [法]拉·梅特里:《人是机器》,顾寿观译,商务印书馆 2009 年版。
49. [德]拉德布鲁赫:《法学导论》,米健译,商务印书馆 2012 年版。
50. [法]莱昂·狄骥:《公法的变迁·国家与法律》,郑戈、冷静译,辽海出版社、春风文艺出版社 1999 年版。
51. [法]雷蒙·阿隆:《论自由》,姜志辉译,上海译文出版社 2009 年版。
52. [德]李斯特著、[德]施密特修订:《德国刑法教科书》,徐久生译、何秉松校订,法律出版社 2006 年版。
53. [英]理查德·奥斯本、[英]博林·梵·隆:《视读社会学》,刘竞、李园园译,安徽文艺出版社 2007 年版。
54. [英]理查德·贝拉米:《重新思考自由主义》,王萍、傅广生、周春鹏译,江苏人民出版社 2005 年版。
55. [美]理查德·A. 波斯纳:《法律的经济分析》(第 7 版)(中文第 2 版),蒋兆康译,法律出版社 2012 年版。
56. [美]列奥·施特劳斯:《古今自由主义》,马志娟译,江苏人民出版社 2010 年版。
57. [美]列奥·施特劳斯:《自然权利与历史》,彭刚译,生活·读书·新知三联书店 2003 年版。
58. [美]列奥·施特劳斯、[美]约瑟夫·克罗波西:《政治哲学史》(上),李天然等译,河北人民出版社 1996 年版。
59. [日]芦部信喜:《宪法》,林来梵、凌维慈、龙绚丽译,北京大学出版社 2006 年版。
60. [法]卢梭:《社会契约论》,何兆武译,商务印书馆 1990 年版。
61. [德]路德维希·费尔巴哈:《费尔巴哈哲学著作选集》(下卷),荣震华等译,商务印书馆 1984 年版。

62. [美]罗伯特·考特、[美]托马斯·尤伦:《法和经济学》,史晋川、董雪兵译,上海人民出版社 2012 年版。
63. [美]罗纳德·德沃金:《原则问题》,张国清译,江苏人民出版社 2012 年版。
64. [美]罗纳德·德沃金:《自由的法:对美国宪法的道德解读》,刘丽君译,上海人民出版社 2001 年版。
65. [美]罗纳德·哈里·科斯:《论生产的制度结构》,盛洪译,生活·读书·新知三联书店 1994 年版。
66. [英]罗素:《西方哲学史》,冯元德译,商务印书馆 2002 年版。
67. [美]罗沃德·德沃金:《认真对待权利》,信春鹰、吴玉章译,生活·读书·新知三联书店 2008 年版。
68. [俄]罗赞诺夫:《陀思妥耶夫斯基的"大法官"》,张百春译,华夏出版社 2002 年版。
69. [英]洛克:《政府论》,叶启芳、瞿菊农译,商务印书馆 1983 年版。
70. [德]马克思:《1844 年经济学—哲学手稿》,刘丕坤译,人民出版社 1979 年版。
71. [德]马克斯·韦伯:《经济与社会》,林荣远译,商务印书馆 1997 年版。
72. [德]马克斯·韦伯:《论经济与社会中的法律》,张乃根译,中国大百科全书出版社 1998 年版。
73. [德]马克斯·韦伯:《新教伦理与资本主义精神》,于晓、陈维纲等译,生活·读书·新知三联书店 1987 年版。
74. [德]马克斯·韦伯:《学术与政治》,冯克利译,三联书店 1998 年版。
75. [德]马克斯·韦伯:《中国的宗教:儒家与道教》,康乐、简惠美译,广西师范大学出版社 2010 年版。
76. [英]马林诺夫斯基:《原始社会的犯罪与习俗》(修订译本),原江译,法律出版社 2007 年版。
77. [美]马文·佩里:《西方文明史》,胡万里等译,商务印书馆 1993 年版。
78. [日]美浓部达吉:《公法与私法》,黄冯明译,周旋勘校,中国政法大学出版社 2003 年版。
79. [法]米歇尔·福柯:《词与物——人文科学考古学》,莫伟民译,上海三联书店2001年版。
80.[法]米歇尔·福柯:《规训与惩罚》,刘北成、杨远婴译,生活·读书·新知三联书店1999年版。
81.[英]尼格尔·多德:《现代性与社会理论》,陶传进译,社会科学文献出版社2002年版。
82.[意]切萨雷·贝卡里亚:《论犯罪与刑罚》,黄风译,北京大学出版社2014年版。
83.[日]山口厚:《刑法各论》(第2版),王昭武译,中国人民大学出版社2011年版。
84.[英]维特根斯坦:《哲学研究》,汤潮、范兴棣译,生活·读书·新知三联书店1992年版。
85.[日]西田典之:《日本刑法各论》(第6版),刘明祥、王昭武译,中国人民大学出版社2013年版。
86.[日]西田典之:《日本刑法总论》(第2版),王昭武、刘明祥译,中国人民大学出版社2013年版。
87.[日]野村稔:《刑法总论》,全理其、何力译,法律出版社2001年版。
88.[德]英戈·穆勒:《恐怖的法官——纳粹时期的司法》,王勇译,中国政法大学出版社2000年版。
89.[德]尤尔根·哈贝马斯:《交往行动理论》(第1卷),洪佩郁、蔺青译,重庆出版社1993年版。
90.[德]尤尔根·哈贝马斯:《现代性的地平线:哈贝马斯访谈录》,李安东、段怀清译,上海人民出版社1997年版。
91.[加]约翰·奥尼尔:《身体五态:重塑关系形貌》,李康译,北京大学出版社2010年版。
92.[英]约翰·密尔:《论自由》,许宝骙译,商务印书馆2005年版。
93.[德]约翰内斯·韦塞尔斯:《德国刑法总论》,李昌珂译,法律出版社2008年版。
94.[日]曾根威彦:《刑法学基础》,黎宏译,法律出版社2005年版。
95.[意]朱塞佩·格罗索:《罗马法史》(2009年校订本),黄风译,中国政法大学出版社2009年版。

96.《列宁全集》(第38卷),人民出版社1956年版。
97.《马克思恩格斯全集》(第1卷),人民出版社1956年版。
98.《马克思恩格斯全集》(第21卷),人民出版社1965年版。
99.《马克思恩格斯全集》(第40卷),人民出版社1982年版。

(三)外文著作

1. Amelung, *Irrtum und Täuschung als Grundlage von Willensmängeln bei der Einwilligung des Verletzten*, 1998.
2. Arzt, *Willensmängel bei der Einwilligung*, 1970.
3. Baumann/Weber/Mitsch, *Strafrecht AT*, 11. Aufl., 2003.
4. Baumann/Weber/Mitsch/Eisele, *Strafrecht AT*, 12. Aufl., 2016.
5. Beauchamp, Childress, *Principles of Biomedical Ethics*, Oxford University Press, 5th. ed., 2001.
6. Blei, *Strafrecht BT* Ⅱ, 12. Aufl., 1983.
7. Bockelmann, *Studien zum Täterstrafrecht*, 1940.
8. Dahm, *Der Tätertyp im Strafrecht*, 1940.
9. Faden, *A History and Theory of Informed Consent*, Oxford University Press, 1986.
10. Fischer, *StGB*, 63. Aufl., 2017.
11. Friedrich August Hayek, *New Studies in Philosophy, Politics, Economics and the History of Ideas*, Routledge & Kegan, 1978.
12. Frister, *Strafrecht AT*, 7. Aufl., 2015.
13. Hillenkamp, 40 *Probleme aus dem Strafrecht Besonderen Teil*, 2001.
14. Honig, *Die Einwilligung des Verletzten*, 1919.
15. Jakobs, *Strafrecht AT*, 3. Aufl., 1993.
16. John W. Palmer, *Constitutional Rights of Prisoners*, Anderson pub Co., 5th. ed., 1997.
17. Jürgen Habermas, *The Philosophic Discourse of Modernity*, MIT Press, 1987.
18. Kindhäuser/Neumann/Paeffgen/Kuhlen, *StGB Kommentar*, 5. Aufl., 2017.

19. Krey/Hellmann, *Strafrecht BT* 2, 17. Aufl., 2015.

20. L. J. MacFarlane, *The Theory and Practice of Human Rights*, St. Martin's Press, 1985.

21. Lackner/ Kühl, *StGB Kommentar*, 28. Aufl., 2014.

22. Liszt, *Strafrechtliche Aufsätze und Vorträge*, *Bd.* 1, 1905.

23. *LK – StGB* /Sowada, 12. Aufl., 2009.

24. M. Freeden, *Rights*, University of Minnesota Press, 1991.

25. Maurach/Schröder/Maiwald, *Strafrecht BT* Ⅰ, 10. Aufl., 2009.

26. Maurach/Zipf, *Strafrecht AT*/1, 8. Aufl., 1992.

27. Münchener*Kommentar zumStGB*, 3. Aufl., 2017.

28. Nigel Walker, *Sentencing: Theory, Law and Practice*, Butterworths., 1985.

29. Puppe, *Idealkonkurrenz und Einzelverbrechen*, 1979.

30. R. Hassemer, *Schutzbedürftigkeit des Opfers und Strafrechtsdogmatik, zugleich ein Beitrag zur Auslegung des Irrtumsmerkmals in* §263 *StGB*, 1981.

31. Rengier*BT II*, 18. Aufl., 2017.

32. Roxin, *Strafrecht AT*, 4. Aufl., 2006.

33. Roxin, *Täterschaft und Tatherrschaft*, 2006.

34. S. J. Stoljar, *An Analysis of Rights*, The Macmilan Press Ltd., 1984.

35. Schmidhäuser, *Strafrecht AT*, 2. Aufl., 1984.

36. Schönke/Schröder, *StGB Kommentar*, 29. Aufl., 2014.

37. *SK* – Stein/Rudolphi, 8. Aufl., 2011.

38. Sternberg – Lieben, *Die objektiven Schranken der Einwilligung im Strafrecht*, 1997.

39. Stratenwerth, *Strafrecht AT*, 6 Aufl., 2011.

40. Tom R. Tyler, Perry Link, Ta – tuan Ch'en, *Why People Obey the Law*, Princeton University Press, 1990.

41. Wessels/Beulke/Satzger, *Strafrecht AT*, 46. Aufl., 2016.

42. Winston, *The Philosophy of Human Rights*, Wadsworth Publishing Company Belmont, 1989.

43. Zaczyk, *Strafrechtliches Unrecht und die Selbstverantwortung des*

Verletzten, 1993.

二、论文

（一）中文论文

1. [德]J. H. 冯. 基尔希曼：《作为科学的法学的无价值性——在柏林法学会的演讲》，赵阳译，载《比较法研究》2004 年第 1 期。
2. 白斌：《论法教义学：源流、特征及其功能》，载《环球法律评论》2010 年第 3 期。
3. 车浩：《被害人视角下的“持枪抢劫”》，载《政治与法律》2010 年第 6 期。
4. 车浩：《法定犯时代的违法性认识错误》，载《清华法学》2015 年第 4 期。
5. 车浩：《论被害人同意的对象》，载赵秉志主编：《刑法评论》（第 15 卷），法律出版社 2009 年版。
6. 车浩：《论被害人同意在故意伤害罪中的界限——以我国刑法第 234 条第 2 款中段为中心》，载《中外法学》2008 年第 5 期。
7. 陈光中、葛琳：《刑事和解初探》，载《中国法学》2006 年第 5 期。
8. 陈国庆、韩耀元、宋丹：《〈关于办理行贿刑事案件具体应用法律若干问题的解释〉的理解和适用》，载《人民检察》2013 年第 4 期。
9. 陈洪兵：《持有型犯罪的立法扩张与司法限缩》，载《北方法学》2017 年第 2 期。
10. 陈洪兵：《持有型犯罪的正当性根据及其适用》，载《东方法学》2016 年第 3 期。
11. 陈景辉：《原则、自由裁量与依法裁判》，载《法学研究》2006 年第 5 期。
12. 陈林林：《基于法律原则的裁判》，载《法学研究》2006 年第 3 期。
13. 陈兴良：《从归因到归责：客观归责理论研究》，载《法学研究》2006 年第 2 期。
14. 陈兴良：《从政治刑法到市民刑法——二元社会建构中的刑法修改》，载陈兴良：《当代中国刑法新视界》（第 2 版），中国人民大学出版社 2007 年版。
15. 陈兴良：《定罪之研究》，载《河南省政法管理干部学院学报》2000 年第 1 期。
16. 陈兴良：《社会危害性理论——一个反思性检讨》，载《法学研究》2000

年第 1 期。
17. 陈兴良:《违法性认识研究》,载《中国法学》2005 年第 4 期。
18. 陈兴良:《刑罚目的新论》,载《华东政法学院学报》2001 年第 3 期。
19. 陈兴良:《罪刑法定的当代命运》,载《刑法问题与争鸣》编委会编:《刑法问题与争鸣》(第 1 辑),中国方正出版社 2000 年版。
20. 陈忠林:《从外在形式到内在价值的追求——论罪刑法定原则蕴含的价值冲突及我国刑法应有的立法选择》,载《现代法学》1997 年第 1 期。
21. 储槐植:《建立刑事一体化思想》,载《中外法学》1989 年第 1 期。
22. 储槐植:《论刑法学若干重大问题》,载《北京大学学报》(哲学社会科学版)1993 年第 3 期。
23. 储槐植:《三论第三犯罪行为形式"持有"》,载《中外法学》1994 年第 5 期。
24. 储槐植:《市场经济与刑法》,载《中外法学》1993 年第 3 期。
25. 储槐植:《再说刑事一体化》,载《法学》2004 年第 3 期。
26. 狄小华:《论监狱行刑权力资源的分配》,载陈兴良主编:《刑事法评论》(第 10 卷),中国政法大学出版社 2002 年版。
27. 冯军:《论〈刑法〉第 133 条之一的规范目的及其适用》,载《中国法学》2011 年第 5 期。
28. 冯军:《刑法教义学的立场与方法》,载《中外法学》2014 年第 1 期。
29. 冯军:《刑法中的自我答责》,载《中国法学》2006 年第 3 期。
30. [法]福柯:《什么是启蒙》,李康译,载《国外社会学》1997 年第 4 期。
31. 付立庆:《死刑犯的生育权》,载陈兴良主编:《刑事法判解》(第 5 卷),法律出版社 2002 年版。
32. 付立庆:《刑法修正案八中的浪漫主义思维——以醉酒驾驶入罪为切入的反思》,载《云南大学学报》(法学版)2011 年第 5 期。
33. 葛兆光:《佛教伦理与中国民间生活》,载《学人》1995 年第 8 辑。
34. 郭晋涛:《论行贿罪中的"为谋取不正当利益"》,载《中国刑事法杂志》2000 年第 6 期。
35. 韩丽:《中国立法过程中的非正式规则》,载《战略与管理》2001 年第 5 期。

36. 何庆仁:《对话敌人刑法》,载《河北法学》2008 年第 7 期。
37. 何显兵:《行贿罪“谋取不正当利益”要件研究》,载《黑龙江省政法管理干部学院学报》2007 年第 1 期。
38. 洪镰德:《法律、道德、民主和法治国家的发展——哈贝马斯法律观的析评》(上),载《哲学与文化》2001 年第 2 期。
39. 洪镰德:《法律、道德、民主和法治国家的发展——哈贝马斯法律观的析评》(下),载《哲学与文化》2001 年第 3 期。
40. 黄道诚、赵辉:《论行贿罪》,载《河北法学》1998 年第 3 期。
41. 黄文艺:《作为一种法律干预模式的家长主义》,载《法学研究》2010 年第 5 期。
42. [德]霍克海默:《工具理性批判》,载《霍克海默集》,曹卫东编译,上海远东出版社 2004 年版。
43. [德]卡尔·拉伦茨:《论作为科学的法学的不可或缺性》,赵阳译,载《比较法研究》2005 年第 3 期。
44. [美]科塞:《马克斯·韦伯的著作与学说》,载《国外社会学名著选读》,中国社会学函授大学 1986 年编印。
45. 郎胜:《〈刑法修正案(八)〉解读》,载《国家检察官学院学报》2011 年第 2 期。
46. 李本灿:《巨额财产来源不明罪实行行为的重新界定:非法获取》,载《政治与法律》2014 年第 7 期。
47. 李慧:《扒窃并非一律定罪判刑》,载《检察日报》2011 年 8 月 22 日。
48. 李明德:《中国法律起源模式探究》,载韩延龙主编:《法律史论集》(一),法律出版社 1998 年版。
49. 李鹏:《加强立法工作,建设有中国特色的社会主义法律体系》,载《中国人大》2001 年第 1 期。
50. 李希慧、徐光华:《贿赂犯罪立法完善的几个问题》,载赵秉志主编:《刑法评论》2009 年第 2 期。
51. 李翔:《新型盗窃罪的司法适用路径》,载《华东政法大学学报》2011 年第 5 期。
52. 梁根林:《死刑案件被刑事和解的十大证伪》,载《法学》2010 年第 4 期。

53. 梁根林:《预备犯普遍处罚原则的困境与突围》,载《中国法学》2011 年第 2 期。
54. 梁根林:《责任主义刑法视野中的持有型犯罪》,载《法学评论》2003 年第 4 期。
55. 梁根林:《醉驾入刑后的定罪困扰与省思》,载《法学》2013 年第 3 期。
56. 梁慧星:《社会主义市场经济与民事立法》,载《中南政法学院学报》1993 年第 4 期。
57. 林灿都、付美惠:《按捺指纹措施之合宪性问题探讨》,载《法令月刊》2005 年第 10 期。
58. 林来梵:《人的尊严与人格尊严——兼论中国宪法第 38 条的解释方案》,载《浙江社会科学》2008 年第 3 期。
59. 林钰雄、王梅英:《从被害者学谈刑法欺诈罪》,载林钰雄:《刑事法理论与实践》,台北,元照出版公司 2001 年版。
60. 刘军:《该当与危险:新型刑罚目的对量刑的影响》,载《中国法学》2014 年第 2 期。
61. 刘仁文:《敌人刑法:一个初步的清理》,载《法律科学》2007 年第 6 期。
62. 刘守芬、汪明亮:《论环境刑法中疫学因果关系》,载《中外法学》2001 年第 2 期。
63. 刘宪权:《共同金融犯罪若干理论问题研究》,载《华东政法大学学报》2007 年第 3 期。
64. 刘宪权:《共同证券、期货犯罪疑难问题探析》,载《华东政法学院学报》2004 年第 4 期。
65. 刘宪权:《证券、期货犯罪的刑事立法及其完善》,载《法学》2004 年第 5 期。
66. 刘叶深:《法律规则与法律原则:质的差别?》,载《法学家》2009 年第 5 期。
67. 卢雪勇:《行贿罪“不正当利益”规定存在天然缺陷》,载《检察日报》2004 年 10 月 7 日。
68. 鲁建武、覃俊:《行贿罪之“不正当利益”认定中的疑难问题》,载《中国检察官》2014 年第 19 期。

69. [美]玛蒂尔德·柯恩:《作为理由之治的法治》,杨贝译,载《中外法学》2010 年第 3 期。
70. 裴显鼎、苗有水、刘为波、王珅:《〈关于办理贪污贿赂刑事案件适用法律若干问题的解释〉的理解与适用》,载《人民司法》2016 年第 19 期。
71. 齐文远、周详:《刁水嫖宿幼女案中行为人的犯罪性质》,载《法学》2009 年第 6 期。
72. 强世功:《"公的法律"与"私的法"——〈罗马法史〉的一点启示》,载《中国书评》1995 年第 5 期。
73. 舒国滢:《法律原则适用的困境——方法论视角的四个追问》,载《苏州大学学报》2005 年第 1 期。
74. [日]松井茂记:《论自己决定权》,莫纪宏译,载《外国法译评》1996 年第 3 期。
75. 苏力:《复仇与法律——以〈赵氏孤儿大报仇〉为例》,载《法学研究》2005 年第 1 期。
76. 苏力:《司法解释、公共政策和最高法院》,载《法学》2003 年第 8 期。
77. 孙国祥:《违法性认识错误的不可避免性及其认定》,载《中外法学》2016 年第 3 期。
78. 孙国祥:《行贿谋取竞争优势的本质和认定》,载《中国刑事法杂志》2013 年第 7 期。
79. 孙军工:《解读〈关于审理强奸案件有关问题的解释〉》,载张军主编:《解读最高人民法院司法解释之刑事卷》(上),人民法院出版社 2011 年版。
80. 孙笑侠、郭春镇:《法律父爱主义在中国的适用》,载《中国社会科学》2006 年第 1 期。
81. 谭淦:《监督过失的一般形态研究》,载《政法论坛》2012 年第 1 期。
82. 田宏杰:《中西刑法现代化趋势之比较考察》,载陈兴良主编:《刑事法评论》(第 7 卷),中国政法大学出版社 2000 年版。
83. 童德华:《嫖宿幼女行为的法条竞合问题》,载《法学》2009 年第 6 期。
84. 汪建成、祁建建:《论诉权理论在刑事诉讼中的导入》,载《中国法学》2002 年第 6 期。

85. 王强军、李莉:《新型盗窃行为研究》,载《河南省政法管理干部学院学报》2011 年第 5 期。
86. 王世洲:《德国环境刑法中污染概念的研究》,载《比较法研究》2001 年第 2 期。
87. 王萧:《行贿罪构成要件中“谋取竞争优势”的理解》,载《人民法院报》2013 年 12 月 25 日。
88. [德]沃尔福冈·弗里希:《法教义学对刑法发展的意义》,赵书鸿译,载《比较法研究》2012 年第 1 期。
89. [德]沃斯·金德豪伊泽尔:《适应与自主之间的德国刑法教义学——用教义学来控制刑事政策的边界?》,蔡桂生译,载《国家检察官学院学报》2010 年第 5 期。
90. 吴加明:《〈刑法修正案(八)〉中“扒窃”的司法实践认定》,载《中国检察官》2011 年第 14 期。
91. [日]西原春夫:《日本与德意志刑法和刑法学——现状与未来之展望》,林亚刚译,载《法学评论》2001 年第 1 期。
92. 夏锦文:《论中国传统法律文化的公法性》,载《法学家》2000 年第 2 期。
93. 夏伟、王周瑜:《对行贿罪中不正当谋取利益的理解》,载《人民司法》2015 年第 13 期。
94. 夏勇:《人权道德基础初探》,载夏勇:《人权概念起源——权利的历史哲学》(修订版),中国政法大学出版社 2001 年版。
95. 向朝阳、马静华:《刑事和解的价值构造及中国模式的构建》,载《中国法学》2003 年第 6 期。
96. 谢欣如:《哈贝马斯沟通理论初探》,载《哲学与文化》2002 年第 3 期。
97. 徐胜平:《行贿罪惩治如何走出困境》,载《人民检察》2012 年第 16 期。
98. 徐阳:《我国公诉与自诉的协调机制探析》,载《政法论坛》2010 年第 3 期。
99. [德]许内曼:《刑事不法之体系:以法益概念与被害者学作为总则体系与分则体系间的桥梁》,王玉全、钟豪峰、张姿倩译,载许玉秀、陈志辉编:《不移不惑献身法与正义》,台北,新学林出版股份有限公司 2006

年版。
100. 杨立新:《关于隐私权及其法律保护的几个问题》,载《人民检察》2000年第1期。
101. 杨立新、刘召成:《论作为抽象人格权的自我决定权》,载《学海》2010年第5期。
102. 杨兴培:《刑事和解制度在中国的构建》,载《法学》2006年第8期。
103. 叶良芳:《存与废:嫖宿幼女罪罪名设立之审视》,载《法学》2009年第6期。
104. 易继明:《〈格尔蒂法典〉与大陆法私法的源流》,载《外国法译评》1999年第1期。
105. [德]尤尔根·哈贝马斯:《论现代性》,载王岳川、尚水编:《后现代主义文化与美学》,北京大学出版社1992年版。
106. 张明楷:《盗窃罪的新课题》,载《政治与法律》2011年第8期。
107. 张明楷:《犯罪之间的界限与竞合》,载《中国法学》2008年第4期。
108. 张明楷:《论三角诈骗》,载《法学研究》2004年第2期。
109. 张明楷:《嫖宿幼女罪与奸淫幼女型强奸罪的关系》,载《人民检察》2009年第17期。
110. 张明楷:《日本刑法的发展及其启示(代译序)》,载《日本刑法典》,张明楷译,法律出版社2006年版。
111. 张明楷:《危险驾驶罪的基本问题——与冯军教授商榷》,载《政法论坛》2012年第6期。
112. 张迅寒:《扒窃案件"公共场所"的界定》,载《江苏法制报》2011年12月16日。
113. 赵秉志:《片面共犯不能构成共同犯罪》,载《检察日报》2004年7月8日。
114. 赵秉志:《商业行贿犯罪中"谋取不正当利益"的认定与修改》,载《人民检察》2006年第13期。
115. 赵翀:《行贿罪中"谋取不正当利益"之要件》,载《华东政法学院学报》2005年第2期。
116. 赵合俊:《性权与人权——从〈性权宣言〉谈起》,载《环球法律评论》

2002 年第 1 期。
117. 郑延谱:《预备犯处罚界限论》,载《中国法学》2014 年第 4 期。
118. 支振锋:《译后记:刑罚的限度》,载[英]H. L. A. 哈特:《法律、自由与道德》,支振锋译,法律出版社 2006 年版。
119. 周光权:《违法性认识不是故意的要素》,载《中国法学》2006 年第 1 期。
120. 周光权:《刑法学的西方经验与中国现实》,载《政法论坛》2006 年第 2 期。
121. 周旺生:《中国立法改革三策:法治、体制、决策》,载《北京大学学报》1995 年第 5 期。
122. 朱孝清:《论贪污贿赂罪的几个问题》,载《人民检察》1998 年第 3 期。
123. 邹志宏:《论行贿罪中不正当利益的界定》,载《人民检察》2002 年第 3 期。
124. 邹志宏:《以行贿手段谋取的“不确定利益”属于不正当利益——兼评关于不正当利益的司法解释》,载《国家检察官学院学报》2001 年第 3 期。

(二)外文论文

1. Amelung, Irrtum und Zweifel des Getäuschten beim Betrug, *GA* 1977.
2. Amelung/Eymann, Die Einwilligungdes Verletzten im Strafrecht, *JuS* 2001.
3. David McCord, Imagining a Retributivist Alternative to Capital Punishment, *Florida Law Review*, Vol. 50, No. 1, 1998.
4. Elizabeth Price Foley, Human Cloning and the Right to Reproduce, *Albany Law Review*, Vol. 65, No. 4, 2002.
5. Hassemer, Darf es Straftaten geben, die ein strafrechtliches Rechtsgut nicht in Mitleidenschaft ziehen? in: Hefendehl/Hirsch/Wohlers (Hrsg.), *Die Rechtsgutstheorie*, 2003.
6. Hirsch, Die aktuelle Diskussion über den Rechtsgutsbegriff, in Courakis (Hrsg.), *Die Strafrechtswissenschaft im 21. Jahrhundert. Festschrift für Dionysios Spinellis*, 2001.
7. Hörnle, Deskriptive und normative Dimensionen des Begriffs“Feindstrafrecht”,

GA 2006.

8. Jakobs, Bürgerstrafrecht und Feindstrafrecht, *HRRS* 2004/3.
9. Jürgen Habermas, The New Obscurity: The Crisis of the Welfare State and the Exhaustion of Utopian Energies, in Jürgen Habermas, *The New Conservatism: Cultural Criticism and the Historian's Debate*, edited and translated by Shierry Weber Nicholsen, The MIT Press, Cambridge, Mass., 1992.
10. Liszt, Der Zweckgedanke im Strafrecht, *ZStW* 3 (1883).
11. Manfred Burgstaller, Current Trends in Austrian Criminal Law, *European Journal of Crime & Criminal Law and Criminal Justice*, Vol. 7, No. 3, 1999.
12. Max Rheinstein, Process and Change in the Cultural Spectrum Coincident With Expansion: Government and Law, in C. H. Kraeling and R. M. Adams (eds.), *City Invincible*, Chicago, 1960, p. 117.
13. Naucke, Der kausalzusammenhang zwischen Täuschung und Irrtum beim Betrug, in Baumann/Tiedemann (Hrsg.): *Einheit und Vielfalt des Strafrechts*, *Festschrift für Karl Peters zum* 70. *Geburtstag*, 1974.
14. Patricia M. Wald, The International Criminal Tribunal for the Former Yugoslavia Comes of Age: Some Observations on Day - To - Day Dilemmas of an International Court, *Washington University Journal of Law & Policy*. Vol. 87, No. 5, 2001.
15. PeterBal, Discourse Ethics and Human Rights in Criminal Procedure, *Philosophy & Social Criticism*, Vol. 20, No. 4, 1994.
16. Ramachandra Guha, The Paradox of Global Environmentalism, *Current History*, 11/2000.
17. Sarah L. Dunn, The "Art" of Procreation: Why Assisted Reproduction Technology Allows for the Preservation of Female Prisoners' Right to Procreate, *Fordham Law Review*, Vol. 70, No. 6, 2002.
18. Schünemann, Das Rechtsgüterschutzprinzip als Fluchtpunkt der verfassungsrechtlichen Grenzen der Straftatbestände und ihrer Interpretation, in: Hefendehl/Hirsch/Wohlers (Hrsg.), *Die Rechtsgutstheorie*, 2003.
19. Welzel, Studiem zum System des Strafrechts, *ZStW* 58 (1939).

索 引

（按汉语拼音顺序排列）

图书在版编目(CIP)数据

刑法教义的本土形塑 / 车浩著. -- 北京：法律出版社, 2017（2020.12重印）
ISBN 978-7-5197-1590-8

Ⅰ. ①刑… Ⅱ. ①车… Ⅲ. ①刑法－研究－中国 Ⅳ. ①D924.04

中国版本图书馆CIP数据核字(2017)第265747号

刑法教义的本土形塑
XINGFA JIAOYI DE BENTU XINGSU
车　浩　著

责任编辑　赵明霞
营销编辑　徐　印
装帧设计　马　帅

开本　A5
版本　2017年10月第1版
出版　法律出版社
总发行　中国法律图书有限公司
印刷　中煤（北京）印务有限公司

编辑统筹　法商出版分社
印张　16　**字数**　378千
印次　2020年12月第4次印刷
经销　新华书店
责任印制　胡晓雅

法律出版社/北京市丰台区莲花池西里7号(100073)
网址/www.lawpress.com.cn
投稿邮箱/info@lawpress.com.cn
举报维权邮箱/jbwq@lawpress.com.cn
销售热线/400-660-8393
咨询电话/010-63939796

中国法律图书有限公司/北京市丰台区莲花池西里7号(100073)
全国各地中法图分、子公司电话：
统一销售客服/400-660-8393/6393
第一法律书店/010-83938432/8433
重庆分公司/023-67453036
深圳分公司/0755-83072995
西安分公司/029-85330678
上海分公司/021-62071639/1636

书号： ISBN 978-7-5197-1590-8　**定价：** 68.00元
(如有缺页或倒装，中国法律图书有限公司负责退换)